JN251865

# Q&A
# 商標・意匠・不正競争防止の知識100問

清水 節　髙野 輝久　東海林 保 [編著]

日本加除出版株式会社

# はしがき

　本書は，商標法，意匠法，不正競争防止法に関する実務上の様々な問題点について，具体的事例を通じての質問と回答（Q＆A）という形式によって，その解説を試みるものであり，先に日本加除出版株式会社より刊行した「Q＆A著作権の知識100問」と，同様の目的及び意義を有するものである。

　商標法は，商標を使用する者の業務上の信用の維持を図り，これによって産業の発達に寄与するとともに，需要者の利益も保護しようとするものである。特に，近年は，企業や諸団体が複数の商標を有してブランド戦略の中核に位置付け，その育成保護に力を入れている。また，平成26年の法改正（法律第36号）により，諸外国の登録商標にならって，我が国でも，「動き商標」，「ホログラム商標」，「色彩のみからなる商標」，「音商標」及び「位置商標」について，新たに商標登録が認められた。

　意匠法は，美感を起こさせる物品の形状，模様等である意匠を保護し，利用を図ることにより，その創作を奨励するとともに，産業の発達に寄与しようとするものである。近年，意匠に係る事件は減少しているものの，タブレット端末等の意匠が訴訟となったり，意匠法により画面デザインが保護できるかが議論されるなど，IT技術と関連する問題が散見される。

　不正競争防止法は，事業者間の公正な競争等を確保するため，不正競争等の防止等を行い，国民経済の健全な発展に寄与することを目的とするものである。不法行為の特別法として不正競争行為を規制する点で，権利を規定する他の知的財産法規と法的性格を異にし，近時，営業秘密の増加や経済活動の複雑化，国際化に伴い，その適用範囲が注目されている。

　以上の3つの法分野は，特許法のように高度に専門的な技術が問題となることは少ないが，企業のブランド戦略，IT技術の進歩，営業秘密や国際的な経済活動の拡大などに関連して，新しい多様な問題が生起し，従前のやり方では解決困難な具体的トラブルが生じやすい。

　本書は，このような具体的トラブルに関して，その検討や解決のための示唆や手がかりを提供することを第1の目的とするものであり，この点は，「Q&A著作権の知識100問」と同様である。本書で採り上げた100に及ぶ具体的事例と，その解答及び解説は，上記の検討や解決のために役立つのではないかと考えている。

　第2の目的は，上記の3つの法分野の理解を深めようとする初学者・ロースクール生や若手の実務家に，本書を利用してもらうことである。豊富な具体的事例に接しその解決を検討することは，定型的な条文や抽象的な概念の理解を深める上で有用なことと思われる。

　第3の目的は，多くの裁判官の思考過程や検討方法を知ってもらうことである。本書の執筆者は，「Q&A著作権の知識100問」と同様に，全員が知的財産高等裁判所か東京地方裁判所又は大阪地方裁判所等の知的財産権部に在籍した経験を有する者である。これらの裁判官による質問への回答とその解説を吟味してもらうことにより，実際の裁判の場などでの裁判官の考え方や注目する点を認識し，理解してもらえるのではないかと考えている。

　いずれにしても，本書が，「Q&A著作権の知識100問」と同様に，読者の皆様のお役に立つことを，心から願うものである。

　最後となるが，執筆者の方々には，裁判実務で多忙であるにもかかわらず，貴重な論稿をご執筆いただき，大変感謝している。また，本書の出版に当たっては，日本加除出版株式会社の朝比奈耕平さんに再び大活躍してもらった。彼の誠実な仕事ぶりとあふれる熱意によって本書が刊行に至ることができた。この場を借りて深くお礼申し上げる。


　　平成28年5月

清　水　　　節

髙　野　輝　久

東海林　　　保

# 凡　例

## 1．法令

・法令については，括弧内では以下の通り略記を使用した。また，法令中の促音については，「つ」と表記されている場合でも「っ」と表記した。

意匠　→　意匠法

商標　→　商標法

特許　→　特許法

不競　→　不正競争防止法

## 2．雑誌・参考文献

・雑誌については，本書では以下の通り略記を使用した。

民集　　　　→　最高裁判所民事判例集

刑集　　　　→　最高裁判所刑事判例集

知的裁集　→　知的財産権関係民事・行政裁判例集

無体例集　→　無体財産関係民事・行政裁判例集

下民　　　　→　下級裁判所民事裁判例集

判解　　　　→　最高裁判所判例解説民事篇

ジュリ　　→　ジュリスト

判時　　　　→　判例時報

判タ　　　　→　判例タイムズ

判評　　　　→　判例評論（判例時報付録）

民商　　　　→　民商法雑誌

L＆T　　　→　L＆T（Law & Technology）

・本書における参考文献は以下の通りである。本書において表記をする際は，ゴシック箇所を略記として使用した。

網野誠『商標〔第6版〕』（有斐閣，2002年）

飯村敏明＝設樂隆一編著『知的財産関係訴訟』（青林書院，2008年）

小野昌延編『新・注解不正競争防止法〔第3版〕（上・下）』（青林書院，2012年）

小野昌延編『注解商標法〔新版〕（上・下）』（青林書院，2005年）

小野昌延＝松村信夫『**新・不正競争防止法概説**』(青林書院，2011年)

小野昌延＝三山峻司『**新・商標法概説**〔第2版〕』(青林書院，2013年)

渋谷達紀『**知的財産法講義Ⅰ～Ⅲ**〔第2版〕』(有斐閣，2007年)

末吉亙『**意匠法**〔新版第2版〕』(中央経済社，2012年)

末吉亙『**商標法**〔新版第3版〕』(中央経済社，2012年)

高田忠『**意匠**』(有斐閣，1969年（2000年オンデマンド）)

髙部眞規子『**実務詳説　商標関係訴訟**』(きんざい，2015年)

髙部眞規子編『**著作権・商標・不競法関係訴訟の実務**』(商事法務，2015年)

竹田稔『**知的財産権訴訟要論　特許・意匠・商標編**〔第5版〕』(発明協会，2007年)

田村善之『**商標法概説**〔第2版〕』(弘文堂，2000年)

田村善之『**知的財産法**〔第5版〕』(有斐閣，2010年)

田村善之『**不正競争法概説**〔第2版〕』(有斐閣，2003年)

茶園成樹編『**意匠法**』(有斐閣，2014年)

茶園成樹編『**商標法**』(有斐閣，2014年)

茶園成樹編『**不正競争防止法**』(有斐閣，2015年)

中山信弘『**特許法**〔第2版〕』(弘文堂，2012年)

中山信弘＝小泉直樹編『**新・注解特許法（上・下）**』(青林書院，2011年)

牧野利秋，飯村敏明，髙部眞規子，小松陽一郎，伊原友己編〔**牧野ほか**〕『**知的財産訴訟実務大系Ⅰ～Ⅲ**』(青林書院，2014年)

牧野利秋，飯村敏明，三村量一，末吉亙，大野聖二編〔**牧野ほか**〕『**知的財産法の理論と実務　第3巻—商標法・不正競争防止法**』(新日本法規，2007年)

満田重昭＝松尾和子編『**注解意匠法**』(青林書院，2010年)

山本庸幸『**要説不正競争防止法**〔第4版〕』(発明協会，2006年)

寒河江孝允，峯唯夫，金井重彦編著『**意匠法コンメンタール**〔第2版〕』(レクシスネクシスジャパン，2012年)

小野昌延先生喜寿記念刊行事務局編『**知的財産法最高裁判例評釈大系Ⅰ・Ⅱ**』(青林書院，2009年)

牛木理一先生古稀記念論文集刊行会編『**意匠法及び周辺法の現代的課題—牛木理一先生古稀記念**』(発明協会，2005年)

三枝英二先生・小谷悦司先生還暦記念論文集刊行会編『**判例意匠法―三枝英二先生・小谷悦司先生還暦記念**』(発明協会，1999年)

設樂隆一，清水節，高林龍，大渕哲也，三村量一，片山英二，松本司編『**現代知的財産法　実務と課題―飯村敏明先生退官記念論文集**』(発明推進協会，2015年)

三宅正雄先生喜寿記念論文集刊行会編『**特許争訟の諸問題―三宅正雄先生喜寿記念**』(発明協会，1986年)

三山峻司先生＝松村信夫先生還暦記念刊行会編『**最新知的財産判例集―未評釈判例を中心として　三山峻司先生＝松村信夫先生還暦記念**』(青林書院，2011年)

村林隆一先生還暦記念論文集刊行会編『**判例商標法―村林隆一先生還暦記念論文集**』(発明協会，1991年)

経済産業省経済産業政策局知的財産政策室編著『**一問一答不正競争防止法〔平成17年改正版〕**』(商事法務，2005年)

経済産業省知的財産政策室編著『**逐条解説不正競争防止法―平成23・24年改正版**』(有斐閣，2012年)

特許庁編『**工業所有権法**(産業財産権法)**逐条解説〔第19版〕**』(発明推進協会，2012年)

特許庁総務部総務課工業所有権制度改正審議室編『**工業所有権法の解説―平成8年改正**』(発明協会，1997年)

特許庁総務部総務課制度審議室編『**産業財産権法の解説―平成26年特許法等の一部改正**』(発明推進協会，2014年)

特許庁総務部総務課制度改正審議室編『**産業財産権法の解説―平成18年意匠法等の一部改正**』(発明協会，2006年)

特許庁総務部総務課制度改正審議室編『**産業財産権法の解説―平成17年商標法の一部改正**』(発明協会，2005年)

中山信弘，大渕哲也，茶園成樹，田村善之編『**商標・意匠・不正競争判例百選**』(有斐閣，2007年)

# 目　次

# 第1編　商　標　法

## 第1章　商標とその使用

### 1　商品・役務

### 2　地域団体商標

## 第2章　商標登録要件

## 2　不登録事由

ころ，商標法 4 条 1 項 7 号の公序良俗に反するとして無効審決が出されましたが，同項19号との関係はどうなるのでしょうか。

「A」の名称を持つ団体が内部分裂し，一部の人たちが「新A」なる団体を立ち上げました。このような「新A」について商標登録をすることはできますか。

A社の販売するTシャツに付されたロゴは，文字の部分は独自のものですが，周辺の図形デザインが，有名なスポーツブランドと似ていると感じます。このようなロゴは，商標登録ができるでしょうか。

A社がデザインした図形と文字からなる商標について，B市の市章と似ているとの指摘を受けました。このような商標は，登録することができますか。

A社は，出願をした商標が周知の商標に類似するとの指摘を受けました。周知とされる商標は，それほど雑誌や新聞で紹介されているとは思えないのですが，「周知性」の判断はどのようにされるのでしょうか。

A社は，デザイナーの氏名である「B」を，Bの承諾を得た上でブランドとして商標登録をしようとしていますが，その出願後にBが承諾を撤回しました。この場合，商標登録をすることができるでしょうか。

A社が，長年使用してきた自社の商号を商標として登録しようとしたところ，別業種ではあるものの同じ商号であるA社が存在することが分かりました。この場合でも，商標登録をすることはできるでしょうか。

A法人は「X学園」という専門学校を経営し，Xを商標登録していますが，B法人から，同法人の経営する学園X'と略称が同じであるとして商標登録の無効の審判が請求されました。B法人はその略称が著名であると

主張していますが，それはどのように判断されますか。

# 第3章　商標の類否

# 第4章　出願・審査

# 第5章　商標権の侵害

## 1　当事者

## 2　商標的使用

商標登録しました。B社は，飲食物の提供に際して「ウチでもフレンチ」という宣伝文言を使用してきましたが，商標権の侵害になるのでしょうか。

A社の販売するTシャツに，人物の顔のイラストが描かれており，その背景の一部の記号がB社の登録商標に類似しています。この場合，常に商標権の侵害に当たりますか。

A社は，被服等を指定商品とする登録商標を有しています。B社は，A社の登録商標と類似する名称のウェブサイトを開設し，さらに同名称をHTMLのメタタグとして記載し，スポーツ用ユニフォームなどを販売しています。ただし，そこで販売されている商品にはA社の登録商標と類似する標章は一切付されていません。このようなB社の行為は，A社の商標権の侵害に当たりますか。

A社が，ドーナツ型の座布団を製造し，その包装箱に「ドーナツクッション」と表示して販売したところ，クッションを指定商品とする「ドーナツ」という登録商標を有するB社から，同登録商標と類似するとして差止めを求められました。このような単に商品の形状を示す標章であっても，A社は使用することができないのでしょうか。

### 3　抗弁等

商標権の効力が及ばない「普通名称……を普通に用いられる方法で表示する商標」（商標26条1項2号）とは，どのような商標を指しますか。

A社のヒット商品「X」について，B社が商標権侵害として差止めを求めてきました。B社は確かに「X」についての商標登録を受けていますが，A社は「X」という商品名をそれ以前から使用しており，商標登録時はともかく，現在では，A社の商品として広く知られています。B社の差止めは認められるのでしょうか。

## 4 損害額

# 第6章　審　判

## 1　無　効

## 2　不使用による取消し

## 4 不正登録による取消し

# 第2編　意　匠　法

# 第1章　意匠登録要件

# 第2章　意匠の類否

社の商品と比べてみると異なるところが見られるのですが，意匠の類否は
どのように判断されるのでしょうか。

　　意匠権者であるA社が，B社の商品について意匠権の侵害を主張してい
ます。B社の商品の一部を切り取ってくると，確かにA社の登録意匠に似
ている部分があるようですが，この場合でも意匠の利用，あるいは意匠の
類似に当たるのでしょうか。

# 第3章　出願・審査

　　A社の開発したマスクは，折りたたんである状態（商品棚に陳列される
形態）もさることながら，装着した際の形状に特徴があり，A社はこれを
意匠として登録したいと考えています。出願の際は，どのようなことに注
意をすればよいでしょうか。

　　A社は，ある商品デザインについて，その参考図としてアタッチメント
を取り付けた状態の意匠を記載した意匠登録出願をしていました。その後，
A社は，アタッチメントを取り付けた状態の商品も，別の意匠として登録
したいと考えていますが，可能でしょうか。

　　特許出願を意匠登録出願に変更する方法を教えてください。

# 第4章　意匠権の侵害

　　A社は，以前から包装パックを製造しており，改良を重ねて現在の形に
なっています。このたび，同種の製品について意匠登録を受けたというB
社から差止めを請求されました。A社は，現在の形の包装パックの使用を
続けることはできないでしょうか。

　　A社の商品の販売が，B社の意匠権を侵害するとの認定がされました。
A社の商品は，特定の携帯電話にしか使用できないものですが，B社の商

品は，携帯電話のほかに様々な機種・機器に利用することができます。この場合のＢ社の損害額はどのように考えたらよいでしょうか。

# 第3編　　不正競争防止法

## 第1章　　商品等表示性

C社が同様の商品（以下「被告商品」という。）を販売した場合，不正競争になるでしょうか。また，不正競争になる場合，販売者であるB社は，C社に対して差止めや損害賠償を請求することができますか。

　　A社は特徴的な外観の店舗で永年営業をしてきましたが，最近，その外観を模したと思われる他社の店舗が出てきました。これは不正競争に当たりますか。

# 第2章　混　同

　　ある宗教法人A会から分派した会派が「A会B分会」という名称を称することは，不正競争ということができますか。

　　A社の商号は，服飾ブランドとして世界的に著名ですが，ある飲食店Bが，その商号を含んだ名称のスナックを経営しています。営業内容が大きく異なりますが，A社の差止めは認められるのでしょうか。

　　A社は，看護師を対象とした「X nursing」という題号の情報誌を出版，販売していますが，B社から，医師を対象とした「X」という題号の専門誌が発刊されました。このような行為は，不正競争に当たるでしょうか。

　　A社は，新たに「La Vogue○○」という名称のマンションを販売するに当たり，マンション名を含むチラシを作成，配布していましたが，印刷物について「VOGUE」との商標登録を有し，ファッション雑誌「VOGUE」を発行するB社から，使用差止めの請求を受けました。これも，不正競争に当たるのでしょうか。

　　「X」という略称で知られる「X△△株式会社」があり，この商号は，業界や一般消費者に広く知られています。同じ業界の会社が「X□□株式会社」という商号を用いることは，不正競争に当たりますか。

# 第3章　適用除外

**Q85　普通名称・慣用表示**……………………………（菊池　絵理）………*384*
　　A市B町の中学校について「AB学園中学校」と名付けようと考えています が，「B学園」という全国的に有名な学校が他県に存在しています。「A」も「B」も地名であり，かつありふれた名称ですが，この場合でも不正競争に当たるのでしょうか。

**Q86　普通名称・慣用表示**……………………………（菊池　絵理）………*389*
　　A社が販売する医薬品で，通称名○○○，錠剤の態様△△，アルファベット□などを組み合わせた「○○○△△□」という有名な商品があります。B社が販売する同種の医薬品の箱には，通称名○○○，錠剤の態様△ △，アルファベット■がそれぞればらばらに表示されているのですが，この場合も不正競争に当たるでしょうか。

**Q87　自己の氏名の使用**……………………………………（田中　孝一）………*394*
　　自らの名字Xを冠する「X診療所」を開設しようと考えていますが，近隣に「医療法人○○会X病院」の名称の大手医療機関が存在します。この場合，自己の氏名を不正の目的で使用する行為に当たるでしょうか。

# 第4章　商品形態模倣

**Q88　ありふれた形態**………………………………………（田中　孝一）………*399*
　　A社は，B社の商品が自社商品の模倣であると主張しています。B社は，同種の商品であれば，同じような形状になると言っていますが，この場合，不正競争の視点からはどのように判断すればよいですか。

**Q89　形態模倣**………………………………………………（小田　真治）………*403*
　　化粧品を販売するA社は，これまでB社からボトルに入った化粧品を仕入れて販売していましたが，B社との取引が終了した後も，B社のボトルと表面の色や模様は変えているものの，形はそっくりのボトルを製造し，これに化粧品を入れて販売しています。この場合，A社の行為は不正競争と言えますか。

# 第5章　営業秘密

**Q90　営業秘密性**……………………………………………（小田　真治）………*407*
　　「原価セール」と称して，小売店が顧客に対して卸値を開示しています。

# 第7章　営業誹謗

# 第8章　パブリシティ権

第 1 編

# 商 標 法

# 第1章　商標とその使用

## 1　商品・役務

### Q1　役務判断

**Q**　商標の指定役務はどのようにして区別するのでしょうか。例えば，広告業としてする広告物のポスティングと，輸送業として行うダイレクトメールの配達は，同じ役務となるのでしょうか。

**A**　商標の役務の類否は，役務の性質，効能，用途が同一であるかどうかを基準とするだけでなく，取引の実情も考慮して，同一又は類似の標章を役務に使用したときに役務の出所（提供主体）の混同が生じるおそれがあるか否かにより決定される。広告業としてする広告物のポスティングは，第35類の広告業としての「広告物の配布」であり，輸送業として行うダイレクトメールの配布は，第39類の荷物の運送業としての「広告物の配達」であるけれども，両役務は広告物を広く家々に配り届けるという意味では同一であり，同一又は類似の役務となる。

### ■　解　説

#### 1　商標の指定役務の意義

　役務（サービス）とは，他人ためにする労務又は便益であり，独立して商取引の目的となるものをいい，具体的には広告，金融，建設，輸送，宿泊，飲食等の事業者が需要者に提供する役務である[1]。

## 2　商標の役務の類否について

(1)　役務の類否について説明する前に，まず商品の類否に関する裁判例を紹介する。商品の類否については，①商標との関係を考慮せず，商品自体に着目して商品の類否を判断する（商品属性説），②同一又は類似の商標を商品に使用したときに，同一の営業主体の商品と誤認されるおそれがある商品と認められるかにより判断する（出所混同説），との二つの考え方があった[2]。

最三小判昭和36年6月27日民集15巻6号1730頁〔橘正宗事件〕は，審決取消訴訟において後者の立場を採ることを明らかにし，それ以降の最判（侵害訴訟についての最二小判昭和38年10月4日民集17巻9号1155頁〔サンヨウタイヤー事件〕等）や下級審の裁判例は同旨の判示をしている[3]。

また，最三小判昭和39年6月16日民集18巻5号774頁〔Peacock事件〕は，「指定商品の類否を判定するにあたっては，……商品の品質，形状，用途が同一であるかどうかを基準とするだけでなく，さらに，その用途において密接な関連を有するかどうかどうかとか，同一の店舗で販売されるのが通常であるかどうかというような取引の実情をも考慮すべきことは，むしろ，当然であり」と判示した上で，類似の商品か否かを判断しており，上記の出所の混同の認定においては，商品の品質，形状，用途が同一であるかだけでなく，取引の実情も考慮して判断することを明示している。

そうすると，役務の類否について考えるときも，同一又は類似の標章を役務に使用したときに役務の出所（提供主体）の混同が生じるおそれがあるか否かにより決まるとの出所混同説に立ちながら，役務の性質，

---

〈1〉　小野＝三山『新・商標法概説』211頁
〈2〉　学説の詳細については，小野＝三山・前掲注1・212頁に詳しい。
〈3〉　現在の学説は，これに賛成するものが多い。小野＝三山・前掲注1，竹田『訴訟要論』690頁，古城春実「第37条（侵害とみなす行為）」小野『注解商標法（下）』894頁，小田真治「商品・役務の類似」牧野ほか『訴訟実務大系Ⅱ』260頁等がある。小田前掲は，商品と役務の混同があることを規定している商標法2条6項からも，商品属性説は，採用し得ないと述べている。

効能，用途が同一であるかどうかを基準とするだけでなく，取引の実情も考慮して判断することになると解される[4]。

(2) 商品と役務間の類否についても，商品と役務については本来性質の異なるものであるけれども，出所の混同のおそれがある場合には，類似性が肯定される。商標法2条6項は，このような混同があることを明示して規定している。

(3) 商標登録出願は，一又は二以上の商品又は役務を指定して，商標ごとに出願される（商標6条1項）。「商品又は役務の区分」は政令で定められるところ（同条2項），現在は国際分類に基づき，政令別表で大枠が定められ，省令別表で中分類，小分類に詳細に分けられて規定されている。国際分類は，国際的に共通の分類を採用することを目的として締結された「ニース協定に基づく標章の登録のための商品又はサービスの国際分類」であり，我が国は平成4年4月1日に国際分類を主たる体系として採用し，その後数次の変更を経て現在に至っている。

　これに対し，商品又は役務の類否は，商品の品質，形状，用途あるいは役務の性質，効能，用途と，取引の実情とを考慮して，出所混同説に基づき判断されるのであるから，国際分類により政令及び省令により定められる「商品又は役務の区分」が異なっていても類似する場合も生じ得る。

(4) 特許庁の商標審査基準の「第4条第1項第11号」の項（第3，十）で，商品と役務の類否について規定している。役務の類否については，①提供の手段，目的又は場所が一致するかどうか，②提供に関連する場所が一致するかどうか，③需要者の範囲が一致するかどうか，④業種が同じかどうか，⑤当該役務に関する業務や事業者を規制する法律が同じかどうか，⑥同一の事業者が提供するものであるかどうか，を総合的に考慮して判断するものとしている。

　また，商品と役務の類否については，①役務の提供と商品の製造販売

〈4〉　同旨古城・前掲注3，竹田・前掲注3，小田・前掲注3

が同一の事業者により行われているのが一般的かどうか，②役務と商品の用途が一致するかどうか，③役務の提供場所と商品の販売場所が一致するかどうか，④需要者の範囲が一致するかどうか，を基本的な指針として，個別具体的に判断すべきものとしている。

　ただし，商品間の類否，役務間の類否及び商品と役務間の類否のいずれについても，類似商品・役務審査基準に類似すると記載される商品と役務については，同基準によるものとされている。

　「類似商品・役務審査基準〔国際分類第10-2016版対応〕」によれば，省令別表中の同一の包括見出しの商品であっても，非類似商品として扱われているものも多数あるものの，他の類の商品や役務でも，類似するとして，備考に表示されているものもある。

　そして，審査官及び審判官は，具体的な商品と役務の類否について，上記類似商品・役務審査基準を参酌しながら，取引の実情を踏まえて，個別に判断することになる。

　もっとも，最三小判昭和42年5月2日民集21巻4号834頁〔玉乃光事件〕は，類似商品・役務審査基準について「商標審査官の……商品類否の判定を統一し，かつ，商標出願人の便宜を図るため特許庁によって設けられた基準であるが，指定商品としての商品の類否は，かかる基準の規定如何にかかわらず，取引事情の推移に伴って変遷するものである」と判示している。この最判は，類似商品・役務審査基準は，特許庁の内規にすぎず，法規として裁判所を拘束するものではないことを明らかにしたものである。ただし，上記判決も，同基準を全く参酌せずに商品の類否の判断をすべきであるといっているのではないから，個別の役務の類否の判断については，同基準を参酌した上で，取引の実情に基づき判断をすべきであろう（最三小判平成23年12月20日民集65巻9号3568頁〔ARIKA事件〕参照）。

　なお，上記類似商品・役務審査基準には，商品や役務の類否の判断は，我が国の商取引の実情，経済界の現状に即応すべきであること，及び，以前の基準が，関係団体の意見を踏まえて，商標審査部内において検討

し，決定されたものであるけれども，近年の商取引の実情の急激な変化に対応できなくなったため，平成23年12月に改訂されたものであることなどが記載されている。商品及び役務の類否に関する審査基準自体も，取引の実情の変化によって変わっていくのは当然であるが，このことが同基準において明示されている点が興味深い。

### 3　設例について

設例については，東京地判平成24年1月12日（平成22年（ワ）第10785号）裁判所ウェブサイト〔ゆうメール事件〕が参考となる。同判決の事案は，指定役務を第35類「各戸に対する広告物の配布等」，登録商標を「ゆうメール」（標準文字）とする商標権（出願年月日・平成15年4月30日，登録年月日・平成16年6月25日。以下「本件商標権」という。）を有する原告が，郵便ポスト等に差し出された冊子状の印刷物（書籍，雑誌，商品カタログ類，会報，各種マニュアル類及び電磁的記録媒体等）を，荷物の外装に表示された住所等の郵便受け，新聞受け等に配達するサービスを行っている被告（郵政事業株式会社）に対し，被告が「ゆうメール」又は「配達地域指定ゆうメール」商標を使用する行為が，本件商標権を侵害するとして，その商標使用行為の差止めを求めた事案である。

被告は，この事案において，本件商標権の指定役務である第35類の役務は広告業としての「広告物の配布」であるのに対し，被告が行っている「広告物の配達」はこれと類似しない荷物の運送業としての第39類の役務であり，広告事業を行っているものではないし，広告物以外のものも配達先に配達している，などと主張した。

しかし，同判決は，本件商標権の第35類の上記指定役務は，広告物を広く行き渡るように家々に配ることを意味し，被告の上記サービスは，利用者が指定した荷受人の住所又は居所に広告物を配達するサービス，あるいは，一定の地域内の全ての世帯，事業所に広告物を配達するサービスとして利用されているから，両役務は広告物を配るという点において共通し，類似する関係にある（広告物を広く家々に配り届けるという意味では同一である。），と判断した。

設問については，同判決の判断によれば，両者は，「商品又は役務の区

分」が異なるとしても，同一又は類似の役務となると解される。

　商品と役務の類否に関するこれまでの裁判例の詳細については，小野＝三山・前掲注１，小野・前掲注３，古城・前掲注３，竹田・前掲注３，末吉亙「商標権侵害訴訟における指定商品等と被告商品等との類否について」牧野ほか『知的財産法の理論と実務３』87頁，小田・前掲注３等に詳しいので，これらを参照されたい。

（設樂　隆一）

## Q 2　商標法の目的と混同

**Q**　①「建築専用材料」を指定商品とする登録商標，あるいは②「飲食物の提供」を指定役務とする登録商標が，他の業者の「手袋」を表示する周知の商標に類似するときには，混同を生ずるおそれがあるとして無効原因を抱えているでしょうか。

**A**　商標登録のためには，周知商標に類似する商標，先願登録商標に類似しないこと，そしてその商品・役務に類似しないことが必要である（商標 4 条 1 項10号，11号）。これら類似がなくとも，他人の業務に係る商品又は役務と混同を生ずるおそれがあるときには，登録が許されない（同項15号）。本問では，この15号の要件を論じる。15号の不登録事由は，10号や11号とは異なり，商品・役務の類似が要件ではなく，混同のおそれが要件となっており，そこにはいわゆる広義の混同のおそれも含まれる。この観点から，15号該当の要素を総合的に分析する必要がある。

## ▌解　説

### 1　商標法 4 条 1 項15号の意義

　商標の登録要件として実務上重要なのは，先願登録商標と同じでないこと又は類似していないことと，先願登録商標の指定商品・役務と同じでないか類似していないことである（商標 4 条 1 項11号）。我が国の商標法が先願主義と登録主義を採用していることからくる基本的な登録要件である。この11号のほか，同項10号は，周知商標と同一か類似し，商品・役務が周知商標のそれと同一か類似する商標の登録を排除する。このような商標は，需要者に混同が生じ，周知表示主体の信用が害される蓋然性が高いとして規定されたものである。翻ってみると，商標は商品・役務の識別標識であり，商標法の究極の目的は，識別標識を有する商標によって需要者の混同を防止し，事業者に商標に信用を持たせるところにある（商標 1 条）。信用を蓄積した周知表示

との関係で，これと混同を生じさせるおそれのある商標が登録されて周知表示の主体事業者以外の者が使用すると，需要者に混同が生じ，また，周知表示の主体事業者の信用が害される。このような商標登録を排除するために，総括的に規定されたのが商標法4条1項15号である。15号の不登録事由は，10号や11号のような商標類似，商品・役務類似，そして周知性が要件ではなく，「混同を生ずるおそれ」という要件に昇華されている。混同が現実に生じていることまでは要求されず，その蓋然性があれば足りる。設問事例では，商品・役務が同一でもなく類似もしていないことは明白なので，15号の該当性が顕在化する。

　15号に該当すれば，登録出願が拒絶されるし（商標15条1号），仮に登録されたとしても，登録は無効原因を抱えることになる（商標46条1項1号。ただし，登録から5年経過後は無効審判請求ができない（商標47条1項）。）。

　商標をその指定商品・役務に使用したときに，商品・役務が他人自身の商品・役務のものであると誤信されるおそれが，狭義の混同のおそれである。そして，誤信のおそれが他人自身にではなくても，他人の親子会社や系列会社などの緊密な営業上の関係，あるいは同一の表示による商品化事業を営むグループに属する関係にある営業主の商品・役務と誤信されるおそれがあるときも，15号に該当するとされる（最三小判平成12年7月11日民集54巻6号1848頁〔レールデュタン事件〕）。広義の混同である。同最判は，15号の趣旨を，周知表示又は著名表示へのただ乗り（フリーライド）及び当該表示の希釈化（ダイリューション）を防止し，商標の自他識別機能を保護することによって，商標を使用する者の業務上の信用の維持を図り，需要者の利益を保護するものであるとする。

## 2　判断基準時

　15号の不登録事由の存否は，登録時（査定時）が基準となる。商標登録無効審判事由としての同号該当性の有無も，登録時が判断基準時である。ただし，登録出願時に同号の要件を充足しなければ，同号の登録拒絶はない（商標4条3項）。

## 3　裁判例

　設問は，他人の周知商標の商品が「手袋」であるが，関連して，周知の他人商標の商品が「地下たび」であった事例がある。無効審判請求の審決取消訴訟で争われた事例であるが，①の「建築専用材料」を指定商品とする登録商標の登録要件が争われたのが次の(1)であり，②「飲食物の提供」を指定役務とする登録商標の登録要件が争われたのが(2)である。

(1)　東京高判平成14年6月26日判時1829号130頁〔力王事件Ⅰ〕は，指定商品を「金属製の建築又は構築専用材料」とする「力王」の被告登録商標が，指定商品の取引者・需要者間で周知であったとの事実の下，「地下たび」商品に使用する「力王」の原告商標との関係では，被告登録商標は15号所定の広義の混同を生ずるおそれがないとした。判決は理由として，①被告登録商標は，被告の商標として，その指定商品の取引者・需要者間で広く知られるに至った一方で，②他人（原告）の商標は，指定商品の需要者層が極めて限られ，その周知性は人的な範囲においてかなり限定されていることを挙げた。

(2)　東京高判平成15年5月21日判時1830号124頁〔力王事件Ⅱ〕は，周知の他人（原告）の商標が，(1)と同じく「地下たび」商品に使用する「力王」であった事案であるが，被告登録商標「力王」の指定役務は「飲食物の提供」であった。判決は，(1)と反対に15号の混同のおそれを肯定した。①～③が判決の判断要素である。①「地下たび」という商品の性質上，その取引者・需要者が，高所作業者，建築・土木従事者など，一定の分野の者に限定されてはいるものの，原告商標は取引者・需要者の間に広く認識されていた。②被告登録商標の指定役務である「飲食物の提供」は，「地下たび」と取引事情を著しく異にする産業分野に属するものの，「飲食物の提供」の需要者は，広汎な一般消費者である。野外で作業をして昼食時を中心に外食する機会も多く，被告登録商標の指定役務の需要者となりやすく，「飲食物の提供」の需要者と「地下たび」の需要者とは，相当程度共通する。③一般消費者として，役務の出所について子細に吟味，選択するのに高度の注意を払う行動には出ないのが通

常である。判決はこれら要素を総合して，広義の混同のおそれを肯定した。

## 4　分　析

「混同を生ずるおそれがある商標」についての裁判例を分析するには，その事案を総合的に見渡す必要がある。広義の混同のおそれがあることが，15号適用の外延となるが，広義の混同のおそれの有無は，当該商標と他人の表示との類似の程度，当該商標そして他人の表示それぞれの周知著名性及び独創性の程度，当該商標の指定商品等と他人の業務に係る商品等との間の性質，用途又は目的における関連性の程度，商品等の需要者の共通性その他取引の実情などを視野に入れて，当該商標の指定商品等の需要者において普通に払われる注意力を基準に，総合的に結論づけられる。

他人商標「力王」との関係での15号該当性については，(1)では，被告登録商標が指定商品の分野で広く知られていたこと，(2)では，周知である被告登録商標の指定役務需要者が，他人（原告）商標の取引者・需要者と相当程度共通していること，がそれぞれの結論に至った主要な要素と推測されるが，微妙な分かれ目である。設問での他人商標の商品「手袋」については，地下たびよりも更に一般的な需要者を対象にしているので，後者の判決に即してみれば，15号に該当する可能性が，より高い。とはいえ，商標の類似の程度など（(1), (2)の判決事案は，登録商標と他人商標が共に同じであった。），当該事案の諸要素との相関関係で，総合的な分析が必要となる。

## 5　不正競争防止法との関係

不正競争防止法2条1項1号，3条も，周知の商品・営業表示と同一又は類似の商品・営業表示を使用する商品譲渡等を禁止し，需要者の混同を防止し，周知表示主体の信用のインセンティヴを与えている。この禁止的効力は周知地域にしか及ばず（未周知の地域にはこの禁止的効力は及ばない。），したがって，ある程度の範囲の地域に周知性があれば，その限度で不正競争防止法の禁止効が発生する（茶園『不競法』25頁〔茶園成樹〕）。他方，商標権の効力は全

国に及び，このような効力を有する商標権の登録要件は全国規模での吟味が原則であり，15号の適用においても，広い範囲での周知性は必要である。とはいえ，他の要素との相関関係での分析が重要であり，周知性が全国に及んでいることまでの必然性はない。

　なお，不正競争防止法の適用の際には，実際の混同を生じさせる前提事実が現に存在するのに対し，商標法では，取引上の経験則に基づく混同の抽象的可能性の有無が吟味される。

（塩月　秀平）

## Q 3　役務商標

**Q**　A社は，カタログによる通信販売を事業として行っており，そのカタログ名の商標登録を計画しています。この場合，指定役務を，①「通信販売サービス」，又は②「小売店サービス」とする商標登録は可能ですか。

**A**　本問の場合，カタログによる通信販売に関して商標登録を行うことは可能であるが，指定役務を「通信販売サービス」又は「小売店サービス」とすることは認められておらず，例えば，A社の事業内容に沿って，他人の商品に関する情報提供を行うのであれば，「商品の通信販売に関する情報の提供」や「通信販売カタログによる商品の販売に関する情報の提供」を指定役務とすることができるが，自己の商品の小売等役務を指定役務とするのであれば，商品内容を特定して「カタログを利用した通信販売による○○の小売又は卸売の業務において行われる顧客に対する便益の提供」といった形で役務内容を特定することが必要と考えられる。

### ■ 解　説

#### 1　役務について

　商標法は，ある商標が，商品又は役務について使用された結果生じる業務上の信用の維持を図ることを目的としている。平成3年改正前は，役務について使用される標章（サービス・マーク，役務商標）は，商標ではないとされており，商標は，商品に使用されるものに限定されていたが，平成3年改正以降は，商品のみならず役務も対象とされ，商標の概念に含まれることになった。役務とは，一般的には，他人のために提供する労務又は便益であって，商取引の対象となり得るものをいうと解されている。商品が市場において取引される有体物であるのに対し，役務は無形の商品としての性質を有するものということになる。

　ところで，小売業者及び卸売業者（以下「小売業者等」という。）は，商品展示，接客サービス，カタログを通じた商品選択の工夫といったサービス活動を行っているが，これらのサービス活動は商品を販売するための付随的役務であり，かつ対価の支払は商品価格に転嫁して間接的に支払われ，当該サービス自体に対して直接的な対価の支払が行われていないから，商標法上の役務には該当しないとされてきた。裁判例も，「多数の商品を掲載したカタログを不特定多数人に頒布し，家庭にいながら商品選択の機会を与えるサービス」を指定役務とする商標について，商標法にいう「役務」とは他人のためにする労務又は便益であって，付随的でなく独立して市場において取引の対象となり得るものと解すべきであり，それ自体のみに着目すれば，他人のためにする労務又は便益に当たるとしても，市場において独立した取引の対象となっていると認められない限り，「役務」に該当しないとして，上記指定役務はその営業が個々の商品の販売という取引以外の何者でもなく，本件カタログを利用したサービスは，上記売買において顧客を誘引し，販売を促進するための手段の一つにすぎず，またサービスに対する対価の支払は存在しないとして，商標法にいう「役務」には該当しないとしている（東京高判平成12年8月29日判時1737号124頁〔シャディ・カタログ事件〕）。

## 2　小売業等の役務商標としての保護

　前記のとおり，小売業者等は，業として商品を譲渡する者（商標2条1項1号）であるから，商品に係る商標権を取得して，商品としての側面から保護を受けることになっている。

　しかし，近年の流通産業の発展に伴い，通信カタログ販売のように，商品の種別を超えた多様な商品の品揃えとこれを販売するための独自の販売形態によって，付加価値が高いサービスを提供する小売業態が発展を遂げており，そこで使用される商標は，小売業者等によるサービス活動の出所を表示し，その事業活動により獲得されるブランド価値は，当該サービス活動との関係で蓄積されている。また，諸外国において，小売サービスを独立したサービスマークとして保護する国が増加しており，締約国において標章の登録のた

めの商品及びサービスの共通の分類である国際分類を採用することを目的とするニース協定においても，2007年1月国際分類の類別表の第35類の注釈の規定の改正がされ，小売店等により提供されるサービスが第35類の役務に含まれることを明記するとともに，「主たる業務が商品の販売である企業の活動」を行うサービスを含まないとの文言は削除されることとなった。

　そこで，平成18年法律第55号による商標法の改正により，2条2項において，「前項第2号の役務には，小売及び卸売の業務において行われる顧客に対する便益の提供が含まれるものとする。」として，小売及び卸売の業務において行われる顧客に対する総合的なサービス活動が商標法上の役務に含まれることになり，この結果，小売業者等により使用される商標を商標法上，役務に係る商標として保護することが可能となった。

## 3　指定役務の表示について

　前記の「小売及び卸売の業務において行われる顧客への便益の提供」の内容は，小売又は卸売の業務において行われる総合的なサービス活動（商品の品揃え，陳列，接客サービス等といった最終的に商品の販売により収益をあげるもの）（以下「小売等役務」という。）であり，改正後の商標法では，小売業者等の提供する総合的なサービス活動全体を一括りにして一つの小売等役務として保護するものであり，そのため，その総合的なサービス活動の要素である個々のサービス活動を個別に商標法上の役務として取り扱うものではない。したがって，商品の品揃え，商品の陳列，接客サービス，ショッピングカート，買い物かごの提供，商品の試用，商品の包装・紙袋・レジ袋の提供，通信販売におけるカタログの提供，インターネット通信販売におけるサイトの作成，といった個々のサービスを指定役務として表示することは認められないと考えられている。

　これは，従来の役務が他人のために提供する労務又は便益であって，商取引の対象となり得るものをいうと解されていたことから，そのようなものであれば登録が認められたが，小売等役務は，他人のために提供するものではなく，また独立して商取引の対象となるものではないため，指定役務におい

ても，従来の役務との関係でその点を明確に区別することが必要であることによると考えられる。

　また，小売等役務については，衣料品，飲食料品及び生活用品に関する各種商品を一括して取り扱う小売又は卸売の業務において行われる顧客に対する便益の提供（以下「総合小売等役務」という。）と，取扱商品の内容が特定されている総合小売等役務以外の小売等役務（以下「特定小売等役務」という。）に分けられ，特定小売等役務においては，取扱商品の内容を特定することが必要であると解されている。

　したがって，設問に挙げられている「通信販売サービス」，「小売店サービス」という表示では，他人のために提供するものか，自己の商品販売のためのものか不明であるから，その点を明確に区別する表示が必要である。これが他人の商品に関する情報提供であれば，「商品の通信販売に関する情報の提供」又は「通信販売カタログによる商品の販売に関する情報の提供」といった表示にすることができる。これに対し，小売等役務であるのであれば，商品内容を特定して「カタログを利用した通信販売による○○の小売又は卸売の業務において行われる顧客に対する便益の提供」といった形で指定役務の内容を特定することが必要と考えられる。

（富田　善範）

## Q4　指定役務の判断

**Q**　ゲーム開発を行っているＡ社が，自社のロゴの商標登録を考えています。Ａ社は自社のホームページで開発した商品を紹介するとともに，それらの商品を販売するＢ社のホームページへのリンクを貼っていますが，このような場合，指定商品（役務）は，何類に該当するのでしょうか。

**A**　本問の場合，指定役務が，Ａ社の事業内容に沿って，例えば「コンピューター用ゲームソフトウェアの開発」であれば，第42類に該当するが，設問の開発した商品の紹介を行うような小売等役務として，例えば「テレビゲームおもちゃの小売又は卸売の業務において行われる顧客に対する便益の提供」とする場合であれば，第35類に該当する。

### ▌解　説

#### 1　指定商品又は指定役務について

　商標は，事業者（業として商品を生産し，証明し，又は譲渡する者及び業として役務を提供し，又は証明する者）が，「商品について使用をするもの」（商標2条1項1号）及び「役務について使用をするもの」（同項2号）である。すなわち，商標は，自己の商品又は役務と他人の商品又は役務とを識別する標識であり，商品又は役務の出所を示す標識である。そこで，商標登録を受けようとする者は，商標登録を受けようとする商標とともに，商標の使用をする一又は二以上の商品又は役務を指定して，商標ごとにしなければならず（商標6条1項），商品又は役務の指定は，政令で定める商品及び役務の区分に従ってしなければならない（同条2項）。これを受けて，商標法施行令2条は，同区分を，標章の登録のための商品及びサービスの国際分類に関するニース協定1条に規定する国際分類に従って，別表において，商品として，第1類から第34類まで，役務として，第35類から第45類まで，各区分における分野を定め，

各区分に，その属する商品又は役務の内容を理解するための目安となる名称を付している（政令別表）。さらに，商標法施行規則6条は，上記区分に属する商品又は役務を，国際分類に即し，かつ，各区分において更に細分類をして定めている（省令別表）。

　商品・役務の区分は，商品又は役務の類似の範囲を定めるものではない（商標6条3項）。商標は，事業者が扱う商品や役務との関係で出所を示す標識であるから，ある標識をあらゆる商品役務について独占させるべきではない。また，商標の出願があった場合，あらゆる商品役務について商標の類似の審査を行うことは困難であり，出願人が使用とする商品役務を指定させる方が妥当である。これに対し，細分化された商品について商標権を設定することになれば，極めて多くの商標登録出願をしなければならない。そこで，出願人の便宜と審査の便宜を勘案して，商品及び役務の区分を定め，商品及び役務の特定例を示したのが，上記政令別表である。

　指定商品又は指定役務の記載は，かつては各類全部に及び，抽象的包括概念でもよいとされていたが，サービス・マーク登録制度の導入，新分類への変更を機に，各類全部といった指定は許されないことになり，省令別表に掲載されている中分類以下であれば，その限度で包括概念によることは許されている。また，かつての一商標一出願の原則では，政令で定める商品及び役務の区分内で一又は二以上の商品又は役務を指定することとされていたが，平成8年法律第68号による商標法の改正で，これが削除されたので，一出願で多くの商品役務区分にまたがって指定できる，一出願多区分制に移行した。

## 2　商標の使用と指定役務の関係

　本問の事例については，商標法50条1項に基づく不使用を理由とする商標登録の取消請求における指定役務の解釈について，注目すべき最高裁判決（最三小判平成23年12月20日民集65巻9号3568頁〔ARIKA事件〕）がある。

　本件は，Xが指定役務を第35類及び第41類とする登録商標Aを有していたところ，Yが，商標法50条1項に基づき，上記指定役務中「第35類　広告，経営の診断及び指導，市場調査，商品の販売に関する情報の提供，ホテルの

事業の管理，広告用具の貸与」についての不使用を理由に，上記指定役務に係る商標登録の取消しの審判請求をしたところ，特許庁が上記指定役務に係る商標を取り消すべき旨の審決をしたことから，Xが同審決の取消しを求めた事案である。Xは，自社のウェブサイトにおいて，自社が開発したゲームソフトを紹介するのに併せて，商標Aを表示して，自社が開発に携わりB社が販売するゲームソフトにつき，その発売日等を表示し，また，自社が開発したゲームソフトに用いられた楽曲を収録したC社の販売する音楽CDにつき，その内容，価格，発売日等を表示していた。Xは，自社製品のカタログ兼会社案内の冊子及び自社の上記ウェブサイトにおける商標Aの使用（以下「本件各行為」という。）により，上記指定役務について商標Aの使用をしていると主張したが，審判は，いずれも自社の開発した商品の広告にとどまるものであり，他人のために行う労務又は便益ではないから，商標Aを上記指定役務について使用しているとみることはできないとして，上記指定役務に係る商標Aを取り消すべきであると判断したが，知財高判平成21年3月24日民集65巻9号3583頁は，上記各行為により，予告登録前3年以内に日本国内において上記指定役務について商標Aの使用をしていたと認められるとして，本件審決の取消しを求めるXの請求を棄却した。

　最高裁は，上記指定役務は，商標法施行規則別表第35類3に定める「商品の販売に関する情報の提供」を意味するところ，これは，商業等に従事する企業に対して，その管理，運営を援助するための情報を提供する役務であると解するのが相当であるから，本件各行為は，Xのウェブサイトにおいて，Xが開発したゲームソフトを紹介するのに併せて，他社の販売する本件各商品を消費者に対して紹介するものにすぎず，商業等に従事する企業に対して，その管理，運営等を援助するための情報を提供するものとはいえないから，本件各行為により，Xが上記指定役務についての商標Aの使用をしていたということはできないとして，原判決を破棄し，Xの請求を棄却した。

　役務とは，平成3年の商標法改正により，役務についての商標登録制度が導入されたことにより，取り入れられた概念であり，一般に，他人のためにする労務又は便益であって，独立して商取引の目的たり得べきものをいうと

解されている。ところで政令別表第35類の名称は「広告，事業の管理又は運営及び事務処理」であり，上記区分に属するものとされた省令別表第35類には，広告，トレーディングスタンプの発行，経営の診断及び指導などの役務が定められており，国際分類を構成する類別表注釈には，第35類に属する役務について，「商業に従事する企業の運営若しくは管理に関する援助又は商業若しくは工業に従事する企業の事業若しくは商業機能の管理に関する援助を主たる目的とするもの」を含むことが示されている。これらを考慮すると「商品の販売に関する情報の提供」とは，商業等に従事する企業に対し，その管理，運営等を援助するための情報を提供する役務を意味すると解するのが相当であることになる。もっとも，平成18年法律第55号による商標法の改正により，商標の使用対象となる役務として「小売及び卸売の業務において行われる顧客に対する便益の提供」が追加され（商標２条２項），これに伴い，施行令別表第35類に小売又は卸売の業務において行われる顧客に対する便益の提供の役務が追加され，施行規則別表第35類にも，接客，カタログを通じた商品選択の便宜を図ることなど商品の最終需要者である消費者に対して便宜を提供する役務が商標の使用対象となる役務として認められるようになった。したがって，これらの改正法令が適用される商標登録であり，指定役務として，規則別表第35類に例示されているような形であれば，第35類として指定役務とすることも可能である。

## 3　指定役務の具体例について

　本問のように，ゲーム開発を行っているＡ社が，自社のホームページで開発した商品を紹介するとともに，それらの商品を販売するＢ社のホームページへのリンクを貼っている場合に，そこで使用する商標の登録において，どのような指定役務の表示が認められているか，それが何類に該当するかについては，特許情報プラットフォーム（https://www.j-platpat.inpit.go.jp/web/all/top/BTmTopPage）で，類似の指定役務を検索してみるのが一番分かりやすい。例えば，Ａ社の事業に沿って，指定役務を「コンピューター用ゲームソフトウェアの開発」とすれば，これは第42類に該当する。これに対して，いわゆ

る小売等役務として，例えば「テレビゲームおもちゃの小売又は卸売の業務において行われる顧客に対する便益の提供」とすれば，これは第35類に該当する。小売等役務を指定役務とする場合の注意点については，Q3に詳説したので参照されたい。


（富田　善範）

## 2　地域団体商標

### Q 5　地域団体商標

**Q**　地元の組合Aが，地域団体商標として，この地方で有名なご当地グルメXを商標登録しようと考えています。地域団体商標の要件を教えてください。

**A**　地域団体商標の制度は，地域と関連の深い商品やサービスのブランド化を図り，地域経済を活性化することを目的として，「地域等の名称と商品又は役務の名称からなる商標」について，一定範囲の需要者の間で周知となった場合には，当該地域に由来する団体がその商標を登録できるようにしたものである。

　地域団体商標としての登録の要件は，通常の商標登録のための要件に加えて，(1)登録を受ける者に関する主体的要件として，①法人格を有する団体であること，②特別の法律により設立された組合であること，③その法律において，構成員資格者としての加入の自由が規定されていること，(2)登録商標に関する客体的要件として，①構成員に使用させる商標であること，②当該商標が，地域等の名称と商品又は役務からなること，③地域等の名称が，商品又は役務と密接な関連性があること，④当該商標が，使用されたことにより，一定の範囲内で周知となっていること，である。

　なお，最近，農林水産物や食品等の名称であって，名称から産地である地域が特定でき，一定の品質等が確立されているものについては，その地理的表示を保護するための制度も創設された。

■　解　説

#### 1　地域団体商標制度の設立までの経緯

近年，地域産業の活性化のために，地域の自然を活かした農林水産物や特

産品，地域の歴史と関連する伝統工芸品やサービスなどについて，地域名を付してブランド化を図り，販売・サービス提供に利用しようとする活動が注目されている。しかし，そのような地域ブランドが一定の知名度を有するようになり，販売戦略上有効なものと認められてくると，そのブランド名に便乗しようとする者が現れ，当該ブランドの信用が損なわれたり，地域の発展が阻害されたりすることが予想される。

　その防止のためには，当該地域ブランド名を商標登録することが考えられるが，従前の商標法では，産地・販売地と商品等の名称の組合せによる文字商標では原則として出所の識別力を有しない（商標3条1項3号），そのような商標を使用して識別力を獲得するためには全国的に知名度を築き上げなければならない（同条2項），出願した一事業者によってその使用が独占されてしまうなどの問題が生じ得る。そこで，平成17年に商標法を改正し（平成17年法律第56号），商品や役務の出所が特定の団体の構成員であることを識別させる団体商標の制度（商標7条）を更に発展させて，地域等の名称と商品又は役務の名称からなる商標が，一定範囲で周知となった場合には，その地域に由来する団体が，当該商標を「地域団体商標」として商標登録できるようしたものである（商標7条の2，商標法の改正の経緯については，『産業財産権法の解説—平成17年商標法の一部改正』を参照）。

## 2　登録のための要件

　地域団体商標として登録を受けるためには，通常の商標登録のための要件を備えていること（ただし，商標法3条については，同条1項1号及び2号を除いて，その適用が排除される。）のほかに，同法7条の2が規定する，出願し登録を受ける者に関して必要とされる主体的要件と，登録を受けようとする商標に関して必要とされる客体的要件を備えなければならない。以下，詳述する。

　(1)　主体的要件

　地域団体商標の登録を受けることができる者は，①法人格を有し，②事業協同組合などの特別の法律により設立された組合又はこれに相当する外国の法人であることが必要とされる。したがって，個人や法人格のない社団は，

登録を受けることができず，特別法により設立されていない市町村などの地方公共団体や商工会議所等も除外される。なお，法律上例示される事業協同組合は，中小企業等協同組合法により設立される組合であり，その他には，農業協同組合法により設立された農業協同組合や水産業協同組合法により設立された漁業協同組合などが該当する。

　また，③組合の設立のための法律において，正当な理由なく，構成員たる資格を有する者の加入を拒んだり，現在の構成員より困難な条件を付けるなどの制約を設けていないことが要件とされる。地域団体商標は，本来，地域の事業者に広く利用の機会を与えるべきであり，一部の事業者による独占を許すべきではないから，出願人たる団体の根拠法において，当該商標の利用を求める事業者が団体の構成員となって使用することが妨げられないよう規定されたものである。

　⑵　客体的要件

　地域団体商標は，①団体の構成員に使用させる商標でなければならない。したがって，出願人である団体自身が使用する必要はないが，使用することも許される。

　また，地域団体商標は，②地域等の名称と商品又は役務の名称を普通に用いられる方法で表示する文字からなることが要件である。地域の名称が付されていても，特徴ある図形と組み合わされたものや，特殊な文字により表示されたものは，商標法3条1項各号に該当せず，それ自体識別力を有するから，従前から商標登録が可能であり改正法により保護する必要がない。なお，地域の名称だけの商標では，その使用を求める者が少ないと予想される上，同一の地域内において複数の商品又は役務の販売・提供が困難となるから，登録が認められない。

　商品又は役務の名称としては，商品又は役務の普通名称（商標7条の2第1項1号）だけでなく，慣用されている名称（同項2号）でもよい。例えば，工芸品として，陶磁器における「焼」，織物における「織」，漆器における「塗」などが，慣用名称とされる。また，これらの普通名称や慣用名称に，商品の産地又は役務の提供の場所を表示する際に付される文字として慣用さ

れる文字（同項3号）も加えることができる。例えば，「本場」，「特産」，「名産」や単なる「産」などが該当するが，産地や提供場所と関連のない，「本家」，「元祖」などは認められない。ただし，地域の名称と商品又は役務の名称の全体が，既に普通名称や慣用商標になっている場合（例えば「薩摩芋」）は，地域と関連のない第三者による使用も許すべきであるから，地域団体商標としての登録は認められない（同法3条1項1号及び2号の適用は排除されない。）。

　なお，地域団体商標中の商品又は役務の名称は，その指定商品又は役務と一致していることが必要である。

　地域団体商標中の，③地域の名称は，行政区画の名称に限定されず，山岳や河川，海域等の名称でもよく，略称でもよいが，商品の産地又は役務の提供の場所やこれらに準ずる程度に商品又は役務と密接な関連性を有することが要件である（商標7条の2第2項）。地域団体商標は，地域経済の活性化のため地域ブランドの保護を図るものであるから，当該地域と密接な関連性を有する商品又は役務に関して使用される商標に限定して登録を認めることとしたものである。商品の産地や役務提供の場所に準ずる場合としては，主要な原料の生産地や商品の製法が由来する地などが該当する。

　さらに，地域団体商標は，④当該商標が，使用されたことにより，一定の範囲内で周知となっていることが要件である。従前の商標法でも，商品の産地等を普通に用いられる方法で表示するだけであり自他識別力を欠く商標等であっても，実際に使用された結果「何人かの業務に係る商品又は役務であることを認識することができるもの」，すなわち，いわゆる周知性を獲得したものについては，商標登録を受けることができた（商標3条2項）。しかし，その場合の周知性の程度は，実務上，全国的に知られていることが求められており，実際の商標登録は容易でない上，それまでの間に便乗使用されるおそれがあった。他方，第三者による当該商標の使用を排除する場合には，団体等による使用により一定の信用が蓄積されていることも必要である。そこで，地域団体商標では，周知性の要件を緩和して，「業務に係る商品又は役務を表示するものとして需要者の間に広く認識されているとき」に登録が受けられるものとした。したがって，この周知性の有無は，隣接する都道府県

の範囲程度を基準として，実際の商標の使用状況や広告宣伝の内容などの個別的事情に基づいて判断される。

　この地域団体商標の周知性の点に関して，裁判例（知財高判平成22年11月15日判時2111号109頁〔喜多方ラーメン地域団体商標事件〕）は，従前の商標法3条2項より識別力の程度（需要者の広がりないし範囲と，認知度）の要件は緩和されたが，当該商標と特定の団体等の業務に係る商品又は役務との結び付きについての需要者の認識の要件を緩和したものではないと判示し，周知性を欠くとした審決を維持した。

　なお，地域団体商標として登録を受けるための手続的要件も，法律上規定されている（商標7条の2第4項）。

## 3　地理的表示の保護について

　平成26年の法律改正により，産地である地域が特定でき，一定の品質等が確立されている農林水産物や食品等の名称は，地理的表示として保護することが可能となった（特定農林水産物等の名称の保護に関する法律（地理的表示法と略称），平成26年法律第84号）。この制度は，地域経済の活性化のために，産地と産品名からなる表示の登録を認めて，地域ブランドとしての保護を図る点で，地域団体商標制度と共通するものであるが，対象が農林水産物や食品等に限定されること，一定の品質等の維持が求められること，不正な使用に対して行政機関が対応すること，などの点が相違する。

## 4　設問の検討

　地域団体商標として登録を受けるためには，地元の組合Aが，中小企業等協同組合法などの加入の自由が保障された法律により設立された組合であることが必要であり，また，当該地方が商品Xの産地等であって，既に当該地方の名称と商品Xを組み合わせた商標を使用して，少なくとも所在する県及び隣県等の範囲でA組合の業務に係る商品として広く認識されていることなどが必要である。

（清水　節）

## 3　立体商標

### Q 6　立体商標

 A社は，基幹商品として長く販売してきた商品について，その特徴的な容器も商標登録しようと考えています。立体商標の要件を教えてください。

**A**　平面的な文字や図形だけでなく，立体的形状を有する標章も，商標として登録を受けることができ，「立体商標」といわれる。ただし，商品又は商品の包装自体を立体商標としようする場合，当該立体的形状が，指定商品の形状そのものの範囲を出ないものや，極めて簡単でありふれたものであるときは，一般に識別力を有しないとされており，商標登録できない。したがって，商品の容器は，「商品の包装」に該当し，通常，商標登録を受けることが困難であるが，このような容器が，長期間の使用などにより何人かの業務に係る商品であることが認識できる一定の自他識別力を獲得した場合には，商標登録が受けられる。また，当該容器に出所表示機能を有する文字や図形などの平面的商標が付されている場合は，全体として識別力を有するものとして，商標登録が受けられる。

　なお，商品又は商品の包装が，その商品又は商品の包装の機能を確保するために不可欠な立体的形状のみからなる場合は，その登録を許すと，事実上その商品の製造，販売を独占させることになるので，識別力の有無にかかわらず，商標登録が受けられない。

### ■　解　説

#### 1　立体商標制度の創設

　平面的な文字や図形・記号等からなる平面商標に加えて，立体的形状を構成要素とする立体商標の制度は，平成 8 年の商標法改正（平成 8 年法律第68

号）により導入されたものである。

　同改正前の商標の構成要素は，平面的な文字や図形・記号等に限られていたため，宣伝広告用として店舗の前に置かれた特徴的な人形などの立体的形状は，商標として登録することができなかった。しかし，このような立体的形状も商標として登録することを求める社会的要請が高まったことや，商品の形状を不正競争防止法2条の「商品等表示」として保護する裁判例が存すること，立体商標を認めている諸外国との国際的調和を図る必要性があることなどを理由として，上記法改正が行われたものである。

## 2　立体商標の内容

　同改正後の商標法では，商標の構成要素として「立体的形状」が追加される（商標2条1項）とともに，「商品その他の物に標章を付することには，商品若しくは商品の包装，役務の提供の用に供する物又は商品若しくは役務に関する広告を標章の形状とすることが含まれるものとする」旨が規定された（同条4項）。

　上記に規定により，立体的形状を構成要素とする立体商標には，①商品又は商品の包装の形状，②役務の提供の用に供する物の形状，③商品又は役務に関する広告の形状，の3類型があるものと理解される。

　このうち，③の商品又は役務に関する広告が立体的形状である場合とは，前述したように，特定の飲食店の広告のためにその店舗の前に置かれた特徴的な人形などが該当し，一定の自他識別力を有することが多く，立体商標として認められやすい。

　これに対し，①の商品自体又は商品の包装の立体的形状は，通常，商品の使用又は機能上の必要から採用されたり，一定の美感の獲得を目的として選択されたりするものであるから，商品の出所を表示するものではなく自他識別力を有しないといえよう。したがって，商品自体又は商品の包装の立体的形状は，通常，「商品の形状（包装の形状を含む。）を普通に用いられる方法で表示する標章のみからなる商標」，すなわち，商標法3条1項3号に該当し，立体商標として登録を受けることは困難と解される。

　また，当該立体的形状が，「極めて簡単で，かつ，ありふれた標章のみからなる」場合は，商標法3条1項5号に該当し，立体商標として登録を受けることができない。

### 3　商品又は商品の包装が商標登録を受けられる事例

　(1)　商標法3条1項3号・5号に該当しない場合

　以上のとおり，商品又は商品の包装の立体的形状は，通常，立体商標として登録を受けることは困難と解される。商標法3条1項3号に関する特許庁の審査基準[1]でも，商品自体又は商品の包装の立体的形状が，指定商品の形状そのものの範囲を出ないと認識される場合には，同号に該当するとされ，この基準は，立体的形状が役務の提供の用に供する物である場合にも適用される。

　しかし，商品又は商品の包装の立体的形状が，商品の機能上の必要性や美感の獲得とは関連しない，特異な形状である場合には，同条1項3号又は5号に該当せず，例外的に立体商標として登録が認められる（後記4の〔ギリアンチョコレート事件〕参照）。

　(2)　平面的商標が付される場合

　商標法3条1項3号又は5号に該当し自他識別力を有しない立体的形状であっても，自他識別力を有する文字，図形等の平面的商標が付されて出所表示標識として用いられている場合には，全体として見れば出所の識別が可能であるから，当該立体的形状も含めて商標登録が受けられる。

　(3)　商標法3条2項に該当する場合

　商標法3条1項3号又は5号に該当し自他識別力を有しない立体的形状（平面的商標が付されていないもの）であっても，「使用された結果需要者が何人かの業務に係る商品又は役務であることを認識することができる」場合（商標3条2項）には，立体商標として登録が認められる。すなわち，当該立体

---

〈1〉　商標審査便覧41.103.04では，立体的形状に特徴的な変更，装飾等が施された場合であっても，全体として指定商品等の形状を表示していると認識されるときには，原則として，識別力を有しないとされる。

形状が，長期間の使用や短期間であっても強力な宣伝広告などにより，同種の商品の形状と区別されて何人かの業務に係る商品又は役務であることが認識できる程度に至っており，一定の周知性を獲得した結果，自他識別力を有する場合には，商標登録が受けられる。

　なお，自他識別力を有しない立体的形状が，その商品又は商品の包装の機能を確保するために不可欠な形状のみからなる場合は，長年の使用によって自他識別力を獲得しているときであっても，その商標登録は許されない（商標4条1項18号）。そのような立体的形状の登録を認めると，事実上その商品の製造，販売を独占させることになり，産業の発展を阻害し，公正な競争秩序を乱すおそれがあるので，識別力の有無にかかわらず，商標登録が受けられないのである。

## 4　立体商標に関する裁判例

　平成8年の商標法改正以降，商品又は商品の包装の立体的形状の商標登録について，当初の裁判例は，商標法3条1項3号に該当して自他識別力を欠くとした上，同条2項の周知性の認定も否定してきた。例えば，東京高判平成12年12月21日判時1746号129頁〔筆記用具事件〕，東京高判平成13年7月17日判時1769号98頁〔第1次ヤクルト事件〕，東京高判平成13年12月28日（平成13年（行ケ）第48号）裁判所ウェブサイト〔投釣り用天秤事件〕，東京高判平成14年7月18日（平成13年（行ケ）第446号）裁判所ウェブサイト〔飾り金具事件〕，東京高判平成15年8月29日（平成14年（行ケ）第581号）裁判所ウェブサイト〔角瓶ウィスキー事件〕などである。しかし，知財高判平成19年6月27日判時1984号3頁〔マグライト事件〕が，商品「懐中電灯」の立体形状について，同条1項3号に該当して自他識別力を欠くとしながら，同一形状の商品が長期間にわたって多数販売され，大規模な宣伝広告が行われてきたことなどを認定し，自他商品識別機能を獲得したとして同条2項により立体商標としての登録を認め，同判決以降，自他識別力のない商品又は商品の包装の立体的形状であっても，長年の使用等により自他識別力を獲得したと認定する裁判例が増加している。例えば，知財高判平成20年5月29日判時2006号36頁

〔コカコーラ事件〕，知財高判平成22年11月16日判時2113号135頁〔第2次ヤクルト事件〕，知財高判平成23年6月29日判時2122号33頁〔Yチェア事件〕などは，いずれも特許庁の審決を取り消して立体商標の登録を認めた（ただし，知財高判平成20年6月24日（平成19年（行ケ）第10405号）裁判所ウェブサイト〔弦楽器用駒事件〕は，自他識別力の獲得を否定。）。なお，知財高判平成20年6月30日判時2056号133頁〔ギリアンチョコレート事件〕は，貝殻等の形状をした4種類のチョコレート菓子について，「4種類の図柄の選択・組合せ及び配列の順序並びにマーブル色の色彩が結合している点において……新規であり」，「需要者である一般消費者において，チョコレート菓子の次回の購入を検討する際に，……購入ないし非購入を決定する上での標識とするに足りる程度に十分特徴である」として，商標法3条1項3号の該当性を否定し，審決を取り消して立体商標と認めた。

## 5　設問の検討

　設問のような商品の容器自体は，特徴的なものであっても，通常，指定商品としての一般的形状の範囲内であると解され，自他識別力を有するものではないと考えられる。したがって，文字等の平面的商標を付したものでない限り，立体商標としての登録は困難といえる。ただし，長年にわたる販売によりその立体的形状が指定商品の需要者に認識され，他の同種商品と区別されるだけの自他識別力を獲得した場合には，当該容器自体であっても立体商標として登録できるであろう。

（清水　節）

## 4　新しい商標

### Q 7　改正商標法

 平成27年に商標法が改正・施行されたようですが，保護対象としてどのようなものが追加されたのでしょうか。

 新しいタイプの商標として，「動き商標」，「ホログラム商標」，「色彩のみからなる商標」，「音商標」及び「位置商標」が保護対象として追加された。

■ 解　説

### 1　新しいタイプの商標が導入された背景

我が国の商標法は，文字や図形等からなる伝統的な商標を保護対象としてきたが，①インターネットの普及等による商品・役務の販売戦略の多様化等を背景とした新しいタイプの商標の利用の拡大，②新しいタイプの商標に関する諸外国における保護の動きの広がりや国際的な議論の進展を踏まえ，動きや音等からなる新しいタイプの商標の保護の在り方について検討された。

検討された新しいタイプの商標には，以下のものがある。

①　動きの商標

動きの商標は，視覚的に認識できる図形等が時間によって変化して見える商標（例えば，テレビやコンピュータ画面等に映し出される動く平面商標や，動く立体商標等）である。

②　ホログラムの商標

ホログラムの商標は，ホログラム（物体に光を当て，その反射光に同じ光源の光を別の角度から干渉させてできる回折像を感光材料に記録し，これに別の光を当てて物体の立体像を再生する画像）に映し出される図形等が見る角度によって変化して見える商標である。

③　輪郭のない色彩の商標

　輪郭のない色彩の商標とは，図形等と色彩が結合したものではなく，色彩のみからなる商標である。輪郭のない色彩の商標は，複数の色彩を組み合わせたものと，単一の色彩によるものがある。

④　位置商標

　位置商標は，図形等の標章と，その付される位置によって構成される。標章に識別力がない場合であっても，標章が常に商品等の特定の位置に付されることによって，識別力を獲得する商標である。

⑤　音の商標

　音の商標は，音楽，音声，自然音等からなる商標であり，聴覚によって認識されるものである。

⑥　香り・においの商標

　香り・においの商標は，嗅覚によって認識される商標である。

⑦　触覚の商標

　触覚の商標は，触覚によって認識される商標である。

⑧　味の商標

　味の商標は，味覚によって認識される商標である。

⑨　トレードドレス

　トレードドレスは，明確な定義はないが，需要者に示すための商品・役務の外観等（appearance or image）を指すものとして用いられている。例えば，商品の形状，商品の包装，ラベルなどのほか，レストランの外装及びインテリアデザインの全体が一つのまとまりとして保護されるものが含まれる。

## 2　新商標法の概要

(1)　施行日

　新しいタイプの商標を保護対象に追加することを含む「特許法等の一部を改正する法律」は，平成26年5月14日に平成26年法律第36号（以下，本改正後の商標法を「新商標法」という。）として公布され，新商標法のうち，動き，ホログラム，色彩，位置，音からなる新商標の導入部分については，平成27年

4月1日に施行された。

(2)　商標の定義

新商標法は，商標の定義について，次のように規定する。

「(定義等)

第二条　　この法律で「商標」とは，人の知覚によって認識することができるもののうち，文字，図形，記号，立体的形状若しくは色彩又はこれらの結合，音その他政令で定めるもの（以下「標章」という。）であって，次に掲げるものをいう。(以下略)」

この定義により，色彩のみの商標及び音の商標が追加され，その他の新しいタイプの商標については，将来的な保護ニーズの高まりに迅速に対応し保護対象に追加することができるよう，商標の定義を政令委任することとした。

動き，ホログラム，位置商標については，従来の商標の定義より読み込めるため，新商標法の定義規定では追加されていない。香り・においの商標，触覚の商標，味の商標は，新商標法では保護されないことになった。

新商標法では，トレードドレス自体は保護対象とされていないが，色彩のみからなる商標，位置商標，立体商標により，その保護の範囲でトレードドレスを保護することができよう。しかし，レストランの外装やインテリアデザインの全体が一つのまとまりとしてなるトレードドレス自体の保護は難しいと考えられる。

(3)　商標の使用の定義の拡大

ア　使用行為

今回保護の対象に追加された音の商標について，機器を用いて再生する行為や楽器を用いて演奏する行為のように，商品の譲渡若しくは引渡し又は役務の提供のために実際に音を発する行為を標章の使用行為として追加し，また，新商標法2条1項に規定する「その他政令で定める」商標が追加された際に，その使用行為についても併せて整備することができるよう，標章の使用の定義を政令委任することとした（新商標法2条3項9号，10号）。

イ　「付す」行為

音の商標について，標章を「付す」行為に該当するものとして，記録媒体

に音を記録することが含まれる旨を新たに明確化し，また，当該行為として
は，「商品，役務の提供の用に供する物又は商品若しくは役務に関する広
告」に音を記録するための記録媒体が取り付けられている場合に，当該記録
媒体に音を記録する行為を想定しているが，DVDカタログのように商品等
それ自体が記録媒体である場合も存在することから，これに音を記録する行
為についても，音の標章を「付す」行為に含まれることを明確化した（新商
標法2条4項2号）。

(4) 商標の登録要件の見直し

ア 識別性

商標の定義に，色彩のみからなる商標及び音の商標が追加されるとともに，
政令委任規定が設けられたことから，自他商品等の識別力がない商標として，
①商品等が通常有する色彩（例えば，商品「自動車用タイヤ」について「黒色」）や
発する音（例えば，商品「電話」について『リーンリーン』という呼び出し音」），②
今後政令で定める可能性のある商標に係る商品の特徴について，網羅的に捕
捉する必要があることから，商標法3条1項3号に，その商品又は役務の
「その他の特徴」が追加された。

しかしながら，長年の使用により，識別力を取得した場合には，商標法3
条2項により登録することができる。

イ 機能性

新商標法4条1項18号は，「商品等（商品若しくは商品の包装又は役務を
いう。第26条第1項第5号において同じ。）が当然に備える特徴のうち政令
で定めるもののみからなる商標」を登録阻却事由として規定し，これを受け
て，新商標法施行令1条は，「商標法第4条第1項第18号及び第26条第1項
第5号の政令で定める特徴は，立体的形状，色彩又は音（役務にあっては，
役務の提供の用に供する物の立体的形状，色彩又は音）とする。」とした。
例えば，商品「食器」について「……彩」のように，商品の機能又は魅力の
向上等に資することを目的として採用されるものがこれに該当しよう。

(5) 他人の著作隣接権に抵触する登録商標の取扱い

音の商標については，当該商標が既にレコードに録音され，又は放送され

たものである可能性があり，そのような商標の使用については，実演家の権利，レコード製作者の権利，放送事業者の権利及び有線放送事業者の権利のような著作隣接権と抵触することがあり得る。そこで，新商標法29条は，商標権者，専用使用権者又は通常使用権者は，指定商品又は指定役務についての登録商標の使用がその使用の態様によりその商標登録出願の日前に生じた他人の著作隣接権と抵触するときは，指定商品又は指定役務のうち抵触する部分についてその態様により登録商標を使用できないこととした。

(6)　商標権の効力の制限

商標は，本来的には自他商品等の識別のために使用すべきものであり，自他商品等の識別機能を発揮する形での商標の使用を，いわゆる「商標的使用」というが，「商標的使用」ではない商標の使用については，商標権侵害を構成しないとするのが裁判例であった。そこで，新商標法26条1項6号は，「商標的使用」がされていない商標，すなわち「需要者が何人かの業務に係る商品又は役務であることを認識できる態様により使用されていない商標」については，商標権の効力が及ばないこととした。

(7)　継続的使用権

附則5条3項により，色彩，音，動き，ホログラム商標（変化するもの）については，継続的使用権が認められる。位置商標については，継続的使用権は認められない。

附則5条4項により，商標権者又は専用使用権者は，継続的使用権を有するものに対して，混同防止の表示を付すべきことを請求できることとした。

## 3　新しいタイプの商標の商標登録出願

(1)　動き商標

ア　【商標登録を受けようとする商標】（商標記載欄）の記載について

動き商標の商標記載欄への記載は，一又は異なる二以上の図又は写真によって，時間の経過に伴う商標の変化の状態が特定されるように記載する。

その際，商標記載欄には，その商標の変化（時間の経過に伴い，文字や図形等が移動するものも含まれる。）の状態を特定するための指示線，符号又は文字を

記載することができる。この場合，その指示線，符号又は文字の記載により
どのように商標の変化の状態が特定されるのかを【商標の詳細な説明】の欄
に記載する。

　　イ　商標のタイプの記載について

　動き商標を出願する場合には，商標記載欄の下に【動き商標】と記載する。

　　ウ　商標の詳細な説明の記載について

　動き商標を出願する場合には，商標のタイプの記載の下に【商標の詳細な
説明】の欄を設け，動き商標を構成する標章（文字，図形等）の説明と，時間
経過に伴う標章の変化の状態（変化の順番，全体の所要時間等）についての具体
的かつ明確な説明を記載する。

　なお，商標記載欄に商標の変化の状態を特定するための，指示線，符号又
は文字を記載した場合には，その記載によりどのように商標の変化の状態が
特定されるのかについても記載する。

　(2)　ホログラム商標

　　ア　【商標登録を受けようとする商標】（商標記載欄）の記載について

　ホログラム商標の商標記載欄への記載は，一又は異なる二以上の図又は写
真によって，ホログラフィーその他の方法による商標の変化の前後の状態が
特定されるように記載する。

　その際，商標記載欄には，その商標の変化（ホログラフィーその他の方法によ
り，文字や図形等が移動するものも含まれる。）の前後の状態を特定するための指
示線，符号又は文字を記載することができる。この場合，その指示線，符号
又は文字の記載によりどのように商標の変化の前後の状態が特定されるのか
を【商標の詳細な説明】の欄に記載する。

　　イ　商標のタイプの記載について

　ホログラム商標を出願する場合には，商標記載欄の下に【ホログラム商
標】と記載する。

　　ウ　商標の詳細な説明の記載について

　ホログラム商標を出願する場合には，商標のタイプの記載の下に【商標の
詳細な説明】の欄を設け，ホログラム商標を構成する標章（文字，図形等）の

説明と，ホログラフィーその他の方法による視覚効果（立体的に描写される効果，光の反射により輝いて見える効果，見る角度により別の表示が見える効果など。）による標章の変化の状態についての具体的かつ明確な説明を記載する。

　なお，商標記載欄に商標の変化の前後の状態を特定するための指示線，符号又は文字を記載した場合には，その記載によりどのように商標の変化の前後の状態が特定されるのかについても記載する。

　(3)　色彩のみからなる商標

　　ア　【商標登録を受けようとする商標】（商標記載欄）の記載について

　色彩のみからなる商標の商標記載欄への記載は，以下の二つの方法がある。

　①　商標登録を受けようとする色彩がなるべく全体にわたり表示された図又は写真によって記載する。

　②　一又は異なる二以上の図又は写真によって，商標登録を受けようとする色彩を当該色彩のみで描き，その他の部分を破線で描く等により，当該色彩及びそれを付する位置が特定されるように記載する。

　その際，商標記載欄には，商標登録を受けようとする色彩及びそれを付する位置を特定するための線，点その他のものを記載することができる。この場合，その線，点その他のものの記載によりどのように当該色彩及びそれを付する位置が特定されるのかを【商標の詳細な説明】の欄に記載する。

　　イ　商標のタイプの記載について

　色彩のみからなる商標を出願する場合には，商標記載欄の下に【色彩のみからなる商標】と記載する。

　　ウ　商標の詳細な説明の記載について

　色彩のみからなる商標を出願する場合には，商標のタイプの記載の下に【商標の詳細な説明】の欄を設け，色彩を特定するための色彩名，三原色（RGB）の配合率，色見本帳の番号，色彩の組合せ方（色彩を組み合わせた場合の各色の配置や割合等）等について記載する。また，色彩を付する位置を特定する場合には，色彩を付する商品等における位置（部位の名称等）についての具体的かつ明確な説明について記載する。

　なお，商標記載欄に色彩を付する位置を特定するための線，点その他のも

のを記載した場合には，その記載によりどのように当該色彩及びそれを付する位置が特定されるのかについても記載する。

　(4)　音商標

　　ア　【商標登録を受けようとする商標】(商標記載欄)の記載について

　音商標の商標記載欄への記載は，文字若しくは五線譜又はこれらの組合せを用いて，商標登録を受けようとする音を特定するために必要な事項を記載する(必要な場合には，五線譜に加えて一線譜も用いて記載することができる。)。具体的には，次のとおりに記載する。

　　　①　五線譜を用いて記載する場合

　音符，音部記号(ト音記号等)，テンポ(メトロノーム記号や速度標語)，拍子記号(4分の4拍子等)，言語的要素(歌詞等が含まれるとき)を必ず記載する。また，演奏楽器や声域等の音色をなるべく記載する。

　なお，楽曲のタイトルや作曲者名など，音商標の構成要素ではないものについては記載することはできない。

　　　②　文字を用いて記載する場合

　擬音語又は擬態語と組み合わせる等の方法により音の種類を特定して記載する。また，音の長さ(時間)，音の回数，音の順番，音の変化(音量の変化，音声の強弱，音のテンポの変化等)等についても記載する。

　　イ　商標のタイプの記載について

　音商標を出願する場合には，商標記載欄の下に【音商標】と記載する。

　　ウ　商標の詳細な説明の記載について

　商標の詳細な説明の記載は，音商標の場合は任意である。

　なお，商標の詳細な説明を記載する場合には，商標のタイプの記載の下に【商標の詳細な説明】の欄を設けて，必要な事項を記載する。

　　エ　物件について

　音商標を出願する場合には，商標登録を受けようとする商標を記録した光ディスク(媒体は「CD-R」又は「DVD-R」，ファイルはMP3)の提出が義務付けられている。

　したがって，願書に【提出物件の目録】及びその下に【物件名】の欄を設

けて，【物件名】の欄に「商標法第5条第4項の物件　1」と記載する。

　(5)　位置商標

　　ア　【商標登録を受けようとする商標】（商標記載欄）の記載について

　位置商標の商標記載欄への記載は，一又は異なる二以上の図又は写真によって，商標登録を受けようとする商標に係る標章を実線で描き，その他の部分を破線で描く等により，標章及びそれを付する位置が特定されるように記載する。

　その際，商標記載欄には，商標登録を受けようとする商標に係る標章及びそれを付する位置を特定するための線，点その他のものを記載することができる。この場合，その線，点その他のものの記載によりどのように当該標章及びそれを付する位置が特定されるのかを【商標の詳細な説明】の欄に記載する。

　　イ　商標のタイプの記載について

　位置商標を出願する場合には，商標記載欄の下に【位置商標】と記載する。

　　ウ　商標の詳細な説明の記載について

　位置商標を出願する場合には，商標のタイプの記載の下に【商標の詳細な説明】の欄を設け，位置商標を構成する標章（文字，図形等）の説明と，この標章を付する商品等における位置（部位の名称等）についての具体的かつ明確な説明を記載する。

　なお，商標記載欄に商標登録を受けようとする商標に係る標章及びそれを付する位置を特定するための線，点その他のものを記載した場合には，その記載によりどのように標章及びそれを付する位置が特定されるのかについて記載する。

## 4　商標の類否

　商標法4条1項11号は，先に登録された他人の商標と類似する場合には登録できない旨を規定するが，同号の「類似」について新商標のための特別の規定は設けられていない。

　商標の類否については，従前同様，商標の外観，観念，称呼等によって取

引者に与える印象，記憶，連想等を総合して全体的に考察し，取引の一般的，恒常的な実情に基づいて判断することとなろう（最三小判昭和43年2月27日民集22巻2号399頁〔氷山印事件〕，最一小判昭和49年4月25日審決取消訴訟判決集昭和49年443頁〔保土ヶ谷化学工業社標事件〕）。

　これまでも，異なるタイプの商標間の類否の問題（例えば，立体商標を特定方向から見たときの外観と平面商標の外観が類似する場合等）はあったが，新商標法により新しいタイプの商標が追加された結果，言語的要素を含む音商標と文字商標（例えば，言語的要素「ジェーピーオー」を含む音商標と文字商標「JPO」）の類否のように，更に新たな問題が生じることとなった。新しいタイプの商標の類否判断については，今後の事例の蓄積を待つこととなろう。

（岡本　　岳）

## 5   商標の使用

### Q8   商標の使用

 　地域の情報を記事にまとめた無料の情報紙の名称を商標登録しようと考えていますが，このような無料のものに使用しても「商品」についての使用として認められるでしょうか。

 　無償のものは，通常，商取引の対象にならないので，標章をこれに使用しても，特段の事情がない限り，商品についての使用として認められない。

## ▌ 解　説

### 1   はじめに

　「商標」とは，標章（人の知覚によって認識することができるもののうち，文字，図形，記号，立体的形状若しくは色彩又はこれらの結合，音その他政令で定めるもの）であって，①業として商品を生産し，証明し，又は譲渡する者がその商品について使用をするもの，②業として役務を提供し，又は証明する者がその役務について使用をするもの（①に掲げるものを除く。）をいい（商標2条1項），その「使用」とは，商品についていえば，①商品又は商品の包装に標章を付する行為，②商品又は商品の包装に標章を付したものを譲渡し，引き渡し，譲渡若しくは引渡しのために展示し，輸出し，輸入し，又は電気通信回線を通じて提供する行為，③商品に関する広告，価格表若しくは取引書類に標章を付して展示し，若しくは頒布し，又はこれらを内容とする情報に標章を付して電磁的方法により提供する行為をいう（同条3項）。そして，自己の業務に係る商品又は役務について使用をする商標については，例外を除き，商標登録を受けることができる（商標3条）。

　ところで，商標法は，「商標」やその「使用」について，上記のような定

義をしているが,「商品」については定義をしていない。そこで,商標法にいう「商品」とはどのようなものかが問題となる。

## 2　商標法にいう「商品」とは

　商標法にいう「商品」は,一般に,商取引の対象として流通する有体物であると解されている[1]。

　本問は,無料の情報紙に使用することが「商品」についての使用として認められるかに関するものであり,対象が情報紙で,購読者に対する頒布が予定されているから,無料の情報紙が「商品」に該当するか否かは,もっぱら,無料の情報紙が商取引の対象となるものであるか否かに係る。

　商取引の対象となるというのは,通常,その物が有償であることを意味する。なお,商取引の対象となるか否かで問題となるのは,宣伝広告や販売促進のために無料で配布される,いわゆるノベルティ・グッズである。これは,例えば,ボールペンやポケット・ティッシュなど,それ自体で商取引の対象となり得るが,宣伝広告や販売促進のために無料で配布されるものであるから,独立の商取引の対象とはならないと考えられる[2]。

---

[1]　例えば,東京高判昭和63年3月29日無体例集20巻1号98頁〔天一事件〕は,「商取引の目的物として流通性のあるもの,すなわち,一般市場で流通に供されることを目的として生産される有体物であると解すべきである。」と判示する。
　　また,田村『商標法概説』240頁は,「裁判例や文献では,『商品』とは『取引の対象として流通する有体物』であり,有償性,流通性,有体動産であることが要件となると説かれることが多い。」とし,茶園『商標法』25頁は,「市場で商取引の対象となり得る流通性・代替性を有する物であり,有体物に限られないと解されている。」とする。

[2]　東京地判昭和36年3月2日下民集12巻3号410頁〔「趣味の会」事件〕,大阪地判昭和62年8月26日無体例集19巻2号268頁〔BOSS事件〕など。
　　これに対し,田村『商標法概説』243〜244頁は,ノベルティ・グッズに付された標章は,もともとの商品の宣伝広告や販売促進のために付されるもので,ノベルティ・グッズそれ自体の識別標識として付されているものではなく,出所表示機能を有しないなどとして,「結論として,『商品』概念において有償であることは要件ではないと解すべきである。」とする。

## 3　本問への当てはめ

(1)　本問における情報紙は無料というのであるから，一般に，商取引の対象とはならないと考えられる。裁判例[3]として，「日曜夕刊」の漢字を左から右に横書きしてなり，第26類「新聞」を指定商品とする登録商標について，不使用取消審判請求が成り立たない旨の審決に対する取消訴訟において，新聞の取次販売業者（商標権者）が，概ね月3回くらい一般日刊紙の夕刊がない日曜日に，顧客に対するサービスのため，「朝日新聞和泉町専売所」の肩書を付した発行名義をもって，「日曜夕刊」と題し，既刊の朝日新聞に掲載された記事の中から再度読者に知らせたい事実を抜き出し，又は，近所の面白いニュースを取り上げて記事とし，わら半紙の片面に謄写版刷りにした印刷物を毎回500部くらいずつ作製して，店頭の新聞販売用スタンドに入れて置き，不特定多数の希望者に自由に取らせて無料で配布したという事実関係の下で，「『日曜夕刊』なる印刷物を無料で配付したのは，被告の朝日新聞取次販売営業の顧客に対するサービスたるにすぎず，もとより，商取引としてなされたものとはいえず，したがって，右印刷物は商標法第2条にいう商品というに足りないから，これに本件商標の『日曜夕刊』という標章が附されたとはいえ，その配布をもって右商標について右規定のいう『使用』に該当するものということはできない。」と判示したものがある。

(2)　これに対し，「東京メトロ」の文字を標準文字で書してなり，第16類「新聞，雑誌」を指定商品とする登録商標について，不使用取消審判請求を認容した審決に対する取消訴訟において，商標権者が，「とうきょうメトロ」の表題が付された印刷物を世田谷区内で約8,000部無料で配布し，その後も継続して，創刊号から少なくとも第4号まで同一の商標を付して発行したという事実関係の下で，「商標法上の『商品』といえるためには，商取引の対象であって，出所表示機能を保護する必要のあるものでなければならないと解される。」とし，創刊号が，5段組みの

---

〈3〉　東京高判昭和52年8月24日無体例集9巻2号572頁〔「日曜夕刊」事件〕。

記事部分とその下の2段組み程度のスペースにくらしの友社の広告が掲載され，これが広告依頼主であるくらしの友社に9,000部が納品されていることなどから，「無料紙は，配布先の読者からは対価を得ていないが，記事とともに掲載される広告については，広告主から広告料を得ており，これにより読者から購読料という対価を得なくても経費を賄い，利益が得られるようにしたビジネスモデルにおいて配布されるものである。したがって，読者との間では対価と引換えでないとしても，無料紙を広告主に納品し，あるいは読者に直接配布することによって広告主との間の契約の履行となるのである。現に，本件新聞の創刊号は広告依頼主に商品として納品されているのであり，このような形態の取引を無料配布部分も含めて全体として観察するならば，商取引に供される商品に該当するということができる。」と判示した裁判例[4]がある。

(3)　情報紙は，通常，読者がこれを購入し，発行者にその対価（購読料）を支払うというものであるから，これが無料というのであれば，商取引としてされたということはできない。しかしながら，読者から購読料を得ていないとしても，例えば，情報紙に掲載される広告について，広告主から広告料を得るなどの事情があれば，商取引としてされたということになり，このような情報紙に標章を使用することは，商品についての使用と認められよう。

（髙野　輝久）

---

〈4〉　知財高判平成19年9月27日（平成19年（行ケ）第10008号）裁判所ウェブサイト〔東京メトロ事件〕。なお，商標法上の「商品」の定義として，「出所表示機能を保護する必要のあるもの」を掲げているが，これについては，本稿では触れない。

## Q 9　商標の使用──小売等役務

**Q**　指定商品を「被服」等とするＡ社の商標Ｘと同じ文言を，Ｂ社が被服を販売する小売店舗名として使用し，店舗内の柱や壁に記載しています。これは，商標の使用に当たるのでしょうか。

**A**　Ｂ社が被服を販売する小売店舗名として使用し，店舗内の柱や壁に記載しただけでは，商品との結び付きが希薄であって，商品との具体的な関連性を見いだすことができないから，一般に，商品についての商標の使用に当たるということはできないが，平成19年4月1日に施行された「小売等役務商標制度」の下では，小売等役務についての商標の使用に当たる。

■　**解　説**

**1　はじめに**

「商標」とは，標章（人の知覚によって認識することができるもののうち，文字，図形，記号，立体的形状若しくは色彩又はこれらの結合，音その他政令で定めるもの）であって，①業として商品を生産し，証明し，又は譲渡する者がその商品について使用をするもの，②業として役務を提供し，又は証明する者がその役務について使用をするもの（①に掲げるものを除く。）をいい（商標2条1項），その「使用」とは，商品についていえば，①商品又は商品の包装に標章を付する行為，②商品又は商品の包装に標章を付したものを譲渡し，引き渡し，譲渡若しくは引渡しのために展示し，輸出し，輸入し，又は電気通信回線を通じて提供する行為，③商品に関する広告，価格表若しくは取引書類に標章を付して展示し，若しくは頒布し，又はこれらを内容とする情報に標章を付して電磁的方法により提供する行為をいう（同条3項）。

本問では，Ａ社の登録商標Ｘと同じ文言を，被服を販売する小売店舗名として使用し，店舗内の柱や壁に記載したことが，商標の使用に当たるかが問

題とされているが，商標法は，平成18年法律第55号による改正により，「小売等役務商標制度」を導入し，これが平成19年４月１日に施行されている。商標法２条２項の「前項第２号の役務には，小売及び卸売の業務において行われる顧客に対する便益の提供が含まれるものとする。」との規定がそれである。そこで，小売等役務商標制度の導入の前後について考察する。

## 2　小売等役務商標制度の導入前について

　標章を小売店舗名に使用し，店舗内の柱や壁に記載したというだけでは，商品との結び付きが希薄であって，商品との具体的な関連性を見いだすことができないから，小売等役務についての商標の使用にとどまり，一般に，商品について商標を使用したということはできない（例えば，特に百貨店や大型総合スーパーマーケット等がこれに該当する。）。

　もっとも，店舗名に使用し，店舗内の柱や壁に記載しただけであっても，その態様によっては，取扱商品について使用していると評価されることもあり得る。この場合には，商品についての商標の使用に当たるということができる[1]。

## 3　小売等役務商標制度の導入後について

　小売等役務商標制度の導入前は，小売業者等（小売業者及び卸売業者）が取扱商品に商標を使用していると評価することができるのであれば格別，そう

---

[1]　知財高判平成21年11月26日判時2086号109頁〔エル・エ・エル事件〕は，「elle et elles」の欧文字を横書きしてなり，第17類「被服，布製身回品，寝具類」を指定商品とする登録商標について，不使用取消審判請求が成り立たない旨の審決に対する取消訴訟において，①その営業に係る「ビブレ」に直営店であるレディースインナーの専門店「elle et elles ／エル・エ・エル」を設置し，店舗の壁や柱等に「elle et elles」と表示した上，婦人用下着等を陳列して販売したこと，②チラシやパンフレットをもって，「エル・エ・エル／ elle et elles」の表示の下，婦人用下着について，その写真と共に広告をしたことから，「本件表示の下に婦人用下着を陳列販売し，婦人用下着の広告について本件表示をしたことは，少なくとも，商標法２条３項８号にいう『商品……に関する広告……に標章を付して展示し，若しくは頒布……する行為』に該当するというべき」であると判示した。

でなければ，小売店舗名に使用し，店舗内の柱や壁に記載したとしても，これだけでは，商品との結び付きが希薄であって，商品との具体的な関連性を見いだすことができないから，商品について使用しているということはできなかった（それゆえ，小売業者等の商標の保護は限定的であった。）。

　小売等役務商標制度の導入は，これにより，小売業者等が使用する商標を，商標法上，役務に係る商標として保護することを可能にした（保護の内容は，小売等役務以外の役務（例えば，ドライクリーニング）に係る商標と同様である。）。しかし，他方で，商標の使用の範囲が広がり，商標が指定商品に類似する役務に使用されていると評価される場合が生じることになる。

　上記2のように，店舗名に使用し，店舗内の柱や壁に記載した場合に，その態様によっては，取扱商品について使用していると評価されるときは，商品についての商標の使用に当たるということで格別変わりはない。

　しかしながら，例えば，専門店や単品又は限定された商品を扱う小売店において，店舗名に使用し，店舗内の柱や壁に記載した場合には，その小売店が取り扱う商品についても使用されていると受け止められるおそれがあるので，これが登録商標と同一又は類似するものであれば，指定商品についての登録商標に類似する商標の使用又は指定商品に類似する商品についての登録商標若しくはこれに類似する商標の使用となる（その結果，商標権侵害を構成することになる（商標37条1号）。）[2]。

## 4　本問における当てはめ

　指定商品を「被服」等とするA社の商標Xと同じ文言を，B社が被服を販

---

〈2〉　なお，本稿では，商標の使用を商標権侵害の場面におけるものとして考察しており，商標権者が使用をしていないとする不使用取消審判請求に係る場面における商標の使用については考察の対象としていない。注1の〔エル・エ・エル事件〕は，小売等役務商標制度の導入前の事案であるが，小売等役務商標制度に言及し，「商品の製造元・発売元を表示する機能を商品商標に委ね，商品の小売業を示す機能を小売等役務商標に委ねることが，小売等役務商標制度本来の在り方であり，小売等役務商標制度が施行された後においては，商品又は商品の包装に商標を付することなく専ら小売等役務としてのみしか商品商標を使用していない場合には，商品商標としての使用を行っていないと評価する余地もある。」と判示する。

売する小売店舗名として使用し，店舗内の柱や壁に記載していても，これだけでは，商品との結び付きが希薄であって，商品との具体的な関連性が見いだせないから，一般に，商品についての商標の使用に当たるということはできないと考えられる。

　しかし，小売等役務商標制度の導入後においては，Ａ社の商標Xと同じ文言を，Ｂ社が小売店舗名として使用し，店舗内の柱や壁に記載したときには，小売業等役務についての商標の使用に当たるということができる。Ｂ社は，被服を販売する小売業者であるから，その行為は，指定商品についての登録商標に類似する商標の使用として，Ａ社に対する商標権侵害を構成することになる（商標37条1号）。もっとも，この場合に，Ｂ社は，先使用による商標の使用をする権利を有するとされることがあろう。

（髙野　輝久）

# 第2章　商標登録要件

## 1　自他商品識別力

### Q10　原材料表示

**Q**　加工食品の原材料となる農作物の名称「X」であっても，その食品に使用され有名になっているものであれば，商標登録することができますか。

**A**　「X」を普通に用いられる方法で表示する標章は，商標法3条1項3号に該当し登録が許されないが，それが使用された結果，需要者が何人かの業務に係る商品であることを認識することができるほど有名になったものについては，商標法3条2項により登録を受けることができる。

■　解　説

1　記述的商標

(1)　自己の業務に係る商品の産地，販売地，品質，原材料，効能，用途，形状（包装の形状を含む。），生産の方法や時期，使用の方法や時期，価格，数量を普通に用いられる方法で表示する標章のみからなる商標は，登録が許されない。また，役務の提供の場所，質，提供の用に供する物，効能，用途，態様，提供の方法や時期，数量，価格を普通に用いられる方法で表示する標章のみからなる商標も登録が許されない（商標3条1項3号）。

　このような商標は，記述的商標（descriptive mark）と呼ばれる。商標法3条1項3号に掲げる商標が商標登録の要件を欠くとされているのは，このような商標は，①商品の産地や販売地などの特性を表示記述する標章であって，取引に際し必要適切な表示として何人もその使用を欲するものであるから，特定人によるその独占使用を認めるのを公益上適当としないもの（独占適応性を欠如する表示）であるとともに，②一般的に使用される標章であって，多くの場合自他商品識別力を欠き，商標としての機能を果たし得ないもの（自他識別力を欠如する表示）であることによるものと解されている（最三小判昭和54年4月10日裁判集民126号507頁〔ワイキキ事件〕参照）。

(2)　2以上の記述的商標を組み合わせた商標も，記述的商標である（商標審査基準（改訂第12版）第一，五，6）。商品の原材料の文字表記に，商品の普通名称の文字表記を組み合わせた商標のように，記述的商標と普通名称の文字表記を組み合わせた商標のように，記述的商標と普通名称の文字表記を組み合わせた商標も，識別力を欠く（渋谷『知的財産法講義Ⅲ』344頁）[1]。

## 2　使用による識別力の取得

　記述的商標であっても，それが使用された結果，需要者が何人かの業務に係る商品又は役務であることを認識することができるようになったものについては，商標登録を受けることができる（商標3条2項）。使用により取得さ

---

[1]　なお，田村『商標法概説』182頁は，「原材料名は，商品の一般名称等と組み合わさって1号の普通名称に該当すると解すべき場合があり（ex.グアバジュース），さらに原材料のみ（ex.グアバ）でもその略称として普通名詞となることもありえるであろう。その場合には，使用による出所識別力を獲得しても登録が認められないことになる。」とする。他方，三宅正雄『商標法雑感　その究極にあるものを尋ねて』（冨山房，1973年）74頁は，「商品の普通名称又は慣用商標と産地，販売地の表示を結合した商標は，……少なくとも，法文の形式上は，第1号（又は第2号）にも，第3号にも該当しないことは何人の眼にも明らかなところであろう。『のみからなる商標』ではないからである。……使用による特別顕著性のある場合には，本号（筆者注「6号」）に該当しないと解すべきではあるまいか。」という。

れた識別力のことをセカンダリー・ミーニング（secondary meaning）という。商標法3条2項がセカンダリー・ミーニングを取得した記述的商標の登録が許されることとした趣旨は，①当該商標が，本来であれば，自他商品識別力を持たないとされる標章であっても，特定人が当該商標をその業務に係る商品に使用した結果，当該商標から，商品の出所と特定の事業者との関連を認識することができる程度に，広く知られるに至った場合には，登録商標として保護を与えない実質的な理由に乏しいといえること（出所識別機能の獲得），②当該商標の使用によって，商品の出所であると認識された事業者による独占使用が事実上容認されている以上，他の事業者等に，当該商標を使用する余地を残しておく公益的な要請は喪失したとして差し支えないこと（公益的要請の喪失）にあるものと解され，③当該商標についてセカンダリー・ミーニングを取得するに至ったと認められるか否かは，使用に係る商標及び商品の性質・態様，使用した期間・地域，当該商品の販売数量・程度，宣伝広告の程度・方法などの諸事情を総合考慮して判断されると解されている（知財高判平成19年3月28日判時1981号79頁〔本生事件〕）。

## 3　具体例

　記述的商標であるとされたものとしては，「金丁子」（旧第3類香料その他本類に属する商品／原料「丁子」を意味するから品質表示），「焼き栗」（第30類菓子，パン／材料，品質を表示），「トリタマ」（第32類食肉等／「鶏と鶏卵とを主要な原材料とする加工食品」の品質，材料を表示），「日本クロレラ」（第32類クロレラ入り加工食品／「クロレラ入りの加工食料品」の原材料の産地若しくは品質表示），「むぎせんべい麦煎餅」（第30類麦を混入した煎餅／「麦を混入した煎餅」の品質を表示），「そばきしめん」（第32類きしめん／「そばを混入したきしめん」の品質，原材料を表示），「伊豆わさびぱい」（第30類ぱい／「ぱい」の品質，原材料を表示），「グアバー」（第29類茶，清涼飲料，果実飲料等／「グァバーを使用した清涼飲料，果実飲料」に品質，原材料を表示）などがある[2]。

――――――――――――――

〈2〉　網野『商標』242頁の表の記載から引用。

使用による顕著性が認められたものとしては,「ミルクドーナツ」(第30類菓子, パン),「大島椿」(旧第3類伊豆大島産の椿を原料とする髪油), 燐硝安加里(第2類燐酸, 硝酸, アンモニア, カリを主成分としてなる化成肥料) などがある[3]。

## 4　紅いもタルト事件

本問を考える上で参考になる裁判例として, 知財高判平成22年6月30日判タ1338号244頁〔紅いもタルト事件〕がある。

沖縄県で菓子の販売等を営んでいるXは, 紅色で「紅いもタルト」の文字を書してなる商標 (指定商品は, 当初第30類「タルト」として出願, 後に「紅芋を用いたタルト」に補正) について商標登録出願をし, 拒絶査定を受けたので, 不服の審判請求をしたが, 特許庁は, 本願商標は, ①商品の品質又は原材料を表示するものであるから, 商標法3条1項3号に該当する, ②使用をされた結果需要者が何人かの業務に係る商品であることを認識することができるものに至っていないから, 同法3条2項に該当しないとして, 請求不成立の審決をした。Xは, 同審決について, 取消訴訟を提起した。

知財高裁は, 本願商標は, ①指定商品「紅芋を用いたタルト」に使用した場合,「タルト」の部分は, 指定商品である「タルト」(果物・ジャムなどをのせた円形の焼き菓子) を表示したもの,「紅いも」の部分は, そのタルトに「紅芋」が用いられたものであることから, 原材料としての「紅芋」(沖縄県産のサツマイモの品種の一種であり, 果肉が紫色又は紫紅色のもの) を表示したものと理解され, 取引者・需要者は,「原材料として紅いもを使用したタルト」, すなわち商品の原材料又は品質を表示したものと理解する, ②審決時点において,「紅芋」は果肉が紫色又は紫紅色である沖縄産のサツマイモの一種の食材として知られるに至っており,「紅いもタルト」についても, 複数の菓子製造販売業者が使用した結果,「紅芋を用いたタルト」を表す語として知られるに至ったものと認められるから, 本願商標が, 全国的にみて専らXの業務に係る商品であることを表示したとまで認めることはできないとして, Xの請

---

〈3〉　網野『商標』190頁の表の記載から引用。

求を棄却した。

## 5　本問の結論

　以上検討したところによれば，加工食品の原材料となる農作物の名称「X」を普通に用いられる方法で表示する標章は，商標法3条1項3号に該当し，登録が許されないというべきである。また，「X」（紅いも）に商品の普通名称の文字表記（タルト）を組み合わせた商標も，同様に登録が許されないと考えられる。

　ただし，それが使用された結果，需要者が何人かの業務に係る商品であることを認識することができるほど有名になったものについては，商標法3条2項により，登録を受けることができるが，その適否は，使用に係る商標及び商品の性質・態様，使用した期間・地域，当該商品の販売数量・程度，宣伝広告の程度・方法などの諸事情を総合考慮して判断されることになる。

（岡本　岳）

## Q11 品質・機能表示

 スマートフォンやタブレット端末における入力方式や機能など
を表す表現，例えば「マルチタッチ」や「Multi-touch」のよう
な用語は，商標登録することができますか。

 商標登録することは難しいのではないかと思われる。

### ■ 解　説

#### 1　問題の所在

　「Multi-touch」は，英語で「多くの」「複数の」といった意味を表す接頭
辞「multi」と，「触れる」「触る」といった意味を表す「touch」を組み合わ
せた語であり，「マルチタッチ」は，その発音を日本語のカタカナで表示し
た語である。このような語が，特定の意味を表す普通名詞になっているとま
で認めるに足りる根拠はないであろうが，上記のような語の意味からすると，
この語がスマートフォンやタブレット端末等について用いられた場合には，
複数の指で画面を接触することによりスマートフォン，タブレット端末等を
操作すること，あるいはそのような操作方式を意味するものと理解すること
は容易であろう。そうであるとすると，設問における問題は，上記のような
意味を有する「マルチタッチ」や「Multi-touch」などの用語は，商品の品
質，機能を表示するもの（商標3条1項3号）等に該当するのではないか，ま
た，仮にそうであるとして，それが，需用者から何人かの業務に係る商品で
あることを認識できるもの（商標3条2項）に該当するに至っているとはいえ
ないかといった点に存するということができるであろう。

#### 2　〔Multi-touch事件〕判決

　この点を検討するに当たって参考になる裁判例として，知財高判平成23年

12月15日判時2140号66頁〔Multi-touch事件〕がある。この判決は，スマートフォン等を製造・販売するアップル・インコーポレイテッド（以下「A社」という。）が，「Multi-touch」の標準文字からなり，「デジタルオーディオプレイヤー，携帯電話，コンピュータ」等を指定商品とする商標（以下「本願商標」という。）の登録を出願したところ，登録を拒絶され，審判請求も認められなかったため（本件出願は優先権主張を伴っており，優先権主張日は平成19年1月2日であった。また，拒絶査定を維持する審決日は平成23年2月22日であった。），審決取消訴訟を提起したという事案において，

① 「マルチタッチ」という用語は，平成7，8年頃から，米国や日本において，A社以外の個人や会社がした特許出願書類等に，上記のような意味を有する語として用いられていたこと，

② A社は，平成19年1月に発表した「iPhone」において，マルチタッチ方式を採用し，製品の装備や操作の説明として「マルチタッチ」を含む語を使用していたが，平成20年以降の発表資料においては，説明の中にある「Multi-touch」という語の部分に，商標を示す「TM」を表示するようになったこと，

③ iPhone等が発表された後，日経パソコンのパソコン用語事典（平成20年10月発行）に，「マルチタッチ」の語が収録されて「タブレットやタッチパネル付きディスプレイで，2本以上の指を用いて操作すること。」との説明がされ，以後，その他のIT関連用語事典等にも，同様の説明がされるようになったこと，

④ iPhone発売以後，A社以外の会社が製造販売する製品においても，「マルチタッチ可能な」「複数の指でのマルチタッチ操作……が可能」「マルチタッチテクノロジー」「マルチタッチ対応」などといった表現の説明がされ，パソコン雑誌においても，パソコンの機能を紹介する記事の中で，上に類似した表現が用いられ，さらに，日刊工業新聞，日経産業新聞等の新聞や，毎日コミュニケーションズその他複数のウェブサイトにおいても，各社の新製品を紹介するに当たり，「Windows 7のマルチタッチ機能により，指2本のジェスチャーで……」「マルチタッチ

３Ｄ液晶ディスプレイ」「マルチタッチ機能を搭載したタブレットPC」「マルチタッチ対応の……ディスプレイ」などといった表現が用いられていることをそれぞれ認定した上，

⑤　マルチタッチ又はつづりを同じくする「Multi-touch」の文字は，本件審決時までには，③記載のようなの入力方式を示す用語として用語事典等にも収録され，かつ，パソコン，タッチパネル，スマートフォン等の各種商品について，これらの商品を製造する会社はもとより，出版社や新聞社等においても，上記の入力方式を示す用語としての使用が広がっていたことが認められ，そうであれば，「マルチタッチ」を欧文字で表記した商標に接した上記商品の取引者，需用者は，これを上記の入力方式を意味するものとして理解するのであって，自他商品の識別機能を有しないものと認めざるを得ないと説示し，この認定を踏まえ，本願商標を，その指定商品中，上記の入力方式を採用したパソコン等に使用するときは，商品の品質，機能を表示するものであるから，商標法３条１項３号の不登録事由に該当し，また，本願商標を，その指定商品中，上記の入力方式を採用しないパソコン等に使用するときは，これらの商品が上記の入力方式を採用したものであるように品質について誤認を生ずるおそれがあるから，商標法４条１項16号の不登録事由に該当するので，いずれにしても商標登録をすることはできないとの判断を示している。

　設問の事案は，本件〔Multi-touch事件〕判決の事案と同様であるから，「Multi-touch」の語が，指定商品を「デジタルオーディオプレイヤー，携帯電話，コンピュータ」等として商標登録出願がされたのであれば，上記と同様の理由により，商標法３条１項３号等の不登録事由に該当するといわざるを得ないであろう。


## 3　商標法３条２項該当性

　なお，商標法３条１項３号に該当する商標であっても，使用された結果，需要者がA社の業務に係る商品であることを認識することができるものであ

れば商標登録が認められる（商標3条2項）。本件判決は，商標法3条2項該
当性の問題について触れてはいないが，本件判決が認定した事実関係に照ら
してみれば，マルチタッチは，A社が製造販売するスマートフォン等に特有
の入力方式として認識されていたわけではなく，A社以外の会社が製造販売
するパソコン等の入力方式としても認識されていたものといえるから，同項
該当性も肯定することはできないであろう。

## 4　結　論

　以上によれば，「Multi-touch」の用語を商標登録することは認められない
可能性が高いといえよう。

（鶴岡　稔彦）

## Q12　一般名詞

　商品を指す一般名詞として使われている「X」について，A社による宣伝販売の結果，「A社といえばX」として知られるようになった場合には，A社はその商品名Xを商標登録することができますか。

**A**　商標登録することができる可能性はあると思われる。

### ■　解　説
### 1　問題の所在

　「X」が具体的にどのような一般名詞であるのかは明らかではないが，「商品を指す一般名詞」という言い方からすると，当該商品の品質，原材料，形状等を普通に用いられる方法で表示するものである可能性が高いように思われる。そうすると，「X」は，商標法3条1項3号の不登録事由に該当することになるが，反面，「A社による宣伝販売の結果，『A社といえばX』として知られるようになった」との事情からすると，同3条2項により，商標登録が認められる可能性がある。

### 2　〔あずきバー事件〕判決

　この点を検討するに当たって参考となる裁判例として，知財高判平成25年1月24日判時2177号114頁〔あずきバー事件〕がある。

　この判決は，小豆の入ったアイス菓子（以下「本件商品」という。）に，「あずきバー」という名称を付けて長年販売していた井村屋グループ株式会社（以下「I社」という。）が，「あずきバー」という標準文字からなる商標（以下「本願商標」という。）を，「あずきを加味してなる菓子」を指定商品として商標登録申請したところ拒絶され，審判請求も認められなかったため，審決取消訴

訟を提起したという事案において，

① 「あずきバー」という表示が「あずきを加味してなる菓子」に用いられた場合，これに接した菓子の取引者，需用者は，小豆又はこれから作られたあんを含有する棒状の菓子を想起し，上記表示は，商品の品質，原材料又は形状を表しているものと認識するものと認められるから，商標法3条1項3号の不登録事由に該当するとした一方で，

② Ｉ社は，昭和47年にあずきバーの販売を開始し，その売上げは，平成21年には1億9,700万本，平成22年には2億5,800万本に達していたこと，Ｉ社は，本件商品の宣伝広告にも力を入れており，少なくとも平成20年以降は，テレビコマーシャルの放映料として，毎年1億2,000万円を超える金額を投じたほか，新聞その他の媒体を通じて全国で広く広告を実施していたこと，このような販売実績や宣伝広告により，本件審決時点までには，「あずきバー」という語でインターネット検索を行うと，表示されるウェブページでは，いずれも「あずきバー」がＩ社の製造・販売に係る商品を意味するものとして使用されているほか，Ｉ社とは直接の関係が認められない著者により「あずきバーはなぜ堅い」という表題の書籍が執筆・出版されるに至っていたこと，「あずきバー」との商標は，Ｉ社以外の商品にも付されているが，それらは「玄米あずきバー」「十勝あずきバー」「セイヒョー金太郎あずきバー」というように，各商品の名称の一部として用いられているのにすぎず，また，その名称や宣伝広告等には，本件商品との関係を強く意識したと思われるところがあり，そのことは，とりもなおさず本件商品がＩ社の製造・販売に係る商品として高い知名度を獲得していることを裏付けていること，などの事実を認定した上，

③ 以上のような本件商品の販売実績及び宣伝広告実績並びにこれらを通じて得られた知名度によれば，本件商品の商品名を標準文字で表す「あずきバー」との商標は，遅くとも本件審決時点において，我が国の菓子の取引者，需用者の間でＩ社の製造・販売に係る商品として高い知名度を獲得しているものと認められ，これに伴い，本件商品の商品名を標準

文字で表す「あずきバー」との商標は，「あずきを加味してなる菓子」に使用された結果，需用者が何人かの業務に係る商品であることを認識することができるに至ったものと認められるとして，商標法3条2項の該当性を認め，商標登録を認めた。

④　なお，本件判決は，3条2項に該当するかどうかを判断するための一般論について，出願に係る商標と外観において同一とみられる標章が指定商品とされる商品に使用されたことを前提として，その使用開始時期，使用期間，使用地域，使用態様，当該商品の販売数量又は売上高等，当該商品又はこれに類似した商品に関する当該標章に類似した他の標章の存否などの事情を総合考慮して判断されるべきであると説示している。

設問の事例に関しても，上記④で示された事情を考慮した上で，「X」という商標が，その指定商品に使用された結果，需要者が，何人か（設問ではA社）の業務に係る商品であることを認識することができるに至ったものと認められるかどうかを判断していくことになろうが，「A社による宣伝販売の結果，『A社といえばX』として知られるようになった」という設問記載の事情からすると，商標法3条2項に該当するという結論が認められる可能性は十分にあり得るように思われる。

## 3　関連する問題

なお，関連する問題として，A社が実際に販売していた商品と，商標登録出願に係る指定商品の関係，すなわち，両者にどの程度密接な関係があれば，商標法3条2項が適用されるのかという問題がある。この点に関しては，使用を前提として登録が認められるのであるから，両者は同一でなければならず，出所識別力を取得するに至った商品，役務以外の商品，役務が指定されている場合には，商標法3条2項の要件を満足しないとする見解（田村『商標法概説』191頁，茶園『商標法』50頁等）があり，裁判例の中にも，同様の前提に立った上で，「出願商標の指定商品中の一部に登録を受けることができないものがあれば，出願の分割ないし手続補正により登録を受けることのできない指定商品が削除されない限り，その出願は全体として登録を受けること

ができないものといわなければならない」とするものがある（東京高判昭和59年 9 月26日判タ543号317頁〔GEORGIA事件〕，東京高判平成 3 年 1 月29日判時1379号130頁〔ダイジェスティブ事件〕）。

　上記の学説も指摘しているとおり，商標法 3 条 2 項は，「使用をされた結果需要者が何人かの業務に係る商品又は役務であることを認識することができる」ことを理由に，商標登録を認めているのであるから，指定商品，役務と，実際に販売され又は提供されている商品，役務とは，同一でなければならないというべきであろうが，具体的にどの程度の関係があれば，「同一」と認められるのかは，具体的な事案に応じて判断する必要があると思われる。この点に関し，本件〔あずきバー事件〕判決は，指定商品を「あずきを加味してなる菓子」としていた場合につき，本件商品（小豆が入ったアイス）があずきを加味してなる菓子であることには変わりがないとして商標登録を認める判断を示しているが，その一方で，商標登録出願に係る指定商品を「紅茶，コーヒー，ココア，コーヒー飲料，ココア飲料」としていた場合につき，コーヒー，ココア，コーヒー飲料については実際の使用実績があるが，紅茶には使用実績がないとして商標法 3 条 2 項該当性を否定した裁判例（前掲〔GEORGIA事件〕）や，商標登録出願に係る指定商品を菓子，パンとしていた場合につき，ビスケットについて使用実績があるとしても，ビスケットは指定商品の一部にすぎないので，指定商品全体について商標登録を受けることはできないと判示した裁判例（前掲〔ダイジェスティブ事件〕）もあるので，これらの裁判例を参考にしながら判断をしていくこととなろう。

（鶴岡　稔彦）

## Q13　イラスト表示

**Q**　　A社は，商品である肩こり用スプレーに，スプレーを使用している人のイラストを表示しています。このイラスト自体は，それほど特徴がないように感じるのですが，そのようなイラストでも商標登録することはできますか。

**A**　　肩こり用スプレーについて，スプレーを使用している人物を表した特徴のないイラストを商標として登録することは，原則として認められない。ただし，A社によりこの商標が当該商品について使用された実績により，需要者が同商標を商品の出所を表示する商標として認識するに至ったことを証明できる場合には，商標登録を受けることができる。

### ▌解　説

#### 1　商標登録要件

　商標法3条1項は，商標登録を受けることができない商標として，同項1号から6号に掲げる商標を規定している。これらは，①その商品・役務の普通名称を普通に用いられる方法で表示する標章のみからなる商標（1号），②その商品・役務について慣用されている商標（2号），③その商品・役務の産地・販売地・提供場所・品質・原材料・効能・用途・形状・生産等の方法・数量・価格等を普通に用いられる方法で表示する標章のみからなる商標（3号），④ありふれた氏又は名称を普通に用いられる方法で表示する標章のみからなる商標（4号），⑤極めて簡単で，かつ，ありふれた標章のみからなる商標（5号），⑥その他，需要者が何人かの業務に係る商品・役務であることを認識することができない商標（6号）である。

　同項1号から5号までは，商標登録が許されない具体的な類型を例示列挙したもので，同項6号は，1号から5号までの総括的規定として，商標登録が許されないものを一般条項的に定めたものであると解されている（小野＝

三山『新・商標法概説』133頁）。したがって，同項各号は，いずれも，同項 6 号にいう「需要者が何人かの業務に係る商品・役務であることを認識することができない商標」，すなわち，自他商品・役務の識別力を有しない商標に当たる。

　同項 6 号の趣旨に関しては，知財高判平成25年 1 月10日判時2189号115頁〔スプレー式の薬剤事件〕が，「商標法 3 条 1 項 6 号が『需要者が何人かの業務に係る商品又は役務であることを認識することができない商標』を商標登録の要件を欠くと規定するのは，同項 1 号ないし 5 号に例示されるような，識別力のない商標は，特定人によるその独占使用を認めるのを公益上適当としないものであるとともに，一般的に使用される標章であって，自他商品の識別力を欠くために，商標としての機能を果たし得ないものであることによるものと解すべきである」と判示している（同旨，知財高判平成22年 8 月 4 日（平成22年（行ケ）第10114号）裁判所ウェブサイト〔讃岐庵事件〕，知財高判平成22年 1 月27日（平成21年（行ケ）第10270号）裁判所ウェブサイト〔BOUTIQUE 9 事件〕）。

## 2　商標法 3 条 1 項 6 号該当性の判断

　商標法 3 条 1 項 6 号は，「需要者」が当該商標を自他商品・役務識別力のある商標として認識することができるかどうかを問題としているから，これを判断する上では，需要者の認識を裏付ける事実として，指定商品・役務の分野における，当該商標を構成する語や図又はこれらに類似する標章の一般的な使用状況，使用態様等の把握が重要となる。なお，ここでいう「需要者」とは，指定商品・役務の最終消費者だけではなく，取引者を含む概念である。裁判例においては，当該商標を構成する語や図形の一般的な意味，使用状況，使用例を具体的に検討した上で，同語や図形が指定商品・役務に使用された場合には，どのような意味を表すものとして需要者に認識されるかが認定された上，対象となる商標の自他商品・役務識別力の有無が判断されるのが一般的である。

　なお，商標法 3 条 1 項 6 号該当性の判断基準時は，査定時（又は，拒絶査定に対する不服審判の際には，審決時）である。

　最近の裁判例において6号該当性が肯定された商標としては，①「お客様第一主義の」（需要者は，顧客を大切にするとの基本理念や姿勢等を表した語であり場合によっては宣伝・広告等の意図を含んだ語であると認識するものと認められ，自他役務識別力を有しないと判断された。知財高判平成25年11月27日（平成25年（行ケ）第10254号）裁判所ウェブサイト〔「お客様第一主義の」事件〕），②「ECOLIFE」（指定役務に使用する場合には，環境に配慮した建物といった意味合いを有する「エコライフ」を目的とする役務であることを表したものと認識されるにすぎず，自他役務の識別標識としての機能を有しないと判断された。知財高判平成25年11月14日（平成25年（行ケ）第10142号）裁判所ウェブサイト〔ECOLIFE事件〕），③「MOKUMEGANEKOUBOU」（「木目金・杢目金の仕事場」程の意味を想起すると解され，指定商品・役務の内容を説明する語によって構成された商標であると判断された。知財高判平成25年4月24日（平成24年（行ケ）第10317号）裁判所ウェブサイト〔MOKUMEGANEKOUBOU事件〕），④「讃岐庵」（「うどんのめん」に使用するときは，取引者・需要者は，「讃岐うどんを販売又は提供する店」又は「讃岐うどんを販売又は提供する店が販売するうどんのめん」と認識するものであり，一般的に使用される標章として，自他商品の識別力を欠くために商標としての機能を果たし得ず，また，公益上独占適用を適当としないものであると判断された。前掲〔讃岐庵事件〕），⑤「BOUTIQUE 9」（ブティックにおいて販売されている商品に使用する場合に，自他商品の識別標識としての機能を有するものとはいえないと判断された。前掲〔BOUTIQUE 9事件〕）などがある。

## 3　使用による出所表示機能の獲得

　一般的には商標法3条1項6号に該当し得るような商標であっても，自他識別標識としての永年の独占的使用や宣伝広告等の結果，出所表示機能を有するものとして需要者に認識されるようになれば，そもそも「需要者が何人かの業務に係る商品又は役務であることを認識することができない商標」ではなくなり，同号に該当しないため，商標登録を受けることができる（網野『商標』187頁）。ただし，商標登録が認められるのは，①出願商標と同一の商標が，②出願に係る指定商品・役務の全てについて，③商品・役務の出所が出願人であることを表示する標識として使用されてきた場合のみである（知

財高判平成17年 7 月20日（平成17年（行ケ）第10233号）裁判所ウェブサイト〔ファス
ティング事件〕）。

　使用商標が識別力を有するに至ったことについては，出願人側が証明する
必要があるところ，その認定判断の際に考慮される事実として商標審査基準
の第 2 （改訂第12版）は「①出願商標の構成及び態様，②商標の使用態様，使
用数量（生産数，販売数等），使用期間，使用地域，③広告宣伝の方法，期間，
地域，及び規模，回数，④出願人以外（団体商標の商標登録出願の場合は「出願人
又はその構成員以外」とする。）の者による出願商標と同一又は類似する標章の
使用の有無及び使用状況，⑤商品又は役務の性質その他の取引の実情，⑥需
要者の商標の認識度を調査したアンケートの結果」を挙げており，訴訟実務
上も参考となろう。

## 4　商品の使用態様を図示した商標の自他識別力について

　スプレーを使用している人物を表した特徴のないイラストは，肩こり用ス
プレーという商品の一般的な使用態様をありふれた図形で示したものといえ
るから，そのような表示を付した類似商品は多数あり，一般的に使用される
のが通常であるし，そうであるとすれば，需要者には，当該イラストは，商
品の用途や使用方法を示した図にすぎないと理解されるものと考えられるか
ら，自他商品の識別標識としての機能を有しないといえる。また，そのよう
な一般的に使用される商標を 1 社に独占的に使用させることが相当であると
もいえない。したがって，商標法 3 条 1 項 6 号に該当するといえよう。

　参考裁判例となる前掲〔スプレー式の薬剤事件〕は，指定商品を「スプ
レー式の薬剤」とする，右手にスプレーを持ち首筋から背中にかけてスプ
レーを噴霧して薬剤を使用している人物の様子を表した図形商標が，商標法
3 条 1 項 6 号に該当するかどうかが問題となった事案である。判決は，①ス
プレー式の薬剤等の分野において，その商標の用途や使用方法等を説明する
ために，商品の包装用箱等に，商品を身体の特定の部位に使用している人物
を示す図を用いることは，広く一般的に行われていること，②現に，背中に
生じるニキビ用の薬用化粧品について，本願商標に類似の図形からなるもの

が存在するなど，一般的に使用される標章であることに照らすと，本願商標
は，「スプレー式の薬剤」について特定人によるその独占使用を認めるのを
公益上適当としないものであるとともに，自他商品の識別力を欠き，商標と
しての機能を果たし得ないものであるといわざるを得ないと判断した。


（大寄　麻代）

## Q14　効能表示

 ある食品に含まれる成分には，健康に良いとして知られている
作用「X作用」があり，A社はその成分を含む食品の名称として，
「X」を使用しています。これを商標登録することはできますか。

**A** 「X作用」を奏する成分を含む食品について，「X」という商標を
登録することは，原則として認められない。ただし，A社によりこ
の商標が同食品について使用された実績により，需要者が「X」を商品の
出所を表示する商標として認識するに至ったことを証明できる場合には，
商標登録を受けることができる。

## ▌ 解　説

### 1　商標登録要件

　商標法3条1項は，商標登録を受けることができない商標として，同項1
号から6号に掲げる商標を規定している。

　このうち，商標法3条1項3号は，「その商品の産地，販売地，品質，原
材料，効能，用途，形状（包装の形状を含む。……），生産若しくは使用の
方法若しくは時期その他の特徴，数量若しくは価格又はその役務の提供の場
所，質，提供の用に供する物，効能，用途，態様，提供の方法若しくは時期
その他の特徴，数量若しくは価格を普通に用いられる方法で表示する標章の
みからなる商標」を掲げている。このような商品や役務の特性を記述的に表
示する標章は，①当該商品や役務について一般的に使用されるものであるし，
その商品・役務に付されていても，これを見た需要者は，商品・役務の特性
の表記にすぎないと認識するだけで，その出所を表示するものとは認識しな
いことが多いから，商標としての機能を果たし得ず（自他商品識別力の欠如），
また，②そのような商品・役務の特性についての表記は，取引に際して他の
競業者も使用を欲するものであるから，たまたま先に出願をした特定の者に

独占使用を認めることが公益上適当ではないから（独占適応性の欠如）である（最三小判昭和54年４月10日裁判集民126号507頁〔ワイキキ事件〕）。

## 2　商標法３条１項３号該当性の判断

　ある商標が，商標法３条１項３号に該当するというためには，必ずしも指定商品・役務が現実に当該商標の表示する特性を有している必要はなく，その指定商品・役務の需要者又は取引者によって，当該指定商品・役務が当該商標の表示する特性を有しているであろうと一般に認識されることをもって足りる（産地及び販売地についてその旨判示したものとして，最一小判昭和61年１月23日裁判集民147号７頁〔GEORGIA事件〕）。すなわち，ある商標がその指定商品・役務についての記述的表示に当たるかどうかを判断する上では，これを見た需要者又は取引者が商品・役務の特性を表記したものと認識するかどうかが重要であり，これを判断するためには，当該商標を構成する語の一般的な使用状況，使用態様等を把握することが必要である（地名であっても，指定商品（被服等）に使用されたときに，需要者・取引者において一般的に指定商品が同地において生産又は販売されているとは認識されないと認定して，産地・販売地の記述的表示には当たらない，と判断した裁判例として，知財高判平成24年９月13日判時2166号131頁〔Kawasaki事件〕）。

　また，商標法３条１項３号該当性の判断基準時は，査定時（又は，拒絶査定に対する不服審判の際には，審決時）であるが，ある商標が，査定時には指定商品・役務の一定の特性を表すものであることが取引者，需要者に広く認識されていない場合であっても，将来において，取引者，需要者にその商品の原材料又は品質を表すものとして認識される可能性があり，これを特定人に独占使用させることが公益上適当ではないと判断されるときには，その商標は，同号に該当する（知財高判平成17年６月９日（平成17年（行ケ）第10342号）裁判所ウェブサイト〔FLAVAN事件〕，東京高判平成12年６月13日（平成11年（行ケ）第410号）裁判所ウェブサイト〔TOURMARLINE SOAP事件〕）。

## 3　使用による出所表示機能の獲得

　商標法3条1項3号から5号に該当する商標であっても，使用をされた結果需要者が何人かの業務に係る商品・役務であることを認識することができるものについては，商標登録を受けることができる（商標3条2項）。もともと類型的には識別力を有しないとされる商標であっても，具体的な商品・役務について永年の使用や広告宣伝等がされた結果，需要者からその商品・役務の出所を表示する商標として認識されるようになった場合には，商標の本質的機能を備えたこととなり，また，永年の使用等をした者に独占をさせることとしても公益に反するとはいえないから，例外的に商標登録を認めようとするものである。

　自他商品・役務の識別力の有無の判断基準時は，商標法3条1項各号と同様，査定時（又は，拒絶査定に対する不服審判の際には，審決時）である。

　商標登録が認められるのは，①出願商標と同一の商標が，②出願に係る指定商品・役務の全てについて，③商品・役務の出所が出願人であることを表示する標識として使用されてきた場合のみについてである（知財高判平成17年7月20日（平成17年（行ケ）第10233号）裁判所ウェブサイト〔ファスティング事件〕）。また，使用商標が識別力を有するに至ったことについては，出願人側が証明する必要がある（詳細は，Q13参照）。

## 4　商品に含まれる成分の効能，品質を表示した商標の自他商品識別力について

　設問では，商品である食品に，X作用を奏する成分が含まれており，そのX作用は，健康に良いものとして一般的に知られている，というのであるから，食品に付された「X」商標を見た一般需要者，取引者には，「X」は，食品の健康に良いという効能ないし品質を表示しているにすぎないものと理解され，出所を表示する標章とは理解されないことが多いと考えられるし，そのような健康に良いという効能を表示する商標は，競合商品を販売する他社も使用を欲するものと考えられ，特定の1社に独占させるのは相当とはいえないから，商標法3条1項3号に該当するといえよう。なお，仮に，X作

用が査定時には一般の需要者にまで知られるに至っていないとしても，食品分野における一般的な健康への関心の高さからすれば，将来的には，取引者，需要者にその商品の原材料又は品質を表すものとして認識される可能性があるというべきであるから，同様の結論となろう。

　参考裁判例としては，指定商品に含まれる特徴的な成分を表示する商標が，商標法3条1項3号の原材料ないし品質の表示に該当すると判断されたものとして，①指定商品中第29類「ポリフェノールを含有する植物エキスを主原料とする粉末状・顆粒状・カプセル状・液状の加工食品」，第32類「ポリフェノールを含有する植物エキスを主原料とする清涼飲料」について，ポリフェノールの一種であるフラバン（FLAVAN）を意味する「FLAVAN」の欧文字と「フラバン」の片仮名文字とを二段に横書してなる商標が，近い将来原材料又は品質を表すものとして取引者や需要者に認識される可能性があり，特定人による独占使用を認めるのは公益上相当ではないと判断された事例（前掲〔FLAVAN事件〕），②指定商品中第9類「電気通信機械器具」等について，ディスプレイ等の電子デバイスの性能を向上させ得る新規な半導体物質である「インジウム・ガリウム・亜鉛酸化物」を意味する「IGZO」の文字を横書してなる商標が，指定商品の原材料を表すものとして取引者に認識されるから，自他商品識別力を有せず，特定の取引業者に独占させることが公益上相当であるともいえないと判断された事例（知財高判平成27年2月25日判時2268号106頁〔IGZO事件〕）などがある。

（大寄　麻代）

## 2　不登録事由

### Q15　外国周知商標

**Q**　日本のA社は，海外で人気上昇中のB社のブランドについて，同社の許諾を得ての日本での輸入販売を考えていますが，最近，無関係のC社が日本でブランド名を少し変えたような商標を登録したようです。A社は，C社の商標登録の無効審判を請求できますか。

**A**　A社は，商標法4条1項19号（日本国内外の周知・著名商標）に該当するとして，C社の商標登録の無効審判を請求することが考えられる。なお，事案によっては，主位的に同項10号（周知商標），同項15号（出所の混同を生ずるおそれのある商標）に該当するとして（双方を主張する場合は主位的に10号，予備的に15号），予備的に同項19号に該当するとして上記請求をすることが考えられる。

### ■　解　説

#### 1　A社が取り得る手段

(1)　無効審判を請求できる場合は，商標法46条1項各号に列挙されており，本問では，C社が登録した商標が，同項1号が定める同法4条1項（商標登録を受けることができない商標）に該当するか否かを検討することになる。

(2)　まず，B社のブランド（商標）が，C社の登録商標の出願時において日本でも周知である場合には，A社は，商標法4条1項10号（周知商標）に該当すると主張して，商標登録の無効審判を請求することができる。また，これに該当しない場合であっても，B社のブランドが外国において著名であって，そのことが日本においても認識され，日本においても出所の混同を生ずるおそれがあるような場合には，A社は，同項15

号（出所の混同を生ずるおそれのある商標）に該当すると主張して，商標登録の無効審判を請求することが考えられる。

しかし，B社のブランドは，海外で人気上昇中にすぎず，日本において周知ではない場合[1]や指定商品が異なる場合には，同項10号には該当しない。また，海外において周知・著名であってもそのことが日本において認識されていない場合や，出所の混同を生ずるおそれがない場合には，同項15号には該当せず，A社は，これらの事由に基づくC社の商標登録の無効審判を請求することはできない。

(3)　そこで，このような場合には，A社は，同項19号（日本国内外の周知・著名商標）に基づき，商標登録の無効審判を請求することが考えられる。本問では，日本ではあまり認識されていない海外における周知・著名商標の同号該当性が問題になると思われるので，以下，同号に限って説明する[2]。

## 2　商標法4条1項19号

### (1)　趣旨等

商標法4条1項19号は，「他人の業務に係る商品又は役務を表示するものとして日本国内又は外国における需要者の間に広く認識されている商標と同一又は類似の商標であって，不正の目的……をもって使用をするもの」は，商標登録を受けることができない旨定めている。平成8年の商標法改正（平成8年法律第68号）前は，日本国内又は外国で周知・著名商標について不正の目的でなされた出願については，商標法4条1項7号（公序良俗を害するおそれのある商標），15号（出所の混同を生ずるおそれのある商標）の規定の解釈により，その登録が排除されていたが，周知・著名商標の保護を明確化する要請が高

〈1〉　ただし，特許庁の実務では，「外国の商標の我が国内における周知性の認定にあたっては，当該商標について外国で周知なこと，数カ国に商品が輸出されていること又は数カ国で役務の提供が行われていることを証する資料の提出があったときは，当該資料を充分勘案するものとする。」（商標審査基準第3，九）とされている。
〈2〉　なお，周知性が否定される場合には，同項7号によることが考えられる（**Q16**参照）。

まってきたことなどから，上記改正によって，同項19号が新設されたものである（改正法附則には経過規定が設けられておらず，その施行日（平成9年4月1日）前に出願された商標であっても同号は適用される。小野『注解商標法（上）』447頁〔竹内耕三〕，網野『商標』424頁）。

　なお，実務上，同号は，商標法4条1項7号，10号，15号と同時に問題とされることがあるが，同項1号から18号までの規定に該当する場合には，これらの規定が適用され，同項19号は適用されない（同号括弧書き）。

　(2)　要件等（本問の検討に必要な限度に限る。）

　　ア　「外国における需要者の間に広く認識されている商標」

　「外国」とは，一つの国で足り，必ずしも複数の国で周知であることは必要ない。また，「需要者の間に広く認識されている商標」には，最終消費者まで広く認識されている商標のみならず，取引者の間に広く認識されている商標が含まれ（商標審査基準（改訂第12版）第3，十七（第4条第1項第19号）参照），商品又は取引の実情に応じて個別事案ごとに商標法4条1項19号の趣旨に照らして決定されることになる。なお，周知性の判断時期は，処分時である最終判断時（査定又は審決時）であるが，登録商標の出願時にも周知であることが必要である（商標4条3項）。

　「外国における需要者の間に広く認識されている商標」に関する裁判例についてみると，「USBEAR」と横書きにした商標（指定商品は被服等）について「外国における需要者の間に広く認識されている商標と類似の商標であって不正の目的をもって使用するもの」に当たるとして商標登録を無効とした審決が維持された例がある（知財高判平成20年9月17日判時2031号120頁〔USBEAR事件〕）。同事案では，米国における被告商標（使用商品はダウンジャケット等）の周知性が争われ，原告の商標登録の出願時は，被告が設立された年の翌年であったものの，被告商品が米国のTV番組で取り上げられたり，被告が米国の大手百貨店の主要取引先に認定されたりするなど，被告商品が短期間にヒットしたという事情を踏まえ，周知性が認められており，参考になるであろう。

　　イ　「不正の目的」

　「不正の目的」は，不正の利益を得る目的，他人に損害を加える目的その他取引上の信義則に反するような目的のことをいい，不正競争防止法12条1項2号でいう「不正の目的」と同義である（『工業所有権法逐条解説』1292頁）。具体的に想定される例としては，①外国で周知な他人の商標と同一又は類似の商標が我が国で登録されていないことを奇貨として，高額で買い取らせるために先取り的に出願したもの，又は外国の権利者の国内参入を阻止し若しくは代理店契約締結を強制する目的で出願したもの，②日本国内で全国的に知られている商標と同一又は類似の商標について，出所の混同のおそれまではなくても出所表示機能を稀釈化させたり，その名声等を毀損させる目的をもって出願したものなどであり，判断資料としては，①外国商標の周知性，②周知商標の構成等が特徴的なものであるか，③周知商標の所有者が日本に進出する具体的計画，④出願人による商標の買取り又は代理店契約の要求等を示す資料が挙げられる（商標審査基準（改訂第12版）第3，十七）。

　「不正の目的」に関する裁判例についてみると，知財高判平成17年6月20日（平成17年（行ケ）第10213号）裁判所ウェブサイト〔Mane'n Tail事件〕では，「本件商標の出願当時，米国内において引用商標が広く知られていることを知りながら，未だ引用商標が我が国において商標登録されていないことを奇貨として，被告の国内参入を阻止ないし困難にし，あるいは被告の日本進出に際し原告との国内代理店契約の締結を強制するなどの不正の目的」として，その内容が具体的に説示されている。また，前述した〔USBEAR事件〕では，被告商標が米国において周知であって原告代表者が知らなかったとは考え難いこと，原告は被告商標に類似する複数の商標登録出願をしていたこと，原告代表者は当該商標以外にも外国の他の有名な商標に類似する複数の商標登録出願をしていたこと，原告がその後ライセンシーを募集していたことなどから，「不正の目的」があったと判断されており，参考になるであろう。

### 3　本問についての検討等

　以上によれば，A社が，C社の商標登録の無効審判を請求する場合，商標法4条1項19号に基づく請求については，上記2の内容を踏まえて，①B社の商標が，C社の登録商標の出願時（及び審決時）に，外国において周知であったこと，②C社の商標がB社の商標と類似すること，③C社に不正の目的があったことを具体的に主張立証していくことになる。

　なお，他に，商標法4条1項19号の適用を認めた裁判例としては，東京高判平成15年11月20日（平成14年（行ケ）第593号）裁判所ウェブサイト〔Manhattan Portage事件〕，知財高判平成24年5月31日判タ1388号300頁〔Lambormini事件〕，知財高判平成21年12月1日（平成21年（行ケ）第10210号・第10211号）裁判所ウェブサイト〔アンソロポロジー事件〕，知財高判平成19年5月22日（平成18年（行ケ）第10301号）裁判所ウェブサイト〔Dona Benta事件〕等がある。

（平田　晃史）

## Q16　公序良俗違反

**Q**　A社は，日本において，海外のB社が製造する商品の輸入・販売を計画，B社と交渉をしていましたが，その商品名をB社に連絡せずに商標登録しました。B社は，そのような商標登録の無効を主張することができますか。

**A**　B社は，商標法4条1項7号（公序良俗を害するおそれがある商標）に該当するとして，A社の商標登録が無効であると主張することが考えられる。

### ■　解　説

### 1　考えられる無効事由

　商標法は先願主義を採用しているが，特許法と異なり，冒認出願（他人が採用した商標を無断で登録すること）一般を拒絶・無効事由とはしていない。冒認出願のうち，外国における他人の周知商標について不正の目的をもって先取りして商標登録がされた場合は，商標法4条1項19号に基づき，その商標登録が無効であると主張することができる（Q15参照）。

　しかし，本件において問題とされているのは，B社が製造する商品の商品名にすぎず，A社の商標登録の出願時においては周知商標とはなっていないものと思われる。そこで，このような場合には，B社は，商標法4条1項7号（公序良俗を害するおそれがある商標）に該当するとして，A社の商標登録が無効であると主張することが考えられる。

### 2　商標法4条1項7号

### (1)　趣旨等

　商標法4条1項7号は，「公の秩序又は善良の風俗を害するおそれがある商標」は，商標登録を受けることができない旨定めている。同号は，社会の

秩序・道徳的秩序を考慮して，不登録事由とされたものであり（小野『注解商標法（上）』213頁〔小野昌延＝小松陽一郎〕），査定時に同号に該当しなかった場合であっても，登録後に同号に該当することになった場合には，無効事由となる（商標46条1項6号）。

　公序良俗を害するおそれがある商標に該当するか否かは，社会通念に照らし，当該商標を指定商品・役務に使用することが公共の利益に反し，又は，道徳観念に反するかどうかによって判断される。そのため，社会情勢の推移等によりその判断が変わる場合もあるので，本来，その内容を具体的には定め得ない点に特徴があるといわれている（網野『商標』326頁）。

　(2)　具体的類型等

　商標審査基準（改訂第12版）第3，六（第4条第1項第7号）においては，「公の秩序又は善良の風俗を害するおそれがある商標」には，①その構成自体がきょう激，卑わい，差別的若しくは他人に不快な印象を与えるような文字，図形等である場合，②商標の構成自体がそうでなくとも，指定商品又は指定役務について使用することが社会公共の利益に反し，又は社会の一般的道徳観念に反するような場合も含まれるものとされ，差別的若しくは他人に不快な印象を与えるような文字，図形等に該当するか否かは，特にその文字，図形等に係る歴史的背景，社会的影響等，多面的な視野から判断するものとされている。また，その他，公序良俗を害するおそれがある商標としては，③他の法律によって，当該商標の使用が禁止されている場合（東京高判平成11年11月30日判時1713号108頁〔特許管理士事件〕），④特定の国若しくはその国民を侮辱し，一般に国際信義に反する場合（大判大正15年6月28日審決公報大審院判決集号外3号187頁〔征露丸事件〕）などが挙げられている。

　さらに，出願の経緯や目的が著しく社会的妥当性を欠く場合（いわゆる剽窃的出願（他人の商標を盗み取って自分のものとして出願すること）もこれに該当する。）も該当すると考えられており，大まかにいえば，近時，その適用範囲は拡大の傾向にあるといわれている（茶園『商標法』59頁）。商標法4条1項7号が一般条項のような規定ぶりであることも，その適用範囲が広がる原因になっていると考えられる。ただし，同項各号の要件が個別的に規定されていること

から，同項 7 号の安易な拡大に歯止めをかける必要があるとして，同項19号等への該当性の有無と密接不可分な事情については，4 条 1 項 7 号に該当することを理由として商標を無効とすることは許されないとした裁判例もある（**Q18**参照）。

　(3)　剽窃的出願等に関する裁判例

　裁判例についてみると，「ドゥーセラム」の片仮名文字と「DUCERAM」の欧文字からなる商標（本件商標）について，国際道徳に反するものであって，公正な取引秩序を乱すおそれがあるばかりでなく，国際信義に反し公の秩序を害するものであることが明らかであるとして，商標登録を無効にした審決が維持されたものがある（東京高判平成11年12月22日判時1710号147頁〔ドゥーセラム事件〕）。同事案においては，①被告は，ドイツにおいて「DUCERA」の商号で人工歯用材料の製造販売を行っている会社で，「DUCERAM」は，被告の会社名から作られた造語であり，被告がドイツで販売するほか諸外国に輸出販売する人工歯用材料の商品名であること，②被告は「DUCERAM」の欧文字からなる商標を，人工歯用材料等を指定商品として，ドイツ及び世界知的所有権機関（WIPO）において登録していること，③原告代表者は，ドイツの被告を訪ね，商品「DUCERAM」について詳細な説明を聞いて帰国した後，輸入業務の具体的準備に着手する一方で，被告に何ら告げることなく，商標登録出願を行ったこと，④被告は，本件商標と類似の商標を，同一又は類似商品を指定商品として，日本において登録出願したが，本件商標の存在を理由に登録を拒絶されたこと，⑤被告は，本件商標を譲渡するよう原告に申し入れたが拒否され，原告との間で独占供給契約を締結するに至ったことなどから，商標法 4 条 1 項 7 号に該当すると判断されている。本件に類似した事案に関するものであり，参考になると思われる。

　商標法 4 条 1 項 7 号該当性を肯定したその他の裁判例としては，①町の地域振興を図るという地方公共団体としての政策目的に基づく公益的な施策に便乗して，その遂行を阻害し，公共的利益を損なう結果に至ることを知りながら，上記施策の中心である「母衣旗（ほろはた）」の名称による利益の独占を図る意図でした出願は，公正な競争秩序を害し公序良俗に反するとしたも

の（東京高判平成11年11月29日判時1710号141頁〔母衣旗事件〕），②他人が「KJ法」を創案し，普及に努めてきたにもかかわらず，それと知りながら剽窃的に出願することは信義則に反するとしたもの（東京高判平成14年7月16日（平成14年（行ケ）第94号）裁判所ウェブサイト〔野外科学KJ法事件〕），③ある外国製品について第三者による日本への輸入，販売を阻止するため，当該製品の販売会社等に無断で，同製品の輸入代理店であることを示す資料をもって上記会社等のハウスマークについて商標登録出願した場合に，著しく社会的妥当性を欠くとしたもの（知財高判平成18年1月26日（平成17年（行ケ）第10668号）裁判所ウェブサイト〔Kranzle事件〕），④地域振興を目的として設立されたNPO法人が，地域振興の事業の一環としてカレー料理を開発し名称を考案したにもかかわらず，商標登録出願をしていなかった状況に乗じて，町内で飲食店を営み，上記事業に参加したにすぎなかった者が出願をして商標登録を受けたことが公序良俗に反するとされたもの（知財高判平成24年8月27日判タ1406号261頁〔激馬かなぎカレー事件〕），⑤フランチャイザーが有する商標権について，フランチャイザーが更新手続の必要性を認識していなかったために当該商標権が存続期間満了により消滅したところ，フランチャイジーの実質的経営者が，当該商標と同一又及び類似の商標を登録した場合に，当該登録行為はフランチャイズ契約における信義則上の義務違反となるのみならず，適正な商道徳に反し，著しく社会的妥当性を欠く行為になるとしたもの（知財高判平成27年8月3日（平成27年（行ケ）第10023号）裁判所ウェブサイト〔のらや事件〕）などがある。

　一方，商標法4条1項7号該当性を否定した裁判例としては，①ルーマニア政府の機関から日本における唯一の代理店と認められて化粧品を輸入している者が，第三者が不正な目的で商標登録を受けてしまうことにより同国からの当該商品の輸入や日本における販売に支障を来すことがないよう，同国政府の意向を受けて商標登録出願をしたなどの事情の下では，当該登録商標は，公序良俗を害するおそれがあるとは認められないとしたもの（知財高判平成17年6月30日（平成17年（行ケ）第10337号）裁判所ウェブサイト〔ジェロビタール事件〕），②被告が行う実用数学技能検定事業が，被告の設立後，公的資格として全国に定着し，周知著名になったとしても，当初，「日本数学検定協

会」との登録商標が原告によって使用されており，被告も原告が商標権を有することを前提としていたなどの事情の下では，上記商標が被告によって使用されるべき性格の商標となったということはできないなどとしたもの（知財高判平成25年2月6日判時2189号121頁〔数学検定事件〕）などがある。

### 3　本問についての検討

　B社は，上記2の〔ドゥーセラム事件〕で挙げられた事情を中心として，A社の商標の無効を主張立証することになろう。なお，商標法4条1項19号等に該当する場合，当該条項に基づく主張をしつつ，予備的に同項7号に基づく主張をすることが相当であろう。

（平田　晃史）

## Q17　公序良俗違反──国家資格等

**Q**　A社は，「菓子及びパン」を指定商品として「国家栄養士」の商標登録の出願を計画していますが，国家資格に似ているのではないかとの指摘を受けました。このような商標の登録は難しいのでしょうか。

**A**　「国家栄養士」は，少なくとも，設問の指定商品においては，公序良俗違反の商標（商標4条1項7号）に該当し，登録は認められない。

### ■ 解　説[1]

### 1　公序良俗違反（商標4条1項7号）の商標の類型について

　特許庁の商標審査基準（改訂第12版）の第3，六は，商標法4条1項7号に該当すると解釈できる場合として，Ⅰ商標の構成自体がきょう激（並はずれて激しいさま），卑わい，差別的若しくは他人に不快な印象を与えるような文字又は図形である場合（構成違反型），Ⅱ指定商品又は指定役務について使用することが（1）社会公共の利益に反し，又は（2）社会の一般的道徳観念に反する場合（公共利益・道徳観念違反型），Ⅲ他の法律によって，その使用等が禁止されている場合（法令違反型），Ⅳ（1）特定の国若しくはその国民を侮辱し，又は（2）一般に国際信義に反する場合（国際信義違反型）を掲げている。この基準は，数多くの裁判例でも是認されている。そのほか，裁判例からは，Ⅴ当該商標の登録出願経緯が著しく社会的相当性を欠き，登録を認めることが商標法の予定する秩序に反する場合（出願経過違反型）という類型が認められる。なお，この分類は，それぞれ排他的に適用されているものではなく，公序良

---

〈1〉　以下の記述では，商標法4条1項各号については，号番号だけを示す。また，裁判例の引用は，特に断らない限り，いずれも裁判所ウェブサイトである。

俗違反の商標は，上記Ⅱ，Ⅳ及びⅤのカテゴリーにまたがることの方が多い。

## 2　公共利益・道徳観念違反型について

公序良俗違反の商標の分類については，理論面からの再構成が提案されている（小泉直樹「公序良俗を害する商標」日本工業所有権学会年報25号1頁，同「いわゆる『悪意の出願』について」日本工業所有権学会年報31号153頁）。筆者は，ごく実務的な観点から，上記第Ⅱ類型を，さらに，①国家機関，地方公共団体，公益団体などの名称等若しくは国家資格等の名称と同一・類似する場合又は公益目的の政策などを阻害する場合（公益名称型）など5号・6号の補充となる類型（例えば，該当する国家機関が存しない場合，事業表示に著名性が欠ける場合など），②剽窃，フリーライド，ダイリューション等の公正な競業秩序に反する場合（不正競争型）など10号・15号・19号の補充となる類型（例えば，周知性を欠く未登録商標を先取りして登録する場合など），③歴史上の人物，著名な死者，キャラクターなどの名称を流用する場合（他者名称型）など8号の補充となる類型（例えば，他人が現存していない場合）に分類するのが思考の便宜に資すると考える。なお，もともと上記第Ⅱ類型が排他的な分類になっていないので，上記分類も排他的な分類にはならない。

## 3　公益名称型について

### (1)　国家機関等の名称

これに関して7号該当性を肯定した裁判例としては，①皇室の別邸を意味する「御用邸」を用いることは，皇室の尊厳を損ね，国民一般の不快感や反発を招くとしたもの（知財高判平成25年5月30日（平成25年（行ケ）第10028号）〔御用邸事件〕），②「福祉大臣」は，福祉に関する行政分野を統括する大臣の名称であると誤信させるおそれ，又は，厚生労働大臣の別称として認識されて厚生労働大臣と関わりがあるかのように誤信させるおそれがあるから，国民の行政に対する信頼を損ねるとともに，取引秩序を乱すおそれがあるとしたもの（東京高判平成16年11月25日（平成16年（行ケ）第197号）〔福祉大臣事件〕），③「建設大臣」は，旧建設大臣と関わりがあるかのように誤信させるおそれ，

又は，建設に関する行政分野を統括する大臣の別称であるかのように誤信させるおそれがあるから，国民の行政に対する信頼を損ねるとともに，取引秩序を乱すおそれがあるとしたもの（東京高判平成16年11月25日（平成16年（行ケ）第196号）〔建設大臣事件〕）がある。

　一方，「大蔵大臣」（第4564342号）は，中央省庁再編後は6号に該当しないとだけされて，拒絶査定不服審判（不服2000-19800号）で登録を認められている。

(2)　国家資格等の名称

　いわゆる士（サムライ）商標については，特許庁の商標審査便覧42.107.02は，(a)国家，地方公共団体若しくはこれらの機関又は公益に関する団体が認定する資格（国家資格等）を表わす場合，又は(b)一般世人において，国家資格等と一見紛らわしく誤認を生ずるおそれのある場合には，原則として，7号に該当するとし，(c)①一般世人において，国家資格等とは無関係のものであると理解される商標である場合，又は，②当該国家資格等の認定機関が出願人であった場合には，7号に該当しないものとすると定めている。なお，(b)に関しては，福祉大臣事件，建設大臣事件の説示を参考にすれば，現存する国家資格等と紛らわしい場合だけではなく，あたかもそのような国家資格等が存在するかのように誤信されるおそれがある場合も含むと考えるべきであろう。

　これに関して7号該当性を肯定した裁判例としては，①「特許管理士」は，弁理士にしか許されていない業務を行う資格と誤信されるおそれがあるとしたもの（東京高判平成11年11月30日判時1713号108頁〔特許管理士事件〕），②「管理食養士」（指定商品「印刷物」）は，国家資格である管理栄養士に関連した新たな職業資格であるかのように誤信されるおそれがあり，国家資格に対する一般国民の信頼性を損ねるとしたもの（東京高判平成15年10月29日判時1845号127頁〔管理食養士事件〕）がある。

　一方，「食養士」（指定商品「印刷物」）は，公的職業資格名と認識されないとされて，拒絶査定不服審判（不服2001-837号）で登録が認められている（その外6件の登録あり。）。また，「カリスマ栄養士」（第5264233号）との登録例がある。

### (3)　公益政策の名称

　これに関して7号該当性を肯定した裁判例としては，①「ほろはた＼母衣旗」は，福島県石川郡石川町の町の経済振興施策を阻害し，その利益を独占しようとするとされたもの（東京高判平成11年11月29日（平成10年（行ケ）第18号）〔母衣旗事件〕），②「富士山世界文化遺産センター」は，国又は地方公共団体等の公的機関による富士山の世界遺産に関連する施策の遂行を阻害するおそれがあるとされたもの（知財高判平成24年10月30日（平成24年（行ケ）第10120号）〔富士山世界文化遺産センター事件〕），③「激馬かなぎカレー」又は「激馬かなぎ」は，国の推進する地方の元気再生事業の成果を独占しようとするとされたもの（知財高判平成24年8月27日判タ1406号261頁〔激馬かなぎカレー事件〕，知財高判平成27年7月9日（平成26年（行ケ）第10247号）〔激馬かなぎ事件〕）がある。

### 4　設問について

　設問の「国家栄養士」は，「国家資格である栄養士」の意味合いを有するものと解される。「栄養士」は，養成施設修了に基づいて都道府県知事が与える免許であり，国家試験合格を求められてはいないから（栄養士法2条1項。同3項参照），「国家栄養士」は，栄養士に関連した新たな国家資格の名称と誤信されるおそれがある。この場合は，指定商品・指定役務のいかんを問わず，公序良俗違反の商標といえる。

　ところで，「国家栄養士」が「栄養士」と紛らわしい名称であるとだけ理解された場合には，やや問題がある。

　法人であるA社は栄養士ではあり得ないが，栄養士法は，「栄養士」又はこれに類似する名称を用いて栄養指導を行うことを禁じているだけで（6条1項），弁護士法74条1項や弁理士法76条1項のように，有資格者以外の名称の表示自体までをも禁止しているわけではない。したがって，指定商品・指定役務との関係で国家資格等に関する一般国民の信頼を損ねるか（資格と無関係の業務が資格に関連する役務であると誤信されるとか，あたかも公的な基準，規格等を満たしたような商品であるかのように誤信されるなど）を検討することになろう。

　このような観点から検討しても，指定商品「菓子及びパン」に「国家栄養

士」を用いることは，栄養士の資格に乗じて当該商品の優位性を強調するものとして，やはり，栄養士の資格に対する一般国民の信頼を損ねるものと考えられる。なお，逆に，当該資格と無関係であることが明白でも，当該資格を冒涜するような商標は，公序良俗違反となり得よう。

（中村　恭）

## Q18　公序良俗違反

**Q**　海外で人気があり日本でも知られているＡ社のブランドロゴと類似する商標を，日本のＢ社が登録したようです。Ａ社が無効審判を申し立てたところ，商標法４条１項７号の公序良俗に反するとして無効審決が出されましたが，同項19号との関係はどうなるのでしょうか。

**A**　設問は，典型的な商標法４条１項19号該当事例であり，そして，同項７号と同項19号の適用領域は，排他的なものであるとする一連の裁判例がある。しかしながら，両者の適用領域を厳密に区分けはしていないのが裁判例の一般的傾向であり，同項19号が適用できる事実関係に同項７号が適用されているなど，柔軟な運用がされている。

■ **解　説**[1]

### 1　７号の沿革について

　７号と同趣旨の規定が不登録事由として設けられたのは，明治21年商標條例（勅令第86号）２条１号「風俗ヲ害スヘキモノ」が最初である。この規定は，明治32年商標法（法律第38号）において，同条３号に繰り下がるとともに，「秩序又ハ風俗ヲ紊リ若ハ世人ヲ欺瞞スルノ虞アルモノ」と改正された（明治42年商標法〔法律第25号〕でも同じ。）。大正10年商標法（法律第99号）では，更に同条１項４号に繰り下がるとともに，「秩序又ハ風俗ヲ紊ルノ虞アルモノ」と改正され，後段の「世人ヲ欺瞞スルノ虞アルモノ」は，同項11号の「商品ノ誤認又混同ヲ生セシムルノ虞アルモノ」に引き継がれた。これは，「欺瞞」の原因が商標自体にあることを必要とする大審院判決（大判大正元年12月４日民録18輯1017頁〔禮和石鹸事件〕）を受けて，取引の実情を考慮して出所

---

〈1〉　以下の記述では，商標法４条１項各号については，号番号だけを示す。また，裁判例の引用は，特に断らない限り，いずれも裁判所ウェブサイトである。

の混同のおそれがあると認められる場合も不登録事由となることを明らかにするための改正である（三宅發士郎『日本商標法』（巌松堂書店，1931年）158頁，特許庁編『工業所有権制度百年史　上巻』（発明協会，1984年）440頁）。大正10年商標法2条1項を引き継いだ現行商標法（昭和34年法律第127号）4条1項においては，7号に繰り下がるとともに，規定ぶりも，「公の秩序又は善良の風俗を害するおそれがある商標」と改められた。一方で，大正10年商標法2条1項11号は，「混同」部分が15号に，「誤認」部分が16号に引き継がれている。

　7号から15号・16号が分離していった趣旨から，7号を商標自体から公序良俗違反と認められるものに限るとみる見解もないではないが，むしろ，7号は，本来的に，公正な競業取引秩序の維持についての総則的な規定との位置づけを有していたと捉えるべきであろう。

## 2　19号の沿革について

　19号は，18号とともに平成8年法律第68号（平成9年4月1日施行）により追加された号である。この規定は，①外国でのみ周知な未登録商標を剽窃する商標（10号・11号不該当），②誤認混同のおそれがないものの国内外の特に周知な商標を希釈化する商標（15号不該当），③商標出願経過に信義則違反がある商標を典型例とする場合に，商標の同一性・類似性と不正目的があることを条件に（逆に，指定商品・指定役務の同一性・類似性と出所混同のおそれは不要である。），これらの場合を不登録・取消・無効事由としたものであり，従来，解釈により7号・15号に該当するとされてきたものの一部を，不登録・取消・無効事由として明確化したものである（『工業所有権法の解説―平成8年改正』144頁，『工業所有権法逐条解説』1292頁）。

## 3　両者の相違点について

　不登録事由・無効事由は，当該号の対象保護法益に応じて，おおむね，その適用要件を変えられている。大正10年商標法2条11号が，15号と16号に分かれたのも，両者の対象保護法益が異なることによる書き分けのためである（小野『注解商標法（上）』384頁，425頁）。

　7号は公益保護規定と位置づけられており，19号は私益保護規定と位置づけられている（小野『注解商標法（上）』447頁，田村『商標法概説』104頁）ことから，①7号の不登録事由判断基準時は査定時であるが，19号のそれは出願時であり（商標4条3項），②7号には商標登録後に生じた事由も無効事由とされるが，19号はこのような後発的なものは無効事由とされていない（商標46条1項6号）。もっとも，7号のみならず，19号にも除斥期間の適用はないが（商標47条1項），これは，10号又は15号で不正競争の目的又は不正の目的がある場合に除斥期間の適用をしないことと均衡をとるためである。

## 4　特に明示的に両者の適用領域を論じた裁判例について

　各号の適用領域について，知財高判平成20年6月26日平成19年（行ケ）第10391号・判時2038号97頁〔CONMER事件〕，第10392号〔CONMAR事件〕は，7号のみを適用して商標を無効とした審決の取消訴訟において，①8号，10号，15号，19号の該当性の有無と密接不可分とされる事情については，特段の事情がない限り，当該条項の該当性の有無によって判断されるべきである，②私的領域に属する出願人と本来商標登録を受けるべきと主張する者との間の商標権帰属等をめぐる問題には7号は適用できないとの趣旨の判示をして，審決を取り消した。同旨の説示は，知財高判平成22年5月27日（平成22年（行ケ）第10032号）〔MOSRITE事件〕にも見られるほか，上記①と同旨の説示が，知財高判平成21年12月21日平成21年（行ケ）第10057号〔Teddy Bear事件〕，第10055号〔テディベアー＼TEDDYBEAR事件〕，知財高判平成22年11月8日（平成22年（行ケ）第10040号）〔POLO事件〕，知財高判平成23年10月24日（平成23年（行ケ）第10104号）〔ENEMAGRA事件〕，知財高判平成24年11月21日（平成24年（行ケ）第10257号・第10258号）〔モンテローザ事件〕に見られる。

　事実認定の結果，7号該当性を否定したのではなく，あらかじめ7号の適用領域外としたのであるから，筆者の理解では，各号には，条文該当性とは別に，所定範囲の適用領域があることを前提にしたものと思われる。

## 5　各号の構成について

　商標法には，19号に，「（前各号に掲げるものを除く。）」とあるほか（「前各号」には7号と15号も含まれるが，前述の沿革のとおり，7号，15号から新たに19号に取り込まれた類型まで19号から除かれているわけではない。），15号には，「（第10号から前号までに掲げるものを除く。）」との文言が見られる。

　しかしながら，これを「～に掲げる場合でない限り」と解釈して，10号～12号，14号（以下「除かれた他号」という。）に該当しないことが15号の適用要件であるとか，1号～12号，14号～18号に該当しないことが19号の適用要件であると解すべきではない。15号又は19号の該当性を判断するに際して，除かれた他号の非該当性を判断することは不要である（したがって，相手方が，除かれた他号に該当することを主張することは，不利益陳述又は抗弁ではなく，単に無意味な主張である。）。審判・訴訟においては，個別に各号の要件該当性を判断しているのであり，これは，15号又は19号該当性とそれぞれの除かれた他号該当性がたまたま同時に審判の対象になった場合でも変わりはない。したがって，上記4の各裁判例は，単に各号の重複適用を否定しただけの趣旨ではないことに留意する必要がある。

## 6　設問について

　少なくとも裁判実務上は，予測可能性，法的安定性の面から，7号の適用領域をむやみに拡張すべきではないとの共通理解があり（高部眞規子「商標登録と公序良俗」『現代知的財産法　実務と課題』951頁，武宮英子「商標と公序良俗違反」『現代知的財産法　実務と課題』965頁参照），7号を次から次へと新たな不登録事由・無効事由・取消事由を産み出す源泉のように取り扱うのは好ましくはない。もっとも，社会情勢の変動等に対するセーフガードとして，一般条項による柔軟な対応も捨て難いところであり，また，商標法は，もともと私益の保護を通じて公益を保護する法律であり（商標1条），私益と公益を区別することには難しい一面があり，7号に対する前記4の裁判例が主流となっているようにはうかがえない。7号の補充性の顕れとして，各号該当性を全て否定する場合には，7号該当性判断を最後にする例が多いが，一方，7号該当

性を肯定できる場合には，7号該当性だけを判断しその余の各号該当性を判断しないこともあるのが実情である（例えば，知財高判平成22年8月19日（平成21年（行ケ）第10297号）〔Asrock事件〕，知財高判平成27年8月3日（平成27年（行ケ）第10023号）〔のらや事件〕）。

（中村　恭）

## Q19　公序良俗違反・不正目的

**Q**　「A」の名称を持つ団体が内部分裂し，一部の人たちが「新A」なる団体を立ち上げました。このような「新A」について商標登録をすることはできますか。

**A**　新団体を立ち上げ，商標登録を申請するに至る経緯に関する具体的な事情，すなわち，①商標「A」の従前の使用，権利関係，②商標「A」の関連商標の従前の使用，権利関係，③商標「A」に関して生じた事情の変化，④当該事情後の商標「A」の新たな使用，権利関係，⑤新たな使用者の商標「新A」登録出願手続の経緯，⑥商標「A」と商標「新A」との類似性の程度，⑦商標「A」及び商標「新A」の周知性の有無等次第で，商標登録ができる場合もできない場合もあり，一概にはいえない。

### ■　解　説

#### 1　商標の不登録事由について

商標法4条は，各種の商標登録を受けることができない商標を規定している。

本件では，商標法4条1項7号や19号が問題となるほか，「A」という商標が著名であれば，同条1項10号，15号も問題となり得る。

#### 2　商標法4条1項7号

商標法4条1項7号は，「公の秩序又は善良の風俗を害するおそれがある商標」を，商標登録を受けることができない商標と規定している。

商標法4条1項7号に該当する商標としては，一般的に，商標の構成自体が公序良俗に反する場合，商標の使用が社会公共の利益に反する場合，商標の使用が国際信義に反する場合，出願の経緯が著しく社会的妥当性を欠く場合が含まれると解されている。

出願の経緯が問題となるいわゆる剽窃的な商標登録に関し，従前，公正な

競争秩序維持の見地から，公序良俗違反として，商標登録を否定する例が多く見られた（東京高判平成11年11月29日判時1710号141頁〔母衣旗事件〕，東京高判平成11年12月22日判時1710号147頁〔ドゥーセラム事件〕）。

　もっとも，商標法4条1項7号を私的領域にまで拡大解釈することに批判的な裁判例も見られ（知財高判平成20年6月26日判時2038号97頁〔CONMER事件〕），出願の経緯を理由に公序良俗に反する商標と認める基準については，見解が分かれる。

### 3　商標法4条1項19号

　商標法4条1項19号は，「他人の業務に係る商品又は役務を表示するものとして日本国内又は外国における需要者の間に広く認識されている商標と同一又は類似の商標であって，不正の目的（不正の利益を得る目的，他人に損害を加える目的その他の不正の目的をいう。）をもって使用をするもの（前各号に掲げるものを除く。）」を，商標登録を受けることができない商標と規定している。

　商標法4条1項19号は，平成8年改正で新設され，第三者によるフリーライドやダイリューションからの保護を図る規定である。「不正目的」には，周知商標が日本国内で出願されていないことを奇貨として，高額な買取りや代理店契約の締結を強制しようとするなど，不正の経済的利益を得ようとする目的以外にも，競争関係にない者が，周知商標の信用や名声を悪用し，財産上の損害や信用の失墜等を与えようとするなど，公正な取引秩序に反する目的も含まれるとされている（知財高判平成20年9月17日判時2031号120頁〔USBEAR事件〕）。

### 4　参考裁判例

　本問と同様の点が問題となった事件としては，知財高判平成21年5月27日判時2065号106頁〔新極真会事件〕がある。

(1)　知財高裁は，極真会館の創始者の遺族の一人が，「新極真会」の文字を標準文字で表してなる本件商標（指定役務は第41類）の商標権者に対し

て起こした，商標法4条1項7号及び19号違反を理由とする無効審判請求について，不成立とした審決に対する取消訴訟において，本件商標は，商標法4条1項7号及び19号に反しないと判断した。

当該事案では，商標法4条1項7号に関しては，①「極真会館」は，法人格はないが，運営や組織に関する規定にのっとって活動を継続していた団体と認められること，②極真関連商標は，創設者が死亡した時点で，空手や格闘技に興味を持つ者の間では，当該創設者が代表者として運営していた「極真会館」等を表す商標として広く知られていたこと，③当該創設者は，生存中，極真関連商標について自己名義で商標登録出願をしていなかったこと，④極真関連商標については，財団法人極真奨学会の商標登録があったが，その後，創設者死亡時までに登録が抹消されたか，他人に移転登録されていたこと，⑤支部長等が，道場での極真空手の教授等の活動を行う限りにおいては，極真関連商標を使用できたこと，⑥創設者の死後，極真会館は分裂し，各支部長が，複数の分派に分かれて，それぞれが「極真会館」の承継団体として，極真関連商標を使用してきたこと，⑦創設者の遺族が，極真会館の活動に従事したことはなかったこと，⑧商標権者は，一分派として，団体を設立し，他の分派との区別のために「新極真会」との標章を用いて活動を継続し，商標登録を出願したこと，⑨本件商標は，出願後，一旦，極真奨学会から移転登録された商標を引用商標として拒絶理由を受けたが，引用商標権者と和解し，同人の名義で登録を受け，その後再度登録の移転を受けたものであること等の事実関係を前提に，商標法の予定する秩序に反するものとはいえないと判断された。

また，商標法4条1項19号に関しては，創設者の遺族が極真関連商標に係る権利を承継したわけではなく，商標権者は，引用商標権者から本件商標を譲り受けたものであり，引用商標権者の団体との峻別を目的としたものであるから，不正目的もないと判断された。

(2)　他方，同じ極真関連商標でも，知財高判平成18年12月26日（平成17年（行ケ）第10028号～第10033号）裁判所ウェブサイト〔極真会事件〕は，極

真会館の団体の一つの代表者による「極真会」,「KYOKUSHIN」,「極真会館」等の本件各商標の登録出願につき, 商標法4条1項7号に反すると判断した。

　当該事案では, ①本件各商標の登録出願は, 極真会館という大規模な団体の出所表示として広く知られていた商標について, 創設者の死後間もない時期に, 当時の代表者が個人名義でしたものであるが, ②その登録出願は, 極真会館に対する善管注意義務に違反し, 事前承認や事後報告などの極真会館内部における適正手続義務を怠り, 個人的な利益を図る不正目的で, 秘密裏に行ったもので, 極真会館も, 後日, 同登録出願を不適切な行為と表明していたこと, ③創設者の遺言の無効が確定し, 同代表者は, 少なくとも内部的には, 正当な代表者ではなくなっていたこと, ④登録査定時において, 同代表者は, ある派閥の極真会館を名乗る団体の代表者であったが, 本件商標は, 本来, 極真会館という団体全体の出所表示として広く知られていたものであり, 原告が派閥の団体の代表者であったことが, 直ちに, 本件商標の登録出願を正当化するものではないことといった事情を前提に, 本件各商標の正当な出所といえる創設者の死後, 極真会館が複数の団体に分裂し, 各団体が対立競合している状況下において, 当時の極真会館の代表者が重大な義務違反により個人名義で登録出願して登録された本件各商標を, 登録査定時において極真会館とは同一性を有しない一団体の代表者にそのまま付与することは, 商標法の予定する秩序に反すると判断された。

## 5　問題に対する検討

　上記裁判例の判断理由から理解できるように, 出願経緯の不当性に関する判断は, 諸般の事情を総合的に考慮してなされるために, 個別性が高く, 結論の予測が困難である。しかしながら, 上記裁判例で検討された各要素は, 重要な判断材料であり, これらの諸事情を踏まえて, 登録の可否が決せられることになる。

　具体的には, ①問題となる商標の従前の使用, 権利関係（当該商標の従来の

使用者と発案者の関係，当該商標の発案者ないし使用者による商標登録手続の有無，従来の使用者に対する発案者からの使用権限付与の有無），②当該商標と関連する商標の従前の使用，権利関係（関連商標の従来の使用者と発案者の関係，関連商標の普及度，関連商標の商標登録手続の有無），③当該商標に関して生じた事情の変化（当該商標の発案者の死亡，当該商標に関する使用権限の譲渡），④当該事情後の当該商標の新たな使用，権利関係（従前の使用態様からの変化の有無，当該事情後の従前の使用権限の変化，発案者が従前に有していた意図の内容，従前の使用態様や使用権限が変化した場合は，その原因及び当該原因に対する発案者や新たな使用者の帰責性），⑤新たな使用者の商標登録出願手続の経緯（商標登録出願の目的，時期，新たな使用者と発案者の遺族との交渉状況，拒絶理由の回避措置該当性），⑥当該商標と新たな商標との同一性，類似性（商標の構成及び指定商品や役務の完全同一性の有無，類似の程度），⑦当該商標及び新たな商標の周知性の有無（従来の使用者による使用時点での当該商標の普及度，新使用者による使用による普及度）などの事情が考慮される。

　なお，剽窃出願に関しては，先願主義との関係で，公序良俗該当性の有無を緩やかに考える立場と厳格に考える立場のいずれに依拠するかによって，商標登録の可否の判断に影響が生じ得る。不正目的に，既存商標へのマイナス影響に対する消極的容認を含めるか否かに関する見解の相違も，同様の影響を与え得る。

## 6　その他

　「A」という団体が著名である場合には，商標法 4 条 1 項10号，15号も問題となる。なお，上段に「新」と「極真会」との間をやや空けて「新極真会」と書し，下段に「SIN」と「KYOKUSINKAI」との間をやや空けて「SINKYOKUSINKAI」と書して成る商標について，商標法 4 条 1 項10号に該当するとした裁判例がある（知財高判平成21年10月30日（平成21年（行ケ）第10038号）裁判所ウェブサイト〔新極真會事件〕）が，引用商標が，「新極真會」であるため，「新」の有無が類否判断に影響を与えた事案ではないことに，注意を要する。

（新谷　貴昭）

## Q20　スポーツブランド

**Q**　A社の販売するTシャツに付されたロゴは，文字の部分は独自のものですが，周辺の図形デザインが，有名なスポーツブランドと似ていると感じます。このようなロゴは，商標登録ができるでしょうか。

**A**　A社のTシャツのロゴのうち，文字の部分が独自のものであっても，有名なスポーツブランドのロゴに使用された文字との共通文字の有無，数，書体，全体に占める割合，周辺部分の図形部分と文字部分の面積比率や配置の共通性，文字で示された内容と図形で示された内容の関連性の有無等次第で外観が類似する場合があるし，そうでない場合でも，文字部分の称呼や観念の共通性が与える印象が強ければ，商標登録が許されないことがある。また，A社のロゴ自体に問題はなくても，商標登録申請に至る動機や目的によっては，商標登録が許されないことがある。

### ▌解　説

#### 1　商標の不登録事由について

商標法4条1項は，登録を受けることができない各種の商標を規定している。

著名商標と類似する商標登録の可否については，10号，11号，15号が問題となるほか，いわゆるパロディ商標については，7号や19号もまた問題となる。

#### 2　商標法4条1項10号

商標法4条1項10号は，「他人の業務に係る商品若しくは役務を表示するものとして需要者に広く認識されている商標，又はこれに類似する商標であって，その商品若しくは役務について使用するもの」を，商標登録を受け

ることができない商標と規定している。

　周知性の有無は，需要者の認識を基準に（東京高判平成14年12月25日判時1817号135頁〔麗姿事件〕），当該商標の使用される商品又は役務の種類，使用期間，使用地域，使用方法・態様，商品の製造・販売数量（売上高），宣伝広告の方法・回数・費用等を総合的に判断するものとされている。周知性の程度は，全国的に周知である必要はないが，少なくとも隣接数県の相当程度の地域で周知でなければならないとされている（最三小判昭和60年9月17日判例工業所有権法2765の46頁，東京高判昭和58年6月16日無体例集15巻2号501頁〔DCC事件〕）。

### 3　商標法4条1項11号

　商標法4条1項11号は，「当該商標登録出願の日前の商標登録出願に係る他人の登録商標又はこれに類似する商標であって，その商標登録に係る指定商品若しくは指定役務又はこれらに類似する商品若しくは役務について使用をするもの」を，商標登録を受けることができない商標と規定している。

　商標の類否判断は，商品の出所の誤認混同のおそれがあるか否かを基準に，使用される商品・役務の取引の実情をも勘案して，商標の外観，観念，称呼の異同の有無を総合的に判断するものとされている（最三小判昭和43年2月27日民集22巻2号399頁〔氷山印事件〕）。

### 4　商標法4条1項15号

　商標法4条1項15号は，「他人の業務に係る商品又は役務と混同を生ずるおそれがある商標（第10号から前号までに掲げるものを除く。）」を，商標登録を受けることができない商標と規定している。

　「混同を生ずるおそれ」の有無は，商標それ自体だけではなく，それ以外の取引社会における事情を参酌して判断され，商標の類似や商品又は役務の類似は絶対的な要件とはならないとされる。特に，著名商標の場合は，近時における大企業の経営の多角化傾向を受け，商品又は役務が必ずしも類似せず，競業範囲外であっても，混同のおそれが肯定される余地がある。なお，最高裁は，当該商標と他人の表示の類似性の程度，他人の表示の周知著名性

及び独創性の程度や，当該商標の指定商品等と他人の業務に係る商品等との間の性質，用途又は目的における関連性の程度並びに商品等の取引の実情などに照らし，当該商標の指定商品等の取引者及び需要者において普通に払われる注意力を基準として，総合的に判断するものとしている（最三小判平成12年7月11日民集54巻6号1848頁〔レールデュタン事件〕）。

## 5　商標法4条1項19号

商標法4条1項19号は，「他人の業務に係る商品又は役務を表示するものとして日本国内又は外国における需要者の間に広く認識されている商標と同一又は類似の商標であって，不正の目的（不正の利益を得る目的，他人に損害を加える目的その他の不正の目的をいう。）をもって使用をするもの（前各号に掲げるものを除く。）」を，商標登録を受けることができない商標と規定している。

商標法4条1項19号は，平成8年改正で新設されたものであり，第三者によるフリーライドやダイリューションからの保護を図る規定である。10号とは異なり，国外での周知商標も対象となっている。「不正目的」は，不正の利益を得ようとする目的以外にも，競争関係にない者が他人に財産上の損害や信用の失墜等の公正な取引秩序に違反する目的も含まれる。

## 6　商標法4条1項7号

商標法4条1項7号は，「公の秩序又は善良の風俗を害するおそれがある商標」を，商標登録を受けることができない商標と規定している。

公序良俗違反のおそれは社会通念によって判断され，時代によって異なり得る。商標法4条1項19号等の新設により，これまで7号を適用して解決してきた場面について，一部が立法的に手当てされた。そこで，今後，どのような具体的場面で7号を適用すべきかどうかは問題である（知財高判平成20年6月26日判時2038号97頁〔CONMER事件〕）。

### 7　参考裁判例

　本問と同様の点が問題となった事件としては，知財高判平成22年 7 月12日判タ1387号311頁〔SHI-SA事件〕及び知財高判平成25年 6 月27日（平成24年（行ケ）第10454号）裁判所ウェブサイト〔KUmA事件〕がある。両事件は，いずれも，ドイツの有名なスポーツブランドであるPUMA社の商標と類似している商標登録の可否が争われた事案である。

（PUMA社の商標）

（SHI-SA事件の商標）　　　　　（KUmA事件の商標）

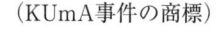

　SHI-SA事件では，PUMA商標の周知性や同商標の指定商品とPUMA社の業務に係る商品の性質・用途・目的の関連性，商品の取引者及び需要者の共通性は肯定されたが，称呼及び観念が相違し，外観も必ずしも類似しない点，原告の限定的な販売方法，販売地域，販売規模からすると，SHI-SA商標を付した商品がPUMA社又はグループ企業の業務に係る商品であると誤信されるおそれがあるとはいえず，SHI-SA商標は，商標法 4 条 1 項15号にいう「混同を生ずるおそれ」があるとはいえないと判断された。また，19号における「不正目的」があったとはいえないとも判断された。

　他方，KUmA事件では，KUmA商標は，①PUMA商標と， 4 個の欧文字が横書きで大きく表され，その右肩上方に，動物の種類は異なるが，四足動

物が前肢を左方に突き出し欧文字部分に向かっている様子を側面からシルエット風に描かれた図形を配した点において共通し，②両者の４個の欧文字部分は，第１文字が相違するのみで，他の文字の配列構成を共通にし，③各文字の書体等の特徴が酷似し，かつ，文字全体が略横長の長方形を構成するようにロゴ化して表した点で共通の印象を与え，④文字の上面が動物の後大腿部の高さに一致する位置関係が共通しており，足や尾の方向にも対応関係を看取することができ，⑤上方にゴシック体で小さく表した「KUmA」の欧文字は，位置が目立たず，表示も小さいこと等から，類似しているといえ，指定商品及び需要者の共通性，ワンポイントマークとして小さく表示されるという使用方法等の取引の実情を踏まえると，出所について混同を生ずるおそれがあるといえ，商標法４条１項15号に該当すると判断された。また，フリーライドの意図，ダイリューションのおそれを肯定し，７号にも該当すると判断された。

　上記SHI-SA事件とKUmA事件の商標登録の可否における結論の違いは，外観上，SHI-SA商標はPUMA商標と文字数が異なる上，「A」しか共通文字がないこと，「SHI-SA」の下の二段表記が相当な大きさを占め，記載動物の説明書が追加されていること，称呼の違いが大きいこと等が影響していると考えられる。

## 8　問題に対する検討

　本件では，登録の可否は，商標が類似しているといえるか，不正目的が認められるか，その他，登録の可否が公序良俗に違反しているといえるような特別な事情が認められるかにかかってくる。

　A社のロゴの文字の部分が独自であっても，それだけで商標として類似していないとは直ちにいえない。有名なスポーツブランドのロゴに使用された文字との共通文字の有無や数，書体の類似性，全体に占める割合，周辺部分の図形部分と文字部分の面積比率や配置の共通性，文字で示された内容と図形で示された内容の関連性の有無等の要素によって，外観の類否の有無が判断されることになる。また，外観が異なっているだけでは，当然に類似して

いないとはいえず，文字部分の称呼や観念の共通性があれば，類似している
と評価される可能性もある。したがって，商標登録を目指すのであれば，有
名なスポーツブランドのロゴと混同が生じないように，需要者の目を引く顕
著な相違部分を設けておくことが肝要である。

　また，商標自体以外の要素によって，商標登録が許されない可能性も否定
できない。商標登録申請に至る経緯が剽窃的な場合や，商標登録の目的自体
が既存スポーツブランドの知名度へのフリーライドにあったり，信用・名声
のダイリューションが生じたりする場合には，別途，商標登録が許されない
可能性がある。

（新谷　貴昭）

## Q21 著名商標

 A社がデザインした図形と文字からなる商標について，B市の市章と似ているとの指摘を受けました。このような商標は，登録することができますか。

 B市の市章が著名なものである場合，A社がデザインした商標は，それがB市の市章と類似するものであれば，登録することができない。

### ■ 解 説

### 1 商標法4条1項6号の不登録事由

(1) 商標法4条1項6号の趣旨等

商標法4条1項6号は，商標登録を受けることができない商標として，国，地方公共団体，これらの機関，非営利公益団体又は非営利公益事業を表示する標章であって著名なものと同一又は類似の商標を規定している。

同号の趣旨は，ここに掲げる標章を一私人に独占させることは，権威の尊重や国際信義上好ましくないという点，出所混同を防いで需要者の利益を保護するという点にあるとされる。当該標章が表示する国，地方公共団体，これらの機関，非営利公益団体，非営利公益事業を行う者（以下「国等」という。）の承諾を得た場合でも商標登録を受けることはできず，単純な人格権保護の規定ではなく，公益保護の規定として理解される。

「国」は，日本国のみを意味する。「地方公共団体」も，日本国のものに限られ，都道府県及び市町村並びに特別区，地方公共団体の組合，財産区及び地方開発事業団である。「これらの機関」とは，立法，司法，行政についての国又は地方公共団体の機関を指す。非営利公益団体は，公益法人等である。非営利公益事業は，水道事業等である。非営利公益事業には，私人の営むものも含まれる。

　本号の例としては，YMCA，JETRO，NHK，大学を表示する標章，都市
の紋章等がある。

　なお，本号に該当する商標であっても，国等が商標登録出願をするときは，
本号の規定は適用されない。前述したとおり，同号の趣旨には権威の尊重と
いう点があるので，国等自身が使用するのであれば登録を認めても差し支え
ないばかりか，国等が業務を行う場合には他人による使用を排除する必要が
あるので，登録を受けることができるものとしている[1]。

　(2)　「著名なもの」の意義

　本号に該当する標章は，「著名なもの」に限られる。国等を表示する標章
は極めて多いため，著名なものに限定して保護するものである。「著名」で
あるかどうかは，事実の問題であって，ケース・バイ・ケースで判断しなけ
ればならない[2]。

　この点に関し，知財高判平成24年10月30日判時2184号130頁〔日南市標事
件〕は，「『著名』とは，指定商品・役務に係る一商圏以上の範囲の取引者，
需要者に広く認識されていることを要すると解するのが相当である。」と説
示している。


## 2　商標の類否

　A社がデザインした商標は，図形と文字からなる商標であり，このように，
いくつかの文字と文字，文字と図形，図形と図形等の結合によって構成され
ている商標を結合商標という。結合商標の類否判断については，最一小判昭
和38年12月5日民集17巻12号1621頁〔リラ宝塚事件〕，最二小判平成5年9
月10日民集47巻7号5009頁〔SEIKO EYE事件〕，最二小判平成20年9月8
日裁判集民228号561頁〔つつみのおひなっこや事件〕と，重要な最高裁判例
が複数ある[3]。なお，結合商標の類否判断については，Q31及びQ32に解

---

〈1〉　以上につき，『工業所有権法逐条解説』1286頁，小野『注解商標法（上）』208頁以
　　　下〔小野昌延ほか〕，茶園『商標法』56頁以下〔村上画里〕。
〈2〉　小野『注解商標法（上）』210頁，小野＝三山『新・商標法概説』144頁。
〈3〉　商標の類否については，多数の論考がある。比較的最近のものとしては，高部『商

説されているので，そちらも併せて参照されたい。

## 3　参考裁判例

(1)　本問の参考裁判例となる前掲〔日南市標事件〕は，原告が，後記のとおりの構成から成り，第6類「建築用又は構築用の金属製専用材料，金属製建具，金属製造物組立てセット」，第19類「セメント及びその製品，木材，石材，建築用ガラス」及び第21類「清掃用具及び洗濯用具」を指定商品とする商標（以下「本願商標」という。）を登録出願したところ，拒絶査定を受け，これに対する不服の審判を請求したが，審判不成立の審決を受けたので，同審決の取消しを求めて提起した審決取消訴訟の事案である。審決は，本願商標は，著名な宮崎県日南市（以下「日南市」という。）の市章（後記のとおりの構成からなる。以下「日南市章」という。）と類似の商標であるから，商標法4条1項6号に該当すると判断し，原告の請求を棄却した。

　同判決は，日南市章は，同号の「著名なもの」に当たらず，また，図形と文字との結合商標である本願商標と日南市章とは非類似である旨判断して，上記審決を取り消した。すなわち，同判決は，前記1(2)のとおり，同号の「著名」の意義を述べ，「日南市章は，日南市を表示するものとして同市の公共施設，ホームページ，広報用パネル，マンホールの蓋などに使用され，大きなイベントの際には，メインとなる舞台や調印式などの背景に日南市章が赤色で表示された日南市旗が掲げられていること，これらのイベント等を報じる新聞記事やテレビ放送には，背景等に日南市章が写ることも多く，また，日南市の観光や物産を紹介する書籍，ホームページにも，日南市の名称とともに日南市章が掲載されることがあること」という日南市章の使用状況を認定した上で，同使用状況において，本願商標の指定商品の取引者，需要者が一般に日南市章を目

標関係訴訟』49頁，小田真治「商標権侵害の成否」髙部『著作権・商標・不競法関係訴訟の実務』226頁，三山峻司「結合商標の類否判断～結合商標の類否判断に関する最高裁判所判決の射程～」『現代知的財産法　実務と課題』977頁などがある。

にするとは認められないとして，審決時に，本願商標の指定商品に係る一商圏以上の範囲の取引者，需要者に広く認識されていたと認めることは，困難であるとの判断をした。

　また，本願商標と日南市章との類否について，同判決は，本願商標の図形部分は，日南市章とほぼ同一といってよいほど類似しているものの，「日」という漢字の古代書体に由来するありふれた図形であって，取引者，需要者に対し，商品又は役務の出所識別標識として強く支配的な印象を与えるものとまでは認められないことなどから，本願商標の構成から図形部分を抽出し，この部分だけを日南市章と比較して商標そのものの類否を判断することは許されないとして，本願商標と日南市章を全体として対比し，全体として類似するとはいえないと判断した。

本願商標　　　　　　　　　　　日南市章

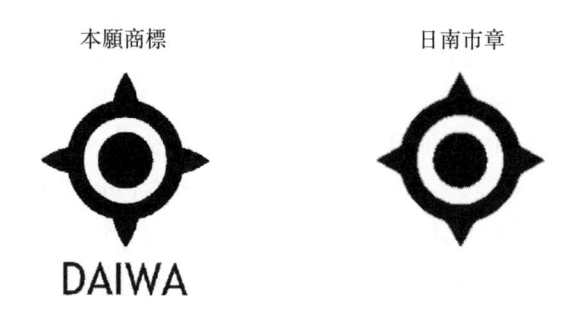

(2)　知財高判平成21年5月28日判時2081号106頁〔ISO事件〕は，「ISO-Mount-Extender」の文字を上段に，「ISOマウントエクステンダー」の文字を下段にそれぞれ配して成り，物品搭載用の免震装置等を指定商品として登録出願された商標は，国際標準化機構の英語上の略表記として著名なものである「ISO」と類似するとして，商標法4条1項6号に該当する旨判断した。同判決においては，「ISO」が同号所定の「著名なもの」である点については当事者間に争いがなく，主に上記商標と「ISO」との類否が問題となっていた。

（鈴木　わかな）

## Q22 周知商標

**Q**　A社は，出願をした商標が周知の商標に類似するとの指摘を受けました。周知とされる商標は，それほど雑誌や新聞で紹介されているとは思えないのですが，「周知性」の判断はどのようにされるのでしょうか。

**A**　周知性が肯定されるためには，全国的に認識されている場合はもとより，一地方における周知でも足り，また，最終消費者にまで広く認識されていることまでは必要なく，取引者間に広く認識されていることで足りる。

周知性は，当該商標を使用する商品又は役務の取引実態に応じて判断する。雑誌や新聞で紹介されている状況は，上記判断に際して考慮する事情の一つといえるが，それのみではなく，当該商標の識別力の強さ，使用期間・使用方法，シェア・売上高等種々の事情を総合的に考慮して判断する。

### ■ 解　説

### 1　商標法4条1項10号の趣旨等

商標法4条1項10号は，商標登録を受けることができない商標として，「他人の業務に係る商品若しくは役務を表示するものとして需要者の間に広く認識されている商標又はこれに類似する商標であって，その商品若しくは役務又はこれらに類似する商品若しくは役務について使用をするもの」を規定している。

「他人の業務に係る商品若しくは役務を表示するものとして需要者の間に広く認識されている商標」は，周知商標と呼ばれ，同号においては，未登録のものを念頭に置いている（登録商標については，商標法4条1項11号によって規律できる。）。

商標法4条1項10号の趣旨は，商品又は役務の出所の混同防止とともに，

一定の信用を蓄積した未登録有名商標の既得の利益を保護することにある。

　商標登録出願時に同号に該当しないのに，出願後これに該当するように
なったものについて，不登録とするのは出願人に酷であることから，出願時
に同号に該当しないものについては，同号は適用されない（商標4条3項）[1]。

## 2　周知性の意義及び判断

### (1)　周知性の意義

　商標法4条1項10号所定の「需要者の間に広く認識されている商標」に該
当するか否かを判断するに当たっては，「広く」という地理的範囲と「認識
されている」程度がどの程度求められるかという二つの点からの検討が必要
である[2]。

　特許庁の審査基準によれば，地理的範囲については，全国的に認識されて
いる場合はもとより，一地方における周知でも足りる。認識されている程度
に関しては，最終消費者にまで広く認識されていることまでは必要なく，取
引者間に広く認識されていることで足りる[3]。

　周知性の有無の判断に当たって考慮する地理的範囲及び需要者・取引者は，
当該商標を使用する商品又は役務の取引実態に応じて認定され，商品又は役
務の種類，性質により異なり，一律に認定されるものではない。例えば，
「高価な機械」と「雑貨，菓子」，「全国的に流通する商品」と「地方の特産
品」では，取引実態が異なり，取引者・需要者，流通経路・範囲，宣伝広告
方法等も同じではない[4]。

　また，周知性は，需要者又は取引者の認識の程度に関わるものであるから，
それぞれの商品又は役務の取引実態に応じて認定されるべきである[5]。

---

〈1〉　以上につき，『工業所有権法逐条解説』1288頁，小野『注解商標法（上）』248頁
　　〔工藤莞司ほか〕，嶋末和秀「商標登録要件・無効理由(2)」高部『著作権・商標・不競
　　法関係訴訟の実務』358頁，茶園『商標法』64頁〔村上画里〕。
〈2〉　茶園『商標法』65頁
〈3〉　商標審査基準（改訂第11版）第3，九，1
〈4〉　小野『注解商標法（上）』245頁
〈5〉　小野『注解商標法（上）』246頁，高部『商標関係訴訟』242頁。

(2)　周知性の判断

　特許庁の審査基準によれば，周知性の判断は，使用期間，使用地域，譲渡の数量，広告宣伝の方法・回数・内容，一般紙・業界紙・雑誌・インターネット等における記事掲載の回数・内容等を総合勘案して判断するとされている[6]。

　立証方法は，事案によっても異なるが，①当該商標を使用する商品又は役務の種類・市場の広狭等により異なる相対的な経済的事実評価，②商標の識別力の強さ，特別顕著性，特異性の有無とその程度，③上記商品又は役務の性質，取引の種類（取引者・需要者），④当該商標の使用期間・使用方法，⑤シェア・売上高，⑥宣伝広告の方法・費用，雑誌・マスメディアへの取り上げられ方・回数等を総合的に考慮して，判断する[7]。

　立証の資料としては，①取引書類（伝票，帳簿等），②宣伝広告に係る印刷物（カタログ，パンフレット等）などがある[8]。なお，近時，アンケートが周知性を示す証拠として提出されることがあるが，アンケートを取るに当たっては，質問の方法・対象者に留意する必要がある[9]。


## 3　参考裁判例

(1)　周知性を認めた裁判例として，知財高判平成22年2月17日判時2088号138頁〔ももいちごの里事件〕，東京高判平成11年2月9日判時1679号140頁〔串の坊事件〕，東京高判平成4年2月26日知的裁集24巻1号182頁〔コンピューターワールド事件〕などがある。

　〔ももいちごの里事件〕において，判決は，有限会社福屋（以下「福屋」という。）が徳島県の特産品である「ももいちご」というイチゴを使用した季節商品である大福に付した「ももいちごの里」という商標につき，徳島県の新聞やタウン情報誌等に掲載されたこと，全国で発売され

---

〈6〉　商標審査基準（改訂第11版）第2，3(2)
〈7〉　高部『商標関係訴訟』243頁
〈8〉　小野『注解商標法（上）』246頁
〈9〉　高部『商標関係訴訟』244頁

ているグルメ雑誌や旅行雑誌を含む雑誌等にも度々紹介され，テレビやラジオ放送でも取り上げられたことなどを認定し，「遅くとも，平成19年6月ころまでに，徳島県のみならず少なくとも関西地方における取引者，需要者に，徳島県佐那河内村の特定の農家において生産されている『ももいちご』を使用した福屋のいちご大福を表示するものとして，広く認識されていたものということができ」るとして，周知性を肯定した。

〔串の坊事件〕において，判決は，「串の坊」の文字を要部とする原告の商標につき，原告及びその系列会社が長年にわたり経営してきた串かつ料理店の看板等に掲げられており，宣伝広告のパンフレット等にも付されていたこと，前記串かつ料理店は，関東，中京，関西地域を中心に29店舗に及び，多数の顧客が利用して前記商標に接してきたこと，全国的に大衆雑誌に取り上げられたり，専門雑誌に取り上げられたりしていたことなどを認定し，原告及びその系列会社による串かつ料理等の日本料理を主とする飲食物の提供を表示するものとして，関東，中京，関西地域において需要者の間に広く認識されるに至っていたものとして，周知性を肯定した。

〔コンピューターワールド事件〕において，判決は，原告が米国の商標登録を得て，同国内で発行する週刊新聞の表題として使用していた「COMPUTERWORLD」という商標につき，日本国内において，コンピューター関連の季刊誌や定期刊行物等において，海外のコンピューター関連の記事の紹介等の際に出典等として明示されていたことなどを認定し，コンピューター関係の情報紙という商品の性質上予測される我が国内の需要者である，我が国のコンピューター等の製造，販売関係の企業の関係者，技術者，コンピューターを利用する企業の関係者，技術者に広く認識されていたものと認められるとして，周知性を肯定した。

(2)　周知性を否定した裁判例として，東京高判昭和58年6月16日無体例集15巻2号501頁〔DCC事件〕などがある。

〔DCC事件〕において，判決は，コーヒーの加工販売，喫茶店経営等を業とする原告がその業務に係るコーヒー等の商品等を表示するものと

して使用してきた「DCC」の表示を用いた商標につき，コーヒーのように全国的に流通する日常使用の一般的商品について，周知商標といえるためには，全国にわたる主要商圏の同種商品取扱業者の間に相当程度認識されているか，狭くとも一県の単位にとどまらず，その隣接数県の相当範囲の地域にわたって，少なくともその同種商品取扱業者の半ばに達する程度の層に認識されていることを要するものと解すべきであると説示した上で，前記商標につき，原告の主な販売地域である広島県下でも専業的な喫茶店等に対する取引占有率は高々30パーセント程度にすぎないこと，(専業的な喫茶店等以外の) 一般的な食堂等の存在も考えると，DCCを原告の業務に係る商品を表示するものとして認識していた同種商品取扱業者の比率は上記取引占有率を更に下回り，隣接県である山口県，岡山県等における上記比率ははるかに広島県に及ばないなどと認定して，前記商標の周知性を肯定した。

（鈴木　わかな）

## Q23　他人の氏名

**Q**　　A社は，デザイナーの氏名である「B」を，Bの承諾を得た上でブランドとして商標登録をしようとしていますが，その出願後にBが承諾を撤回しました。この場合，商標登録をすることができるでしょうか。

**A**　　Bによる承諾の撤回が，商標登録拒絶査定時又は拒絶査定不服審判の審決時以前になされたものであった場合には，商標法4条1項8号の不登録事由に該当するため，出願時にBの承諾があった場合でも，A社は商標登録をすることはできない（商標法4条3項は適用されない。）。

## ▌解　説

### 1　問題の所在

　商標の登録は，商標法3条に定める商標登録のための一般的要件を具備するほか，同法4条1項各号に定める不登録事由のいずれにも該当しないことが必要である。同法4条1項8号（以下，単に「8号」ともいう。）は，他人の肖像・氏名・名称など若しくはこれらの著明な略称を含む商標を不登録事由として定める一方，同号括弧書きにおいて「（その他人の承諾を得ているものを除く。）」として，「他人の承諾」がある場合を不登録事由から除外している。

　本問では，出願人であるA社が出願時において得ていた「他人の承諾」が後に撤回されているところ，同法4条3項（以下，単に「3項」ともいう。）により，出願時に8号に該当しなかった商標は登録を受けることができるとするならば，A社は商標登録を受けることができることになる一方，3項の適用はなく，査定時において承諾が現存していることが必要であるとするならば，「他人の承諾」を欠いている以上，商標登録は拒絶されることになる。

　そこで，8号括弧書きの「他人の承諾」の有無の判断基準時が問題となる。

## 2　商標法4条1項8号について

8号本文は，他人の①肖像，②氏名，③名称，④著名な雅号・芸名・筆名，⑤氏名，名称，著名な雅号・芸名・筆名の著名な略称，を含む商標を商標不登録事由と定める。

この保護法益について，人格的利益の保護と考えるのが現在の通説であり，判例は，「肖像，氏名等に関する他人の人格的利益を保護することにある」とし（最三小判平成16年6月8日裁判集民214号373頁〔LEONARD KAMHOUT事件〕），また，「人（法人等の団体を含む。）の……人格的利益を保護する」，「人は，自らの承諾なしにその氏名，名称等を商標に使われることがない利益を保護されている」（最二小判平成17年7月22日裁判集民217号595頁〔国際自由学園事件〕）として，人格的利益を保護する立場に立つことを明らかにしている。

8号の「他人」とは，現存する自然人又は法人であり，外国人も含む（商標審査基準（改訂第11版）第3，七）。「氏名」とは，自然人の氏姓及び名前（フルネーム）をいい，「名称」とは，法人等の団体の名をいう。

なお，自然人の氏姓又は名前のみの場合には，「氏名」に当たらず，また，株式会社の商号から株式会社なる文字を除いた部分は「名称」に当たらず，それぞれ「氏名」又は「名称」の「略称」に該当することになり，「氏名」又は「名称」と異なり，「著名」性が要求されることになる（詳しくはQ25参照。）。

## 3　不登録事由の存否の判断基準時について

商標の登録は，商標法4条1項各号に定める不登録事由がある場合，出願が拒絶され，誤って登録がされたとしても，登録異議申立理由となり，無効理由となる（商標15条1号，43条の2第1号，46条1項1号）。

これら不登録事由の存否の判断基準時について，商標法に明示の定めはないが，一般に，特許庁が商標登録を認めるかどうかを判断する時，すなわち，審査官による商標登録査定又は拒絶査定の時（拒絶査定に対する不服審判が請求された場合には，これに対する審判官による審決の時。以下，この場合も含め「査定時」という。）であるのが原則である。

　これに対し，商標法4条3項は，不登録事由の存否の判断基準時について，上記原則の例外を設け，同条1項8号，10号，15号，17号又は19号の事由について，査定時に不登録事由がある場合であっても，出願時にこれが存在しなかったときには，出願が拒絶されることがない旨定めている。したがって，これらを適用して拒絶するには，出願時において上記各号の規定に該当し，かつ，査定時においても該当しなければならないものとされる（商標審査基準（改訂第11版）第3，十八）。

　このように不登録事由によって基準時を区別したのは，3項に規定された8号等の不登録事由については，不登録事由とした理由がそれほど強くないので，出願人の保護が優先されるのに対し，上記の8号等以外の不登録事由については，商標登録を認めない理由（公益上の要請）が強いので，出願人の保護に優先するとされるためである（長谷川浩二「重要判例解説」L&T26号76頁）。

　8号についていえば，3項は，出願人の保護と8号等の不登録事由により保護されるべき氏名等の主体である他人の利益等との調整を図った規定であって，出願時には，8号等の不登録事由が存在しなかったにもかかわらず，その後，査定時までの間に出願人の関与し得ない客観的事情の変化が生じたために，8号等に該当することとなった場合に商標登録が受けられないとするのは，出願人の合理的期待を害し，相当でないということによるものである。

　この3項により，例えば，出願から査定までの間に同一名称の他人が現れたり，他人が新たに商号として採用し，又は商号を変更したり，他人の氏名の略称が著名になったりするなどの出願人の関与し得ない客観的事情の変化が生じたとしても，商標登録出願人の利益には影響を及ぼさず，登録がなされることになる。

## 4　商標法4条3項適用の可否

　本問のように，出願時に「他人の承諾」があったにもかかわらず，その後の撤回により，査定時において失われた場合においても，3項が適用され，商標登録出願人の利益に影響を及ぼさないと解すべきか。

　この点，3項の規定を文言どおりに解すると，3項が適用され，8号の不登録事由の存否は括弧書きの「他人の承諾」の存否も含めて，出願時が判断基準となり，出願時に承諾がある限り，登録が許されるということになろう。

　しかし，最高裁（前記〔LEONARD KAMHOUT事件〕）は，以下のとおり，「他人の承諾」は査定時において存在することを要すると判断した。すなわち，まず，8号の趣旨は，肖像，氏名等に関する他人の人格的利益を保護することにあるため，「8号本文に該当する商標につき商標登録を受けようとする者は，他人の人格的利益を害することがないよう，自らの責任において当該他人の承諾を確保しておくべきものである。」とした。次いで，3項の趣旨について，前記のとおり，不登録事由の判断基準時が査定時にあることを前提として，「出願時には，他人の肖像又は他人の氏名，名称，その著名な略称等を含む商標に当たらず，8号本文に該当しなかった商標につき，その後，査定時までの間に，出願された商標と同一名称の他人が現れたり，他人の氏名の略称が著名となったりするなどの出願人の関与し得ない客観的事情の変化が生じたため，その商標が8号本文に該当することとなった場合に，当該出願人が商標登録を受けられないとするのは相当ではないことから，このような場合には商標登録を認めるものとする趣旨」であると判示した。その上で，これらの趣旨に鑑み，「3項にいう出願時に8号に該当しない商標とは，出願時に8号本文に該当しない商標をい」い，「出願時において8号本文に該当するが8号括弧書の承諾があることにより8号に該当しないとされる商標については，3項の規定の適用はなく」，「出願時に8号本文に該当する商標について商標登録を受けるためには，査定時において8号括弧書の承諾があることを要する」と判断した。

　この判例に従えば，本問においても，出願商標は，出願時において「8号括弧書の承諾があることにより8号に該当しないとされる商標」に当たるため，3項の適用がなされない結果，査定時においてBによる承諾がなければ商標登録はできない。なお，この場合に，Bの承諾の撤回についての理由や出願人の落ち度は問わない。

　したがって，Bによる承諾の撤回が，商標登録拒絶査定時又は拒絶査定不

服審判の審決時以前になされた場合には，A社は商標登録をすることはできない[1]。

（中武　由紀）

[1]　本問については，上記掲記のほか，島並良「他人の氏名等を含む商標の登録に必要な承認の時期─LEONARD KAMHOUT事件」『判例評釈大系Ⅱ』480頁，高部眞規子「平成16年度主要民事判例解説」判タ1184号172頁，平尾正樹「商標法4条1項8号の『他人の承諾』が出願審査中に撤回されたケースにおける同法4条3項の適用─LEONARD KAMHOUT事件」判評554号27頁，横山久芳「他人の氏名の商標登録と承諾」ジュリ1291号270頁も併せて参照されたい。

## Q24　他人の名称

**Q** 　A社が，長年使用してきた自社の商号を商標として登録しよう
としたところ，別業種ではあるものの同じ商号であるA社が存在
することが分かりました。この場合でも，商標登録をすることはできる
でしょうか。

**A** 　出願人A社が出願しようとしている商標が，別会社であるA社
（以下，出願人A社と区別して，それぞれ，「出願人」，「A社」という。）の商
号と「株式会社」などの文字部分も含めて同一である場合，商標法4条1
項8号の「他人の名称」に該当し，出願人とA社との間における商品又は
役務の出所の混同のおそれの有無，いずれかが周知著名であるということ
などは考慮することなく，商標不登録事由に該当する。したがって，出願
人は，A社の承諾がない限り，商標登録をすることはできない。

### ▌解　説

#### 1　問題の所在

商標法4条1項8号（以下，単に「8号」ともいう。）は，「他人の肖像又は他
人の氏名若しくは名称若しくは著名な雅号，芸名若しくは筆名若しくはこれ
らの著名な略称を含む商標」を不登録事由として定め，「他人の承諾」を得
た場合をその例外としている（同号括弧書き）。

本問において，出願人が出願登録しようとしている商標は，他社であるA
社の商号と同じものであることから，文言上，「他人の」「名称」を含む商標
に該当し，他人（A社）の承諾がない限り，不登録事由となると考えられ
る[1]。

---

〈1〉　本件の出願商標が，株式会社の商号から株式会社なる文字を除いたものであった場
合には「他人の名称の略称」に該当し，「著名」であるときに限り商標登録を受ける
ことができないことになるが，「著名」な「略称」についての解説は，**Q25**に譲る。

　ところが，「他人の名称」を含む商標として登録出願が拒絶されるためには，出願人とＡ社との周知性の程度，競業のおそれ，商品又は役務の出所についての誤認混同のおそれ，Ａ社の人格的利益の毀損のおそれなどを考慮せずに，8号該当性を肯定してよいかが，8号の保護法益及びその内容と関連して問題となる。

## 2　商標法4条1項8号

　同号は，他人の①肖像，②氏名，③名称，④著名な雅号・芸名・筆名，⑤氏名，名称，著名な雅号・芸名・筆名の著名な略称，を含む商標について，不登録事由とし，他人の承諾を得ない限り，商標登録を受けることはできないことを定める。

　旧法（大正10年法律第99号）2条1項5号は，「他人ノ肖像，氏名名称又ハ商号ヲ有スルモノ」と規定し，上記の④及び⑤のように「著名」性を要求しておらず，また，「略称」を含むか否かも明らかでなく解釈に委ねられていたが，現行の8号は，この点を明文で書き分けたことにより，著名性を要求するものとしないものとが存在することとなった。

　8号の保護法益について，肖像，氏名，名称等を有する者の人格権ないし個人的利益の保護とする人格権説，不正競争防止の観点から商品の出所につき混同防止を図ったとする混同防止説などがあったが，8号括弧書きにおいて「他人の承諾」を得た場合を不登録事由から除外していること，混同防止については商標法4条1項15号が別途存在することから，重ねて8号でこれを保護法益と解する意義に乏しいこと，登録無効審判請求の除斥期間を5年に制限していること等から，人格権説が通説である。判例も，8号について「肖像，氏名等に関する他人の人格的利益を保護」（最三小判平成16年6月8日裁判集民214号373頁〔LEONARD KAMHOUT事件〕）することを明らかにしており，その人格的利益の内容として「人は，自らの承諾なしにその氏名，名称等を商標に使われることがない利益を保護されている」（最二小判平成17年7月22日裁判集民217号595頁〔国際自由学園事件〕）と述べている。

　このように人格権説に立つ場合，8号の文言上，著名性を要しない①肖像，

②氏名及び③名称と，著名性が要求される④及び⑤との区別が生じる趣旨について，以下のように考えられている。すなわち，「氏名」は自然人の氏姓及び名前（フルネーム）をいい，「名称」とは，法人等の団体の名称をいうところ，氏名，名称は自然人や法人の同一性を識別させるものであり，戸籍簿や登記簿に記載され，氏名については容易に変更することができず，法人についても法的な規制があるのに対し，④雅号等や⑤の略称は，恣意的であって，複数所有することもでき，変更も容易であることから，氏名等と同様に保護するのは行き過ぎであるとの見地の下に，④及び⑤について著名性を備えたものに限り保護することにしたというものである。

　そうすると，法人等の団体の「名称」については，厳格に解するべきであり，「株式会社」の文字を含んだ商号と同一のものであって初めて，著名性にかかわらず，出願人の利益に優先して人格的利益が保護されるとするのが合理的であり，株式会社の商号から株式会社なる文字を除いた商標については，「他人の名称」を含む商標に該当しない。株式会社の商号から株式会社なる文字を除いた部分は「他人の名称の略称」に該当し，「著名」であるときに限り商標登録を受けることができない（最二小判昭和57年11月12日民集36巻11号2233頁〔月の友の会事件〕）。

## 3　設問の検討

　8号の保護法益について，前記の混同防止説によると，需要者・取引者間に出所の混同のおそれを生ぜしめない限り，商標登録ができるとの帰結となろう。

　また，学説の中には，人格権説に立ちつつ，たまたま，氏名・名称が同一でも，商標ないし商品とその人との関係が一般世人に認識されないような場合にまで承諾を要するとすることは人格権保護の趣旨からしても行き過ぎであり，「承諾を得ないことにより人格権の毀損が客観的に認められるに足る程度の著名性・稀少性等を必要とする」（網野『商標』338頁）との見解がある。

　しかし，8号の文理上，他人の氏名・名称を含む商標について著名性の要件を付加することは困難である。また，氏名等の所有者は，自己の氏名等が

自己と関係のない営業活動の分野において第三者による商標として勝手にせん称された場合，少なくとも嫌悪，羞恥，不快等の精神的苦痛を受けるものであり（松尾和子「株式会社の商号と商標法 4 条 1 項 8 号」民商89巻 2 号101頁），第三者によって当該商標から特定の「人」が想起され，それによって「人」が社会的，経済的に何らかの不利益を被る場合でなくとも，このような人格的利益が害される場合があり，8 号はこのような場合を保護するものと考えられる。

　したがって，本問において，出願人とA社との間における商品又は役務の出所の混同のおそれの有無，いずれかが周知著名であるか否かや，A社に具体的な人格権侵害があるか否かといったことは考慮することなく，8 号本文の不登録事由に該当すると解するのが相当であろう。

　この点，知財高判平成21年 5 月26日判時2047号154頁〔末廣精工株式会社事件〕は，原告が，自社の商号である「末廣精工株式会社」との文字を横書きしてなる標章の商標登録出願について，実在する同名の会社が存在することを理由としてなされた拒絶査定不服審判不成立審決の取消訴訟において，最高裁と同様，8 号の趣旨は人格的利益保護にあるとした上で，「同号は，出願人と他人との間での商品又は役務の出所の混同のおそれの有無，いずれかが周知著名であるということなどは考慮せず，『他人の肖像又は他人の氏名若しくは名称』を含む商標をもって商標登録を受けることは，そのこと自体によって，その氏名，名称等を有する他人の人格的利益の保護を害するおそれがあるものとみなし，その他人の承諾を得ている場合を除き，商標登録を受けることができないとする趣旨」であると判断し，8 号の「他人の名称を含む」商標に当たるか否かは，その他人の人格的利益を侵害するおそれの有無を考慮すべきであり，本願商標の登録及び使用については実在する別の会社の人格的利益を侵害するおそれを有しないから登録が認められるべきであるとの原告の主張を排斥している。同様に，知財高判平成21年 2 月26日（平成20年（行ケ）第10309号）裁判所ウェブサイト〔株式会社オプト事件〕も「出願人と他人との間で事業内容が競合するかとか，いずれが著名あるいは周知であるといったことは，考慮する必要がない」旨判示している。

　このように解しても，実際上，自然人の「肖像又は氏名」を含む商標が出願されることは稀であろうし，前記のとおり，株式会社の商号から株式会社なる文字を除いた部分は「他人の名称の略称」に該当し，「著名」であるときに限り商標登録を受けることができないとされており，商標の類否判断において株式会社部分は除いて判断されるのが通例であることからすれば，出願人にとって商標出願の範囲が著しく狭くなることはないと解される[2]。

（中武　由紀）

---

〈2〉　本問については，上記掲記のほか，茶園成樹「商標法4条1項8号による人格的利益の保護―氏名権を中心に―」別冊パテント11号40頁，宮脇正晴「商標法4条1項8号の解釈における基礎的問題の考察」L＆T49号52頁，同「速報判例解説　知的財産法№3」別冊法セミvol.6, 259頁も併せて参照されたい。

## Q25　著名な略称

**Q**　A法人は「X学園」という専門学校を経営し，Xを商標登録していますが，B法人から，同法人の経営する学園X'と略称が同じであるとして商標登録の無効の審判が請求されました。B法人はその略称が著名であると主張していますが，それはどのように判断されますか。

**A**　商標法4条1項8号の趣旨が，肖像，氏名等に関する他人の人格的利益を保護することにあることから，常に，問題とされた商標の指定商品又は指定役務の需要者のみを基準とするのではなく，その略称が本人を指し示すものとして一般に受け入れられているか否かを検討する必要がある。その検討に当たっては，略称の知名度の程度やその略称が浸透している地理的範囲等の諸事情を踏まえつつ，その略称が本人を指し示すものとして一般に受け入れられているか否かを判断することとなろう。

### ▌解　説

#### 1　商標法4条1項8号の趣旨

　商標法4条1項8号は，「他人の肖像又は他人の氏名若しくは名称若しくは著名な雅号，芸名若しくは筆名若しくはこれらの著名な略称を含む商標（その他人の承諾を得ているものを除く。）」は商標登録を受けることができない旨定めているが，略称については，著名なものであることが必要であるとされている。

　商標法4条1項8号の規定の趣旨は，肖像，氏名等に関する他人の人格的利益を保護することにあると解されている（最三小判平成16年6月8日裁判集民214号373頁〔LEONARD KAMHOUT事件〕，最二小判平成17年7月22日判時1908号164頁〔国際自由学園事件〕）。

　したがって，略称の著名性の有無については，上記の趣旨を踏まえつつ判

断する必要がある。

## 2　知名度の程度

　まず，著名であるといえるために，どの程度の知名度が必要となるかが問題となる。

　裁判例では，一般世人の間において広く認識されている（東京高判昭和53年4月26日判タ364号274頁〔SONYAN事件〕），世界的に知られている（東京高判平成元年11月9日判時1338号144頁〔ヒルトン事件〕），略称が特定人を示すものとして世間一般に広く知られている（東京高判平成14年6月26日判時1829号130頁〔力王事件Ⅰ〕，東京高判平成16年8月9日判時1875号130頁〔CECIL McBEE事件〕）などといった程度の知名度が求められている。

　学説上は，氏名や名称には要求されていない著名性を略称に要求していることから，「社会通念上特定人を指すものとして認識し得る程度の知名度があれば足りる」などとして，高度の知名度までは要しないと解するのが通説的見解である[1]。知名度が特に高い場合に限定する見解は見当たらないとされる[2]。

　この点，前記〔国際自由学園事件〕は，商標法4条1項8号の趣旨が肖像，氏名，名称等に対する人格的利益を保護することにあるとし，人は，自らの承諾なしにその氏名，名称等を商標に使われることがない利益を保護されているのであって，略称についても，一般に氏名，名称と同様に本人を指し示すものとして受け入れられている場合には，本人の氏名，名称と同様に保護に値すると考えられる，とした上で，人の名称等の略称が8号にいう「著名

---

〈1〉　紋谷暢男「商標法4条1項8号の趣旨，『他人の名称』の範囲及びその著名性具備の要否」特許管理29巻5号569頁，松尾和子「株式会社の商号と商標法4条1項8号」民商89巻2号259頁，横山久芳「登録商標『国際自由学園』が商標法4条1項8号所定の他人の著名な略称を含む商標に当たらないとした原審の判断に違法があるとされた事例」判評580号32頁

〈2〉　長谷川浩二「登録商標『国際自由学園』が商標法4条1項8号所定の他人の名称の著名な略称を含む商標に当たらないとした原審の判断に違法があるとされた事例」L&T31号75頁

な略称」に該当するか否かを判断するについても，常に，問題とされた商標の指定商品又は指定役務の需要者のみを基準とすることは相当でなく，その略称が本人を指し示すものとして一般に受け入れられているか否かを基準として判断されるべきものということができる旨，判示している。

　略称が本人の氏名等と同様に本人を指し示すものであればよいとすれば，知名度が特に高い場合のみに保護されると解する必要はないであろう。他方，知名度が低い場合には，その略称が本人の氏名等と同様に本人を指し示すとは評価できないこととなるから，相応の知名度は必要となるものと解される。もっとも，略称といっても種々のものがあり得るため，一般的な基準を定立することには困難な面があり，事案ごとに検討をしていくほかないものと思われる[3]。

　なお，前記〔国際自由学園事件〕は，著名性の判断に当たっては，常に，問題とされた商標の指定商品又は指定役務の需要者のみを基準とすることは相当でなく，その略称が本人を指し示すものとして一般に受け入れられているか否かを基準として判断されるべきとしている[4]。したがって，必ずしも需要者を基準とする必要はないが，他方で，需要者を基準とすべき場合もあり，需要者とそれ以外の者との双方を基準として想定し得るものであるといえる[5]。需要者を基準として考えた場合には，例えば，需要者の範囲が一般人であるというように広い場合には，需要者の間で本人を指し示すものとして受け入れられていれば著名性があるといえようが，需要者の範囲が特定の分野に限られ狭いような場合には，需要者の間で知名度が高かったとしても，それだけの事情のみでは著名性が肯定されることは困難であろう（前記〔力王事件Ⅰ〕参照）。

---

〈3〉　長谷川・前掲注2・75頁参照

〈4〉　もっとも，指定商品又は指定役務の需要者の認識は，一般に受け入れられているかを判断するに当たっての考慮要素とはいえるものと解される（横山・前掲注1・192頁参照）。

〈5〉　富岡英次「『国際自由学園』事件」中村合同特許法律事務所編『知的財産法の現在—訴訟代理人による判例評釈』（有斐閣，2014年）87頁

## 3　著名性を要する地理的範囲

　また，どの程度の地理的範囲で著名であるといえる必要があるかという点も議論されている。この点，一地方における著名性では足りず，全国的なものでなければならないと判示した裁判例がある（東京高判昭和56年11月5日無体例集13巻2号793頁〔月の友の会事件〕控訴審）。しかし，その上告審である最二小判昭和57年11月12日民集36巻11号2233頁〔月の友の会事件〕上告審は，この点に関する判断を示していない。その調査官判例解説では，一律に全国的に著名であることを要するといい切ることができるかどうかは疑問であり，著名性は，一地方か全国的かという観点のみからではなく，そのほかの事情も含めて判断されるべきものであると説明されている[6]。

　学説上は，全国的な著名性を要求することに反対する見解が多い[7]。具体的範囲について述べるものとして，全国的な保護を与える商標権に優先するためには，狭小な地域でしか知られていないことは十分ではないであろうとし，少なくとも商標法4条1項10号で求められる程度（需要者の間に広く認識されている）の地理的範囲における著名性[8]を要するとする見解[9]や，略称が一地方ないし一商圏程度で知られていれば，それ以上に広範な地域で周知性を獲得することまでは必要ないとする見解[10]がある。

　この点も，一律に一般的な基準を定立するのは困難なところと思われる。全国的な保護を与える商標権に優先するものであることを根拠に全国的な著名性が必要であると解するとすると，略称の保護範囲は相当狭くなり，人格権保護という商標法4条1項8号の趣旨に反することになろう。さりとて，

〈6〉　清永利亮「判解」昭和57年度844頁

〈7〉　松尾・前掲注1・259頁，谷口由記「株式会社の商号と商標法四条一項八号」『判例商標法』169頁，関根秀太「商標法4条1項8号と株式会社の商号」判評293号63頁，横山・前掲注1・192頁

〈8〉　商標法4条1項10号に関する裁判例として，一県の単位にとどまらずその隣接数県の相当範囲の地域にわたる必要があるとしたもの（東京高判昭和58年6月16日無体例集15巻2号501頁〔DCC事件〕）がある。

〈9〉　茶園成樹「商標法4条1項8号による人格的利益の保護」パテント別冊11号51頁。田村『商標法概説』220頁も同旨を述べる。

〈10〉　横山・前掲注1・192頁

知名度のある地理的範囲があまりに狭い場合にまで他人による商標の登録を阻止できるというのも行き過ぎであろう。

　略称の著名性については，一定の地理的範囲における知名度が必要であることを前提に，知名度の高さ等も踏まえつつ，諸事情を考慮しながらその略称が本人を指し示すものとして一般に受け入れられているか否かを判断していくほかないであろう。

　この点，前記〔国際自由学園事件〕は，上記基準を充足するかどうかを検討するに当たり，略称を学校法人設立時から長期間（当該事案では80年余）にわたり使用継続していること，その間書籍，新聞等で度々取り上げられていること，教育関係者を始めとする知識人の間にはよく知られていることを挙げた上で，略称が本人を指し示すものとして一般に受け入れられていたと解する余地もあると判示している。著名性が必要となる地理的範囲についての明示はないものの，略称が広い地理的範囲にわたって知られていることを前提とした判断であったと思われる。

## 4　指定商品又は指定役務との関係

　なお，著名性の程度の判断に当たり，指定商品又は指定役務の関係をどのように考えるかも問題となるが，商標法4条1項8号の趣旨が名称等に対する人格的利益を保護することにあることからすれば，略称が一般に知られていれば，分野を問わず，商標登録を阻止することができると解される[11]。

（神谷　厚毅）

---

〈11〉　長谷川・前掲注2・76頁

# 第3章　商標の類否

## Q26　周知商標との類否・不正目的

**Q**　海外のＡ社がブランド名として「Ｘ」を長年使用して有名となっていましたが，同社が商品の販売をやめたようなので，日本のＢ社がそのブランド名「Ｘ」を商標登録しようと考えています。何か問題があるでしょうか。

**A**　Ａ社による商品の販売終了後であっても，依然として「Ｘ」がＡ社のブランド名を表すものとして日本国内の需要者において広く知られているのであれば，「Ｘ」は商標法４条１項10号にいう周知商標に当たり，これと同一の商標について，当該商品又はこれに類似する商品若しくは役務を指定商品・指定役務として商標登録を受けることはできない。

また，ブランド名「Ｘ」が日本国内において著名であるなどの事情により，これをＡ社の販売していた商品とは非類似の商品や役務について使用しても，その需要者において出所の混同を生じるおそれがあるのであれば，これと同一の商標は同項15号に当たり，そのような非類似の商品や役務を指定商品・指定役務とする商標登録を受けることもできない。

さらに，ブランド名「Ｘ」が日本国内又は外国において著名であり，Ｂ社がこれに化体したＡ社の名声や信用に便乗しようとするなどの不正の目的で，これと同一の商標を出願するのであれば，かかる商標は同項19号に当たり，出所の混同のおそれがなくても，また，指定商品・指定役務の如何を問わず，商標登録を受けることはできない。

## ■　解　説

### 1　他人の周知商標と同一・類似の商標（商標4条1項10号）

商標法4条1項10号は，他人の業務に係る商品・役務を表示するものとして需要者の間に広く認識されている商標と同一・類似の商標であって，その商品・役務又はこれらに類似する商品・役務について使用するものを，商標登録を受けることができない商標に挙げる。

その趣旨は，商品・役務の出所の混同を防止するとともに，一定の信用を蓄積した未登録周知商標の既得の利益を保護することにある[1]。

「需要者の間に広く認識されている商標」すなわち周知商標に当たるか否かについては，我が国の需要者の認識を基準として，これに係る商品・役務の取引の実情を考慮して判断されるが[2]，たとえ外国で使用されている商標であっても，我が国の需要者に広く知られているという事情があれば，ここにいう周知商標に当たり得る。例えば，東京高判平成4年2月26日知的裁集24巻1号182頁〔コンピューターワールド事件〕は，主として外国で商標として使用され，我が国では当該商標を付しての商品の販売は僅かであるが，それが専ら報道，引用されたことにより我が国の需要者において周知となった商標について，10号の周知商標に当たるとする。

また，他人の周知商標である限り，当該他人によってこれを付した商品の製造・販売等が行われなくなったとしても，需要者における周知性が消滅していなければ，依然として10号の周知商標に当たり得る。知財高判平成21年8月27日判時2063号128頁〔モズライト事件〕は，米国カリフォルニア州製のギターを指定商品とする登録商標の10号該当性が争われた事案において，登録商標と同一の引用商標が米国人ギター製作者又はその関係会社が製造するギターに付され，人気ミュージシャンが当該ギターを演奏に使用したことなどによって，引用商標は当該米国人又はその関係会社が製造するギターを表示するものとして需要者の間に広く認識され，その周知性は最近に至るま

---

〈1〉　『工業所有権法逐条解説』1288頁
〈2〉　茶園『商標法』65頁

で存続し続けているとして，登録商標の出願時点及び登録査定時点における引用商標の周知性を肯定し，登録商標の出願当時には当該米国人の死亡や関係会社の倒産によって引用商標を付したギターが製造・販売されなくなったとしても，周知商標との関係で商品・役務の出所の混同の防止を図り，その結果，需要者の利益を保護するという目的を図る必要がなくなるとはいえないと判示している。

### 2　出所混同を生ずるおそれがある商標（商標4条1項15号）

　商標法4条1項15号は，他人の業務に係る商品・役務と混同を生ずるおそれがある商標を，商標登録を受けることができない商標に挙げる。

　その趣旨は，出所の混同を生ずるおそれがある商標は，需要者を惑わすだけでなく，商標の本質的な機能である自他商品・役務識別機能を減殺して取引秩序を乱すことから，そのような商標を排除することにある[3]。15号は，出所の混同を生ずるおそれのある商標についての総括規定と位置づけられており，同項10号ないし14号に混同のおそれのある商標として具体的に規定されたものに該当する場合には適用されない（15号括弧書き）。

　出所の混同には，狭義の混同（商品・役務の出所の同一性を誤信すること）だけでなく，広義の混同（出願人の商品・役務が，他人との間にいわゆる親子会社や系列会社等の緊密な営業上の関係又は同一の表示による商品化事業を営むグループに属する関係にある営業主の業務に係る商品・役務と誤信すること）も含まれる[4]。最三小判平成12年7月11日民集54巻6号1848頁〔レールデュタン事件〕は，このことを肯定するとともに，混同を生ずるおそれの有無については，当該商標と他人の商標との類似性の程度，他人の表示の周知著名性及び独創性の程度，当該商標の指定商品・役務と他人の業務に係る商品・役務との間の性質，用途又は目的における関連性の程度並びに商品・役務の取引者及び需要者の共通性その他取引の実情などに照らし，当該指定商品・役務の取引者及び需要者

---

〈3〉　茶園『商標法』68頁
〈4〉　茶園『商標法』69頁

において普通に払われる注意力を基準として総合的に判断されるべきであると判示している。

　15号は，出願商標と他人の商標との同一・類似や，これらに係る商品・役務の同一・類似を要件とするものではないが，出願商標が他人の著名な商標と同一・類似であることは，出所の混同を生ずるおそれのある典型的な場合である。ここにいう著名な商標とは，その周知性の程度が高いために，それが表示する商品・役務と非類似の商品・役務に使用されても出所の混同を生ずるおそれがあるものを指す。

　15号に関しても，他人による著名な商標の使用が行われなくなったとしても，需要者における著名性が消滅していなければ，これと同一・類似の商標を使用することによる出所の混同のおそれを肯定することができよう。

### 3　他人の著名商標を不正の目的で使用する商標（商標4条1項19号）

　商標法4条1項19号は，他人の業務に係る商品・役務を表示するものとして日本国内又は外国における需要者の間に広く認識されている商標と同一・類似の商標であって，不正の目的（不正の利益を得る目的，他人に損害を加える目的その他の不正の目的をいう。）をもって使用するものを，商標登録を受けることができない商標に挙げる。

　その趣旨は，外国で周知な商標について外国での所有者に無断で不正の目的をもってされる出願・登録を排除することと，全国的に著名な商標について出所の混同のおそれがなくても出所表示機能の希釈化から保護することにある[5]。ここに「外国」とは，日本以外の国という意味ではなく，ある一の外国であり，複数の国で周知であることを要しない[6]。なお，19号は，同項1号ないし18号に該当する場合には適用されない（19号括弧書き）。

　「不正の目的」とは，不正の利益を得る目的，他人に損害を加える目的その他取引上の信義則に反するような目的のことをいい，不正競争防止法19条

---

〈5〉　『工業所有権法逐条解説』1292頁
〈6〉　小野『注解商標法（上）』449頁〔竹内耕三〕

１項２号にいう「不正の目的」と同義である[7]。具体的には，周知商標が我が国で登録されていないことを奇貨として，高額で買い取らせたり，外国の権利者の国内参入を阻止したり，国内代理店契約を強制したりする等の目的で先取り的に出願した場合や，出所の混同のおそれまではなくても出所表示機能を希釈化させたり，その名声を毀損させる目的をもって出願した場合などが想定される[8]。他人による著名な商標の使用が行われなくなったとしても，需要者における著名性が消滅していなければ，「不正の目的」が肯定される場合はあり得よう。

　実際の事案においては，「不正の目的」の存在は間接事実から推認することが多いものと思われるが，19号該当性を肯定した裁判例には，引用標章が米国内の需要者の間に広く認識されていたことを出願人が知りながら，引用標章の使用者の承諾を得ることなく無断で，これと酷似する商標の登録出願をしたことなどの事実関係から，「不正の目的」の存在を肯定したものがあり（東京高判平成15年11月20日（平成14年（行ケ）第593号）裁判所ウェブサイト〔Manhattan Portage事件〕），参考となる。

　　　　　　　　　　　　　　　　　　　　　　　（田中　正哉）

---

〈7〉　小野『注解商標法（上）』449頁

〈8〉　『工業所有権法逐条解説』1292頁

## Q27　商標の類否──ブランド名

**Q**　服飾のブランドなどでは，複数語「X」＋「Y」で構成される
ブランド名などを見かけますが，このブランド名が，その一方の
「X」と類似する登録商標「X'」に係る商標権を侵害すると判断される
場合があるのでしょうか。

**A**　「X」＋「Y」のブランド名において，「X」と「Y」の各部分を
分離して観察することが取引上不自然であると思われるほど不可分
的に結合している場合には，そのうち「X」の部分だけを登録商標
「X'」と比較して商標の類否を判断することは，原則として許されない。

しかしながら，「X」＋「Y」のうち「X」の部分が登録商標「X'」の
指定商品・役務ないしこれと類似する商品・役務の需要者に対して出所識
別標識として強く支配的な印象を与えるものと認められる場合や，「Y」
の部分から出所識別標識としての称呼・観念が生じないと認められる場合
などには，「X」の部分だけを「X'」と比較して商標の類否を判断するこ
とが許される。このような場合，両者が類似するのであれば，「X」＋
「Y」と登録商標「X'」とは類似することとなり，他の要件を充足すれば，
同商標に係る商標権を侵害すると判断される。

## ■ 解　説

### 1　商標の類否の判断基準

商標の類否，すなわちある商標が他の商標と類似するか否かの判断基準は，
これまでの裁判例によると，一般的には，①対比される両商標が同一・類似
の商品・役務に使用される場合に，商品・役務の出所について誤認混同を生
ずるおそれがあるかどうかによって判断され，②そのために，商標がその外
観，観念，称呼等によって取引者に与える印象，記憶，連想等を総合して全
体的に考察すべきであり，③その商品・役務の取引の実情を明らかにし得る

限り，その具体的な取引状況に基づいて判断すべきものであるとされる。そして，外観，観念，称呼において綿密な観察によれば個別的には類似しない商標であっても，具体的な取引状況いかんによっては類似する場合がある一方，上記 3 点のうち類似する点があるとしても，他の点において著しく相違するか，取引の実情等によって出所を混同するおそれが認められないものについては，類似しないというべきとされる（最三小判昭和43年 2 月27日民集22巻 2 号399頁〔氷山印事件〕，最三小判平成 4 年 9 月22日裁判集民165号407頁〔大森林事件〕，最三小判平成 9 年 3 月11日民集51巻 3 号1055頁〔小僧寿し事件 I 〕）。

## 2　商標の類否の判断手法[1]

### (1)　判断者

　商標の類否は，取引者又は需要者が通常払う注意を基準として判断される。

### (2)　離隔的観察と対比的観察

　離隔的観察とは，時と場所を異にして両商標に接する者が誤認混同を生ずるかという観点から，その類否を判断する手法である。これに対し，対比的観察とは，両商標を並べて対比して，その類否を判断する手法である。

　現実の取引では，対比される両商標は時と場所を異にして取引者や需要者に認識されるため，商標の類否は，離隔的観察によることが原則である。

### (3)　全体的観察と要部観察

　商標は，その構成が全体として識別標識となっていることから，その類否の判断は，対比される両商標を全体的に観察して行われることが原則である（全体的観察）。ただし，例外的に，ある商標の構成中に，取引者や需要者の注意を引く部分，すなわち識別力を有する部分がある場合には，取引者や需要者はその注意を引く部分によって商品・役務を識別するのが通常であるから，その部分を要部として抽出して観察するのが相当である（要部観察）。

---

〈1〉　茶園『商標法』81頁，池下利男「文字商標の類否」小野昌延＝小松陽一郎編『商標の法律相談』（青林書院，2009年）256～257頁

### 3　結合商標の類否判断

(1)　いくつかの文字と文字，文字と図形，図形と図形等の結合によって構成されている商標を結合商標という（商標 2 条 1 項参照）。

　　このような結合商標の類否については，商標の各構成部分がそれを分離して観察することが取引上不自然であると思われるほど不可分的に結合しているものと認められる場合には，その構成部分の一部を抽出し，この部分だけを他人の商標と比較して商標そのものの類否を判断することは，原則として許されない。

　　しかしながら，商標の構成部分の一部が取引者，需要者に対し商品又は役務の出所識別標識として強く支配的な印象を与えるものと認められる場合や，それ以外の部分から出所識別標識としての称呼・観念が生じないと認められる場合などには，商標の構成部分の一部だけを他人の商標と比較して商標そのものの類否を判断することも許される（以上につき，最一小判昭和38年12月 5 日民集17巻12号1621頁〔リラ宝塚事件〕，最二小判平成 5 年 9 月10日民集47巻 7 号5009頁〔SEIKO EYE事件〕，最二小判平成20年 9 月 8 日裁判集民228号561頁〔つつみのおひなっこや事件〕）。これを分離観察という。

　　分離観察は，ある商標中に複数の要部がある場合の観察手法であると説明されることもあるが，その趣旨において要部観察と共通する。

(2)　分離観察の手法によって商標の類似を肯定した事案として，知財高判平成21年10月13日判時2062号139頁〔AGATHA事件〕がある。

　　同事案は，アクセサリー等の通信販売を行うウェブサイトに表示された「Agatha Naomi」及びその装飾文字の標章（以下「Y各標章」という。）が，身飾品，頭飾品等を指定商品とし，「AGATHA」の文字からなる登録商標（以下「本件商標」という。）と類似するとして，商標権侵害に基づき，Y各標章の使用の差止め及び損害賠償請求がされた事案について，次のとおり判示してY各標章が本件商標と類似すると認め，商標権侵害を肯定したものである。

　　Y各標章は「Agatha」と「Naomi」の二つの語から構成され，それぞれの冒頭は大文字であり，二つの語の間には空白があることにも鑑み

ると，Y各標章の各構成部分がそれを分離して観察することが取引上不自然であると思われるほど不可分的に結合しているとまでいうことはできず，アクセサリーの分野において「AGATHA」が周知性を有し，取引者，需要者に対し商品の出所識別標識として強く支配的な印象を与えることに照らすと，Y各標章からは「Agatha Naomi」という一連の称呼・観念のほか，「Agatha」という称呼・観念も生じ得る。

　Y各標章中の「Agatha」と本件商標「AGATHA」とを対比すると，概観において類似するとはいえないものの，称呼及び観念が同一又は類似であることに照らすと，デパートにおける販売とインターネットでの通信販売という販売方法の相違を考慮してもなお，Y各標章中の「Agatha」は，周知の「AGATHA」との出所を誤認混同するおそれがあるといわざるを得ず，両者は，全体として類似する。

　そして，1個の商標から2個以上の称呼，観念を生じる場合には，その一つの称呼，観念が登録商標と類似するときは，それぞれの商標は類似すると解するべきであるから，Y各標章と本件商標は，類似する。

## 4　本問について

　ブランド名「X」+「Y」は結合商標であり，これが「X」の部分と類似する「X'」と類似するかどうかについては，上記〔AGATHA事件〕の判断手法が参考となる。

　すなわち，「X」と「Y」の各部分を分離して観察することが取引上不自然であると思われるほど不可分的に結合している場合には，「X」の部分だけを「X'」と比較することは，原則として許されない。

　しかしながら，「X」の部分が出所識別標識として強く支配的な印象を与えるものと認められる場合や，「Y」の部分から出所識別標識としての称呼・観念が生じないと認められる場合などには，「X」の部分だけを「X'」と比較して商標の類否を判断することが許され，両者が類似するのであれば，「X」+「Y」と登録商標「X'」とは類似することとなろう。

（田中　正哉）

## Q28　商標の類否──ドメイン名

**Q**　A社は，インターネット上で「X.com」や「X.net」という名称のサイトを運営しています。これらの名称は，既に「X」についての商標登録がある場合でも，商標登録することはできるのでしょうか。

**A**　「X.com」や「X.net」の標章は，その要部である「X」の部分で登録商標「X」とは観念及び称呼が一部共通するから，外観や取引の実情も踏まえて，同一・類似の商品・役務に使用される場合にその出所につき誤認混同を生ずるおそれがある場合には，商標法4条1項11号所定の登録商標と類似する商標に当たり，同一・類似の指定商品・役務について商標登録を受けることはできないと考えられる。

### ■ 解　説

#### 1　商標の類否の判断基準

　商標の類否は，対比される両商標が同一・類似の商品・役務に使用される場合に，商品・役務の出所について誤認混同を生ずるおそれがあるかどうかによって判断され，そのために，商標がその外観，観念，称呼等によって取引者に与える印象，記憶，連想等を総合して全体的に考察すべきであり，その商品・役務の取引の実情を明らかにし得る限り，その具体的な取引状況に基づいて判断すべきである。また，商標の構成部分の一部が取引者，需要者に対し商品又は役務の出所識別標識として強く支配的な印象を与えるものと認められる場合や，それ以外の部分から出所識別標識としての称呼，観念が生じないと認められる場合などには，商標の構成部分の一部だけを他人の商標と比較して商標そのものの類否を判断することも許される（以上につき，Q27の解説を参照）。

## 2　「.jp」,「.net」,「.com」の文字を含む商標について

### ⑴　ドメイン名とは

ドメイン名とは，インターネットに接続している個々のコンピュータを識別するための識別番号であるIPアドレスの別名として運用されている名称の一種であり，「.」（ドット）で区切られた階層構造を有する。そのうち，「.」で区切られた最も右側の要素をトップレベルドメイン（Top Level Domains, TLDs）といい，国コード（国別）・トップレベルドメイン（country code TLDs, ccTLDs。国ごとに割り当てられ，その国に住所がある団体又は個人でないと取得することができないものであり，日本の場合は「.jp」である。）や，「.com」（商業組織用），「.net」（ネットワーク用），「.org」（非営利組織用）などの一般（分野別）トップレベルドメイン（generic TLDs, gTLDs）がある。

なお，ドメイン名については，重複を避けるためにICANN（Internet Corporation for Assigned Names and Numbers）により一元的に管理され，gTLDsについてはICANNの認定を受けたレジストラ（registrar）が登録受付業務を行い，ccTLDsについては各国ごとの管理機関が登録管理を行っている。

### ⑵　ドメイン名の商標としての使用

ドメイン名は，ホームページアドレスの一部として用いられ，インターネットの普及に伴い，これに社名を冠するなどしたものを使用して，ウェブサイト上で，需要者たる閲覧者に対して，商品の販売や役務の提供についての情報を提供し，注文を受け付けることなどが広く行われている。これにより，当該ドメイン名は，当該ウェブサイトにおいて表示されている商品や役務の出所を識別する機能を有し，商標として使用されているということができる（大阪地判平成23年6月30日判タ1355号184頁〔モンシュシュ事件〕参照）。

## 3　「.jp」,「.net」,「.com」を含む商標の類否についての裁判例

知財高判平成21年1月29日（平成20年（行ケ）第10295号）裁判所ウェブサイト〔sportsman.jp事件〕は，「sportsman.jp」の文字を主要な構成部分とする出願商標と「SPORTSMAN」の文字からなる登録商標との類否が争われた事案において，インターネットが広く普及している状況の下では，出願商

標の「sportsman.jp」の文字は国別コードトップレベルドメインの「.jp」と「sportsman」が結合したドメイン名を想起させるところ，「.jp」はその使用主体を日本に存在（在住）する団体又は個人であるという以上に特定するものではなく，「sportsman.jp」の文字から取引者や需要者が出所識別機能を有するものと認識するのは「sportsman」の部分であって，「.jp」の部分からは出所識別標識としての称呼，観念が生ずるとはいえないから，「sportsman.jp」の要部は「sportsman」の部分であるとした。そして，「sportsman」の部分と上記登録商標とは，称呼及び観念が同一であり，外観においても類似すると認め，出願商標と上記登録商標は商標法4条1項11号にいう「類似する商標」に当たると判断した。

　また，知財高判平成22年7月7日（平成22年（行ケ）第10052号）裁判所ウェブサイト〔MIZUHO.NET事件〕は，「MIZUHO.NET」の文字からなる出願商標と「MIZUHO」の文字からなる登録商標との類否が争われた事案において，出願商標の「MIZUHO」の文字部分と「NET」の文字部分の間にピリオドがあるから，両者の文字部分を視覚的に分離して看取することができるところ，上記登録商標は，その指定役務に関し，商標権者である株式会社みずほフィナンシャルグループの業務に係る役務を示すものとして取引者及び需要者の間で広く認識されていたから，出願商標の構成のうち「MIZUHO」の文字部分は，取引者及び需要者に対し，みずほフィナンシャルグループに関係するものという強い印象を与える一方，「.NET」の文字部分は，「.net」の表記が分野別トップレベルドメインの一つとして世界中で普遍的に使用され，「NET」の文字がインターネット等を通じてサービスを提供する際の事業者のアドレスの一部として普通に使用されるようになっていることからして，他の部分と独立して出所識別機能を果たすものではなく，そうすると，出願商標においては，「MIZUHO」の文字部分が強く支配的な印象を与えるから，出願商標の要部であるとした。そして，出願商標と上記登録商標は，外観に一定程度類似する点があり，生じる観念及び称呼が共通するから，出願商標は，上記登録商標と類似する商標に当たると判断した。

　一方，知財高判平成22年12月14日（平成22年（行ケ）第10171号）裁判所ウェ

ブサイト〔BOOKING.COM事件〕は，「BOOKING.COM」の文字を構成の一部に含む出願商標と，「Book-ing」の文字を構成の一部に含む登録商標の類否が争われた事案において，両商標は，観念が「予約」との部分で一部共通し，称呼については「ブッキング」との共通部分があるとしつつ，それぞれの図柄部分を含めると両者の外観が相当異なっていることや，「BOOKING.COM」の文字を表示した出願人運営のホテル予約ウェブサイトが多数の需要者に利用され，出願商標に一定の信用が形成されていたと推測される一方，上記登録商標は出願商標の指定役務と共通する指定役務に関しては３年間使用されていないといった取引の実情を総合考慮して，出願商標と上記登録商標は類似しないと判断した。

## 4　本問について

　「X.com」や「X.net」の標章は，今日におけるインターネットの普及状況に照らすと，その末尾に「.com」や「.net」があることにより，これらをトップレベルドメインとするドメイン名を想起させるものの，「.com」や「.net」それ自体には，「X」の部分と比較して出所識別標識としての称呼や観念が生じるとはいい難いから，これらの標章の要部は，専ら「X」の部分にあると考えられる。

　そうすると，これらの標章は，「X」の部分において登録商標「X」とは観念及び称呼が共通するから，外観や取引の実情も踏まえて，同一・類似の商品・役務に使用される場合にその出所につき誤認混同を生ずるおそれがある場合には，商標法４条１項11号所定の登録商標と類似する商標に当たり，当該登録商標の指定商品・役務と同一・類似の商品・役務を指定商品・役務とする商標登録を受けることはできないと考えられる（なお，両商標が類似しないと判断され得る場合としては，〔BOOKING.COM事件〕において判示されたところが一応参考となろう。）。

（田中　正哉）

## Q29　商標の類否──雑誌の題号

**Q**　A社は，各地方中核市ごとに情報誌「シティウォッチャー」を
出版しています。B社は，若い女性を対象としたファッション誌
の創刊に当たり，その雑誌名として「ガールウォッチャー」を商標登録
しようと考えていますが，これは「出所の混同を生ずるおそれのある商
標」とされるでしょうか。

**A**　基本的には，「出所の混同を生ずるおそれのある商標」とはされ
ないと考えられるが，取引者又は需要者において，「○○＋ウォッ
チャー」との名称につき，一般的にA社やそのグループ会社の雑誌等の名
称に付されるものであることが極めて著名であるといった場合には，「出
所の混同を生ずるおそれのある商標」とされる余地もあると思われる。

### ■　解　説

### 1　商標法4条1項15号の趣旨

　商標法4条1項15号は，商標登録出願に係る商標の不登録事由の一つとし
て，「他人の業務に係る商品又は役務と混同を生ずるおそれがある商標」は
登録できない旨を定めている。

　上記規定は，周知表示又は著名表示へのただ乗り（いわゆるフリーライド）
及び当該表示の希釈化（いわゆるダイリューション）を防止し，商標の自他識別
機能を保護することによって，商標を使用する者の業務上の信用の維持を図
り，需要者の利益を保護することを目的とするものである（最三小判平成12年
7月11日民集54巻6号1848頁〔レールデュタン事件〕）。

　「混同を生ずる」とは，出願商標を指定商品・役務について使用すると，
他人との関係で，需要者に対してその商品・役務の出所について誤認・混同
を生じさせること（出所の混同）をいい，出所の混同が生じるためには，一般
的に他人が使用する商標は周知性ないし著名性を有するものでなければなら

ないとされている[1]。

　また，商標法4条1項15号の混同には，狭義の混同のみならず，広義の混同も含まれる。すなわち，上記〔レールデュタン事件〕は，上記同号の趣旨に鑑み，「商標法4条1項15号にいう『他人の業務に係る商品又は役務と混同を生ずるおそれがある商標』には，当該商標をその指定商品又は指定役務……に使用したときに，当該商品等が他人の商品又は役務……に係るものであると誤信されるおそれがある商標のみならず，当該商品等が右他人との間にいわゆる親子会社や系列会社等の緊密な営業上の関係又は同一の表示による商品化事業を営むグループに属する関係にある営業主の業務に係る商品等であると誤信されるおそれ……がある商標を含むものと解するのが相当である。」と判示している。さらに，同判決は，混同を生ずるかどうかの判断の方法につき，「混同を生ずるおそれ」の有無は，(1)①当該商標と他人の表示との類似性の程度，②他人の表示の周知著名性及び独創性の程度や，③当該商標の指定商品等と他人の業務に係る商品等との間の性質，用途又は目的における関連性の程度並びに商品等の取引者及び需要者の共通性その他取引の実情などに照らし，(2)当該商標の指定商品等の取引者及び需要者において普通に払われる注意力を基準として，(3)総合的に判断されるべきである，と判示している。

## 2　本問における商標法4条1項15号該当性の検討

(1)　本問では，A社の雑誌とB社の雑誌とでは，需要者において共通する部分があるものと解されるほか，B社の商標の指定商品においても重複する部分があるものと推察される。

　　しかしながら，A社の雑誌の名称とB社の商標との類似性について見ると，両者はいずれも，「シティ」や「ガール」，「ウォッチャー」といった一般に知られた外来語の組合せから成るものであることなどから，それぞれ一連のものとして捉えられ，その結果，外観，称呼及び観念において異なり，両者は非類似であるものとされる可能性が高そうである

---

〈1〉　茶園『商標法』69頁

（知財高判平成21年4月8日判タ1310号261頁〔ガールズウォーカー事件〕参照）。
さらに，A社の雑誌の名称に独創性が認められるとはいい難い。

　そうすると，上記〔レールデュタン事件〕判決の基準に従うと，他の
事実関係にもよるところはあるものの，仮にA社の雑誌の名称「シティ
ウォッチャー」が周知著名性を有していたとしても，商標「ガール
ウォッチャー」が「出所の混同を生ずるおそれのある商標」であるとは
直ちにはいいにくいようにも思われる。

(2)　もっとも，A社が「○○＋ウォッチャー」との名称の雑誌を多数発行
していたような場合にはどうであろうか。需要者において，A社のもの
として，いわば「ウォッチャー」シリーズとしてのブランドが確立して
いるとして，「混同を生ずるおそれ」が認められる余地があるだろうか。

　この点の参考となる裁判例として，前記〔ガールズウォーカー事件〕
がある。

　同事件は，全国的に周知著名な「都市名＋ウォーカー／Walker」（例
えば「東京ウォーカー／Tokyo Walker」など）の名称の情報誌を発行してい
た原告が，「情報を示す語」と「ウォーカー／Walker」の語の組合せ
から構成される雑誌は，需要者において原告関連の商品として認識され
ている旨主張して，被告の「girls walker／ガールズウォーカー」との
登録商標の指定商品中「印刷物」について無効審判請求をした事案であ
る。裁判所は，「都市名＋ウォーカー／Walker」の名称の雑誌の範囲
を超えて，「○○＋ウォーカー／Walker」の名称一般について，原告
又はその関連会社が発行する雑誌等に付された商標とは考えられていな
かったなどとし，さらに，雑誌名称と商標の類似性も否定するなどして，
被告の商標の商標法4条1項15号該当性を否定している。

　上記判決では，①原告は，「都市名＋ウォーカー／Walker」の名称
の雑誌以外にも「○○＋ウォーカー／Walker」との名称の雑誌を発行
していたものの，発行時期，対象地域，対象読者層，情報の内容，発行
回数が単発か継続的なものかにおいてまちまちで，必ずしも統一的に理
解されないから，需要者において原告と関連するものと認識されるもの

とはいえないとされた。また，②原告以外の第三者も，印刷物等を指定商品として「○○＋ウォーカー／Walker」との商標登録をし，また，「○○＋ウォーカー／Walker」との名称の雑誌を発行していたといった事情もあった。

(3)　上記〔ガールズウォーカー事件〕判決が指摘するところであるが，「情報を示す語」との名詞等は無限といってよいほどに存在するものであるから，同判決の事案において，上記①，②のような事情の下では，「情報を示す語」＋「ウォーカー／Walker」との表示が一般原告を指し示すものというのは困難であったものというほかないであろう。

　しかし，他方で，事実関係次第では判断も異なり得よう。本問に即して述べると，例えば，上記①に関連して，Ａ社が「シティウォッチャー」のほかにも，様々な分野において「○○＋ウォッチャー」との名称で雑誌を継続的に発行するなどし，需要者等において，これらの雑誌が統一的にＡ社の発行するものであると認識されており，上記②に関連して，他の第三者が「○○＋ウォッチャー」との名称を使用していないといったような事情があれば，需要者等において，Ａ社の発行するいわば「ウォッチャー」シリーズとして認識され，その周知著名性の程度によっては，「混同を生ずるおそれ」が肯定される余地がないともいい切れないように思われる。

　もっとも，前記のとおり，「○○＋ウォッチャー」との語は無限といってよいほど存在し得るから，「混同を生ずるおそれ」の存在を簡単に認めてしまうと，Ａ社が使用すらしていない名称（しかも本問では「ウォッチャー」という部分はありふれた語にすぎない。）についてまで，他者による使用を妨げることを許すことになってしまい，妥当な結論とは思われない。仮に「混同を生ずるおそれ」が認められる余地があるとしても，シリーズものとして統一的に発行されているなどの事情の下で，周知著名性の程度が極めて高く，商品等が同一又は密接に関連し，取引者及び需要者も共通するといったごく例外的な場合に限られるのではなかろうか。

（神谷　厚毅）

## Q30　著名商標との類否

**Q**　海外の有名服飾ブランド名である「ラクロス」は，もともとは外国でのスポーツとして一般名詞です。A社は，ラクロスを一部に含んだ表現で商標を登録しようと考えていますが，可能でしょうか。

**A**　「ラクロス」のブランド名の日本国内における周知著名性が高いことを前提とすると，A社が出願登録しようとする商標と「ラクロス」との類似性の程度次第では，「ラクロス」が実際に用いられている商品（又は役務）と同一の指定商品（又は役務）又は類似ないしはこれと関連性の強い指定商品（又は役務）に関しては，商標登録されない可能性が高いものと考えられる。

### ■　解　説

#### 1　商標法4条1項15号の趣旨

「ラクロス」について，日本国内において商標登録がなされていないことを前提として検討すると，A社の商標登録出願が商標法4条1項15号に該当するかどうかが問題となる。すなわち，同号は，商標登録出願に係る商標の不登録事由の一つとして，「他人の業務に係る商品又は役務と混同を生ずるおそれがある商標」は登録できない旨を定めているため，これに該当するかどうかが問題となる。

上記規定は，周知表示又は著名表示へのただ乗り（いわゆるフリーライド）及び当該表示の希釈化（いわゆるダイリューション）を防止し，商標の自他識別機能を保護することによって，商標を使用する者の業務上の信用の維持を図り，需要者の利益を保護することを目的とするものである（最三小判平成12年7月11日民集54巻6号1848頁〔レールデュタン事件〕）。したがって，他人が使用する商標は周知性ないし著名性を有するものでなければならないとされている[1]。

そして，商標法4条1項15号の混同には，狭義の混同のみならず，広義の

混同も含まれる。すなわち，上記〔レールデュタン事件〕は，「商標法4条1項15号にいう『他人の業務に係る商品又は役務と混同を生ずるおそれがある商標』には，当該商標をその指定商品又は指定役務……に使用したときに，当該商品等が他人の商品又は役務……に係るものであると誤信されるおそれがある商標のみならず，当該商品等が右他人との間にいわゆる親子会社や系列会社等の緊密な営業上の関係又は同一の表示による商品化事業を営むグループに属する関係にある営業主の業務に係る商品等であると誤信されるおそれ……がある商標を含むものと解するのが相当である。」と判示している。さらに，同判決は，混同を生ずるかどうかの判断の方法につき，「混同を生ずるおそれ」の有無は，⑴①当該商標と他人の表示との類似性の程度，②他人の表示の周知著名性及び独創性の程度や，③当該商標の指定商品等と他人の業務に係る商品等との間の性質，用途又は目的における関連性の程度並びに商品等の取引者及び需要者の共通性その他取引の実情などに照らし，⑵当該商標の指定商品等の取引者及び需要者において普通に払われる注意力を基準として，⑶総合的に判断されるべきである，と判示している。

　したがって，本問においても，上記基準に基づいて，A社の商標登録出願が「出所の混同を生ずるおそれのある商標」に当たるかどうかを判断する必要がある。特に，本問では，「ラクロス」が，スポーツの名称を示す一般名詞にすぎず，独創性の程度は低いことが特徴であるといえる。

## 2　本問において参考とすべき判例

⑴　本問の検討に当たって参考となる判決として，最二小判平成13年7月6日裁判集民202号599頁〔PALM SPRINGS POLO CLUB事件〕がある。同判決は，「PALM SPRINGS POLO CLUB」の欧文字と「パームスプリングスポロクラブ」の片仮名文字を上下2段に横書きして成る商標（本願商標）につき，米国の著名なデザイナーであるラルフ・ローレンのデザインに係る被服等の商品を表示するものとして著名な「POLO」又

---

<1>　茶園『商標法』69頁

は「ポロ」の文字より成る商標（引用商標）との関係で商標法4条1項
15号の商標に該当すると判示したものである。

(2)　前記〔PALM SPRINGS POLO CLUB事件〕は，前記〔レールデュタ
ン事件〕の示した前記基準に沿って商標法4条1項15号該当性を判断し
ている。

　まず，本願商標と引用商標の類似性に関し，両者の文字数の差が大き
く，外観や称呼も相当程度異なっているという事情がある中で，本願商
標が引用商標をその構成の一部に含んでいること，本願商標が全体とし
て一個不可分の既成の概念を示すものではなく，しかも，外観及び称呼
が比較的長い商標であるから，簡易迅速性を重んずる取引の実際におい
ては，その一部分だけによって簡略に標記ないし称呼され得るとしてい
る[2]。

　次に，引用商標の周知著名性の程度は高いものの，引用商標につき独
創性の程度が低いことを指摘する。しかし，本願商標の指定商品が引用
商標が現に使用されている商品と同一であるか又はこれとの関連性の程
度が極めて強いものであり，取引者及び需要者も共通すること，需要者
が特別な専門的知識経験を有しない一般大衆であり，購入に際して払わ
れる注意力はさほど高いものでないことを指摘し，これらの事情に照ら
し，商標法4条1項15号該当性の判断に当たり，引用商標の独創性の程
度が低いことを重視するのは相当でないとしている。

　そして，引用商標の周知著名性の程度の高さや，本願商標と引用商標
とにおける商品の同一性及び取引者・需要者の共通性を考慮すると，本
願商標がその指定商品に使用されたときは，そのうちの「POLO」，「ポ
ロ」の部分が取引者及び需要者の注意を特に強く引くであろうと容易に
予想でき，したがって，本願商標からは，ラルフ・ローレン又はこれと

---

〈2〉　長谷川浩二「洋服等を指定商品とする『PALM SPRINGS POLO CLUB』等の文字
から成る商標が商標法4条1項15号に規定する商標に当たるとされた事例」L&T17
号65頁は，両商標が類似しているとはいえないとしても，類似性の程度が格別低いわ
けではないと判断したものと思われる，としている。

緊密な関係にある営業主の業務に係る商品であるとの観念も生ずるなどとし，これらの事情を総合考慮し，商標法4条1項15号該当性を肯定している。

(3)　前記〔PALM SPRINGS POLO CLUB事件〕に関しては，引用商標の周知著名性の程度が高いこと，本願商標の指定商品が引用商標に係る商品と重複していることといった事情が，商標法4条1項15号該当性を肯定する上で重視されたものと解されている[3]。

## 3　本問における具体的検討

前記〔PALM SPRINGS POLO CLUB事件〕を踏まえつつ，前記〔レールデュタン事件〕に従い本問について検討すると，確かに，「ラクロス」の語は元来は外国のスポーツの名称であり，一般名詞であるから，独創性の程度は低い。しかし，前記〔PALM SPRINGS POLO CLUB事件〕が示すように，このことだけでは商標法4条1項15号該当性が否定されるわけではない[4]。他方で，確かに，前記〔PALM SPRINGS POLO CLUB事件〕は，引用商標の周知署名性が高いことを重視しているが，なお他の様々な事情の総合的考慮が必要なのであるから，その他の事情次第では，商標法4条1項15号該当性が否定されることもあろう[5]。

例えば，A社が商標登録出願しようとする商標の指定商品が「ラクロス」が現に使用されている商品と大きく異なっているようであれば（それにより，取引者及び需要者が共通でないとされるようであれば一層），商標法4条1項15号該当性が否定される方向に働く事情となろう。

---

〈3〉　長谷川・前掲注2・65頁

〈4〉　もちろん，一般には，独創性の程度の高い商標である場合には混同のおそれが認められやすい反面，ありふれた商標である場合には，著名性が相当程度高い場合に初めて，混同を生ずるおそれを肯定することになろう（髙部眞規子「登録要件・混同」牧野ほか『訴訟実務大系II』232頁）。

〈5〉　長谷川・前掲注2・65頁参照。もっとも，一般には，商標の周知署名性と混同を生ずるおそれが肯定される商品の範囲との間には，前者の程度が強ければ，後者の範囲も広いというような相関関係があろう（髙部・前掲注4・232頁）。

　また，商標の類似性の程度やその態様次第では，「ラクロス」の表示と類似しない，ないしは類似性の程度は低いと判断されることも考えられ，あるいは出所の混同を生じさせないと判断される余地もあるから，商標法4条1項15号該当性が否定される方向の事情となろう。例えば，前記〔PALM SPRINGS POLO CLUB事件〕の補足意見においては，商標登録出願された商標の中に「ポロ」又は「POLO」の字句が含まれている場合であっても，これと結合された語がラルフ・ローレン以外の商品の出所を強く連想させるときや，その構成中にラルフ・ローレンとの関連性を打ち消す表示が含まれているときなどは，商標登録を受けられる余地があるというべきであると述べられている。本問でもこのような事情があれば，商標登録を受けられる余地があるものと考えられる[6]。

　他方で，指定商品（又は役務）が共通であったり強い関連性を有しているとか，商標の類似性の程度が高いというような場合には，商標法4条1項15号該当性が認められる可能性が高まろう。

## 4　本問における商標法4条1項15号該当性

　以上のとおり，商標法4条1項15号該当性を判断するに当たっては，諸事情を総合考慮することになるから，独創性の程度の低さも同号該当性を判断する上での一要素にすぎず，商標登録出願に係る商標と他人の表示との類似性の程度や取引者及び需要者の共通性の程度等も含めて考慮する必要があることになる。そして，類似性や独創性の程度が比較的低いとしても，同号該当性を肯定する方向に働く要素が強ければ，同号該当性が肯定されることもあり得ることとなる[7]。

　本問において商標登録が認められるかどうかも，A社が具体的に商標登録

---

〈6〉　東京高判平成14年10月30日（平成12年（行ケ）第430号）裁判所ウェブサイト〔CAMBRIDGE UNIVERSITY POLO CLUB事件〕は，「CAMBRIDGE UNIVERSITY POLO CLUB」の文字等から成る出願商標について，この文字部分がケンブリッジ大学を強く想起させることなどから，当該商標の商標法4条1項15号該当性を否定している。

〈7〉　長谷川・前掲注2・65頁参照

出願しようとする商標の態様や，指定商品がどのようなものか，取引者及び
需要者は共通かなどといった事情を踏まえて判断されることとなろう。

## 5　商標法4条1項10号に該当する可能性

　なお，本問において，「ラクロス」が出所表示機能を果たすものとして日
本国内において周知著名である場合には，A社の商標登録出願しようとする
商標が「ラクロス」と類似し，指定商品又は役務も同一又は類似と判断され
れば，商標法4条1項10号に該当すると判断されることになろう。

## 6　参考となる裁判例

　引用商標の独創性が低いことを前提としつつも商標法4条1項15号該当性
を肯定した最近の裁判例として，知財高判平成25年3月28日判時2194号92頁
〔ボロニアジャパン事件〕，知財高判平成26年12月8日（平成26年（行ケ）第
10112号）裁判所ウェブサイト〔軽井沢浅間高原ビール事件〕，知財高判平成
27年9月15日（平成27年（行ケ）第10025号）裁判所ウェブサイト〔舞妓マーク
の京都赤帽事件〕がある。

（神谷　厚毅）

## Q31 商標の類否——結合商標

**Q** A町名産の「A焼」という陶器があり，当地の老舗のB社が「A」という商標を有しています。このたび，同地のC社が，「Aのろくろや」という商標を登録しようとしていますが，両商標は，類似するといえるでしょうか。

**A** C社が登録しようとしている「Aのろくろや」という商標（以下「本件商標」という。）は，「A」の文字部分と「ろくろや」の文字部分との複数の構成部分を組み合わせた結合商標である。本件商標から「A」の文字部分を抽出し，分離観察をすることができる場合には，本件商標は，B社の「A」という他人の登録商標（以下「引用商標」という。）に類似する商標（商標4条1項11号）であるといえる。この場合，本件商標は，商標法4条1項11号の規定により，商標登録を受けることはできない。他方で，本件商標から「A」の文字部分を抽出し，分離観察をすることができない場合には，両商標は類似するとはいえない。

## ■ 解 説

### 1 商標の類否及びその判断基準

商標法4条1項11号は，商標登録を受けようとする商標が，その商標登録出願前の商標登録出願に係る他人の登録商標又はこれに類似する商標であって，当該他人の登録商標の商標登録に係る指定商品又は指定役務と同一又は類似の商品又は役務に使用するものであるときは，商標登録を受けることができない旨定めている。商標法において，「商標の類似」の用語が含まれる規定には，「類似する商標」（商標4条1項10号，11号，14号，19号，37条各号），「類似の商標」（商標4条1項1号ないし4号，6号，8条1項，2項），「類似の標章を有する商標」（商標4条1項5号）などがあるが，商標の「類似」の語を定義した規定は存在しない。「類似」の概念は相対的であり，各規定の趣旨

に照らし，「類似」の意義が判断されるべきである。

　商標法4条1項11号の規定の趣旨は，同法が先願主義（商標8条）を採用していることから，先願の他人の登録商標と同一又は類似の商標の商標登録は認めるべきでなく，これを認めないことによって商品又は役務の出所の誤認混同を防止しようということにあると解される。

　商標法4条1項11号に係る「商標の類否」の判断基準については，学説上は様々な見解がある。

　判例をみると，最三小判昭和43年2月27日民集22巻2号399頁〔氷山印事件〕は，硝子繊維糸のみを指定商品とし「ひようざん」の称呼を有する出願商標と糸一般を指定商品とし「しようざん」の称呼を有する他人の登録商標との類否（旧商標（大正10年法律第99号）2条1項9号。商標4条1項11号に相当）が争点となった事案において，「商標の類否は，対比される両商標が同一または類似の商品に使用された場合に，商品の出所につき誤認混同を生ずるおそれがあるか否かによって決すべきである」とした上で，「それには，そのような商品に使用された商標がその外観，観念，称呼等によって取引者に与える印象，記憶，連想等を総合して全体的に考察すべく，しかもその商品の取引の実情を明らかにしうるかぎり，その具体的な取引状況に基づいて判断するのを相当とする。」と判示し，両商標が外観及び観念において著しく異なり，かつ，硝子繊維糸の取引では，商標の称呼のみによって商標を識別し，商品の出所を知り，品質を認識するようなことがほとんど行われないのが実情であることを考慮し，両商標は類似しないと判断した。また，商標権侵害訴訟における「商標の類否」（商標37条）が争点となった最三小判平成4年9月22日裁判集民165号407頁〔大森林事件〕及び最三小判平成9年3月11日民集51巻3号1055頁〔小僧寿し事件Ⅰ〕は，いずれも〔氷山印事件〕の上記判示部分を引用した上で，〔大森林事件〕では，「大森林」の楷書体の漢字から成る登録商標と「木林森」の行書体の漢字から成る商標は，取引の状況によっては，需要者が両者を見誤る可能性を否定できず，類似する余地があるものと認められるとして，両者が類似しないとした原審の判断を違法とし，〔小僧寿し事件Ⅰ〕では，「小僧寿し」が著名なフランチャイズチェーンの略

称として需要者の間で広く認識されている事情の下においては,「小僧寿し」の商標は,商標全体としてのみ称呼,観念を生じ,「小僧」の登録商標と類似しないと判断した。〔大森林事件〕では,取引の実情が商標の類似を肯定する方向に働く事情となり得ることが示され,〔小僧寿し事件Ⅰ〕では,〔氷山印事件〕と同様に,取引の実情が商標の類似を否定する方向に働く事情となることが示されたものといえる。〔小僧寿し事件Ⅰ〕以降の多くの裁判例は,〔氷山印事件〕の上記判示部分を示した上で,商標登録を受けようとする商標と他人の登録商標が同一・類似の商品・役務に使用される場合に,商品・役務の出所について誤認混同（混同）を生ずるおそれがあるかどうかによって商標の類否（商標 4 条 1 項11号,37条）の判断を行っており,〔氷山印事件〕が示した判断手法は,裁判実務において,判断基準として確立しているといえる。

## 2　結合商標の類否判断

　複数の構成部分を組み合わせた結合商標の類否判断においても,前記 1 の判断基準が適用されるが,結合商標特有の問題として,その判断の際に,結合商標の構成中の特定の構成部分を分離して観察することができるかどうかを検討する必要がある。

　判例をみると,最一小判平成20年 9 月 8 日裁判集民228号561頁〔つつみのおひなっこや事件〕は,「土人形等」を指定商品とし「つつみのおひなっこや」の文字を標準文字（特許庁長官の指定する文字。商標 5 条 3 項）で横書きして成る商標と「土人形」を指定商品とし「つゝみ」又は「堤」の文字から成る商標との類否（商標 4 条 1 項11号）が争点となった事案において,「法 4 条 1 項11号に係る商標の類否は,同一又は類似の商品又は役務に使用された商標が,その外観,観念,称呼等によって取引者,需要者に与える印象,記憶,連想等を総合して,その商品又は役務に係る取引の実情を踏まえつつ全体的に考察すべきものである」として,〔氷山印事件〕の判断基準を示した上で,「複数の構成部分を組み合わせた結合商標と解されるものについて,商標の構成部分の一部を抽出し,この部分だけを他人の商標と比較して商標そのものの

類否を判断することは，その部分が取引者，需要者に対し商品又は役務の出所識別標識として強く支配的な印象を与えるものと認められる場合や，それ以外の部分から出所識別標識としての称呼，観念が生じないと認められる場合などを除き，許されないというべきである」と判示した。その上で，本判決は，①「つつみのおひなっこや」の商標は，その全体が1行でまとまりよく表されており，その構成中の「つつみ」の文字部分だけが独立して見る者の注意をひくように構成されているとはいえないこと，②「つつみ」の文字部分が，土人形等の取引者，需要者に対し，「つゝみ」又は「堤」の文字から成る商標の商標権者が指定商品の出所である旨を示す識別標識として強く支配的な印象を与えるものといえないこと，③「つつみのおひなっこや」の商標の構成中の「おひなっこや」の文字部分は，全国の土人形等の取引者，需要者は新たに造られた言葉として理解するのが通常であり，土人形等に密接に関連する一般的，普遍的な文字であるとはいえず，自他商品識別機能がないとはいえないことなどの事情の下においては，「つつみのおひなっこや」の商標から「つつみ」の文字部分だけを取り出して「つゝみ」又は「堤」の文字から成る商標と比較して商標の類否を判断することは許されず，その構成部分全体と対比するのが相当であり，その対比の結果，両商標は類似しないと判断した。

　〔つつみのおひなっこや事件〕は，結合商標の構成中の特定の構成部分を抽出し，分離観察をすることができる場合の判断基準を示したものといえる。

### 3　本問の検討

　本問では，本件商標が，引用商標との関係で，商標登録の不登録事由である商標法4条1項11号に該当するかどうかが問題となる。本件商標は，「Aのろくろや」の文字を横書きして成り，「A」の文字部分と「ろくろや」の文字部分との複数の構成部分を組み合わせた結合商標である。本件商標の構成中の「A」の文字部分は，「A」の文字から成る引用商標と同じ構成態様である。そして，本件商標は，「Aのろくろや」の文字を横書きでまとまりよく一連表記したものである点で，「つつみのおひなっこや」の商標の構成

態様と同様であり，〔つつみのおひなっこや事件〕の判断基準を適用できる場合であるといえる。

そこで，本件商標から「Ａ」の文字部分を抽出して，分離観察をすることができるかについて検討する。なお，本件商標及び引用商標の指定商品は，「陶器」であることを前提とする。

まず，本件商標は，「Ａのろくろや」の文字を横書きでまとまりよく一連表記したものであり，「Ａ」の文字部分だけが独立して見る者の注意をひくように構成されているとはいえない。

次に，陶器は，日本国内各地で生産され，その産地ごとに特徴があり，陶器の名称は，「美濃焼」，「有田焼」，「備前焼」など「産地名」の後に「焼」の語を付けたものが一般的である。そして，「焼物」の語は，陶器，磁器，土器などの総称であり，「焼」の語は，「焼物」の略称として，陶器であることを示す普通名称といえるから，陶器の需要者，取引者が，陶器の名称を見た場合には，その構成中の産地名に着目するといった実情があるといえる。そうすると，本件商標を「陶器」に使用した場合，本件商標の「Ａ」の文字部分から「産地名」としての「Ａ」又は「Ａ焼」の観念が生じるものといえる。他方で，「Ａ焼」がＡ町名産の陶器であるとすれば，同地には，引用商標の商標権者であるＢ社以外にも，「Ａ焼」を制作・販売する業者が存在することが想定されるので，通常は，「Ａ」の文字部分が，需要者，取引者に対し，引用商標の商標権者であるＢ社の商品の出所を示す識別標識として強く支配的な印象を与えるものとはいえないであろう。もっとも，Ｂ社の知名度，Ｂ社の商品の販売状況，「Ａ焼」がＡ町名産の陶器であるのに，Ｂ社が「Ａ」の商標の商標登録を得るに至った事情等の具体的な取引の実情の下においては，「Ａ」の文字部分が，Ｂ社の商品の出所を示す識別標識として強く支配的な印象を与える場合もあり得るものと考えられる。

また，「ろくろ」は「回転運動をする器械」を意味し，陶器等の制作に用いられる道具であることは一般に知られていることからすると，本件商標を「陶器」に使用した場合，「ろくろや」の文字部分から，陶器の制作に用いられる道具である「ろくろ」を連想，想起するものといえる。他方で，「ろく

ろ」は，陶器の制作以外の用途にも用いられること，「ろくろや」の文字部分からは，「ろくろ」そのものを販売する業者としての「ろくろ屋」の観念をも生じることからすると，「ろくろや」の文字部分は，陶器に密接に関連する一般的，普遍的な文字であるということはできず，同文字部分から出所識別標識としての称呼，観念が生じないとまではいえないであろう。

　以上によれば，本件商標の「Ａ」の文字部分が，陶器の需要者，取引者に対し，Ｂ社の商品の出所を示す識別標識として強く支配的な印象を与える場合には，本件商標から，「Ａ」の文字部分を抽出し，分離観察をすることができ，Ｂ社の商品の出所を示す識別標識として強く支配的な印象を与えるものといえない場合には，「Ａ」の文字部分を抽出し，分離観察をすることができないものと考えられる。そして，本件商標の「Ａ」の文字部分は，引用商標と同じ構成態様であることからすると，上記のような分離観察をすることができる場合には，本件商標は，引用商標に類似する商標（商標４条１項11号）に該当するものといえる。他方で，上記のような分離観察をすることができない場合には，両商標は類似するとはいえない。

（大鷹　一郎）

## Q32　商標の類否──結合商標

**Q** 　図形と文字とを組み合わせた結合商標について，①文字部分が他の文字のみの商標と似ている場合や，②文字部分は違うが図形部分が他の商標と似ている場合，商標として類似すると判断されますか。

**A** 　商標の類否（商標4条1項11号）は，同一又は類似の商品又は役務に使用された商標が，その外観，観念，称呼等によって取引者，需要者に与える印象，記憶，連想等を総合して，その商品又は役務に係る取引の実情を踏まえつつ全体的に考察し，対比される両商標が商品又は役務の出所につき誤認混同を生ずるおそれがあるか否かによって決すべきであり，図形と文字とを組み合わせた結合商標と他の商標を対比する場合において，結合商標の構成中の文字部分又は図形部分のいずれか一方のみが他の商標と似ているというだけでは，商品又は役務の出所につき誤認混同を生ずるおそれがあると直ちにはいえないから，両商標は類似するとはいえない。

## ■　解　説

### 1　商標の類否の判断基準

　商標の類否（商標4条1項11号）は，最三小判昭和43年2月27日民集22巻2号399頁〔氷山印事件〕で示された判断基準に従って判断される（Q31参照）。

　すなわち，商標の類否は，対比される両商標が同一又は類似の商品に使用された場合に，商品の出所につき誤認混同を生ずるおそれがあるか否かによって決すべきであり，その判断の際には，そのような商品に使用された商標がその外観，観念，称呼等によって取引者に与える印象，記憶，連想等を総合して全体的に考察すべきであり，しかもその商品の取引の実情を明らかにし得る限り，その具体的な取引状況に基づいて判断する。

## 2　図形と文字とを組み合わせた結合商標の類否判断

　図形と文字とを組み合わせた結合商標の類否判断においても，前記1の判断基準が適用されるが，結合商標特有の問題として，その判断の際に，結合商標の構成中の特定の構成部分を分離して観察することができるかどうかを検討する必要がある（Q31参照）。

　判例をみると，最一小判昭和38年12月5日民集17巻12号1621頁〔リラ宝塚事件〕は，「石鹸」を指定商品とし，リラと呼ばれる抱琴の図形と「宝塚」の文字とが結合し，これに「リラタカラズカ」，「LYRATAKARAZUKA」の文字が添記されて成る結合商標である出願商標（本願商標）と「宝塚」の文字から成る商標（引用商標）との類否（旧商標（大正10年法律第99号）2条1項9号。商標4条1項11号に相当）が争点となった事案において，「商標はその構成部分全体によって他人の商標と識別すべく考案されているものであるから，みだりに，商標構成部分の一部を抽出し，この部分だけを他人の商標と比較して商標そのものの類否を判定するがごときことが許されない」が，「各構成部分がそれを分離して観察することが取引上不自然であると思われるほど不可分的に結合しているものと認められない商標は，常に必ずしもその構成部分全体の名称によって称呼，観念されず，しばしば，その一部だけによって簡略に称呼，観念され，1個の商標から2個以上の称呼，観念の生ずる」場合があり，この場合，「一つの称呼，観念が他人の商標の称呼，観念と同一または類似であるとはいえないとしても，他の称呼，観念が他人の商標のそれと類似するときは，両商標はなお類似するものと解するのが相当である。」と判示した。その上で，本判決は，本願商標の構成部分である図形が古代ギリシャの抱琴でリラという名称を有するものであることは，指定商品の石鹸の取引に関係する一般人の間に広く知れわたっているわけではないの対し，宝塚は，それ自体明確な意味を持ち，一般人に親しみ深いものであり，しかも，「宝塚」の文字は本願商標のほぼ中央部に普通の活字で極めて読みとり易く表示され，独立して看る者の注意をひくように構成されているという事実関係の下においては，リラの図形と「宝塚」なる文字とはそれらを分離して観察することが取引上不自然であると思われるほど不可分的に結合し

ているものではなく，本願商標は，リラ宝塚印の称呼，観念のほかに，単に宝塚印なる称呼，観念も生じることが少なくないと認められるとして，本願商標と引用商標は，類似すると判断した。

　次に，最二小判平成5年9月10日民集47巻7号5009頁〔SEIKO EYE事件〕は，指定商品を「眼鏡等」とし，十字形輪郭の図形内に「eYe」の欧文字とその下に小さく「miyuki」の欧文字が併記されて成る結合商標（本願商標）と指定商品を「時計，眼鏡等」とし「SEIKO EYE」の欧文字から成る結合商標（審決引用商標）との類否（商標4条1項11号）が争点となった事案において，「審決引用商標は，眼鏡をもその指定商品としているから，右商標が眼鏡について使用された場合には，審決引用商標の構成中の『EYE』の部分は，眼鏡の品質，用途等を直接表示するものではないとしても，眼鏡と密接に関連する『目』を意味する一般的，普遍的な文字であって，取引者，需要者に特定的，限定的な印象を与える力を有するものではないというべきである。一方，審決引用商標の構成中の『SEIKO』の部分は，わが国における著名な時計等の製造販売業者である株式会社服部セイコーの取扱商品ないし商号の略称を表示するものである」とした上で，「『SEIKO』の文字と『EYE』の文字の結合から成る審決引用商標が指定商品である眼鏡に使用された場合には，『SEIKO』の部分が取引者，需要者に対して商品の出所の識別標識として強く支配的な印象を与えるから，それとの対比において，眼鏡と密接に関連しかつ一般的，普遍的な文字である『EYE』の部分のみからは，具体的取引の実情においてこれが出所の識別標識として使用されている等の特段の事情が認められない限り，出所の識別標識としての称呼，観念は生じず，『SEIKO EYE』全体として若しくは『SEIKO』の部分としてのみ称呼，観念が生じるというべきである。」と判示し，審決引用商標の「EYE」の文字部分のみからは，出所の識別標識としての称呼，観念は生じないというべきであるとして，本願商標と審決引用商標とは類似しないと判断した。

　さらに，図形と文字とを組み合わせた結合商標に関するものではないが，最一小判平成20年9月8日裁判集民228号561頁〔つつみのおひなっこや事

件〕は，「土人形等」を指定商品とし「つつみのおひなっこや」の文字を標準文字（特許庁長官の指定する文字。商標5条3項）で横書きして成る商標と「土人形」を指定商品とし「つゝみ」又は「堤」の文字から成る商標との類否（商標4条1項11号）が争点となった事案において，「法4条1項11号に係る商標の類否は，同一又は類似の商品又は役務に使用された商標が，その外観，観念，称呼等によって取引者，需要者に与える印象，記憶，連想等を総合して，その商品又は役務に係る取引の実情を踏まえつつ全体的に考察すべきものである」とした上で，「複数の構成部分を組み合わせた結合商標と解されるものについて，商標の構成部分の一部を抽出し，この部分だけを他人の商標と比較して商標そのものの類否を判断することは，その部分が取引者，需要者に対し商品又は役務の出所識別標識として強く支配的な印象を与えるものと認められる場合や，それ以外の部分から出所識別標識としての称呼，観念が生じないと認められる場合などを除き，許されないというべきである」と判示し，原審の確定した事実関係の下では，「つつみのおひなっこや」の商標から「つつみ」の文字部分だけを取り出して「つゝみ」又は「堤」の文字から成る商標と比較して商標の類否を判断することは有されず，その構成部分全体と対比するのが相当であり，その対比の結果，両商標は類似しないと判断した（Q31参照）。〔つつみのおひなっこや事件〕では，上記判示部分に括弧書きで〔リラ宝塚事件〕及び〔SEIKO EYE事件〕が引用されている。

　〔つつみのおひなっこや事件〕以降の図形と文字とを組み合わせた結合商標の類否が争点となった事案の裁判例は，〔つつみのおひなっこや事件〕の判断基準を示し，結合商標の構成中の特定の構成部分を抽出し，分離観察をすることができるかどうかを検討した上で，商標の類否を判断するもの（例えば，知財高判平成23年10月24日判タ1401号219頁〔PAG！事件〕等）と，上記判断基準を特に示すことなく，商標の類否を判断するもの（例えば，知財高判平成22年7月21日判時2106号128頁〔ロキ事件〕等）とに分かれている。これは，〔つつみのおひなっこや事件〕が，「つつみのおひなっこや」の文字を標準文字で1行に横書きして成る結合商標についての分離観察の可否が問題となった事例判決であることから，このような構成態様とは異なる結合商標について，判決

の射程範囲がどこまで及ぶかの見解の違いを前提とし，各事案における当事者の具体的主張の違い等が反映された結果によるものと考えられる。また，〔つつみのおひなっこや事件〕の判断基準は，①結合商標の特定の構成部分が取引者，需要者に対し商品又は役務の出所識別標識として強く支配的な印象を与えるものと認められる場合や，②それ以外の部分から出所識別標識としての称呼，観念が生じないと認められる場合などを除き，分離観察が許されないというものであるが，分離観察をすることができる場合を上記①及び②の場合にのみ限定すると，〔リラ宝塚事件〕及び〔SEIKO EYE事件〕で示された判断基準を適用する場合よりも分離観察をすることができる範囲が狭くなる。しかし，実際に問題となり得る事案は，結合商標から抽出しようとする構成部分は，商品又は役務の出所識別標識として強く支配的な印象を与えるという程度には至っていないが，それ以外の部分と対比すると相当程度強い印象を与えるものや，それ以外の部分からも何らかの称呼又は観念が生じるものなどであることからすると，〔つつみのおひなっこや事件〕の判断基準を前提とした場合であっても，結合商標の構成態様の違いや事案の具体的妥当性を考慮し，「それ以外の部分から出所識別標識としての称呼，観念が生じないと認められる場合など」にいう「など」に該当する場合として，上記①及び②以外の場合においても，分離観察をすることができる場合があり得るものと考えられる。

## 3　本問の検討

　本問は，図形と文字とを組み合わせた結合商標について，①文字部分が他の文字のみの商標と似ている場合，②文字部分は違うが図形部分が他の商標と似ている場合における商標の類否（商標4条1項11号）を問うものである。両商標の類否は，上記結合商標からその構成中の文字部分（上記①の場合）又は図形部分（上記②の場合）を抽出し，分離観察をすることができるどうかを検討した上で，同一又は類似の商品又は役務に使用された各商標が，その外観，観念，称呼等によって取引者，需要者に与える印象，記憶，連想等を総合して，その商品又は役務に係る取引の実情を踏まえつつ全体的に考察し，

商品又は役務の出所につき誤認混同を生ずるおそれがあるか否かによって判断すべきである。上記類否判断は，両商標の具体的な構成態様，指定商品又は指定役務，取引の実情を踏まえた総合的な判断であり，その判断の際には，結合商標が現に使用されている商標であれば，その図形部分と文字部分とが常に一体として使用されているかどうかといった使用態様等に関する取引の実情も考慮要素となり得るが（〔ロキ事件〕参照），本問では，その前提となる具体的な事実関係が判明しない。また，商標の外観，観念又は称呼の類似は，その商標を使用した商品又は役務について出所の誤認混同のおそれを推測させる一応の基準にすぎず，これら3点のうち，いずれかが類似するからといって，商品又は役務の出所に誤認混同を来すおそれがあるものと直ちには認めることはできず，取引の実情次第では，商品の出所に誤認混同を生ずるおそれがある場合もあれば，そうでない場合もあり得る。

　したがって，本問においては，上記結合商標の構成中の文字部分又は図形部分のいずれか一方のみが他の商標と似ているというだけでは，商品又は役務の出所につき誤認混同を生ずるおそれがあると直ちにはいえないから，両商標は類似するとはいえない。

（大鷹　一郎）

# 第4章　出願・審査

## Q33　同日出願

**Q**　A社とB社は，ほぼ同一の標章について，同じ日に商標登録の出願をしました。この場合，どのような手続によって登録の査定がなされるのでしょうか。また，両方が登録された場合，その効力はどうなるのですか。

**A**　まず，A社とB社の間で協議し，A社とB社のうち協議により定められた者のみが商標登録を受けることができる。

　この場合，特許庁長官は，相当の期間を指定して，上記協議をしてその結果を届け出るべき旨をA社及びB社に命ずるが，もし，A社とB社との間で協議が成立しないか，又は特許庁長官が指定した期間内に協議の結果の届出がされないときは，A社とB社のうち特許庁長官が行う公正な方法による「くじ」により定められた者のみが商標登録を受ける。

　上記の協議・くじの手続が行われずに，A社及びB社の両方の商標について商標登録がされた場合，いずれの商標登録も有効と解される。

## ■　解　説

### 1　同一競合出願について

　商標法8条1項は，「同一又は類似の商品又は役務について使用をする同一又は類似の商標について異なった日に二以上の商標登録出願があったときは，最先の商標登録出願人のみがその商標について商標登録を受けることができる。」と規定して，最先出願者登録主義を採用している。

　他方において，同法8条2項は「同一又は類似の商品又は役務について使用をする同一又は類似の商標について同日に二以上の商標登録出願があったときは，商標登録出願人の協議により定めた一の商標登録出願人のみがその商標について商標登録を受けることができる。」と，同法8条4項は「特許庁長官は，第2項の場合は，相当の期間を指定して，同項の協議をしてその結果を届け出るべき旨を商標登録出願人に命じなければならない。」と，同法8条5項は「第2項の協議が成立せず，又は前項の規定により指定した期間内に同項の規定による届出がないときは，特許庁長官が行う公正な方法によるくじにより定めた一の商標登録出願人のみが商標登録を受けることができる。」とそれぞれ規定している。

　明治17年商標條例3条は，二人以上の者の商標登録出願が抵触するときはその願書の日付の後である者を却下し，日付が同じ者は「共ニ之ヲ却下ス可シ」と定めていたが，明治42年商標法は，最先出願者登録主義を明言するほか「但シ同日ノ格別ノ出願者アルトキハ出願者ノ協議ニ依リ登録シ協議調ハサルトキハ共ニ登録セス」として，初めて関係出願人間における協議の考え方を導入し，この考え方は大正10年法にも承継され，さらに現行法は，協議が成立しない場合には，くじにより，商標登録を受けることができるものとした（商標8条5項）。

　このように，商標法8条5項が，同日の出願が競合した場合であって，協議の不調又は特許庁長官による指定期間内の協議結果の届出がない場合に，くじにより商標登録を受けるべき出願人を定めることとした理由は，以下のとおり説明されている。すなわち，同法8条3項により，競合する商標登録出願の一つが放棄，取下げ又は却下された場合だけでなく，商標登録出願について拒絶査定や審決が確定したときにも，その商標登録出願は初めからなかったものとみなされ，先願権は残らない。したがって，拒絶になった商標と，同一又は類似の商標についても過去に先願があったという理由によっては拒絶されないから，協議が成立しない場合に両方とも商標登録を受けられないものとすると，そのすぐ後に同様な商標登録出願をした者（当事者及び第三者を含めて）の方に商標登録をしなければならない場合があるという不合理

が生じ得るので，その不合理さを抑止するためである（小野『注解商標法
（上）』533頁〜538頁〔松尾和子〕，『工業所有権法逐条解説』1316頁〜1318頁）。

## 2　協議・くじの手続がされないままに複数の商標登録がされた場合の当該商標登録の有効性

　同一日に複数の商標登録出願がされた場合に，出願人間の協議・くじの手続（商標8条2項，5項）が行われなかった場合に，その手続の違背は，商標法46条1項1号の無効事由に該当するか否かについて，知財高判平成19年4月26日判タ1238号282頁〔がんばれ受験生事件〕は，概要，以下のとおり判示して，無効事由に該当するものではないとの判断をした。

　商標法46条1項の無効審判事由該当性の有無の解釈に当たっては，違反した手続の公益性の強弱の程度，及び無効事由に該当すると解した場合の法制度全体への影響等を総合的に判断してこれを行うべきものである。同法46条1項の規定のうち本件に関係があるのは，その1号の「その商標登録が……第8条第1項，第2項若しくは第5項……の規定に違反してされたとき」との部分であるが，同法8条は，商標法における先願主義の立場を明らかにし，先願と抵触する重複登録はこれを避けようとした規定であると解される。そして，同法8条の定めるこの先願主義ないし重複登録禁止の立場は，商標が商品の出所の同一性を明らかにするという意味での公益性に寄与するためのものであることは明らかであるが，その公益性の程度は，同法47条が商標権の設定登録の日から5年を経過したときは無効審判請求をすることができないことを定めていることからして，重複した商標登録の併存を商標法が絶対に許容しない程の強い公益性を有するものと解することはできない（設定登録後5年を経過すれば，重複登録は適法に併存できる。）のみならず，商標法には，類似の規定を持つ特許法（39条）及び意匠法（9条）においてはいわゆる後願排除効があるのと異なり，後願排除効がない（商標8条3項）から，仮に同日に出願がされたY商標及びZ商標につき同法8条2項若しくは5項違反により無効審判をすべきものと解することになると，それよりも後願の者（例えば原告）の商標登録出願を許容することになり，その後願者にいわゆる漁夫

の利を付与することになって，同法8条1項の先願主義の立場に反する結果
になる。そうすると，同法8条2項，同5項に違反し商標登録が無効となる
場合（商標46条1項1号）とは，先願主義の趣旨を没却しないような場合，す
なわち出願人の協議により定めたにもかかわらず定めた一の出願人以外のも
のが登録になった場合，くじの実施により定めた一の出願人でない出願人に
ついて登録がされたような場合をいうものと解するのが相当である。


（田中　芳樹）

## Q34　分割出願と補正

**Q** 　指定役務を「Ａ」「Ｂ」とする商標登録を出願したところ，「Ａ」を指定役務とする他人の登録商標と類似する旨の拒絶査定及びそれを維持する審決を受けたので，審決取消訴訟を提起しました。そして，補正により指定役務「Ａ」を削除して「Ｂ」のみの出願にするとともに，指定役務を「Ａ」とする分割出願を行いました。従前の出願「Ｂ」のみについて登録を受けることは可能でしょうか。

**A** 　商標登録出願についての拒絶をすべき旨の審決に対する訴えが裁判所に係属している場合に，分割出願がされ，もとの商標登録出願について指定役務を削除する補正がされたときには，その補正の効果が商標登録出願の時に遡って生じることはない。したがって，本問では，審決取消訴訟提起後に，補正により指定役務「Ａ」を削除したとしても，当該補正の効果は，補正時に生じるものにすぎず，商標登録出願時に遡って生じるものではないから，審決が結果的に指定役務に関する判断を誤ったことにはならない。そうすると，「Ａ」を指定役務とする他人の登録商標と類似する旨の審決の判断内容に誤りがない限り，審決の取消しを求める原告の請求は棄却されることとなるから，従前の出願「Ｂ」のみについて登録を受けることはできない。

## ■ 解　説

### 1　問題の所在

　商標法10条1項は「商標登録出願人は，商標登録出願が審査，審判若しくは再審に係属している場合又は商標登録出願についての拒絶をすべき旨の審決に対する訴えが裁判所に係属している場合に限り，二以上の商品又は役務を指定商品又は指定役務とする商標登録出願の一部を一又は二以上の新たな商標登録出願とすることができる。」と，同条2項は「前項の場合は，新た

な商標登録出願は，もとの商標登録出願の時にしたものとみなす。」として，商標登録出願の分割について規定している。これは，本問でいえば，「Ａ」「Ｂ」を指定役務とする商標登録出願をした場合，その指定役務の一部である「Ａ」を指定役務とする新たな商標登録出願をすることができ，その新たな商標登録出願は，もとの商標登録出願の時にしたものとみなされるというものである。この規定によれば，商標登録出願の分割は，商標登録出願についての拒絶をすべき旨の審決（以下「拒絶審決」という。）に対する訴えが裁判所に係属している場合にもすることができる。

　そして，商標法施行規則22条２項は，特許法施行規則30条の規定を商標登録出願に準用し，商標法10条１項の規定により新たな商標登録出願をしようとする場合において，もとの商標登録出願の願書を補正する必要があるときは，その補正は，新たな商標登録出願と同時にしなければならない旨を規定している。これは，本問でいえば，新たな商標登録出願とされた指定役務「Ａ」をもとの商標登録出願の指定役務から削除する補正を，新たな商標登録出願と同時にしなければならないというものである。

　　上記各規定とは別に，商標法68条の40第１項は「商標登録出願……に関する手続をした者は，事件が審査，登録異議の申立てについての審理，審判又は再審に係属している場合に限り，その補正をすることができる。」と規定しており，この規定による補正の効果は，商標登録出願時に遡って生じると解されている。同規定によれば，拒絶審決に対する訴えが裁判所に係属している場合における補正を認めていない。

　以上のような制度の下で，拒絶審決に対する訴えが裁判所に係属している場合に，商標法10条１項の規定に基づいて新たな商標登録出願が行われ，もとの商標登録出願の補正がされたときに，もとの商標登録出願の指定役務が減縮する結果，本問でいえば，指定役務が「Ｂ」のみになる効果が，もとの商標登録出願時に遡って生じるか否かが問題となり，従前，高裁の裁判例が分かれていたところである（遡及効ありとするものとして，東京高判平成15年10月28日判タ1139号257頁〔ABIROH事件〕及び東京高判平成15年10月７日（平成15年（行ケ）第83号）裁判所ウェブサイト〔eAccess事件〕，遡及効なしとするものとして，東京高判平

成15年10月15日（平成15年（行ケ）第64号）裁判所ウェブサイト〔あぶらフキフキティッシュ事件〕各参照。）。

　もとの商標登録出願の指定役務が「B」のみになるという補正の効果が商標登録出願時に遡るとすれば，審決取消訴訟提起後に行われた分割出願の結果，先に審決が行った「A」を指定役務とする他人の登録商標と類似するから拒絶すべきとした判断は，結果的に誤りであったことになるため，審決を取り消すべきこととなるのに対し，指定役務が「B」のみになるという補正の効果が，商標登録出願時に遡らず，補正時に生じるものとすれば，審決取消訴訟における審決の違法性判断の基準時は審決時と解されている以上（東京高判昭和54年7月31日無体例集11巻2号407頁〔夕刊日曜事件〕，知財高判平成18年2月16日（平成17年（行ケ）第10618号）裁判所ウェブサイト〔SANYO SHINPAN GROUP事件〕各参照。），審決取消訴訟提起後に分割出願がされ，指定役務が「B」のみになるという補正がされたからといって，その効力は遡及しないため，審決の適否に影響を及ぼさず，先に審決が行った判断は結果的に誤りであったということはできないから，審決を取り消すべきではないとの帰結となる。

## 2　〔eAccess事件〕上告審の判断

　上記の問題について，最一小判平成17年7月14日民集59巻6号1617頁〔eAccess事件〕上告審は，概要，以下のとおり判示して，拒絶審決に対する訴えが裁判所に係属している場合に，分割出願がされ，もとの商標登録出願について指定商品等を削除する補正がされたときには，その補正の効果が商標登録出願の時に遡って生ずることはないとの判断をした。

- (1)　拒絶審決に対する訴えが裁判所に係属している場合に，商標法10条1項の規定に基づいて新たな商標登録出願がされ，もとの商標登録出願について補正がされたときには，その補正は，商標法68条の40第1項が規定する補正ではないから，同項によってその効果が商標登録出願の時に遡って生じることはなく，商標法には，そのほかに補正の効果が商標登録出願の時に遡って生じる旨の規定はない。
- (2)　拒絶審決に対する訴えが裁判所に係属している場合にも，補正の効果

が商標登録出願の時に遡って生じるとすると，商標法68条の40第1項が，
事件が審査，登録異議の申立てについての審理，審判又は再審に係属し
ている場合以外には補正を認めず，補正ができる時期を制限している趣
旨（商標法68条の40第1項が，拒絶審決に対する取消訴訟提起後に補正ができない
旨を規定している趣旨は，補正によって商標登録出願人が受ける利益，第三者が受
ける不利益及び手続の円滑な進行などが比較考量されて，特許庁における手続が終
了した以上，出願時点に遡って出願の内容を変更することは認めないということに
あるものと解される（最三小判昭和59年10月23日民集38巻10号1145頁〔the Union事
件〕参照）。）に反することになる。

(3)　拒絶審決を受けた商標登録出願人は，審決において拒絶理由があると
　　された指定商品等以外の指定商品等について，商標法10条1項の規定に
　　基づいて新たな商標登録出願をすれば，その商標登録出願は，もとの商
　　標登録出願の時にしたものとみなされることになり，出願した指定商品
　　等の一部について拒絶理由があるために全体が拒絶されるという不利益
　　を免れることができる。したがって，拒絶審決に対する訴えが裁判所に
　　係属している場合に，商標法10条1項の規定に基づいて新たな商標登録
　　出願がされ，もとの商標登録出願について願書から指定商品等を削除す
　　る補正がされたときに，その補正の効果が商標登録出願の時に遡って生
　　じることを認めなくとも，商標登録出願人の利益が害されることはなく，
　　商標法10条の規定の趣旨に反することはない。

(4)　以上によれば，拒絶審決に対する訴えが裁判所に係属している場合に，
　　商標法10条1項の規定に基づいて新たな商標登録出願がされ，もとの商
　　標登録出願について願書から指定商品等を削除する補正がされたときに
　　は，その補正の効果が商標登録出願の時に遡って生じることはなく，審
　　決が結果的に指定商品等に関する判断を誤ったことにはならないものと
　　いうべきである。

（田中　芳樹）

# 第5章　商標権の侵害

## 1　当事者

### Q35　市場の運営者責任

**Q**　ウェブ上のショッピングモールで，A社の商標権を侵害する商品が多数出店されています。この場合，A社は，ショッピングモールの運営者であるB社に対して，差止めや損害賠償の請求をすることはできますか。

**A**　ショッピングモールの運営者に対し，商標権侵害を理由として，差止請求や損害賠償請求をすることができるか否かは，個々の事案における具体的事情によって異なる。しかし，例えば，B社が，単に出店者によるウェブページの開設のための環境等を整備するにとどまらず，ショッピングモールの運営システムの管理・支配を行い，そこから利益を受けているという場合であって，B社において，出店者がA社の商標権を侵害しているという事実を知り，又は知ることができたと認めるに足りる相当の理由があるにもかかわらず，その後の合理的期間内に商標権侵害に係る内容がウェブページから削除されないという場合には，A社は，B社に対し，出店者に対するのと同様の差止めや損害賠償の請求をすることが可能であると考えられる。

## ▌ 解　説

### 1　出店者の責任

　出店者がウェブ上のショッピングモールに商品を出品した行為は，A社の商標権を侵害する「譲渡」又は「譲渡若しくは引渡しのための展示」（商標2条3項2号）に該当する。

　したがって，A社が，出店者に対し，商標権侵害を理由に，差止請求や損害賠償請求をすることができることは明らかである。

### 2　市場の運営者の責任

#### (1)　侵害行為の主体性

　直接の商標権侵害行為を行った者は，前記1のとおり，出店者であるが，市場の運営者にも侵害行為の主体性が認められるか否かが問題となる。

　侵害行為の主体を規範的に捉えた上で，一定の場合に，直接の侵害行為を行った者以外の者に侵害行為の主体性を肯定する考え方がある。行為主体を規範的に捉える点については，著作権法に関する事案についてのものであるが，最一小判平成23年1月20日民集65巻1号399頁〔ロクラクⅡ事件〕や最三小判平成23年1月18日民集65巻1号121頁〔まねきTV事件〕が参考になる。

　これに対し，商標法においては，間接侵害についての明文規定が存する（商標37条2号ないし8号）ことから，これらの規定に該当する場合に限り，商標権侵害を構成するとの考え方や，商標法は間接侵害の規定を有しない著作権法とは規定の仕方が異なることから，著作権法に関する事案についての上記最高裁判決は商標権侵害の事案の参考になるものではないとする考え方もあり得る。

#### (2)　プロバイダ責任制限法

　特定電気通信役務提供者の損害賠償責任の制限及び発信者情報の開示に関する法律（以下「プロバイダ責任制限法」という。）3条1項は，プロバイダについて，権利を侵害した情報の不特定の者に対する送信を防止する措置を講ずることが技術的に可能な場合であって，①情報の流通によって他人の権利が

侵害されていることを知っていたとき（1号），又は②情報の流通を知っていた場合であって，当該情報の流通によって他人の権利が侵害されていることを知ることができたと認めるに足りる相当の理由があるとき（2号），でなければ，損害賠償責任を負わない（ただし，プロバイダ自らが情報の発信者である場合を除く。）旨規定している。

　(3)　知財高判平成24年2月14日判時2161号86頁〔楽天市場事件〕は，インターネット市場において商標権侵害が発生した場合，直接の侵害行為を行った者以外の者である市場の運営者に対し，差止め，損害賠償責任を問い得るかが問題となった事案において，「ウェブページに展示された商品が第三者の商標権を侵害しているときは，商標権者は，直接に上記展示を行っている出店者に対し，商標権侵害を理由に，ウェブページからの削除等の差止請求と損害賠償請求をすることができることは明らかであるが，そのほかに，ウェブページの運営者が，単に出店者によるウェブページの開設のための環境等を整備するにとどまらず，運営システムの提供・出店者からの出店申込みの許否・出店者へのサービスの一時停止や出店停止等の管理・支配を行い，出店者からの基本出店料やシステム利用料の受領等の利益を受けている者であって，その者が出店者による商標権侵害があることを知ったとき又は知ることができたと認めるに足りる相当の理由があるに至ったときは，その後の合理的期間内に侵害内容のウェブページからの削除がなされない限り，上記期間経過後から商標権者はウェブページの運営者に対し，商標権侵害を理由に，出店者に対するのと同様の差止請求と損害賠償請求をすることができると解するのが相当である。」と判示した。そして，同判決は，その理由として，①ウェブページを利用して多くの出店者からインターネットショッピングをすることができる販売方法は，販売者・購入者の双方にとって便利であり，社会的にも有益な方法である上，ウェブページに表示される商品の多くは，第三者の商標権を侵害するものではないから，基本的には商標権侵害を惹起する危険は少ないものであること，②仮に出店者によるウェブページ上の出品が既存の商標権の内容と抵触する可能性があるものであったとしても，出店者が先使用権者であったり，商標権者から使用許諾を受けていたり，並

行輸入品であったりすること等もあり得ることから，出品がなされたからといって，ウェブページの運営者が直ちに商標権侵害の蓋然性が高いと認識すべきとはいえないこと，③しかし，商標権を侵害する行為は商標法違反として刑罰法規にも触れる犯罪行為であり，ウェブページの運営者であっても，出店者による出品が第三者の商標権を侵害するものであることを具体的に認識，認容するに至ったときは，同法違反の幇助犯となる可能性があること，④ウェブページの運営者は，出店者との間で出店契約を締結していて，ウェブページの運営により，出店料やシステム利用料という営業上の利益を得ているものであること，⑤さらにウェブページの運営者は，商標権侵害行為の存在を認識できたときは，出店者との契約により，コンテンツの削除，出店停止等の結果回避措置を執ることができること，等の事情を挙げている。

　なお，同判決は，侵害者が商標法2条3項に規定する「使用」をしている場合に限らず，社会的・経済的な観点から行為の主体を検討することも可能というべきである旨判示しており，行為主体につき規範的に捉えた上で，一定の場合に，直接の侵害行為を行った者以外の者に侵害行為の主体性を肯定する考え方を採るものと解される。また，同判決の定立した上記判断基準には，前記(2)のプロバイダ責任制限法の規定におけるプロバイダの免責要件が取り込まれているものとも考えられる。

## 3　本問における検討

　(1)　A社は，ショッピングモールの運営者であるB社に対して，一定の場合には，商標権侵害を理由として，差止めや損害賠償の請求をすることが可能であると考えられる。

　しかし，その可否は個々の事案における具体的事情により異なるから，前掲〔楽天市場事件〕で示された判断基準を参考に，具体的事実関係に基づきその可否を十分に検討することが不可欠であろう。

　(2)　なお，前掲〔楽天市場事件〕の事案では，控訴人（商標権の管理を行う法人）からの指摘又は出訴等を契機として，その8日以内に，商標権侵害品の展示がウェブサイトから削除されているから，ウェブサイトを運営する被

控訴人としては，商標権侵害の事実を知り又は知ることができたと認めるに足りる相当の理由があるときから合理的期間内にこれを是正したと認めるのが相当であるとして，結論として，市場の運営者の責任が否定されている。

（柵木　澄子）

## 2 商標的使用

### Q36 商標的使用

 製品の規格の表示として「X向け」とか「X用」と表示することは，「X」が他社の登録商標である場合，商標権の侵害になるのでしょうか。

**A** 「X」との標章の後に「向け」又は「用」の文字が付されていることから，需要者において，「X向け」，「X用」という表示は，当該製品が「X」に対応する規格の製品であることを示すための表記であると理解されると認められる可能性がある。このような事情を含め商標の表示態様，当該製品の性質，取引の実情などを総合して，「X」という標章の使用が，自他商品識別機能や出所表示機能を有する態様での使用ではない，すなわち，商標的使用には該当しないと判断される場合には，商標権の侵害とはならないものと考えられる。

### ■ 解 説

#### 1 商標的使用

##### (1) 商標的使用の理論

第三者が登録商標と同一又は類似する標章を，指定商品等と同一又は類似する商品等に使用していたとしても，商標の機能である自他商品識別機能や出所表示機能を果たさない態様で使用している場合には，商標的使用に該当せず，商標権侵害とはならないと解されており，この結論は，多くの裁判例においても採用されている（小野『注解商標法（上）』672頁〔田倉整＝髙田修治〕，小野『注解商標法（下）』865頁〔吉井参也＝小池豊〕）。

そして，これら裁判例における理論構成は，一様ではないが，いずれも，ある標章を使用する行為が商標権の侵害を構成するというためには，当該標

章が単に形式的に商品等に付されているというだけでは足りず，それが自他商品を識別するための標章としての機能を果たす態様で使用されていることを要するという点では共通しているとされる（榎戸道也「商標としての使用」牧野利秋，飯村敏明編『新・裁判実務大系4　知的財産関係訴訟法』398頁（青林書院，2001））。

### (2)　商標法26条1項6号

平成26年法律第36号による改正により，商標法26条1項6号が新設され，「前各号に掲げるもののほか，需要者が何人かの業務に係る商品又は役務であることを認識することができる態様により使用されていない商標」にも商標権の効力が及ばない旨規定された。これにより，従来「商標的使用」に該当しないとして商標権侵害とならないとされていた類型は，同号に該当すると整理することができる旨指摘されている（髙部『商標関係訴訟』69頁）。

### (3)　主張立証責任

商標権侵害訴訟においては，侵害を主張する原告の側に被告標章が商標として使用されていることの主張立証責任があるという考え方と，被告の側に抗弁として自他商品識別機能を果たさない態様の使用であることの主張立証責任があるという考え方とがある。

もっとも，商標的使用に該当するか否かは，個々の事件における具体的な事情を総合考慮の上で判断されるものであるから，訴訟においては，主張立証責任の所在にかかわらず，当事者双方が，被告標章がどのような機能を果たしているのかを示す事情を主張立証する必要があるといえる（榎戸・前掲401頁）。

## 2　標章に「向け」,「用」等の文字を付した表示

(1)　東京地判平成16年6月23日判時1872号109頁〔ブラザー事件〕は，原告の有する「brother」又は「ブラザー」という文字から成る各商標について，原告の製造に係るファクシミリに使用するためのインクリボンの外箱に「For brother」又は「ブラザー用」等と表示する被告の行為が，商標的使用に該当するか否かが問題となった事案において，①被告製品の外箱に付され

ている「brother」の前には「For」の文字が，「ブラザー」の後には「用」の文字がそれぞれ付されており，需要者は，「For brother」又は「ブラザー用」等の表示について，被告製品が原告製造のファクシミリに使用できるインクリボンであることを示すための表記であると理解すること，②被告製品の外箱に，被告製品の製造者又は販売者を示すものと認識し得る表示が，併せて記載されていること，③機器類と消耗品との適合関係が限定されているような場合に，ユーザーが誤って自己の使用する機器類に適合しない消耗品を購入することがないように，商品の外箱等に適合機種を表示することが通常行われており，消費者も，そのようなことを十分に認識し，消耗品購入の際の参考としていること，④被告製品は，原告製造に係るファクシミリの特定の機種にのみ使用できるインクリボンであって，被告製品の販売に当たっては，消費者が被告製品を誤って購入することがないよう注意を喚起することが不可欠であり，そのような目的に照らせば，被告標章の表示は，ごく通常の表記態様といえること，などを挙げ，これらの点を総合すれば，被告標章の使用は，被告製品の自他商品識別機能ないし出所表示機能を有する態様で使用する行為ではなく，商標的使用に該当しない旨判示した。

　(2)　その後，大阪地判平成17年7月25日判時1926号130頁〔船舶用ポンプ部品事件〕は，原告らの有する「SVA」等のアルファベットの標準文字3ないし4文字から成る各商標について，船舶用ポンプの部品の包装や納品書等に「型式　SVA-200」等と表示する被告の行為が，商標的使用に該当するか否かが問題となった事案において，商標が，商品の型式名として使用されている場合であっても，需要者が当該型式について特定の出所を認識することは可能であるから，型式名として使用されていることから直ちに自他商品識別機能・出所表示機能を有しないというものではないとした上で，これを前提に，部品の用途を示すものとして型式名を表記する場合に，例えば，型式名の前に「for」，あるいは型式名の後に「用」といった文字列を付し，これらを含めた全体的な表示態様からして，型式名に係る部分が，自他商品識別機能・出所表示機能を発揮していない場合は格別，被告の使用態様は，これと同視できるものではなく，商標的使用に該当する旨判示した。

### 3　本問における検討

　(1)　本問においては，他社の登録商標と同一の「Ｘ」との標章の後に「向け」又は「用」の文字が付されていることから，需要者において，「Ｘ向け」，「Ｘ用」という表示は，当該製品が「Ｘ」に対応する規格の製品であることを示すための表記であると理解されると認められる可能性がある。

　そして，このような事情を含め商標の表示態様，当該製品の性質，取引の実情などを総合して，「Ｘ」という標章の使用が，自他商品識別機能や出所表示機能を有する態様での使用ではない，すなわち，商標的使用には該当しないと判断される場合には，商標権の侵害とはならないものと考えられる。

　(2)　しかし，前掲〔ブラザー事件〕の判示に現れているように，商標的使用に該当するか否かは，商標の表示態様，当該製品の性質，取引の実情などを総合して，自他商品識別機能ないし出所表示機能を有する態様での使用であるか否かが判断されるべきものである。

　したがって，単に「for」，「向け」，「用」などといった文字を付加するだけで，直ちに商標的使用に該当しないとされるわけではないことに留意する必要がある。

（柵木　澄子）

## Q37　商標的使用──宣伝文言

**Q**　A社では，「飲食物の提供」を指定役務として，「ウチでもフレンチ」を商標登録しました。B社は，飲食物の提供に際して「ウチでもフレンチ」という宣伝文言を使用してきましたが，商標権の侵害になるのでしょうか。

**A**　B社が行っている「飲食物の提供」は，A社の商標登録の指定役務にほかならないので，A社の「ウチでもフレンチ」との登録商標の具体的な内容（字体，色彩，図形との結合など）やB社による「ウチでもフレンチ」との宣伝文言の具体的な使用態様にもよるが，B社の上記宣伝文言とA社の上記登録商標とは，同一又は類似の範囲にあると判断される場合が多いと考えられる。その場合，B社による上記宣伝文言の使用は，それが商標的使用に当たらないとか，A社の商標登録が無効審判により無効とされるべきものと認められるとか，B社に先使用権があるなど，B社につき抗弁が成立しない限り，A社の商標権の侵害を構成することになると考えられる。

### ■　解　説

### 1　商標及び役務の類否について

　商標の類否は，同一又は類似の商品・役務に使用された商標が，その外観，観念，称呼等によって取引者，需要者に与える印象，記憶，連想等を総合して，その商品・役務に係る取引の実情を踏まえつつ全体的に考察すべきであり，商標の外観，観念又は称呼の類似は，その商標を使用した商品・役務につき出所の誤認混同のおそれを推測させる一応の基準にすぎず，上記3点のうちの1において類似するものでも，他の2点において著しく相違することその他取引の実情等によって，何ら商品の出所に誤認混同をきたすおそれの認め難いものについては，これを類似商標と解すべきではない[1]。

　質問からは，A社の登録商標が「ウチでもフレンチ」と標準文字で書して成る商標なのか，それとも「ウチでもフレンチ」との文字の字体や色彩等に特徴がある商標であるとか，「ウチでもフレンチ」との文字と図形との結合商標であるのかなど，登録商標の具体的な内容が明らかでなく，また，B社の「ウチでもフレンチ」との宣伝文言が具体的にどのような態様で使用されてきたのかも明らかでないが，仮に，A社の登録商標が字体や色彩，図形との組合せに特徴があり，それゆえに商標登録が認められたといえるような場合であれば，B社の「ウチでもフレンチ」との宣伝文言の具体的態様いかんによっては，B社の宣伝文言とA社の登録商標とが類似しないと判断されることもあり得えよう。

　もっとも，上記のような例外的場合を別とすると，B社の「ウチでもフレンチ」との宣伝文言とA社の「ウチでもフレンチ」との登録商標とは，少なくとも称呼において同一であり，取引の実情等を踏まえても，同一又は類似の範囲にあると判断されることが多いであろう。

　そうとすれば，B社が「ウチでもフレンチ」との宣伝文言を使用して行っている「飲食物の提供」は，A社の商標登録の指定役務にほかならないから，B社による上記宣伝文言の使用（それが商標法2条3項各号の行為である場合をいう。以下，同じ。）は，原則として（すなわち，B社につき抗弁が成立しない限り），A社の商標権の侵害を構成する（商標2条3項各号，25条，37条）ということになろう。


## 2　抗弁の成否について

### (1)　商標的使用及び無効の抗弁について

　ところで，「ウチでもフレンチ」との文言は，「飲食物の提供」という役務につき，一定の記述ないし説明を加える表現であり，キャッチフレーズとして使われている可能性もあると考えられる。仮に，上記役務の内容を伝えるために当該文言を用いることがごく一般的に行われているところであるとい

---

〈1〉　最三小判昭和43年2月27日民集22巻2号399頁〔氷山印事件〕参照

う事実関係が存在するような場合（なお，キャッチフレーズであるというだけで，当然にそのような事実関係が存在するとはいえないと考える。）には，A社の商標登録に無効事由があるか，あるいはB社の宣伝文言の使用が商標的使用（この概念については，紙面の都合上，Q38の解説を参照されたい。）に当たらないといえるかが問題となり得る。

　もし，「ウチでもフレンチ」との商標が，A社により使用をされた結果需要者が何人かの業務に係る役務であることを認識することができるものとなっていたといえないような場合には，A社は，商標法3条1項3号又は6号により，本来，当該商標につき商標登録を受けることができなったはずである。

　また，B社による「ウチでもフレンチ」との宣伝文言の使用の具体的態様が，B社が役務の出所であることを示す他の表示の存在等とあいまって，B社が行っている「飲食物の提供」との役務の内容を伝えるにすぎず，特定の出所を示す標識と認識されない場合には，当該文言は，商標的に使用されていなかった（需要者が何人かの業務に係る役務であることを認識することができる態様により使用されていなかった）ものといえる[2]。

　このように，「飲食物の提供」という役務の内容を伝えるために「ウチでもフレンチ」との文言を用いることがごく一般的に行われているような場合には，具体的な事実関係次第で，無効の抗弁（商標3条1項3号又は6号，39条，46条1項1号，特許104条の3第1項），あるいは商標権の効力が及ばないとの抗弁（商標26条1項3号又は6号）が成立することにより，商標権侵害を構成しないことがあると考えられる。

---

〈2〉　東京地判平成22年11月25日判タ1396号293頁〔塾なのに家庭教師事件〕は，「塾なのに家庭教師」という文字標章について，広告の他の記載部分とあいまって，「『塾なのに家庭教師』の語は，学習塾であるにもかかわらず，自分で選んだ講師から家庭教師のような個別指導が受けられるなどの学習指導の役務を提供していることを端的に記述した宣伝文句であると認識し，その役務の出所については『塾なのに家庭教師』の語から想起するものではないものと認められる」として，商標的使用に当たらないと判断した。他方，東京地判平成17年12月21日判タ1246号299頁〔本当にあったHな話事件〕は，問題となっている標章が表示されている部分，標章が占める部分の大きさ等を考慮して，商標的使用に当たると判断した。

　なお，商標法3条違反については，商標権の設定の登録の日から5年を経過した後は，無効審判を請求することができないところ（商標47条1項），このような場合に，同法3条違反の無効事由の存在を抗弁として主張することができるか否かについては，争いがある[3]。

　また，商標法26条1項6号は，平成26年法律第36号による商標法の改正により新設された規定であり（平成27年4月1日施行），従前は，「商標的使用に当たる」ことについて商標権者が立証責任を負うと解するのが多数説であったが，同改正の施行後は，被疑侵害者が「商標的使用に当たらない」ことについて主張立証責任を負うことになったと解される[4]。

　(2)　先使用権について

　A社の商標登録に係る出願前からB社が日本国内で「飲食物の提供」という役務につき「ウチでもフレンチ」との宣伝文言を使用していた結果，上記出願の際，当該文言がB社の役務を表示するものとして需要者の間に広く知られており，B社が継続して上記役務について上記宣伝文言を使用する場合は，B社につき先使用による商標の使用をする権利（商標32条1項）が成立することになり，商標権侵害を構成しない。

（嶋末　和秀）

---

〈3〉　東京地判平成24年2月28日（平成22年（ワ）第11604号）裁判所ウェブサイト〔グレイブガーデン事件〕は，「商標権の行使が権利濫用に当たるか否かの判断に当たっては，当該商標の商標登録に無効理由が存在するとの事情を考慮し得るというべきであり，当該無効理由につき商標法47条1項の除斥期間が経過しているからといって，このような考慮が許されないものとされるべき理由はなく，このことが同項の趣旨を没却するなどといえない」として，権利濫用の抗弁の成立を認めた。他方，東京地判平成19年12月21日（平成19年（ワ）第6214号）裁判所ウェブサイト〔Mackintosh事件〕は，「登録後5年間の除斥期間を経過し，もはや無効審判を請求することができないものであることは明らかであるから，これを権利濫用の抗弁の根拠とすることはできない」とした（なお，控訴審判決（知財高判平成20年6月24日（平成19年（ネ）第10014号）裁判所ウェブサイト）は，上記説示部分を引用していない。）。

〈4〉　牧野ほか『訴訟実務大系Ⅱ』295頁〔西村康夫〕，高部『著作権・商標・不競法関係訴訟の実務』261頁〔荒井章光〕

## Q38　商標的使用——イラスト表示

A社の販売するTシャツに，人物の顔のイラストが描かれてお
り，その背景の一部の記号がB社の登録商標に類似しています。
この場合，常に商標権の侵害に当たりますか。

A　A社の販売するTシャツに描かれたイラストの背景の一部の記号
がB社の登録商標に類似する以上，Tシャツという商品が当該商標
登録に係る指定商品又は指定役務（質問には，当該商標登録に係る指定商品・指
定役務が明記されていない。）と同一又は類似するのであれば，A社による上
記Tシャツの販売は，原則としてB社の商標権の侵害を構成することにな
る（商標2条3項2号，25条，37条）。しかしながら，上記記号や上記イラス
トに対する需要者の認識，上記記号の使用態様など具体的事実関係によっ
ては，上記記号が需要者にTシャツの出所を想起させるものでないことも
あり得るところであるから，そのような場合には，上記記号は，需要者が
何人かの業務に係る商品であることを認識することができる態様により使
用されていない商標（商標26条1項6号）に当たるものとして，A社による
上記Tシャツの販売は，B社の商標権侵害を構成しないことになると考え
られる。

### ■　解　説

#### 1　商標及び商品の類否について

　質問は，A社の販売するTシャツに描かれたイラストの背景の一部の記号
がB社の登録商標と類似することを前提としており，本問では，商標の類否
は，問題にならないものと解される。

　他方，質問には，B社の商標登録に係る指定商品又は指定役務が明記され
ていないが，Tシャツという商品が当該商標登録に係る指定商品又は指定役
務と同一又は類似することを前提としているものと思われる。なお，付言す

るに，指定商品（又は指定役務）の類否判断に際しては，出所の誤認混同のおそれを検討する必要がある。すなわち，商品（又は役務）自体が取引上互いに誤認混同を生ずるおそれがないものであっても，それらの商品（又は役務）に同一又は類似の商標を使用すれば，同一営業主の製造若しくは販売に係る商品（又は同一営業主の提供に係る役務）と誤認混同されるおそれがある場合には，これらの商品（又は役務）は類似の商品（又は役務）に当たると解される[1]。

## 2　商標的使用について

### （1）　考え方

　商標権者は，指定商品又は指定役務について登録商標の使用（商標法2条3項各号の行為をいう。以下，同じ。）をする権利を専有するから（商標25条），第三者が登録商標と同一の商標を指定商品又は指定役務に使用する行為は，原則として商標権侵害を構成する。また，第三者が，登録商標に類似する商標を指定商品又は指定役務に使用する行為，登録商標と同一の商標を指定商品又は指定役務と類似する商品又は役務に使用する行為，及び登録商標に類似する商標を指定商品又は指定役務と類似する商品又は役務に使用する行為は，いずれも商標権を侵害する行為とみなされる（商標37条）のが，原則である。

　このように，第三者が登録商標と同一又は類似する商標を，指定商品又は指定役務と同一又は類似する商品又は役務に使用する行為は，原則として商標権侵害を構成する。しかしながら，商標法が保護しようとする登録商標は，商品又は役務の出所表示機能あるいは出所識別機能をその本質とするものである。したがって，ある登録商標について，第三者により，形式的には商標法2条3項各号に該当する行為が行われたとしても，需要者が何人かの業務に係る商品又は役務であることが認識することができる態様により使用されていない場合（商標的使用がされていない場合）には，登録商標の本質は，何ら

---

〈1〉　最三小判昭和36年6月27日民集15巻6号1730頁〔橘正宗事件〕，最三小判昭和39年6月16日民集18巻5号774頁〔Peacock事件〕，最二小判昭和43年11月15日民集22巻12号2559頁〔三国一事件〕参照

害されていないのであるから，商標権侵害を構成するとすべき実質的理由を欠くものといえる。判例は，出所表示機能ないし出所識別機能を果たす態様で使用されていること（商標的使用がされていること）を商標権侵害の要件と位置づけることにより，上記のような場合については，商標権侵害を構成しないものとしてきた[2]。

　商標法26条1項6号は，これを明文化するべく，平成26年法律第36号による商標法の改正により新設された規定である[3]（平成27年4月1日施行。なお，主張立証責任については，Q37の解説を参照されたい。）。

　(2)　具体的検討

　質問からは，A社の販売するTシャツに描かれたイラストの背景の一部の記号の具体的な使用態様や当該記号以外の表示がいかなるものであるのが明確ではないが，当該記号から特定の強い観念，称呼が生ずる場合には，A社が当該Tシャツの出所であることを示す他の表示の存在等とあいまって，当該記号が商品の出所表示・識別機能を奏しないことも考えられる。

　例えば，東京地判平成22年9月30日判時2109号129頁〔ピースマーク事件〕は，本問と同じく，Tシャツに描かれたイラストの背景の一部の記号が登録商標に類似しているとされた事案に関するものであるが，同判決は，被疑侵害各商品における被疑侵害各標章の使用態様，商標権者の登録商標と被疑侵害各標章に共通する図形の標章（ピースマーク）に接する一般の取引者及び需要者に生じる観念と称呼の状況等を詳細に検討した上，被服等のファッションに関心のある若者層は，被疑侵害者のブランド名称及びキャラクター図形に着目し，これらから商品の出所の識別標識として強く支配的な印象を

---

〈2〉　大阪地判昭和51年2月24日無体例集8巻1号102頁〔ポパイアンダーウェア事件〕，東京地判昭和55年7月11日無体例集12巻2号304頁・東京高判昭和56年3月25日無体例集13巻1号333頁〔テレビマンガ「一休さん」事件〕，東京地判平成7年2月22日知的裁集27巻1号109頁〔UNDER THE SUN事件〕，東京地判平成10年7月22日知的裁集30巻3号456頁〔オールウェイズ事件〕，東京地判平成13年1月22日判タ1053号261頁〔タカラ本みりん事件〕，東京地判平成16年6月23日判時1872号109頁〔ブラザー事件〕等参照

〈3〉　『産業財産権法の解説─平成26年特許法等の一部改正』181頁

受けること，上記若者層はもちろん，それ以外の一般消費者においても，
「ピースマーク」は「平和」の象徴として広く認識されており，被疑侵害各
標章が背景の一部として模様的に描かれていることに照らすならば，被疑侵
害各標章は，「ピースマーク」として「平和」を表現するために用いられた
ものと認識し，商品の出所を想起させるものではないものと認められ，被疑
侵害各標章が被疑侵害各商品において商品の出所表示機能・出所識別機能を
果たす態様で用いられているものと認めることはできないから，被疑侵害各
商品における被疑侵害各標章の使用は，本来の商標としての使用（商標的使
用）に当たらないというべきである旨の判断が示されている。

　本問においても，上記〔ピースマーク事件〕において認定されているよう
な事実関係があれば，商標権の効力が及ばないとの抗弁（商標26条1項6号）
が成立し，商標権侵害を構成しないことになるものと考えられる。

## 3　その余の抗弁について

　具体的な事実関係によっては，無効の抗弁（商標39条，特許104条の3第1項）
や先使用の抗弁（商標32条）などが問題となることもあり得ると思われるが，
この点については，Q37の解説を参照されたい。

（嶋末　和秀）

## Q39　商標的使用——ウェブサイトにおける表示

**Q**　A社は，被服等を指定商品とする登録商標を有しています。B社は，A社の登録商標と類似する名称のウェブサイトを開設し，さらに同名称をHTMLのメタタグとして記載し，スポーツ用ユニフォームなどを販売しています。ただし，そこで販売されている商品にはA社の登録商標と類似する標章は一切付されていません。このようなB社の行為は，A社の商標権の侵害に当たりますか。

**A**　まず，B社がA社の登録商標と類似する名称をインターネット上のウェブサイトの画面で使用する行為は，商標法2条3項8号に該当すると解されるので，「商標の使用」に当たると思われる。そして，「指定商品若しくは指定役務についての登録商標に類似する商標の使用」は，当該商標権を侵害したものとみなされる（商標37条1号参照）。他方，B社が上記名称をHTMLのメタタグとして記載した行為に関しては，メタタグは画面上に表示されず視認性がないため問題とはなるものの，商標的使用であると認められる可能性がある。

■ **解　説**

### 1　「商標の使用」と「商標的使用」

「商標の使用」とは，商標法2条3項各号に記載されている行為を指すが，商標法は，「商標の使用」について，商品及び役務との関係において一定の行為を外形的に定義しているにすぎないため，文言上，被告標章の使用行為が上記「商標の使用」の定義における要件を充足する限り，たとえ上記被告標章に出所表示機能や自他商品・役務識別機能がない場合であっても，商標権の侵害とみなされる可能性がある。しかし，出所表示機能や自他商品・役務識別機能を有しない標章の使用行為についてまで，それが「商標の使用」に当たるとして商標法が定めている法律効果を認めることは，登録商標の持

つ出所表示機能や自他商品・役務識別機能を保護することにより商標を使用する者の業務上の信用の維持を図ろうとする商標法の目的に沿わない結果をもたらす。そこで，商標の機能である出所表示機能や自他商品・役務識別機能等を果たさない標章の使用行為は，形式的に「商標の使用」の要件を充たす場合であっても，そのような使用態様は「商標的使用」（商標としての使用）ではないとして，従前，多くの裁判例において商標権侵害とはならないとの判断が示されてきた[1]。

　なお，平成26年商標法改正（法律第36号）により，商標法26条1項6号が追加され，商標権の効力は，「需要者が何人かの業務に係る商品又は役務であることを認識することができる態様により使用されていない商標」には及ばないこととされた。この規定は，従前の裁判例において「商標的使用」に当たらないとされた類型をカバーしていると想定されるため，今後は「商標的使用」には当たらない標章は，同号に基づいて商標権の効力が及ばないとの結論を導くことができることになると思われる[2]。

## 2　ウェブサイト上の画面における標章の使用と「商標的使用」

　インターネット上のウェブサイトの画面に登録商標若しくはそれと類似する標章を付する行為が「商標の使用」に当たるかについては，従前，それが商標法2条3項各号のいずれの規定にも直接には当たらないことから問題とされていたが，ウェブサイトの画面における標章の使用を「商標的使用」に当たると認めた裁判例も存在した[3]。

　そして，平成14年の商標法改正（法律第24号）により商標法2条3項8号が

〈1〉　福岡地飯塚支判昭和46年9月17日無体例集3巻2号317頁〔巨峰事件〕，大阪地判昭和51年2月24日無体例集8巻1号102頁〔ポパイアンダーウェア事件〕，東京地判昭和55年7月11日無体例集12巻2号304頁〔テレビマンガ「一休さん」事件〕，東京地判昭和62年8月28日無体例集19巻2号277頁〔通行手形事件〕，東京地判平成7年2月22日知的裁集27巻1号109頁〔UNDER THE SUN事件〕など。
〈2〉　高部『商標関係訴訟』43頁
〈3〉　名古屋地判平成13年11月9日（平成12年（ワ）第366号）裁判所ウェブサイト〔JAMJAM事件〕，東京地判平成14年3月26日判時1805号140頁〔バイアグラ事件〕など。

追加され,「商品若しくは役務に関する広告,価格表若しくは取引書類に標章を付して展示し,若しくは頒布し,又はこれらを内容とする情報に標章を付して電磁的方法により提供する行為」が「商標の使用」に当たるものと規定されたため,その後は,ウェブサイトの画面上のどこのどのような表記が「商標の使用」に当たるかが問題とされた[4]。特に,ウェブサイトのトップページに標章を付したにすぎない場合は,それ以下のページに記載された被告商品・役務との関連性が希薄な場合も想定されるため問題となる。この点については,本件と同様の事例において,被告商品の販売に関しウェブサイトの画面に登録標章と類似する名称を使用する行為が商標法2条3項8号に該当するとした裁判例も存する[5]。

## 3　HTMLのメタタグとしての表示と「商標の使用」

メタタグ(meta-tag)とは,ウェブサイトの内容を記述したHTMLコードであり,通常画面上に表示されることはない。しかし,検索エンジンの中には,メタタグを検索対象とするものがあるため,検索頻度が高いと思われる他社の登録商標を自社のウェブサイトのメタタグに記述すると,他社の登録商標の検索と同時に自社のウェブサイトが検索リストに現れることになり,ユーザーを自社のウェブサイトに導くことができる。そこで,このようなメタタグへの登録商標に類似する標章の表示が商標権侵害になるか否かが問題となる。学説上は視認性がなく商標的使用には当たらないとする消極説と検索エンジンを通じた利用の事実を重視する積極説の両説があるとされるが[6],事業者が開設したウェブサイトのページの表示は,役務に関する広

---

〈4〉　ウェブサイト上のヘッダー部分における表示が「商標の使用」と認められた事例として知財高判平成19年10月30日(平成19年(行ケ)第10150号)裁判所ウェブサイト〔オリックス事件〕,ウェブサイト中の特定コーナーの冒頭の表示が「商標の使用」と認められた事例として知財高判平成21年3月24日(平成20年(行ケ)第10326号)裁判所ウェブサイト〔NANYOマーク事件〕,メールマガジンにおける表示が「商標の使用」と認められた事例として知財高判平成22年4月14日判時2093号131頁〔クラブハウス事件〕など。

〈5〉　大阪地判平成24年7月12日判時2181号136頁〔SAMURAI事件〕

〈6〉　高橋和之ほか『インターネットと法〔第3版〕』(有斐閣　2004年)286頁,酒井順

告であるということができるから，インターネットの検索サイトにおいて表示される当該ページの説明もその役務に関する広告であり，これが表示されるようにメタタグを記載することは，役務に関する広告を内容とする情報を電磁的方法により提供する行為に当たり，商標としての使用であると判示して，商標権侵害を認めた裁判例[7]，及び同裁判例と同様の基準を示した上，「被告各標章は，htmlファイルにメタタグないしタイトルタグとして記載された結果，検索エンジンの検索結果において，被告サイトの内容の説明文ないし概要やホームページタイトルとして表示され，これらが被告サイトにおける家具等の小売業務の出所等を表示し，インターネットユーザーの目に触れることにより，顧客が被告サイトにアクセスするよう誘引するのであるから，メタタグないしタイトルタグとしての使用は，商標的使用に当たる」と判示した裁判例[8]がある。

　ただし，メタタグには，ウェブサイトの説明文を含む「description meta-tag」とウェブサイトに関連するキーワードからなる「keyword meta-tag」という種類があり，上記裁判例はいずれも前者に関する裁判例であるため，メタタグの使用が全て商標権侵害になるとは限らないとの指摘もある[9]ことに注意を要する。

（東海林　保）

---

　子「メタタグの使用と商標権侵害」パテント60巻3号21頁，飯村＝設樂『知的財産関係訴訟』484頁〔片山信〕参照。

〈7〉　大阪地判平成17年12月8日判時1934号109頁〔中古車の110番事件〕

〈8〉　東京地判平成27年1月29日判時2249号86頁〔IKEA事件〕

〈9〉　酒井・前掲注6・22～23頁参照。

## Q40　商標的使用──商品の形状を示す標章

**Q**　A社が，ドーナツ型の座布団を製造し，その包装箱に「ドーナツクッション」と表示して販売したところ，クッションを指定商品とする「ドーナツ」という登録商標を有するB社から，同登録商標と類似するとして差止めを求められました。このような単に商品の形状を示す標章であっても，A社は使用することができないのでしょうか。

**A**　B社の登録商標「ドーナツ」はその指定商品が「クッション」であることからすれば，A社の座布団の包装箱に付された「ドーナツクッション」なる標章は，形式的にみれば「登録商標に類似する商標の使用」(商標37条1号) に当たるといえるが，「ドーナツクッション」という表示が，ドーナツ形状のクッションであることを説明するために用いられていると需要者において認識され，商品の出所を想起させるものではないと認められる場合には，A社の上記標章は出所識別表示として使用するものではないから「商標的使用」に当たらず，B社の商標権を侵害するものではないと認められる可能性がある。

## ▌　解　説

### 1　「商標の使用」と「商標的使用」

「指定商品若しくは指定役務についての登録商標に類似する商標の使用」は，当該商標権を侵害したものとみなされる (商標37条1号参照)。ここで「商標の使用」とは，商標法2条3項各号に記載されている行為を指し，例えば，商品又は商品の包装に標章を付する行為などをいう。このように，商標法は，「商標の使用」について，商品及び役務との関係において一定の行為を外形的に定義しているにすぎないため，文言上，被告標章の使用行為が上記「商標の使用」の定義における要件を充足する限り，たとえ上記被告標章に出所表示機能や自他商品・役務識別機能がない場合であっても，商標権

　の侵害とみなされる可能性がある。しかし，出所表示機能や自他商品・役務識別機能を有しない標章の使用行為についてまで，それが「商標の使用」に当たるとして商標法が定めている法律効果を認めることは，登録商標の持つ出所表示機能や自他商品・役務識別機能を保護することにより商標を使用する者の業務上の信用の維持を図ろうとする商標法の目的に沿わない結果をもたらす。そこで，商標の機能である出所表示機能や自他商品・役務識別機能等を果たさない標章の使用行為は，形式的に「商標の使用」の要件を充たす場合であっても，そのような使用態様は「商標的使用」（商標としての使用）ではないとして，従前，多くの裁判例において商標権侵害とはならないとの判断が示されてきた[1]。例えば，東京地判昭和62年 8 月28日無体例集19巻 2 号277頁〔通行手形事件〕は，「このような商標の本質，商標法の規定に鑑みると，商標権者等の差止請求権を規定する商標法36条は，商標が自他商品の識別標識としての機能を果たすのを妨げる行為を排除し，商標本来の機能を発揮できるようにすることを目的としていると解される。したがって，登録商標と同一又は類似の標章を使用する第三者に対し，商標権者がその使用の差止め等を請求しうるためには，右第三者の使用する標章が単に形式的に商品等に表示されているだけでは足らず，それが，自他商品の識別標識としての機能を果たす態様で用いられていることが必要である」と判示している。

　なお，平成26年商標法改正（法律第36号）により，商標法26条 1 項 6 号が追加され，商標権の効力は，「需要者が何人かの業務に係る商品又は役務であることを認識することができる態様により使用されていない商標」には及ばないこととされた。この規定は，従前の裁判例において「商標的使用」に当たらないとされた類型をカバーしていると想定されるため，今後は「商標的使用」には当たらない標章は，同号に基づいて商標権の効力が及ばないとの

---

〈1〉　福岡地飯塚支判昭和46年 9 月17日無体例集 3 巻 2 号317頁〔巨峰事件〕，大阪地判昭和51年 2 月24日無体例集 8 巻 1 号102頁〔ポパイアンダーウェア事件〕，東京地判昭和55年 7 月11日無体例集12巻 2 号304頁〔テレビマンガ「一休さん」事件〕，東京地判昭和62年 8 月28日無体例集19巻 2 号277頁〔通行手形事件〕，東京地判平成 7 年 2 月22日知的裁集27巻 1 号109頁〔UNDER THE SUN事件〕など。

結論を導くことができることになると思われる[(2)]。

## 2　商品の形状を示す標章を包装箱に付する使用態様が「商標的使用」に当たるか

　本設問と同様に，包装箱に「ドーナツクッション」という表記（被告標章）がされていたほか，包装箱には被告商品の本体の形状を示すイメージ図及びその説明文が一緒に表示されており，さらに，包装箱の表面にはＡ社の出所表示として別の商標（テンピュール商標）が付されていた事案[(3)]において，知財高裁は，「ドーナツクッション」の語を付した多数のクッション商品が，中央部分に穴のあいた円形，輪形及び矩形の形状のクッションの写真などとともに，宣伝広告され，販売される例が数多く存在すること，ウェブサイトにおける通信販売の商品紹介では，「ドーナツクッション」の語を特有の形状を有することを示すために使用していると理解されるものがあること，一般的に，「商品の形状を指す語」と「商品の用途を指す語」とを前後に組み合わせることによって，商品の性質等をわかりやすく表記する工夫はしばしば行われることであり，特に商品の宣伝広告・販売において，通常見られることなどの諸事実を総合考慮した上で，「『ドーナツクッション』の語は，これに接した需要者等において，中央部分に穴のあいた円形，輪形の形状の物あるいはこのような円形，輪形に似たドーナツ様の形状をしたクッションを指すものと認識し，特定の出所を表示するものとして認識することはないと解するのが相当である」，「被告商品の包装箱に接した一般消費者は，被告標章について，被告商品の本体の形状を示すイメージ図及び包装箱の説明文と相俟って，被告商品が中央部分を取り外すことによって，その中央部分に穴のあいた輪形に似た形状となるクッションであるとの特徴を説明する目的で用いられたものであると認識するものと解される」，「需要者は，テンピュール商標が当該商品の出所表示機能を有する部分であると認識すると認められ

---

〈2〉　高部『商標関係訴訟』43頁
〈3〉　知財高判平成23年3月28日判時2120号103頁〔ドーナツクッション事件〕

る」ことを理由に，「被告標章が被告商品の包装箱において商品の出所表示機能・出所識別機能を果たす態様で用いられているものと認めることはできないから，被告商品の包装箱における被告標章の使用は，商標としての使用（商標的使用）に当たらないというべきである」と判示した。

　一般論として，ある標章がその商品の形状を表示する機能（形状表示機能）を有するとしても，形状表示機能と出所表示機能は二律背反ではないから，その標章が形状表示機能を有することだけの理由で直ちに出所表示機能を果たすことは全くないとは言い切れず，したがって，商品の形状を示す標章を包装箱に付する使用態様が全て一律に「商標的使用」に当たらないということはできないと思われる。しかし，上記裁判例に示されたような個別具体的な事情の下においては，商品の形状を示す標章を包装箱に付する使用態様が「商標的使用」に当たらないと判断される場合もあるといえよう。

（東海林　保）

## 3 抗弁等

### Q41 商標権の効力──普通名称

 **Q** 商標権の効力が及ばない「普通名称……を普通に用いられる方法で表示する商標」（商標26条1項2号）とは，どのような商標を指しますか。

**A** 商品の普通名称とは，取引界において，その商品の一般的名称であると認められているものを指し，商品の固有名称だけでなく，その略称，俗称等なども含まれる。このような普通名称を，普通に用いられる方法，すなわち，特殊な態様で同普通名称を用いることにより自他識別力が生じる場合等を除く通常の方法で表示する場合には，その普通名称について登録された商標があっても商標権侵害にはならない。

本問で問題となる商標は，上記のような，特殊な態様で用いることにより自他識別力が生じる場合等を除く，通常の方法で表示した，普通名称からなる商標を指す。

### ▌解 説

#### 1 商標権の効力を制限する趣旨

どのような場合に商標登録を受けられるのかは商標の登録要件の問題であり，商標法は，3条において積極的要件を，4条において消極的要件を定めている。

同法3条では，商標使用の意思があること（同条1項）に加え，その商標に自他識別力があることが商標登録の積極的要件として定められている（同条2項）。

もっとも，いったんある標章が商標として登録されてしまうと，同商標にはもともと自他識別力がないなど登録されたことが誤りであったとしても，

第三者が，本来許されるべき標章の使用ができなくなる。とりわけ，登録無効審判について登録日から5年の除斥期間があるもの（商標47条参照）については，除斥期間経過後における，過誤登録に対する手当てが必要になる。また，商標の登録自体に誤りがないとしても，同商標に類似する商標に禁止的効力を及ぼすことが適当でない場合もある。このほか，一旦自他識別力があるとして登録された商標であっても，その後，時代の変化とともに，それが普通名称化するなどして，自他識別力が希薄化する場合もある。

　そこで，商標法は，登録された商標であっても，その商標権の効力の及ばない場合を定めており，本問で問題となっている普通名称を普通に用いられる方法で表示する場合も，このような場合の一つに当たる（もっとも，商標法26条の立法趣旨については，異論もある。小野『注解商標法（上）』692頁以下参照）。

## 2　普通名称

　指定商品の普通名称と同一の商標の場合には，そもそも商標法3条1項1号の「その商品又は役務の普通名称を普通に用いられる方法で表示する標章のみからなる商標」として，商標登録を受けることができないが，仮に誤って商標登録されたとしても，同法26条1項2号により，商標権者以外の者もこれを用いることができる。

　また，商品の固有名称の略称，俗称等も，ここでいう普通名称に含まれる。

　さらに，指定商品に類似する商品の普通名称についても同様に，商標権者以外の者もこれを用いることができる。

　なお，ある表示が普通名称であるかどうかは，当該名称と商品の関係，商品製造業者と販売業者との関係，使用期間，使用状態，その時代における表示の状況等により総合的に判断される。

## 3　普通名称の時代による変化

　ある表示が普通名称であるかどうかは，取引経過や時代とともに変化することもある。例えば，「セロテープ」という表示については，もともとは特定の会社の商標であったものが，社会で広く浸透してきたものの，裁判の結

果，最終的には普通名称化が否定され（東京高判昭和42年12月21日行裁例集18巻12号1761頁〔セロテープ事件〕），今ではある会社の登録商標となっており，普通名詞ではなくなっている。

　上記の事例とは異なり，商標登録後に，同登録商標が普通名称化したり，慣用商標になって識別力に変化が生じたといえる場合には，商標権者以外の者がその普通名称化し又は慣用商標となった表示を使用することができる。

### 4　「普通に用いられる方法」

　もっとも，普通名称であっても，普通の方法で用いられず，特殊な態様で用いられると自他識別力がないとはいえない場合もあり，そのような場合には商標法26条１項２号の適用はない。そして，「普通に用いられる方法」かどうかは，実際の取引において指定商品の普通名称等を表示するに当たり，一般的に用いられる表示の方法かどうかによって判断される。具体的には，表示の位置や態様（書体，大きさ，彩色）などに基づいて，取引の実情を考慮して判断することになり，例えば，特殊な書体で表示する場合などには，「普通に用いられる方法」に当たらない場合もある。

### 5　裁判例の紹介

　なお，大阪高判平成22年１月22日判時2077号145頁〔招福巻事件〕では，「節分用の巻き寿司について使用される『招福巻』の文字は普通名称に当たる」旨判断された。この判決では，「招福巻」は商標権者の登録商標ではあるものの，巻き寿司の一態様を示す商品名として普通名称化しているため，「招福巻」との商標の商標権の効力は，商標法26条１項２号により，「十二単の招福巻」との標章には及ばないとされている[1]。

（矢口　俊哉）

---

〈1〉　本問については，小野『注解商標法（上）』690頁以下〔田倉整，髙田修治〕，網野『商標』764頁以下，小野＝三山『新・商標法概説』264頁以下，116頁以下も併せて参照されたい。

## Q42　権利濫用

**Q**　A社のヒット商品「X」について，B社が商標権侵害として差止めを求めてきました。B社は確かに「X」についての商標登録を受けていますが，A社は「X」という商品名をそれ以前から使用しており，商標登録時はともかく，現在では，A社の商品として広く知られています。B社の差止めは認められるのでしょうか。

**A**　商標権の行使が，客観的に公正な競業秩序を乱すなど商標法の目的に反するような場合には，権利の濫用として許されないことになる。本問では，「X」という商標は，商標登録時はともかく，現在ではA社の商品名として広く知られているものであるところ，著名商標に対する商標権の行使は権利濫用として許されないとする見解も有力であることから，諸般の事情によっては，B社の権利行使は商標法の目的に反するものであり権利濫用として許されないとの考え方もあり得る。

## ■　解　説

### 1　はじめに

　本件では，A社は「X」という商品名を商標権者の商標登録以前から使用しており，商標登録時はともかく，現在では，A社の商品として広く知られているとのことなので，この点をどのように考えるべきか。

　まず，A社が当該商品名を商標登録以前から使用していることから，先使用権の成否が一応問題となる。しかし，商標法32条によれば，先使用権が認められるためには，単に，他人の商標登録出願以前から当該商標を使用していたのみでは足りず，その結果，商標登録出願の際にその商標が自己の商品を表示するものとして需要者の間に広く認識されている必要がある。本件では，「X」なる商標は商標登録時においてもいまだA社の商品名としては広く知られていなかったのであるから，A社に先使用権は認められない。

　また，上記の事情によれば，商標法 4 条 1 項10号所定の無効事由も認められない。

　これらのことを前提に，「Ｘ」という商標が現在ではＡ社の商品名として広く知られているという点をどのように考えるべきか。

## 2　商標権の行使と権利濫用

　商標権は，商標の出所識別機能を通じて商標権者の業務上の信用を保護するとともに，商品の流通秩序を維持することにより一般需要者の保護を図ることにその本質があり，特許権や実用新案権等のようにそれ自体が財産的価値を有するものではない（最三小判平成 9 年 3 月11日民集51巻 3 号1055頁〔小僧寿し事件Ｉ〕）。このように，登録商標の価値は，本来，それに化体された業務上の信用に基づくものであるところ，我が国の商標法では，未使用の商標であっても，登録さえすれば商標権が発生するから，当該登録商標に業務上の信用が化体していないような場合もあり得る。このような商標権の特徴によれば，商標権の行使が権利の濫用（民法 1 条 3 項）として許されない場面も珍しくはないことになる。

## 3　権利濫用の成否

　商標権の行使が権利濫用に当たるか否かは，どのように判断されるか。

　商標権侵害の主張が権利の濫用に当たるとした初めての最高裁判決は，最二小判平成 2 年 7 月20日民集44巻 5 号876頁〔ポパイ事件〕である。同判決は，「漫画の主人公の観念，呼称を生じさせる登録商標の商標登録出願当時，既にその主人公の名称が漫画から想起される人物像と不可分一体のものとして世人に親しまれていた場合において，同主人公の名称の文字のみから成る標章が同漫画の著作権者の許諾に基づいて商品に付されているなどの事情の下においては，同登録商標は同人物像の著名性を無償で利用するものにほかならず，客観的に公正な競業秩序の維持が商標法の目的の一つとなっていることに照らすと，同登録商標の商標権者が同標章につき登録商標の商標権の侵害を主張することは，権利の濫用として許されない」旨判示したものであ

る。

　このように，商標権の行使が権利濫用として許されないかは，一般に，「客観的に公正な競業秩序の維持」とか「出所識別機能の保護」といった商標法の趣旨・目的に反するものといえるか否かによって判断されているといえよう。

　もっとも，権利濫用の判断は，権利者側の事情と相手方側の事情を総合考慮して判断するものであるから，どのような場合に商標権行使が権利濫用に該当するかの類型化は必ずしも容易ではない。

　なお，最三小判平成12年4月11日民集54巻4号1368頁〔キルビー事件〕は，「特許に無効理由が存在することが明らかであるときは，その特許権に基づく権利行使は，特段の事情がない限り，権利濫用に当たる」旨判示し，その射程は商標権についても及ぶが，既にこの点は立法的に解決済みである。すなわち，商標権の侵害訴訟において，当該商標登録が無効審判により無効にされるべきものと認められるときは，商標権者は相手方に対し権利行使ができない（商標39条，特許104条の3）。

## 4　本件における当てはめ

　本件では，「X」という商標は，商標登録時はともかく，現在ではA社の商品名として広く知られているものである。

　この点，現時点において商標権者以外の者の商品や営業を示すものとして全国的に知られている表示に対する商標権者の請求は，かえって商標の出所識別機能の発揮を妨げるものであるから，権利の濫用として棄却すべきであるとの学説（田村『商標法概説』90頁）もある。

　裁判例では，大阪地判平成2年10月9日判時1392号117頁〔ロビンソン事件〕は，「ロビンソン社が小型ヘリコプターのメーカーとして世界的に著名な存在であることは被告主張のとおりとしても，ロビンソン社製のヘリコプターの名称が小型ヘリコプターを意味する『商品の普通名称』になっているとまでは認めるに足りない。そして，原告がロビンソン社と関わりなく登録商標を取得したこと，原告は，自転車及びその部品についてではあるが，登

録商標を使用してきていること等によれば，実質的違法性の欠如，権利濫用の主張は採用できない」旨判示した。

　一方，東京地判平成11年4月28日判時1691号136頁〔ウイルスバスター事件〕は，「本件商標は一般的に出所識別力が乏しく，原告の信用を化体するものでもなく，そのため被告が本件商標に類似する被告標章を使用しても本件商標の出所識別機能を害することはほとんどないといえるのに対し，被告は，被告標章を本件商標の登録出願前から継続的に使用しており，現在では被告標章は著名な商標であるから，本件商標権に基づく被告標章の使用差止めは，被告標章が現実に果たしている出所識別機能を著しく害し，これに対する一般需要者の信頼を著しく損なうことになり，商標法の趣旨に反する結果を招来する」旨判示して，商標権者の権利行使は権利濫用として許されないとした。

　これらの判示は，本件についても参考となろう。

（沖中　康人）

## Q43 権利濫用

**Q** A社が5年前から使用している屋号について，B社から商標権
の侵害であると言われました。確かに当該商標と屋号は類似して
いますが，その屋号はそれほど特殊なものではなく，近隣でも似たよう
な屋号を使用した店舗が存在します。このような事情に基づいて商標権
侵害を否定するA社の主張は認められるのでしょうか。

**A** まず，屋号が特殊なものではないということから，商標登録の無
効事由の存否が問題となり，登録商標が商標法3条1項所定の出所
表示機能を有しない商標に当たるか否かを検討する必要がある。また，A
社が屋号を5年前から使用していること，及び近隣でも似たような屋号を
使用した店舗が存在するということから，商標権行使が権利濫用に当たる
か否かを検討する必要がある。もっとも，設問に述べられている事情のみ
では，商標権侵害を否定する事情には当たらない可能性が高いと考えられ
る。

## ▋ 解　説

### 1　商標登録の無効事由の存否

　商標権の侵害訴訟において，当該商標登録が無効審判により無効にされる
べきものと認められるときは，商標権者は相手方に対し権利行使ができない
（商標39条，特許104条の3）。

　本件では，A社は自らが使用する屋号がそれほど特殊なものではないと考
えているので，当該商標登録が商標法3条の登録要件に違反するのではない
かが問題となる。

　ここで商標の登録要件について概説すると，商標法3条及び4条が商標の
登録要件を規定するが，商標法3条は，自他商品・役務の識別力あるいは出
所表示機能というような商標の本質的機能，いわば商標としての一般的，普

遍的な適格性を問題とするのに対し，商標法4条は，そのような一般的適格性があることを前提として，公益，私益の保護という政策的見地から，商標登録の具体的適格性を問題とするものである（『工業所有権法逐条解説』同条解説部分）。

　そして，商標法3条1項は，出所表示機能を有しない商標について定めており，柱書きで「自己の業務に係る商品又は役務について使用をする商標については，次に掲げる商標を除き，商標登録を受けることができる。」と規定した上，除外される商標として1〜6号のものを挙げる。

　除外される商標として挙げられているのは，①その商品・役務の普通名称を普通に用いられる方法で表示する標章のみからなる商標（1号），②その商品・役務について慣用されている商標（2号），③その商品・役務の産地・販売地・提供場所，品質，効能，用途，数量，価格等を普通に用いられる方法で表示する標章のみからなる商標（3号），④ありふれた氏又は名称を普通に用いられる方法で表示する標章のみからなる商標（4号），⑤極めて簡単で，かつ，ありふれた標章のみからなる商標（5号），⑥その他，需要者が何人かの業務に係る商品・役務であることを認識することができない商標（6号）である。6号が総括条項として定められていることから明らかなように，商標法3条1項が定める「商標登録を受けることができない商標」は，結局，需要者が何人かの業務に係る商品・役務であることを認識することができない商標，すなわち，自他商品・役務の識別力あるいは出所表示機能を有しない商標ということになる。1号から5号までは，その具体例を例示した規定といえよう。

　したがって，本件においては，A社が使用する屋号が上記のような出所表示機能を有しない商標に当たるか否かを検討する必要がある。もっとも，具体的事情次第であるが，屋号が特殊なものではないというだけでは，出所表示機能を有しない商標に当たるとはいえないように思われる。

## 2　権利濫用の成否

　本件では，A社は，自らが5年前から使用する屋号がそれほど特殊なもの

ではなく，近隣でも似たような屋号を使用した店舗が存在するとしているので，このような事情によりB社による商標権の行使が権利濫用として許されないのではないかを検討する必要がある。

　商標権の行使と権利濫用の関係についての一般的な説明は，Q42の解説を参照されたい。

　権利濫用の成否は，権利者側の事情と相手方側の事情を総合考慮して判断するものであるから，個別の事案における諸般の事情次第である。なお，権利濫用の要件については，他人を害する目的で権利を行使するという害意を要するという主観説と，権利の行使が客観的に不当であれば足りるとする客観説があり，今日の学説は客観説を採っているとされ，「基本的には客観説でよいが，主観説を排除する必要はなく……，害意があるときには権利濫用は認められやすいといえよう」とされている（川井健『民法概論1〔第4版〕』（有斐閣，2008年）11頁）。本件についても，商標権者がA社に対する嫌がらせ等の目的であえてA社を狙い撃ちして商標権の行使を行ったといえるような事情があれば，害意を認定できる場合もあるかもしれないが，通常はこのような事情は認定し難く，近隣でも似たような屋号を使用した店舗が存在するというだけでは商標権者の害意は認定できないであろう。

## 3　裁判例

　設問と類似した事例について，大阪地判平成23年6月2日（平成22年（ワ）第11115号）裁判所ウェブサイト〔PIA事件〕がある。「PIA」なる登録商標の商標権者が同様の名称を使用してパチンコ店を営む者に対して差止請求をした事案について，同判決は，まず，被告が「『PIA』は女性の名を表し，また，ユートピアの略語であるから，ありふれた氏又は名称（商標3条1項4号）である」旨主張したのに対し，「『PIA』が女性の名やユートピアの略語として認識されているとは認められず，そもそも『PIA』からは特段の観念を生ずるとは認められず，ありふれた氏・名称であると認められることはない」旨判示した。また，被告が「他にも『PIA』の名称を使用するパチンコ店が複数存在するから，本件請求は被告に対する営業妨害等の不当な目的に

よるものである」旨主張したのに対し，「仮に商標権を侵害している者が他
に複数存在するとしても，原告は，その者らに対しても権利行使をできると
いうにすぎず，いつ誰に対して権利行使をするかは商標権者の自由にゆだね
られるべき事柄であって，いまだ全員に対して権利行使をしていないとして
も，そのことが一部の者に対する権利行使を制限する理由とはなり得ない」
旨判示して，原告の差止請求を認容した。この判示は，本件についても参考
となろう。

（沖中　康人）

## Q44　先使用権

**Q**　A社が運営する介護施設の名称「X姫路」について，登録商標Xを有するB社から差止請求がありました。A社はB社の商標登録以前から同名称をある程度使用していたようですが，使用を続けることはできないでしょうか。

**A**　A社が，B社の商標登録出願以前から，「X姫路」との名称を継続的に使用して介護施設を運営した結果，同登録出願時点において，A社が運営する介護施設「X姫路」が，A社の業務である介護施設を表示するものとして，少なくとも一定の地域（例えば関西地方）における利用者の間で広く認識されていた場合には，A社に「不正競争の目的」がない限り，A社は，B社からの差止請求にかかわらず，「X姫路」との名称の使用を継続することができる。

ただし，A社が，「X姫路」の名称を，B社による商標登録出願時点で使用していた範囲よりも広げて利用すること，例えば関東地方で新たに介護施設を開設したり，介護施設以外の事業にも拡大して利用することは許されない。

また，A社による「X姫路」との名称の使用継続が許される場合，B社は，A社に対し，混同防止のため，適当な表示を付すべきことを求めることができる。

### ■　解　説

#### 1　先使用権が定められた趣旨

商標法は，他人の商標登録後も，その排他的禁止権にかかわらず，一定の要件を充たすことを前提に，商標権者以外の者が，従前どおり，自分の未登録周知商標を継続して使用できる権利を定めており（商標32条1項），これを先使用権という。

　このような権利が認められているのは，確かに商標法は登録主義，先願主義を採用しているが，必ずしも商標として登録されていなくても，既に企業努力等によって周知になった商標がある場合に，これを一定の要件の下，保護するためである。

## 2　先使用権の成立要件

　先使用権の成立要件は，商標法32条１項前段に定められており，具体的には以下の(1)から(4)に記載するとおりである。これらの要件を充たせば，未登録であっても周知の商標については先使用権が成立し，商標権侵害で訴えられても，先使用権が成立する範囲において差止めを免れることができる。

　(1)　「他人の商標登録出願前から日本国内において……その商標登録出願に係る指定商品若しくは指定役務又はこれらに類似する商品若しくは役務についてその商標又はこれに類似する商標の使用をしていた」

　先使用権は，登録主義，先願主義の例外を認めるものであるから，登録商標が出願された時点で使用されていなかったものについてまで保護する必要はないため，この要件が設けられている。

　(2)　「不正競争の目的でなく」

　他人の信用を利用して不正に利益を得ようとする目的を有する場合に，これを先使用権として保護するのは不合理であるため，この要件が定められている。不正競争の目的がないことの立証責任は，先使用権を主張する者が負担すると解されているが，商標権者による出願前から通常の一般的な態様の使用を行っていた場合には，特段の事情がない限り，「不正競争の目的」でないものと推定される。

　(3)　「その商標登録出願の際……現にその商標が自己の業務に係る商品又は役務を表示するものとして需要者の間に広く認識されているとき」

　先使用権は，他人の登録出願時において，既に周知である商標を保護するための制度であるため，この要件が設けられている。なお，周知性については，商標の登録障害事由を定める商標法４条１項10号の場合と同一に解する必要はなく，必ずしも日本全国で広く知られていなくても，ある一定の地域

で広く知られていれば，この要件を充たすと解されている。どの範囲で広く知られていればよいかは事案によるが，例えば，一県内の一地方及び隣接する県の一部で周知である程度で，先使用権の成立が認められた事例（福岡地柳川支判昭和36年 9 月15日（判例集未登載））もある。

　⑷　「継続してその商品又は役務についてその商標の使用をする場合」

　先使用権が成立するためには，他人の登録出願前から現在まで継続的に使用していなければならない。もっとも，一時的に使用を中断したり，社会経済上のやむを得ない事由で使用を中断している場合には，この継続性の要件の充足は否定されない。

### 3　先使用権が成立する場合の効果

　先使用権が成立する場合には，登録商標の禁止権の範囲内であっても，商標使用を継続できる。

　もっとも，商標法32条 1 項による先使用権の効力が及ぶ範囲は，登録商標が出願された時点において，先使用権が存在した範囲に限られるので，その後，他の商品や役務に広げて用いたり，新たに別の地域で使用することは許されない。このような場合には，登録された商標権の侵害に当たることになる。

　また，商標権者は，先使用権が成立する場合には，先使用権者に対し，混同防止のために適当な表示を付すべきことを求めることができる（商標32条 2 項）。ただし，混同防止表示の付加を求める権利は絶対的なものではなく，場合によってはこれが否定されることもある。

### 4　裁判例の紹介

　なお，東京地判平成22年 7 月16日判時2104号111頁〔シルバーヴィラ事件〕では，登録商標を「シルバーヴィラ」とする商標権を有し，かつ「シルバーヴィラ向山」との名称の老人ホームを経営する原告が，「シルバーヴィラ摂保川」等の名称で介護保険に係る施設を運営する被告を商標権侵害及び不正競争防止法違反に基づき訴えた事案において，被告の標章が原告商標の

出願前に需要者の間で広く認識されていたとは認められないとして，被告が主張した先使用権の成立が否定された。

　逆に，大阪地判平成16年4月20日（平成15年（ワ）第2226号・平成14年（ワ）第13569号）裁判所ウェブサイト〔Career-Japan事件〕（『百選』19番参照）では，インターネット上のホームページのサイトで提供する求人情報提供の役務に使用していたドメイン名「Career-Japan」について，東京，大阪又は名古屋を中心とする地域において，就職情報に関心をもつ需要者層の間で広く認識されていたとして，先使用権の成立が認められた[1]。

（矢口　俊哉）

---

〈1〉　本問については，小野『注解商標法（上）』793頁以下〔齋藤方秀〕，網野『商標』775頁以下，小野＝三山『新・商標法概説』294頁以下も併せて参照されたい。

## Q45　並行輸入

**Q**　X国のA社は，同国で保有する商標権に係る商標について，同国での使用をB社に許諾しています。日本国内のC社は，B社から当該商標を付した商品を輸入し，日本国内で販売しています。我が国においても，X国で有する商標と実質的に同一の標章について商標権を有するA社は，C社に損害賠償を請求できますか。B社が，A社との契約に反するような低品質の商品を製造して商標を付していたような場合はどうですか。

**A**　日本国内においてA社が有する商標権（以下，同商標権に係る商標を「本件登録商標」という。）の指定商品と同一の商品につき，C社がB社から輸入し，本件登録商標と同一の商標を付して販売した商品については，当該商品がいわゆる真正商品の並行輸入として認められる場合（認められるための要件については解説1の①ないし③参照）は，商標権侵害としての実質的違法性を欠き，A社のC社に対する損害賠償請求は認められない。

　一方，B社が，本件登録商標の保証する品質に満たない（品質において実質的な差異がある）商品を製造していた場合は，真正商品の並行輸入とは認められず，C社の輸入行為は，A社の有する商標権を侵害する。この場合，C社が輸入業者としての義務を尽くした上で輸入したことを立証し，商標権侵害行為についての過失の推定（商標39条において準用する特許103条）を覆さない限り，A社のC社に対する損害賠償請求は認められる。

### ■ 解　説

#### 1　真正商品の並行輸入の要件

　外国において製造・販売された有名ブランド品等を，我が国における当該商品の総代理店等によって国内に輸入するという流通経路を通らずに，外国で販売された商品を現地で購入した上，総代理店を通さずに総代理店以外の

者が別ルートで輸入することを並行輸入といい，当該商品を並行輸入品という。このような並行輸入品が商標権を侵害するか否かが本件の問題である。

　商標権者以外の者が，我が国における商標権の指定商品と同一の商品につき，その登録商標と同一の商標を付したものを輸入する行為は，商標権者の許諾を受けない限り，当該商標権を侵害する（商標2条3項2号，25条）。しかし，そのような商品の輸入であっても，「①当該商標が外国における商標権者又は当該商標権者から使用許諾を受けた者により適法に付されたものであり，②当該外国における商標権者と我が国の商標権者とが同一人であるか又は法律的若しくは経済的に同一人と同視し得るような関係があることにより，当該商標が我が国の登録商標と同一の出所を表示するものであって，③我が国の商標権者が直接的に又は間接的に当該商品の品質管理を行い得る立場にあることから，当該商品と我が国の商標権者が登録商標を付した商品とが当該登録商標の保証する品質において実質的に差異がないと評価される場合には，いわゆる真正商品の並行輸入として，商標権侵害としての実質的違法性を欠くものと解するのが相当である」（最一小判平成15年2月27日民集57巻2号125頁〔フレッドペリー事件〕参照）。上記の要件は，商標法の目的が，「商標を保護することにより，商標の使用をする者の業務上の信用の維持を図り，もって産業の発達に寄与し，あわせて需要者の利益を保護する」（商標1条）ものであるところ，商標の機能である出所表示機能及び品質保証機能を害することがなく，商標を使用する者の業務上の信用及び需要者の利益を損なわない場合は，実質的に違法性がないということができることを根拠とするものである。そして，真正商品の並行輸入として実質的違法性を欠くことは，抗弁に当たると解されるから，被告において主張立証すべきである[1]。

## 2　要件の具体的検討

　上記①の要件は，当該商標が外国における商標権者等により「適法に付された」ことを掲げているが，これは，真正商品の意義を，商標を付す主体の

---

〈1〉　この点を明示したものとして，東京地判平成18年12月26日判時1963号143頁〔バーバリーバッグ事件〕。

観点から述べたものであり，商標の出所表示機能に係る要件である[2]。外国における商標権者が当該商標を付した場合，並行輸入業者は，そのことを立証すれば足りるが，当該商標が商標権者から使用許諾を受けた者により付された場合，使用許諾契約には様々な条件が付された条項が設けられていることが通常であるため，当該条項が設けられた趣旨，目的等を考慮の上，当該条項に違反して標章が付されると商標の出所表示機能が害されるか否かを個別具体的に検討し，適法に当該商標が付されたことを立証しなければならないと解される[3]。〔フレッドペリー事件〕判決では，製造地域制限条項や下請制限条項を含む契約であったにもかかわらず，商標権者の同意なく，契約地域外の工場で下請製造させたものであったため，契約に定められた許諾の範囲を逸脱して製造されて商標が付されたものとして，商標の出所表示機能を害するとされた。

　また，上記②の要件は，国内権利者と国外権利者の実質的同一性を求めたもので，これも商標の出所表示機能に係る要件である[4]。「法律的に同一人と同視し得るような関係がある」とは，外国における商標権者と我が国の商標権者が親子会社の関係にある場合や総販売代理店である場合をいい，「経済的に同一人と同視し得るような関係がある」とは，外国における商標権者と我が国の商標権者が同一の企業グループを構成している等の密接な関係が存在することをいう[5]。

　そして，上記③の要件は，我が国の商標権者が直接的に又は間接的に当該商品の品質管理を行い得る立場にあるか否か，品質に対する商標権者のコントロール可能性を重視するもので，品質保証機能に係る要件である[6]。

〈 2 〉　髙部眞規子「判解」平成15年度（上）103頁参照。
〈 3 〉　どのような許諾契約条項違反があれば①の要件を満たさないと評価すべきかについて，森川さつき「商標商品の並行輸入」牧野ほか『訴訟実務大系Ⅱ』322頁参照。
〈 4 〉　髙部・前掲注 2・103頁参照。
〈 5 〉　東京地判昭和48年 8 月31日無体例集 5 巻 2 号261頁〔マーキュリー事件〕参照。
　　　なお，大阪地判平成16年11月30日判時1902号141頁〔ダンロップ事件〕は，外国権利者と内国権利者が法的に別主体であること，両者が別個独立に発展してきたことを掲げて②の要件を満たさないとした。
〈 6 〉　従来は，商標権侵害の検討に際し，客観的に商品の品質に差異があるか否かが検討

〔フレッドペリー事件〕判決では，商標権者による品質管理が及ばず，登録商標が保証する品質において実質的差異を生ずる可能性があり，商標の品質保証機能が害されるおそれがあるとして③の要件を欠くとしている。

　本問においても，C社が，上記①ないし③の要件を満たすこと，つまり真正商品の並行輸入に当たることを立証すれば，C社の行為は実質的違法性を欠き，A社の請求は認められない。

## 3　並行輸入業者の注意義務

　本問において，B社が契約に反し，低品質の商品を製造し商標を付していた場合には，①及び③の要件を満たさず，C社の行為が真正商品の並行輸入として実質的違法性を欠くということはできず，商標権侵害行為を構成する。

　〔フレッドペリー事件〕判決では，輸入業者の過失の有無について，輸入業者は，輸入申告の際に輸入商品の製造地を明らかにする必要があり（関税法67条，関税法施行令59条1項2号），外国における商標権者自身ではなく，同人から使用許諾を受けた者が我が国における登録商標と同一の商標を付した商品を輸入する場合においては，少なくとも，使用許諾契約上，被許諾者が製造国において当該商品を製造し，当該商標を付することができる権限を有することを確認した上で当該商品を輸入すべきであるから，同義務を尽くした上で商品を輸入したことを立証しない限り，過失の推定（商法39条，特許103条）を覆すことができないとしている。本問においても，C社が調査義務[7]を尽くしたことを立証しない限り，A社の請求は認められる。

（鈴木　千帆）

---

　されてきた（例えば，東京地判昭和59年12月7日無体例集16巻3号760頁〔ラコステ事件〕など）が，③の要件は，品質に対するコントロールが及ばない場合，品質が同一であっても品質保証機能が害されるおそれがあることを考慮したものと思われる。
〈7〉　並行輸入業者が行うべき具体的調査内容について判示したものとして，東京地判平成22年11月10日（平成20年（ワ）第22305号）裁判所ウェブサイト〔チャンピオン事件〕，東京地判平成22年3月16日（平成19年（ワ）第28855号）裁判所ウェブサイト〔ブルガリ事件〕などがある。

## 4　損害額

### Q46　損害──独占的通常使用権者

**Q**　登録商標と同一の指定商品について，登録商標と類似する標章が付された商品がＸ社から発売されています。当該登録商標の商標権者が，その商標権について専用使用権を設定，又は，独占的通常使用権を許諾していた場合，商標権者，専用使用権者，独占的通常使用権者は，Ｘ社に対し，どのように損害賠償請求できますか。

**A**　①商標権者が専用使用権を設定している場合，専用使用権者は，設定行為で定めた範囲内で，指定商品について登録商標の使用をする権利を専有するから（商標30条2項），損害賠償請求することができる。この場合，商標権者も専用使用権者と共に損害賠償請求することができるか否か，仮に共に損害賠償請求することができるとしても，損害額をどのように按分するかについては見解が分かれる。

②商標権者が独占的通常使用権を許諾している場合，現実に独占的通常使用権者が登録商標の使用権を専有しているという事実状態が存在することを前提に損害賠償請求することができると解される場合がある。また，この場合，商標権者自身が損害賠償請求することができるか否かについては，専用使用権を設定している場合と同様，見解が分かれる。

### ■　解　説

#### 1　専用使用権が設定されている場合

(1)　商標権侵害による損害賠償請求は，民法709条の不法行為に基づく損害賠償請求として行われるが，損害額については，商標権者又は専用使用権者（以下「商標権者等」という。）が被った逸失利益の立証負担を軽減するため，商標法38条各項の規定が設けられている。

　商標権者が専用使用権を設定している場合，専用使用権者は，設定行為で定めた範囲内において，指定商品又は指定役務について登録商標の使用をする権利を専有するから（商標30条2項），商標法38条1項又は2項による損害額を請求することができる。また，専用使用権者は，商標権者の承諾を得て，当該商標権について通常使用権を許諾することもできるから（商標30条4項，特許77条4項），使用料相当額を商標法38条3項による損害額として請求することもできる。

(2)ア　専用使用権が設定されている場合，商標権者自身が損害賠償請求をすることができるかについては，専用使用権者が登録商標を使用する権利を専有する範囲において，商標権者は登録商標を使用する権利を失う（商標25条ただし書）から，商標権者が，商標法38条1項又は2項によって損害賠償を請求することは，専用権が排除されている限りにおいて，同項を適用する前提を欠き，同項による損害賠償請求は認められないと解するか，または，同条1項又は2項による損害賠償について権利者自らの使用を要しないとの立場に立てば，専用使用権を設定した商標権者であっても同条項による損害賠償請求をすることができるとも解される[1]。

　仮に，商標権者が専用使用権者と共に損害賠償請求をすることができると解した場合でも，両権利者の損害額をどのように按分すべきかについて更に問題となる。商標法38条1項による場合は，侵害者の譲渡数量を各権利者の譲渡数量の比で乗じた数量を権利者ごとの譲渡数量とし，各権利者の単位数量当たりの利益額を乗じて算定し，商標法38条2項による場合は，各権利者の利益額の比により按分して算定する方法などが考えられよう。

イ　商標法38条3項については，専用使用権を設定した商標権者は，専

---

〈1〉　商標権者が，自らの使用権を留保して専用使用権を設定した場合には，たとえ商標法38条1項又は2項による損害額については請求することができないとしても，商標権侵害により生じた逸失利益を具体的に証明すればその賠償を受けることができると解する説もある。田村『商標法概説』357頁参照。

　　用使用権の設定により，設定行為の範囲内で重畳的に使用許諾を与え
　　る権限を有しないから，同項による損害賠償請求をすることはできな
　　いと解するか，専用使用権者が同条項の適用を主張しない場合には商
　　標権者が損害賠償を請求することができるとする限定肯定説も考えら
　　れよう[2]。

　ウ　また，専用使用権の設定契約等において，商標権者が専用使用権者
　　の売上高に応じた使用料を取得する定めとなっている場合には，商標
　　権者は，侵害行為による約定使用料の減収分について，民法709条に
　　より逸失利益について損害賠償請求をすることはできると解されよう。
　　この場合，専用使用権者については，逸失利益の賠償額から商標権者
　　に支払うべき約定使用料分が控除されるものと解され，商標法38条1
　　項又は2項の推定額も，約定使用料の額の限度で，一部推定が覆滅さ
　　れ，同条3項の賠償額もその限度で減額されるものと解すべきであろ
　　う[3]。

## 2　独占的通常使用権の許諾がある場合

(1)　商標権者は，その商標権について通常使用権を許諾することができ
　（商標31条1項），通常使用権者は，設定行為で定めた範囲内において，指
　定商品又は指定役務について登録商標の使用をする権利を有する（同条
　2項）。独占的通常使用権者とは，商標権者との間で，上記に加え，他
　者に当該登録商標の使用を許諾しない旨の合意を得ている者である。独
　占的通常使用権者は，本来，商標権者に対し，当該合意（契約）に基づ
　き，債権的請求権を有するにすぎないため，理論的には独占的通常使用
　権者が，侵害者に対し，独自の損害賠償請求権を行使することはできな
　い。ただし，商標権者は，登録商標の専用権を有しているので（商標25
　条，36条），独占的通常使用権者との契約上，独占的通常使用権者に対し，

〈2〉　特許権につき，専用実施権が設定された場合の例であるが，知野明「複数当事者(1)
　　—権利者の複数」牧野ほか『訴訟実務大系II』59頁参照。

〈3〉　田村『商標法概説』357頁

市場において，当該登録商標を唯一使用し得る地位を第三者との関係でも確保すべき義務を負っていることになるから，独占的通常使用権者は，このことを通じて，当該登録商標を独占的に使用し，これを使用した商品を市場で販売することによる利益を独占的に享受し得る地位にあるものと解される。そうだとすれば，独占的通常使用権者が上記契約上の地位に基づき，登録商標の使用権を専有しているという事実状態が存在することを前提として，当該事実状態に基づいて享受する利益についても，一定の法的保護を与えるのが相当であり，無権限の第三者が当該登録商品を使用した競合商品を市場において販売しているときには，独占的通常使用権者は，固有の権利として，自ら第三者に対して損害賠償請求し得るものと解するのが相当であろう（東京地判平成15年6月27日判時1840号92頁〔花粉のど飴事件〕参照）[4][5]。

　この場合，独占的通常使用権者の損害について，商標法38条各項の規定を（類推）適用できるか否かについては見解が分かれる。前掲〔花粉のど飴事件〕においては，要旨，商標法38条各項は，商標権者等が登録商標の使用権を物権的権利として専有し，何人に対してもこれに基づく権利を自ら行使することができることを前提として，商標権者等の権利行使を容易ならしめるために設けられた規定であるから，独占的通常使用権者の損害について，同条各項を類推適用することはできず，独占的通常使用権者は，第三者の侵害行為と相当因果関係にある範囲の損害に

---

〈4〉　小野『注解商標法（上）』780頁。田村『商標法概説』356頁等参照。小野昌延『商標法概説〔第2版〕』（有斐閣，1999年）246頁によれば，「独占的通常使用権の侵害について損害賠償請求は，ほぼ認められている」とあるが，その理論的根拠は明らかではない。

〈5〉　商標権者が他社にも使用許諾契約を締結していたことを理由として独占的通常使用権者に当たらないとして請求を認めなかったものとして，大阪地判平成19年12月13日（平成18年（ワ）第8622号）裁判所ウェブサイト〔マイクロクロス事件Ⅰ〕。通常使用権者については，使用権を設定されている商標権侵害が認められたとしても，通常使用権者は商標権者に対して商標権に基づく権利行使をしないことを請求し得るにすぎないとして，第三者による商標権侵害行為について不法行為を構成しないとしたものとして大阪地判平成19年12月13日（判例集未登載）〔マイクロクロス事件Ⅱ〕。

つき，その賠償を請求することができるにとどまると判示している。これに対し，東京地判平成23年10月28日（平成22年（ワ）第1232号）裁判所ウェブサイト〔ひかり司法書士法人事件〕では，同条項を適用する前提として，第三者の侵害行為により独占的通常使用権者に損害が発生したことが認められる必要があり，損害が発生したというためには，独占的使用権者が，当該商標を現に自己の業務において使用し，かつ，当該業務と第三者の使用に係る業務との間に市場における競合関係があり，第三者が当該商標を使用することによって，独占的使用権者の業務における現実又は潜在的な顧客を失う結果が生じ得る状況にあることが必要とした上で，当該事案において商標法38条2項を類推適用している。

(2)ア　独占的通常使用権を許諾している場合，商標権者自身が損害賠償請求をすることができるかについては，専用使用権を設定した場合と同様，商標法38条1項又は2項による損害額の請求をすることはできないと解する[6]か，第三者との関係においては，自己の使用は制約されず，専用使用権を設定した場合のように商標権者は登録商標を使用する権利を失うというわけではない（商標25条ただし書参照）と考えれば，商標権者は，商標法38条1項又は2項による損害額を請求することができるとも考えられよう。

イ　商標法38条3項による場合も，商標権者が更に第三者に使用許諾をすることはできないと考えれば，同項による損害賠償請求は否定され，更なる使用許諾も可能とすれば同項による損害賠償も可能といえる（ただし，後者の場合，他者にも許諾されている事実があれば，独占的通常使用権者固有の請求をする前提を欠くことになろう。）。

ウ　独占的通常使用権の許諾契約等において，商標権者が独占的通常使用権者の売上高に応じた使用料を取得する定めとなっている場合には，商標権者は，侵害行為による約定使用料の減収分について，専用使用

---

〈6〉　田村『商標法概説』356頁では，特に根拠は示されていないが，専用使用権が設定されたのと同様に扱ってよいだろうとする。

権を設定した場合と同様，民法709条により逸失利益について損害賠償請求をすることができるものと解される。この場合，独占的使用権者については，逸失利益の賠償額から商標権者に支払うべき約定使用料分が控除され，商標法38条1項又は2項による推定についても，約定使用料の額の限度で一部推定が覆滅され，同条3項による損害賠償の額もその限度で減額されるものと解されるだろう[7]。

　　　　　　　　　　　　　　　　　　　　　　　（鈴木　千帆）

---

〈7〉　登録商標①及び②の二つの商標権を有する商標権者X1が，X2対し，登録商標①につき専用使用権を設定し，登録商標②につき独占的通常使用権（再使用許諾権限付き）を許諾した事例で，X2が，X3に対し，登録商標①につき独占的使用権を許諾し，登録商標②につき独占的使用権を再許諾していたところ，第三者が行った商標権侵害行為について，X3がX2に対し，独占的使用権の侵害による損害賠償請求権を譲渡し，X2は，譲受債権に基づき第三者を訴えたほか，登録商標①の専用使用権者として損害を被ったことを主張し，また，X1は登録商標②の商標権者として損害を被ったことを主張し，それぞれ損害賠償請求を行った裁判例がある（大阪地判平成20年3月11日判時2025号145頁〔DAKS事件〕）。判決では，X3が有していた損害賠償請求権については，商標法38条2項を類推適用し，その際商標権者らに対して支払うべき使用料（売上高の10パーセントを使用料率として算定）等を粗利益の額から控除した額を認容し，登録商標①については専用使用権者であるX2につき，登録商標②については商標権者につき，それぞれ商標法38条3項又はその類推適用により，使用料相当額を損害額として各請求を認容した。その際，使用料率の算定については，商標権者と専用使用権者との間で，それぞれ売上高の5パーセントを使用料率として算定している（特に根拠を示していないが，X3で控除した10パーセントを按分したものとも解される）。控訴審の大阪高判平成20年12月24日（平成20年（ネ）第971号）裁判所ウェブサイト〔DAKS事件〕においては，特に計算の根拠等には触れず，被告の控訴を棄却した。本問の三者の関係を考える際の裁判例として参考になろう。

## Q47　損害の算定──商標的使用

**Q**　A社は，インクカートリッジについての登録商標「X」を有しています。B社は，Xが表示されたA社の使用済みカートリッジにインクを補充し販売していますが，このような行為は商標権の侵害に当たるでしょうか。侵害となる場合，損害額はどのように算定したらよいでしょうか。

**A**　使用済みインクカートリッジにA社の登録商標「X」を表示したまま，A社に無断で譲渡し又は引き渡す行為は，商標権の侵害となる。A社が自ら登録商標「X」を付したインクカートリッジを販売している場合には，A社の真正商品1個当たりの利益に譲渡数量を乗じた金額（商標38条1項），又はB社製品1個当たりの利益に譲渡数量を乗じた金額（商標38条2項）を損害額と推定できる。

### ■　解　説

#### 1　商標権侵害行為

B社が，登録商標「X」が付されたインクカートリッジを顧客に販売する行為は，指定商品に登録商標を付したものを譲渡したもの（商標2条3項3号）として，原則として商標権侵害を構成する。

B社が，インクカートリッジ自体を販売するのではなく，インクの販売に当たり，顧客の持参した使用済みインクカートリッジにB社のインクを補充して顧客に返却するという業態を採っていたとしても，インクカートリッジという指定商品に登録商標を付したものを引き渡している（商標2条3項3号）ことになるから，やはり原則として商標権侵害を構成する。

#### 2　商標的使用

平成26年法律第36号による改正（平成27年4月1日施行）前は，いわゆる

「商標的使用」の立証責任がどちらにあるか争いがあったが，同改正により，いわゆる「商標的使用」でない旨の主張（出所識別機能を果たす態様での使用でない旨の主張）は，商標法26条1項6号の「前各号に掲げるもののほか，需要者が何人かの業務に係る商品又は役務であることを認識することができる態様により使用されていない商標」であるとの抗弁として位置づけられることとなった。

　B社は，この非商標的使用の抗弁を主張することが考えられるが，A社の登録商標「X」が付された使用済みインクカートリッジにB社のインクを補充して販売する行為は，当該インクカートリッジがその中身のインクを含めてA社を出所とするものであるかのような印象を与え，A社の登録商標「X」の出所識別機能を害するものというべきであるから，非商標的使用の抗弁は成立しないであろう（最三小決昭和46年7月20日刑集25巻5号739頁〔ハイ・ミー事件〕，大阪地判平成6年2月24日判時1522号139頁〔マグアンプK事件〕，東京高判平成16年8月31日判時1883号87頁〔リソグラフ事件〕）。

## 3　消　尽

　商標権が消尽するかどうかは争いがあるが，消尽を認める立場に立ったとしても，A社がいったん適法に譲渡したインクカートリッジにB社のインクを補充して販売する行為は，真正商品と同一性を欠く商品を新たに製造して出所識別機能を害したものというべきであるから，A社による真正商品の譲渡による消尽の効力は及ばず，商標権侵害を構成する（東京地判平成4年5月27日知的裁集24巻2号412頁〔改造ファミリーコンピュータ事件〕，東京高判平成12年4月25日（平成11年（ネ）第836号）裁判所ウェブサイト〔キャラウェイ事件〕，東京地判平成14年2月14日判時1817号143頁〔アステカ事件〕，東京地判平成17年12月20日判時1932号135頁〔アフターダイヤ事件〕，名古屋高判平成25年1月29日（平成24年（う）第125号）裁判所ウェブサイト〔改造Wii事件〕）。

## 4　損　害

　(1)　B社の業態がインクカートリッジの販売であり，A社も，自ら登録商

標「X」を付したインクカートリッジを販売している場合には，A社の真正商品1個当たりの利益にB社の譲渡数量を乗じた金額（商標38条1項），又はB社商品1個当たりの利益に譲渡数量を乗じた金額（商標38条2項）が損害額と推定される。

(2)　B社の業態が顧客の持参したインクカートリッジにインクを補充して返却する形態であり，A社も同様のサービスを行っている場合，やはり，A社がインク補充サービスで得べかりし利益にB社の補充回数を乗じた金額（商標38条1項），又はB社がインク補充サービスで得た利益（商標38条2項）が損害額と推定される。

(3)　A社の業態がインクカートリッジの販売であるが，B社の業態がインク補充である場合，A社のインクカートリッジ1個当たりの利益にB社の補充回数を乗じた金額（商標38条1項）を損害と推定する基礎はないと考えられるが，両者の業態はインクの販売という観点において共通するから，B社がインク補充サービスで得た利益を損害額と推定する（商標38条2項）ことは可能と考えられる（前掲〔リソグラフ事件〕）。

(4)　いずれの場合であっても，A社は商標権の使用料相当額（商標38条3項）を損害として請求することも可能である。

（西村　康夫）

## Q48 並行輸入・損害の算定

**Q** 海外のＡ社の標章Ｘについて，日本ではＢ社が登録商標を有し
ていますが，そうと知らずにＣ社がＡ社からＸを付した商品を輸
入し，販売していました。Ｂ社は，Ｘを付した同種商品を販売していま
せんが，Ｃ社に対して損害賠償を請求しようとする場合，損害額の算定
はどのようになるでしょうか。

**A** Ｂ社に「侵害者による商標権侵害行為がなかったならば利益が得
られたであろうという事情」があれば，Ｃ社の得た利益を損害とし
て推定することができる。

そうでなくても，登録商標Ｘの顧客吸引力が全くないとまではいえない
場合には，Ｂ社は，商標権の使用料相当額（商標38条３項）として，Ｃ社の
売上に使用料率を乗じた額を損害として請求できる。

## ▌ 解 説

### 1 真正商品の並行輸入

商標権者以外の者が，指定商品に登録商標を付したものを輸入する行為は，
本来，商標権侵害を構成する（商標２条３項２号，25条）。

そのような商品の輸入であっても，①当該商標が外国における商標権者又
は当該商標権者から使用許諾を受けた者により適法に付されたものであり，
②当該外国商標権者と我が国の商標権者とが同一人であるか又は法律的若し
くは経済的に同一人と同視し得るような関係があることにより，当該商標が
我が国の登録商標と同一の出所を表示するものであって，③我が国の商標権
者が直接的に又は間接的に当該商品の品質管理を行い得る立場にあることか
ら，当該商品と我が国の商標権者が登録商標を付した商品とが当該登録商標
の保証する品質において実質的に差異がないと評価される場合には，いわゆ
る真正商品の並行輸入として実質的違法性を欠く（最一小判平成15年２月27日民

集57巻2号125頁〔フレッドペリー事件〕)。

　本問において，①A社が製造地においてXの商標登録を有しており，②A社とB社の間に法律的若しくは経済的に同一人と同視し得るような関係があり，③B社が直接的に又は間接的に当該商品の品質管理を行い得る立場にある場合には，C社の行為は真正商品の並行輸入として商標権侵害は成立しない。

　そのような関係がなければ，日本における商標権者B社の許諾なくしてB社の登録商標Xの付された商品を輸入する行為は，商標権侵害に当たる（商標2条3項2号)。

## 2　登録商標の長期不行使と商標権の権利行使

　商標権は，必ずしも商標権者自ら使用する必要はなく，通常使用権者に使用させていても不使用取消しは免れるから（商標50条1項)，商標権者が自ら登録商標を使用していないとしても，それ自体に問題はない。

　なお，通常使用権者を含めても登録商標を3年以上使用していなかったとしても，不使用取消請求の予告登録前までに使用すれば商標権の効力は存続するし（なお，商標50条3項)，取り消されるとしても予告登録時までは有効であるから（商標54条2項)，登録商標が長期間不使用であるからといって，当然に侵害が否定されたり，商標権の行使が権利濫用となったりすることはないと考えられる。

## 3　商標法38条1項

　商標法38条1項は，侵害品の譲渡数量に，商標権者の商品1個当たりの利益を乗じた金額を損害と推定している。

　同項によって損害を算定するには，商標権者が当該商標を使用していることが前提となると考えられ，商標権者が登録商標を使用していない場合には，商標法38条1項に基づいて損害を算定することはできないと解される（東京高判平成14年9月26日（平成13年（ネ）第6316号・平成14年（ネ）第1980号）裁判所ウェブサイト〔メープルシロップ事件〕)。

## 4　商標法38条 2 項

商標法38条 2 項は，侵害者の得た利益の額を損害と推定している。

同項によって損害を算定するには，「侵害者による商標権侵害行為がなかったならば利益が得られたであろうという事情」が存在することが必要と解される（特許権侵害につき，知財高判平成25年 2 月 1 日判時2179号36頁〔紙おむつ処理容器事件〕参照）。

商標権者が自ら登録商標を使用して同種商品を販売している場合には，そのような事情が認められるが，それ以外の場合に，どのような場合に上記の事情が認められるかは，いまだ解釈が固まっているとはいえない。

B社が，自ら日本国内で同種商品を販売していないとしても，販売店を通じて日本国内で同種商品を販売しており，侵害行為により当該商品の売上が減少しているような場合には，上記事情が認められる可能性がある（前掲〔紙おむつ処理容器事件〕）。

上記事情が認められない場合には，B社は，商標法38条 2 項に基づいてC社の得た利益を損害と推定することはできない（前掲〔メープルシロップ事件〕）。

## 5　商標法38条 3 項

商標法38条 3 項は，商標権の使用料相当額を損害と推定している。

しかし，当該登録商標に顧客吸引力が全く認められず，登録商標を使用することが侵害者の商品の売上げに全く寄与していないことが明らかなときは得べかりし利益としての使用料相当額の損害も生じないというべきであり，侵害者は，損害の発生があり得ないことを抗弁として主張立証して，損害賠償の責めを免れることができる（最三小判平成 9 年 3 月11日民集51巻 3 号1055頁〔小僧寿し事件Ⅰ〕）。

C社がそのような事情を主張立証できれば，C社は損害賠償の責めを免れるが，登録商標の顧客吸引力が全くないとまでは認められなかった場合，B社は，商標権の使用料相当額（商標38条 3 項）として，C社の売上に相当な使用料率を乗じた額を損害として請求できる。

（西村　康夫）

# 第6章　審　判

## 1　無　効

### Q49　自己使用

**Q**　Aは，自らの造語Xによる店名の飲食店の開店をしましたが，その開店の数日後に，Bが同名Xの商標登録を出願し，その登録をしてしまいました。Bは，Xを使用していないようですが，Aは，Bの商標登録の無効審判を請求することができますか。

**A**　Bが，Xを現に自己の業務に係る商品又は役務に使用しておらず，将来自己の業務に係る商品又は役務に使用する意思も認められない場合には，商標法3条1項柱書きに違反して登録されたものであることを理由に，商標登録の無効審判を請求することができる。

## ■　解　説

### 1　商標法3条

　商標法3条1項柱書きは，「自己の業務に係る商品又は役務について使用する商標については，次（筆者注：同項各号）に掲げる商標を除き，商標登録を受けることができる。」として，自己の業務に係る商品又は役務について使用する商標であること，同項各号に規定する商標に当たらないことを商標登録の要件と定めている。後者は，登録を求める商標が，自己と他者の商品又は役務を識別するに足りるものであることを要求するものである。

　商標登録が同条に違反してされた場合，利害関係人は商標登録の無効審判

を請求することができる（商標46条1項1号，2項）。

## 2　自己の業務に係る商品又は役務について使用する商標

(1)　「使用」について

「自己の業務に係る商品又は役務について使用する商標」とは，現に自己の業務にかかる商品又は役務に使用している商標であるか，又は将来自己の業務にかかる商品又は役務に使用する意思のある商標のことを意味する。この点，旧法（昭和34年法律第127号による改正前のもの）においては「専用セムトスル」と規定されており，これと比較すると，現行法の文言からは，商標登録できるものは現在使用している商標に限定されるかのように読めるが，出願から登録までに時間がかかることや，業務の開始には準備期間が必要であることなどから，将来使用しようとする場合も含まれると解されている[1]。

使用意思については，単にその意思が表明されているというだけでは不十分であり，将来に使用する蓋然性のあることが必要であるとする見解もあるが，一方で，特許庁の審査基準は，商標法3条について，自己の業務に係る商品又は役務について使用しないことが明らかであるときは，原則として，同条1項柱書きにより登録を受けることができる商標に該当しないとしている（ただし，小売等役務制度の導入に関する平成18年改正に関して，同項柱書きの運用の在り方を修正している。）。

(2)　「自己の業務」について

「自己の業務」であるから，他人に使用させるために登録を受けることはできない[2]。ただし，団体商標及び地域団体商標については，「自己の」とあるのを「自己又はその構成員の」とする旨の特別の定めがある（商標7条2項，7条の2第3項）。

---

〈1〉　小野＝三山『新・商標法概説』105頁
〈2〉　小野＝三山『新・商標法概説』108頁

## 3　裁判例

「自己の業務に係る商品又は役務について使用する商標」に該当するか否かが争点となった裁判例として，知財高判平成24年5月31日判時2170号107頁〔アールシータバーン事件〕がある。

この事件は，「RC TAVERN ／アールシータバーン」（上下2段）（以下「原告商標」という。）との名称の店舗を経営する原告が，被告が有する「アールシータバーン」との登録商標（以下「本件商標」という。）について，商標法3条1項柱書き，同法4条1項7号（公序良俗に反するおそれのある商標），同項10号（周知商標），同項19号（著名商標）違反を理由に無効審判を請求したところ，特許庁が不成立審決をしたことから，当該審決の取消しを求めた訴訟である。

知財高裁は，①原告による店舗開店前から宣伝，広告を行っていたこと，②原告店舗の開店時期，③被告が本件商標をその指定役務やその他業務に使用したことがないこと，④原告商標と本件商標が類似すること，⑤原告商標が造語で，特徴的なものであり，原告の宣伝，広告及び店舗の開店時期と被告の本件商標の出願時期が近接していることから，被告が原告商標を認識した上で，本件商標を出願したものといえること，⑥被告が，約1年半の期間に，本件商標のほかに44件の商標登録出願をし，その登録を受けているが，これらの商標を指定役務やその他の業務に使用したことがうかがわれず，指定役務も一貫性がなく広範囲に及び，うち30件の商標については，被告とは無関係に類似の商標や商号を使用している店舗ないし会社が存在する上，このうち10件については，被告の商標登録出願が類似する他者の商標ないし商号の使用に後れるものであることを認定し，これらの事情を総合考慮すると，被告は，他者の使用する商標ないし商号を，多岐にわたる指定役務について商標登録出願し，登録された商標を収集しているにすぎないとして，本件商標は，被告が現に自己の業務に係る商品又は役務に使用している商標に当たらず，被告に将来自己の業務に係る商品又は役務に使用する意思があったとは認められないと判断した。

なお，知財高裁は，本件商標登録が商標法3条1項柱書きに違反することを理由に不成立審決を取り消したが，上記事実関係に照らすと，本件商標は

原告商標を剽窃するという不正な目的をもって登録出願されたものとして商標法4条1項7号に該当する余地もあることを付言している。

### 4　本問の検討

　本問において，商標法3条1項柱書き違反を理由に無効審判を請求する場合，Bは現在Xを使用していないので，Bに将来自己の業務に係る商品又は役務にXを使用する意思があるか否かが問題となる。本問では，XがAによる造語であること，AがXという店名の飲食店を開店した数日後に，BがXの商標登録出願をしていることは，Bについて，Aが開店した飲食店の店名Xを認識した上で，Xの商標登録出願をしたことをうかがわせる事実といえる。もっとも，Bが，AによるXの使用を認識した上で，Xの商標登録出願をしたという事実だけでは，Bの使用意思を否定することは困難であるといえるから，Aが商標登録の無効をいうためには，BにXを使用する意思がないことをうかがわせる他の事情が必要となる。前記裁判例を参考にすれば，Bについて，Xとは別の商標についても同様の事情が認められれば，使用の意思が否定されることとなろうが，そのような事情がない場合には，使用の意思がないことの立証は難しいことが予想される。

（本井　修平）

## Q50　除斥期間

**Q**　A社は，6年前から化粧品に「X」の名称を付して販売し，Xの商標登録もしています。このたび，B社が類似する商標を使用して化粧品を販売しているとして，損害賠償を提起してきました。B社は，登録商標Xに対して無効審判を請求するとともに，侵害訴訟で無効を主張することはできるでしょうか。

**A**　Xの商標登録から5年を経過していない場合，Bは，商標法46条1項各号のいずれかに該当することを理由として，無効審判請求をすることができる。Xの商標登録から5年を経過している場合には，商標法47条1項に掲げられた条項の違反を理由とする無効審判請求をすることはできない。

　また，侵害訴訟における無効の主張については，商標法39条の準用する特許法104条の3に基づく抗弁，又は，権利濫用の抗弁として無効を主張することが考えられる。

## ▌解　説

### 1　除斥期間

　商標法47条1項は，「商標登録が第3条，第4条第1項第8号若しくは第11号から第14号まで若しくは第8条第1項，第2項若しくは第5項の規定に違反してされたとき，商標登録が第4条第1項第10号若しくは第17号の規定に違反してされたとき（不正競争の目的で商標登録を受けた場合を除く。），商標登録が同項第15号の規定に違反してされたとき（不正の目的で商標登録を受けた場合を除く。）又は商標登録が第46条第1項第4号に該当するときは，その商標登録についての同項の審判は，商標権の設定の登録の日から5年を経過した後は，請求することができない。」と規定している。この5年の期間は除斥期間と呼ばれており，商標法46条に規定された無効審判理由の

うち，一定の理由については，商標登録がされたことにより生じた既存の継続的な状態を保護するため，商標登録の有効性を争い得ないとするものである[1][2]。

## 2 無効の抗弁と除斥期間

### (1) 商標登録無効の抗弁

商標法39条は，特許法104条の3第1項を準用しており，商標権の侵害に係る訴訟において，当該商標の登録が無効審判により無効にされるべきものと認められるときは，商標権者はその権利を行使することができない。

### (2) 除斥期間経過後の無効の抗弁主張の可否

除斥期間の経過により無効審判請求ができない場合に，商標権の侵害に係る訴訟において，無効の抗弁を主張することができるか否かについては，特許法104条の3第1項が「無効審判により無効にされるべき」と規定していることから，議論がある[3][4]。

#### ア 否定説

「無効審判により無効にされるべき」との文言を根拠に，上記除斥期間を設けた趣旨は，侵害訴訟における無効の抗弁についても当てはまるものであるとして，除斥期間経過後は無効の抗弁を主張し得ないとする見解である。

#### イ 肯定説

商標法47条は無効審判を請求することができないと定めていること，無効審判手続と侵害訴訟手続は別ルートであり，その判断結果が異なる事態もあり得ることから，除斥期間経過後であっても，侵害訴訟において無効の抗弁を主張することができるとする見解である。

---

[1] 最二小判平成17年7月11日裁判集民217号317頁〔RUDOLPH VALENTINO事件〕参照
[2] 小野＝三山『新・商標法概説』498頁
[3] 髙部『商標関係訴訟』71頁
[4] 『百選』66頁（32番）〔森義之〕

## 3　権利濫用の抗弁と除斥期間

### (1)　権利濫用の抗弁

　最三小判平成12年4月11日民集54巻4号1368頁〔キルビー事件〕は，特許権の侵害に係る訴訟において，当該特許権について無効理由が存在することが明らかな場合に権利濫用の抗弁が認められることを判示したものであるが，この判例の理論は，商標権についても同様に当てはまると解されている。したがって，商標登録に無効理由が存在することが明らかな場合には，当該商標権に基づく差止め，損害賠償等の請求は，特段の事情がない限り，権利の濫用に当たり許されない。

### (2)　除斥期間経過後の権利濫用の抗弁

　除斥期間の経過により無効審判請求ができない場合に，商標権の侵害に係る訴訟において，商標登録の無効を理由とする権利濫用の抗弁を主張することができるか否かについても，無効の抗弁と同様の議論がある[5]。

### (3)　裁判例

　東京地判平成17年10月11日判時1923号92頁〔ジェロヴィタール化粧品事件〕は，本来登録されるべきではないものであったにもかかわらず，過誤により登録された場合には，仮に無効審判請求により無効とされることがなくても，そのような無効理由が存在することが明らかな商標権に基づく請求は，衡平に反し，権利濫用として許されないとして，不正競争の目的で商標登録を受けたか否かにかかわらず，商標法4条1項10号の無効理由の存否について判断している。また，東京地判平成24年2月28日（平成22年（ワ）第11604号）裁判所ウェブサイト〔グレイブガーデン事件〕も，商標権者の特定の相手方に対する具体的な商標権の行使が権利濫用に当たるか否かの判断は，無効審判請求の可否の問題とは異なる場面の問題であり，権利濫用は当事者間において具体的に認められる諸般の事情を考慮して，当該権利行使を認めることが正義に反するか否かの観点から総合的に判断されるべきものであるから，考慮される事情について特段の制限が加えられるべきではないとして，

---

〈5〉　『百選』66頁（32番）〔森義之〕

権利濫用の成否につき，商標登録に無効理由が存在することを事情として考慮し得ると判断している。

## 4 本問についての検討

本問において，Ｂ社がいかなる無効理由を主張するかは定かではないが，Ｘの登録から5年間が経過している場合には，商標法47条の規定により，一定の無効理由による無効審判請求はできないこととなる。一方で，除斥期間経過後の侵害訴訟における無効主張については，いまだ議論のあるところではあるが，商標法39条が準用する特許法104条の3に基づく無効の抗弁，又は権利濫用の抗弁を主張することができる可能性がある。

（本井　修平）

## Q51　審決取消訴訟の原告適格

**Q**　AとBは，ある商標権を共有していますが，現在はBは当該商標を事業としては使用していません。今般，当該商標の無効審決がされましたが，Aのみが無効審決の取消訴訟を提起することができますか。

**A**　判例（最二小判平成14年2月22日民集56巻2号348頁〔ETNIES事件〕<sup>(1)</sup>）によれば，商標権の共有者の一人は単独で無効審決の取消訴訟を提起することができるとされている。Aは，同訴訟を提起することができる。

## ■　解　説

### 1　問題の所在

　共有に係る商標権に関する審判手続において，共有者が被請求人になる場合については，商標法56条は特許法132条2項を準用し，共有者の全員を被請求人として請求しなければならないと定めている。したがって，商標法46条に基づく無効審判の被請求人には共有者全員がなっている。本問は，被請求人の一人である共有者Aのみが，無効審決の取消訴訟を提起できるかという問題である。

### 2　固有必要的共同訴訟説と保存行為説

　〔ETNIES事件〕最判が出される以前においては，共有者全員が審決取消訴訟を提起しなければならないとする固有必要的共同訴訟説と，共有者の一人が単独で無効審決の取消訴訟を提起できるとする保存行為説の立場が対立していた。その前提として，本問における無効審判請求に対する審決取消訴訟のような当事者系訴訟と，拒絶査定不服審判に対する審決取消訴訟のよう

〈1〉　「判解」平成14年度（上）204頁〔髙部眞規子〕

な査定系訴訟において，若干異なる状況が生じていた。

　すなわち，特許（実用新案）を受ける権利が共有に係るときの査定系訴訟については固有必要的共同訴訟であるとする最高裁判例[2]が存し，その後も判例は共有者の一人による訴訟提起は不適法であるとの立場を採っていたところである[3]。

　一方，当事者系訴訟の審決取消訴訟について，最高裁の判例は存しなかったところ，下級審の裁判例[4]は，査定系訴訟と同様にこれを固有必要的共同訴訟と解して共有者の一人による訴え提起は不適法としており，〔ETNIES事件〕最判の原審も同様の立場を採っていた。

　固有必要的共同訴訟説は，商標権の対象は1個の標章であり，これが二人以上の共有に属する場合でも，権利の有効性は共有者全員につき合一に確定されるべきである，権利が共有に係る場合でもその共有は民法所定の共有とは異なり，権利は不可分的に共有者全員に帰属するから，共有者の一人が単独で審決取消訴訟を提起することは許されない，などとする。

　これに対し保存行為説は，これによる裁判例は見られないものの，学説上は多数説であり，商標権の共有は民法上の合有に似た制約を受けるが，性質は民法上の共有に属し，権利に対する違法な侵害行為に対する妨害排除と同様に，権利保存のための審決取消訴訟を提起することができるとし，これに

---

〈2〉　最一小判昭和36年8月31日民集15巻7号2040頁〔中島事件〕

〈3〉　最二小判昭和55年1月18日裁判集民129号43頁〔シールド工法用セグメント事件〕，最三小判平成7年3月7日民集49巻3号944頁〔磁気治療器事件〕。なお，特許ないし実用新案登録を受ける権利に関する審決取消訴訟（査定系訴訟）については，保存行為説を採る下級審裁判例は過去に2件存した。1件は東京高判昭和50年4月24日無体例集7巻1号97頁〔バルキー状メリヤス地事件〕（実用新案）であるが，〔シールド工法用セグメント事件〕が，実用新案登録を受ける権利につき「共有に係る権利についての民法252条但書にいう保存行為にあたるものであると解することができない」と明確に判示したこともあり，これにより判例の立場は確定しているとの評価もされていた（〔磁気治療器事件〕の「判解」平成7年度（上）350頁〔高林龍〕）。その後，もう1件の下級審裁判例である，東京高判平成6年1月27日判時1502号137頁（〔磁気治療器事件〕の原審）が出されたが，同最判により取り消されるに至ったものである。

〈4〉　東京高判昭和33年6月17日行裁例集9巻6号1182頁〔岡田台紙店事件〕（意匠），東京高判昭和43年2月27日判タ221号148頁〔缶蓋の気圧密閉装置事件〕（特許）。

より他の共有者に対し不当な結果をもたらすこともないことなどから，共有者の一人による訴え提起は保存行為として適法であると解するものである。

### 3　〔ETNIES事件〕最判の判示

　こうした状況の下で，〔ETNIES事件〕最判は，以下のとおり判示して，商標登録無効審判の審決取消訴訟の提起につき，保存行為説を採ることを明らかにした。同最判は，まず「商標登録出願により生じた権利が共有に係る場合において，同権利について審判を請求するときは，共有者の全員が共同してしなければならないとされているが（商標法56条1項の準用する特許法132条3項），これは，共有者が有することとなる1個の商標権を取得するについては共有者全員の意思の合致を要求したものである。これに対し，いったん商標権の設定登録がされた後は，商標権の共有者は，持分の譲渡や専用使用権の設定等の処分については他の共有者の同意を必要とするものの，他の共有者の同意を得ないで登録商標を使用することができる（商標法35条の準用する特許法73条）。」として権利取得場面（査定系訴訟）と権利維持場面（当事者系訴訟）との違いを明らかにした。

　そして，「いったん登録された商標権について商標登録の無効審決がされた場合に，これに対する取消訴訟を提起することなく出訴期間を経過したときは，商標権が初めから存在しなかったこととなり，登録商標を排他的に使用する権利が遡及的に消滅するものとされている（商標法46条の2）。したがって，上記取消訴訟の提起は，商標権の消滅を防ぐ保存行為に当たるから，商標権の共有者の1人が単独でもすることができるものと解される。そして，商標権の共有者の1人が単独で上記取消訴訟を提起することができるとしても，訴え提起をしなかった共有者の権利を害することはない。」として訴訟提起は保存行為に当たるとした。

　続けて保存行為説を採る必要性につき，「無効審判は，商標権の消滅後においても請求することができるとされており（商標法46条2項），商標権の設定登録から長期間経過した後に他の共有者が所在不明等の事態に陥る場合や，また，共有に係る商標権に対する共有者それぞれの利益や関心の状況が

異なることからすれば，訴訟提起について他の共有者の協力が得られない場合なども考えられるところ，このような場合に，共有に係る商標登録の無効審決に対する取消訴訟が固有必要的共同訴訟であると解して，共有者の1人が単独で提起した訴えは不適法であるとすると，出訴期間の満了と同時に無効審決が確定し，商標権が初めから存在しなかったこととなり，不当な結果となり兼ねない。」とした。

　その上で，「商標権の共有者の1人が単独で無効審決の取消訴訟を提起することができると解しても，その訴訟で請求認容の判決が確定した場合には，その取消しの効力は他の共有者にも及び（行政事件訴訟法32条1項），再度，特許庁で共有者全員との関係で審判手続が行われることになる（商標法63条2項の準用する特許法181条2項）。他方，その訴訟で請求棄却の判決が確定した場合には，他の共有者の出訴期間の満了により，無効審決が確定し，権利は初めから存在しなかったものとみなされることになる（商標法46条の2）。いずれの場合にも，合一確定の要請に反する事態は生じない。さらに，各共有者が共同して又は各別に取消訴訟を提起した場合には，これらの訴訟は，類似必要的共同訴訟に当たると解すべきであるから，併合の上審理判断されることになり，合一確定の要請は充たされる。」として，保存行為説を採る場合にも不都合がないことについても明らかにした。

　結論として，「以上説示したところによれば，商標権の共有者の1人は，共有に係る商標登録の無効審決がされたときは，単独で無効審決の取消訴訟を提起することができると解するのが相当である。」として，共有者の一人が提起した商標登録無効審決の取消訴訟は適法であるとした。

　なお，同旨の判決が異なる小法廷でも言い渡されている[5]。

### 4　本問への当てはめ

　〔ETNIES事件〕最判により当事者系訴訟における実務の取扱いとしては保存行為説において決着[6]を見たところであり，本問においては，被請求人

---

<5>　最一小判平成14年2月28日裁判集民205号825頁〔水沢うどん事件〕

の一人である共有者Aは，単独で無効審決の取消訴訟を提起できるというこ
とになる。

（今井　弘晃）

---

〈6〉　査定系訴訟における前記注2〔磁気治療器事件〕につき髙部眞規子「特許の共有を
　　めぐる諸問題」小泉直樹，田村善之編集委員『はばたき―21世紀の知的財産法　中山
　　信弘先生古稀記念論文集』（弘文堂，2015年）230頁参照。

## Q52　請求人適格

**Q**　　紅茶について，その産地に基づく商標が登録されましたが，紅茶の輸入業者を会員とする業界団体としては，それが産地の誤認を消費者に与えるものと考えています。そのような業界団体は，無効審判を申し立てることはできるでしょうか。

**A**　　現行商標法46条2項（平成26年法律第36号による改正後）は，商標登録の無効審判につき「利害関係人に限り請求することができる。」と定めており，この利害関係は審決の結果についての法律上の利害関係でなければならないとされている。本件における事実関係においてはこの利害関係は肯定され，無効審判請求をすることは可能であると解される。

### ■ 解　説

#### 1　平成26年法の改正の経緯

　現行商標法46条2項は，商標登録の無効審判を利害関係人に限り請求することができると規定している。平成26年法律第36号による改正以前においては，商標法には無効審判の請求人適格についての規定は置かれていなかったが，解釈上，無効審判請求は利害関係人のみ提起できるものとされていた。平成26年法改正は，請求人適格を限定しない特許異議申立制度の創設に伴って特許の無効審判請求につき特許法123条2項を置いてその請求人適格を明確化したことに倣い，商標の無効審判請求についても商標法46条2項を新設し，無効審判の請求人適格を利害関係人に限定する旨を確認的に明文化したものと説明されている[1]。

　こうした法改正の経緯からして，現行商標法46条2項の下においても，従前の商標の無効審判の請求人適格についての解釈論は，そのまま維持される

---

〈1〉　『産業財産権法の解説─平成26年特許法等の一部改正』124頁

ものと解されている。

## 2　利害関係の内容

　商標登録無効審判の請求人適格を基礎づける利害関係とは，法律上の利害関係をいい，単なる経済上または事実上の利害関係では足りないものと解されている。この点につき，現行商標法46条2項制定前における知財高判平成22年3月29日判時2080号80頁〔SIDAMO事件〕は，利害関係の存在が求められる理由及びその内容につき，「商標登録無効審判請求については，商標法46条が定めているが，その請求人たる資格については明示するところがない。しかし，商標登録の取消審判請求をすることができる者に関し同法50条1項が『何人も』と定めていること，商標登録無効審判請求に類似した制度である特許無効審判請求の請求人に関し特許法123条2項も『何人も』と定めていること，商標に関する審判手続を定めた商標法56条は特許法148条（参加）を準用しているところ，同審判手続に補助参加人として参加することができる者は『審判の結果について利害関係を有する者』に限られると定めていること，無効審判請求と類似した制度である民訴法の一般原則として，『利益なければ訴権なし』と考えられること等を考慮すると，商標法46条に基づき商標登録無効審判請求をする資格を有するのは，同条の解釈としても，審判の結果について法律上の利害関係を有する者に限られると解するのが相当である。」と判示しているところであり，これは通説的見解や裁判例の傾向にも沿うものである。

## 3　法律上の利害関係人の具体例

　これまでの裁判例にあらわれた商標登録に関する審判手続についての法律上の利害関係人の具体例としては，若干古い事例となるが，商標権と抵触のおそれのある商標を出願中であり，これを使用する者[2]，商標を使用する事業計画を有し譲渡を申し込んだ者[3]等がある。

---

〈2〉　東京高判昭和54年11月21日無体例集11巻2号615頁〔JEUNESSE事件〕

　一方，利害関係が認められないとされる事例としては，単に困惑させるための審判請求や，利害関係のある本人は希望していないのに審判請求をしたりするものなどが挙げられている[4]。

　ただし，この利害関係が求められる趣旨は，無駄な審判を避けるためにあるところなどから，利害関係の有無をあまり厳格には扱わないとするのが実務上の取扱いであった[5]。

### 4　〔SIDAMO事件〕における利害関係についての判断内容

　最近の知財高裁における判断事例である前記〔SIDAMO事件〕においては，無効審判請求人である被告（社団法人全日本コーヒー協会）が利害関係人に当たるかについて，以下の事実を認めこれを肯定した。すなわち，①被告は「コーヒーの輸出入若しくは卸売を業とする者又はこれらの者の組織する団体」及び「コーヒーの製造若しくは加工を業とする者又はこれらの者の組織する団体」を会員とする社団法人で，「コーヒーの品質の維持向上を図り，並びに加工製造技術の研究開発及び流通の合理化を推進し，国際コーヒー機関の事業に協力しつつ国内コーヒーの消費振興に努めることにより，国内コーヒー関連業界の健全な発展を図るとともに，国民食生活の向上発展に寄与すること」を目的としていること，②被告の会員である「コーヒーの輸出入若しくは卸売を業とする者」及び「コーヒーの製造若しくは加工を業とする者」は，本件商標登録が有効である限り，その指定商品である「コーヒー，コーヒー豆」について本件商標を使用することができないから，本件商標登録の有効性は，被告の会員である「コーヒーの輸出入若しくは卸売を業とする者」及び「コーヒーの製造若しくは加工を業とする者」にとって利害関係があるということができること，③被告の掲げる上記目的に照らせば，被告は，国内コーヒーの消費振興事業を実施する場合は商標使用に関し会員と同様の立場であるのみならず，会員が本件商標を使用することができるかどう

---

〈3〉　東京高判昭和60年5月14日判時1166号152頁〔スキンライフ事件〕

〈4〉　小野＝三山『新・商標法概説』491頁

〈5〉　小野『注解商標法（下）』1103頁

かは，上記目的の実現に関連した事項であるということができることなどから，商標登録無効審判請求をするにつき利害関係を有し，請求人適格を有すると認めるのが相当であるとした[6]。

## 5　審判便覧

なお，特許庁は，ホームページに掲載している「審判便覧」に，31-02「利害関係人の具体例」として，裁判例などを紹介している。

## 6　本問への当てはめ

本問においては，紅茶の産地に基づく商標登録がされたところ，それが産地の誤認を消費者に与えるおそれがあるものであるとするところから，〔SIDAMO事件〕における判示に照らすと，その商標登録の有効性に関し紅茶の輸入業者を会員とする業界団体は法律上の利害関係を有するものと考えられる。そうすると，同団体は無効審判の請求人適格を有するものと解される。

（今井　弘晃）

---

〈6〉〔SIDAMO事件〕の利害関係についての判断に賛成する評釈として，鷹取政信「最新判例批評」判評625号26頁

## 2　不使用による取消し

### Q53　不使用による取消し──使用の意義，輸出を含むか

**Q**　登録商標Xを印刷したラベルを貼付した商品を海外に輸出する行為は，登録商標の使用に当たるのでしょうか。

**A**　商標法50条の「使用」の意義は，同法2条3項各号が定義する「使用」の意義によるものと解されるべきである。同項2号において，「商品又は商品の包装に標章を付したものを譲渡し，引き渡し，譲渡若しくは引渡しのために展示し，輸出し，輸入し，又は電気通信回線を通じて提供する行為」は標章の「使用」に当たると規定されており，輸出行為が「使用」に含まれるものとされている。

　そうすると，本件における登録商標Xを印刷したラベルを貼付した商品を海外に輸出する行為は，商標の使用に当たる。

　したがって，本件における上記行為は，登録商標の使用に当たる。

### ▎　解　説

#### 1　不使用による商標登録の取消審判

　商標法は50条において不使用商標登録取消審判の制度について規定している。同法50条1項は，継続して3年以上日本国内において指定商品についての登録商標の使用がされていないときは，何人も，当該商標登録を取り消すことについて審判を請求することができる旨を規定し，同条2項は，不使用取消審判においては，商標権者等が使用の事実を証明しない限り商標登録の取消しを免れない旨を規定している。

　商標制度は，商標の使用をする者の業務上の信用の維持を図り，もって産業の発達に寄与し，併せて需要者の利益を保護することを目的とし，設定された商標権を通じて，商品流通の過程，競争関係に一定の秩序をもたらそう

とするものである。そして，商標権が設定された後であっても，この目的ないし要請に積極的に応えるに足りない事実，例えば，当該商標の一定期間の継続した不使用の事実が現に存在するのであれば，その商標権は商標制度の趣旨に沿うものではなく，かえって他人による同一又は類似の商標の使用を阻み，ひいては他人の流通秩序への寄与を妨げることになるから，このような商標権は消極的な意味しか有しないものとして否定されるべきである。これが不使用による商標登録の取消審判の制度の趣旨と解される（東京高判昭和56年11月25日無体例集13巻2号903頁〔GOLDWELL事件〕）。

## 2　商標法50条の「使用」の意義及び輸出の「使用」該当性

　商標法50条の「使用」の意義に関し，同法は，標章の「使用」に当たる行為について同法2条3項各号に掲げる行為をもって定義しているところ，標章は商標の上位概念であり，この定義規定によって同法50条の「使用」が定義付けられることになると考えられる。

　ところで，平成18年法律第55号による改正（以下「平成18年改正」という。）前の商標法2条3項2号は，「商品又は商品の包装に標章を付したものを譲渡し，引き渡し，譲渡若しくは引渡しのために展示し，輸入し，又は電気通信回線を通じて提供する行為」と規定されており，「輸出」は，この定義規定には規定されていなかったが，平成18年改正で，同項2号に掲げる行為に追加された。また，同改正で，権利侵害とみなす行為に輸出のために所持する行為が追加された（商標37条2号，67条2号）。

## 3　平成18年改正

　「輸出」とは，内国貨物を外国に向けて送り出すことをいう（関税法2条1項2号）。平成18年改正前の商標法の下において，輸出が「使用」に該当するかについて，学説上は，輸出はその行為自体が譲渡でも引渡しでもなく，商標法上は使用とはいい得ないが，輸出は通例，輸出の際に，日本国内で譲渡や引渡しを伴うから，その限りにおいては「使用」に該当して商標権の侵害となるといえるものと解されていたところである（小野『注解商標法（上）』93

頁〔網野誠〕，網野『商標』152頁など）。

　しかし，経済のグローバル化の進展により，企業等による国境を越えた経済取引が活発化し，我が国の知的財産権を侵害する物品が国境を越えて取引される事例が増大し，この状況において，従来の商標法の下では，侵害物品の譲渡が秘密裏に行われて輸出段階で侵害品が発見された場合や，侵害者が自ら国外へ侵害物品を持ち出す場合など，譲渡による差止めでは適切な防止を行うことができないといった点が指摘されていた。

　そこで，模倣品の輸出行為を水際で差し止め，もって模倣品の国際的な流出を防止することを可能とするため，平成18年改正において商標法2条3項2号に「輸出」が追加され，輸出行為自体が商標の侵害行為に該当する旨明文化された。

　ところで，平成18年改正では上記のとおり商標法2条3項2号が改正されたが，同法50条は改正されておらず，このことから，同条の「使用」には「輸出」が含まれないものと解すべきであるかが問題となり得る。もっとも，上記の平成18年改正の経緯からして，同法50条の「使用」の意義をあえて平成18年改正による改正前の定義規定によるものと解すべき理由は特に見当たらないから，平成18年改正による改正後の同法2条3項2号における「使用」の定義規定によるものとして同法50条の「使用」に「輸出」が含まれるものと解すべきであると考えられる。

## 4　裁判例

　本問と関連する裁判例として，知財高判平成21年10月22日判時2067号129頁〔Taflotan事件〕は，輸出行為が商標法50条の「使用」に含まれるとした。すなわち，商標法50条に規定されている不使用取消審判の制度は，本来商標の使用によって蓄積された信用に対して与えられる商標法上の保護を，長期間にわたって使用されていない商標に与えたままにしておくことは，国民一般の利益を不当に侵害し，かつ，その存在により権利者以外の商標使用希望者の商標の選択の余地を狭めることとなるため，そのような商標登録を取り消すための制度であると解され，この制度の適切な運用により，長期間使用

されていない登録商標が取り消され，登録商標に対する信頼が相対的に確保されるのであり，これは商標を保護して商標の使用をする者の業務上の信用の維持を図るという商標法の目的に合致するものであり，不使用取消審判の場面における「使用」の概念を同法2条3項各号において定義されているものと別異に理解すべき理由はないとして，同項2号に「輸出」が「使用」に当たると規定されていることから，「輸出」は同法50条の「使用」に含まれるものとした（なお，この裁判例では，当事者の主張を受けて以上の判断を傍論として示したものと思われる。）。

　この裁判例を参考にすると，本問における登録商標Xを印刷したラベルを貼付した商品を海外に輸出する行為は，商標法2条3項2号の「商品……に標章を付したものを……輸出」する行為に当たり，同法50条の「使用」に当たるものと解される。

　この点，平成18年法律第55号による改正（平成18年改正）で商標法2条3項2号に規定する標章の使用に当たる行為に「輸出」が加えられたが，この裁判例は，少なくとも法改正後の現在においては上記判断のとおりに解されるべきである旨判示しており，上記改正前においていかなる解釈をとるべきであるかについては言及していない。なお，輸出用商品に商標を付する行為が平成18年改正前の商標法の下では「登録商標の使用」（商標50条1項）に該当しないとした裁判例として，知財高判平成19年10月31日判時2005号70頁〔COMPASS事件〕がある[1]。

（実本　滋）

---

〈1〉　本問については，小野＝三山『新・商標法概説』500頁，小野『注解商標法（上）』93頁〔網野誠〕，網野『商標』152頁，山本厚「平成18年度改正法に関する全般的な解説」パテント59巻10号4頁も併せて参照されたい。

## Q54 不使用による取消し——商標的使用

**Q** A社の登録商標Xについて，B社から不使用による取消請求がされました。確かにA社は，請求前3年間は，Xを使用していませんでしたが，既にXを付した包装容器の製造を進めており，その旨の情報誌も作成しています。このような場合には，A社による商標の使用は認められないのでしょうか。

**A** 商標法50条1項に基づく商標登録取消審判請求があった場合において，同条2項本文は，被請求人である商標権者が，当該審判請求の登録前3年以内に日本国内において商標権者等が登録商標の使用をしていることを証明しない限り，商標登録の取消しを免れないと規定している。この「使用」の意義は，同法2条3項各号に列挙されたものをいうと定義されているところである。同項1号所定の「商品の包装に標章を付する行為」とは，指定商品を現実に包装したものに標章を付し又は標章を付した包装用紙等で指定商品を現実に包装するなどの行為をいうものと解される。また，同項8号所定の広告等の「頒布」とは，標章を付した広告等が一般公衆による閲覧可能な状態に置かれることをいうものと解される。

これを本問についてみると，A社は，Xを付した包装容器の製造を進めていて，その旨の情報誌を作成しているが，まず，この包装容器で商品を包装するには至っていないから，A社の上記行為は「商品の包装に標章を付する行為」には当たらない。次に，A社は，上記情報誌を小売店等に配達して一般公衆に閲覧可能な状態に置くには至っていないから，A社の上記行為は「頒布」には当たらない。

したがって，A社による登録商標Xの使用は認められない。

## ▌解　説

### 1　不使用商標登録取消審判の要件

　商標法50条1項は，不使用商標登録取消審判請求の要件を規定しており，同請求ができるのは，①継続して3年以上日本国内において，②商標権者，専用使用権者又は通常使用権者のいずれもが，③各指定商品又は指定役務についての，④登録商標の使用を（⑤正当の理由なく）していない場合である（小野＝三山『新・商標法概説』501頁）。

### 2　登録商標の使用

　商標法50条の「使用」の意義に関し，同法は，標章の「使用」に当たる行為について同法2条3項各号に掲げる行為をもって定義している。

　そのうち「商品の包装に標章を付する行為」（同項1号）の意義について，「包装」とは，現実に商品が収納されている容器，包装箱であり，未収納の包装箱は含まないとし，この場合は標章を表示した包装に商品が収納された時点において「商品の包装に標章を付する行為」があったといえようとする見解（小野『注解商標法（上）』92頁〔網野誠〕），いまだ商品を包んでいない包装に標章を付したとしても商標の使用とはいえず，商標権者の側がそのような行為をしていただけでは不使用による取消しを免れ得ないとする見解（田村『商標法概説』145頁）などがある。この点，商品の包装に標章を付する行為が「使用」とされる立法趣旨について，商標が出所識別機能を発揮する前段階の行為であるが，商品や包装に標章を付しておきながら取引に用いないということは滅多にないので，それだけで不使用による取消しを免れることができるとしたものであると説明されている（田村『商標法概説』145頁）。

　「商品に関する広告に標章を付して頒布」（同項8号）について，「広告」は，新聞雑誌，パンフレット，カタログ，引札等のほか，カレンダー，看板，街頭のネオンサイン，テレビ等による視覚で認識できる広告も含まれる。また，広告に関し，現実に商品の製造販売が開始され，サービスの提供が開始される以前においても，将来の商品の製造販売やサービスの提供に際して使用する標章を，商品やサービスの広告に表示して展示し頒布すれば，標章を使用

したことになる（『工業所有権法逐条解説』1264頁）。「頒布」の意義について，商標法と同じ工業所有権法である特許法における解釈を参照すると，同法29条1項3号所定の「頒布された刊行物」の意義について「不特定多数の者が見得るような状態に置かれること」と解されている（『工業所有権法逐条解説』82頁）。この点に関して，頒布とは，当該刊行物が一般に閲覧可能な状態で配布されること，つまり公衆によるアクセスが可能となることを意味し，具体的に誰かが閲覧をしたという立証は不要であるとする見解（中山『特許法』126頁）や，頒布というためには，公衆により閲覧が可能であることを要し，例えば郵便に付された刊行物は，発行日でもなく，発送日でもなく，一般公衆たる読者の一人に配達されて初めて頒布された刊行物になるとする見解（中山＝小泉『新・注解特許法（上）』239頁）がある。この点，おおむね同旨を判示する裁判例が複数ある（東京高判昭和36年4月27日行裁例集12巻4号884頁〔動水の作用を受ける保護構築物用加工ブロック事件〕，東京高判昭和39年10月22日判タ172号174頁〔高調波発生用水晶発振子事件〕，東京高判昭和40年2月25日行裁例集16巻2号247頁〔捲縮擬毛ナイロン糸の製造方法事件〕，東京高判昭和43年4月30日判タ224号264頁，東京高判昭和48年4月27日判タ297号261頁〔印刷された貼り合わせシートの製造法事件〕参照）。

### 3　裁判例

　本問と関連する裁判例として，知財高判平成22年12月15日判時2108号127頁〔エコルクス事件〕は，商標法2条3項1号所定の「商品の包装に標章を付する行為」とは，同号に並列して掲げられている「商品に標章を付する行為」と同視できる態様のもの，すなわち，指定商品を現実に包装したものに標章を付し又は標章を付した包装用紙等で指定商品を現実に包装するなどの行為をいい，指定商品を包装していない単なる包装紙等に標章を付する行為又は単に標章の電子データを作成若しくは保持する行為は，商標法2条3項1号所定の「商品の包装に標章を付する行為」に当たらないものと解するのが相当であるとした。また，商標法2条3項8号所定の標章を付した広告等の「頒布」とは，同号に並列して掲げられている「展示」及び「電磁的方法

により提供する行為」と同視できる態様のもの，すなわち，標章を付した広告等が一般公衆による閲覧可能な状態に置かれることをいい，標章を付した広告等が一般公衆による閲覧可能な状態に置かれていない場合には，商標法2条3項8号所定の標章を付した広告の「頒布」に当たらないものと解するのが相当であるとした。その上で，被告が外部会社から容器のパッケージデザインの電子データを受領し，保持することになったからといって，これをもって「商品の包装に標章を付する行為」とはいえないとし，また，当該容器の写真が広告として掲載された情報誌が発送された段階では同項8号所定の「頒布」には当たらないとした。

　この裁判例を参考にすると，既にXを付した包装容器の製造が進められており，その旨の情報誌も作成されているというが，まず，この包装容器で商品を現実に包装するには至っていないから，A社の上記行為は「商品の包装に標章を付する行為」には当たらないことになるものと解される。次に，A社は，上記情報誌を発送する前段階であり，小売店等に配達して一般公衆に閲覧可能な状態に置くには至っていないから，A社の上記行為は「頒布」には当たらないことになるものと解される。したがって，A社による登録商標Xの使用は認められないことになる[1]。

（実本　滋）

---

〈1〉　本問については，小野＝三山『新・商標法概説』515頁，小野『注解商標法（下）』1116頁〔後藤晴男＝有阪正昭〕も併せて参照されたい。

## Q55　不使用による取消し──商標的使用

**Q**　A社の有する登録商標Xについて，B社から不使用による取消審判が請求されました。「X」はA社が取り扱う商品の形態の一つを表す名称（X形態）であり，A社は，登録商標Xを，商品名に付記するかたちで，商品の形態を示すものとして使用していますが，それは商標の使用と認められるでしょうか。

**A**　登録商標Xが特定の形態の名称（X形態）を表すものとして使用されている場合であっても，当該形態を有する商品についてその名称によって特定の出所に係る商品であると認識され，その名称，すなわちXが，当該商品を他の商品から識別し，あるいは商品の出所を表示するための標章として使用されているといえるときは，その表示は商標の使用と認められる。

### ▌解　説

#### 1　商標法50条における「使用」と商標的使用

商標法50条の「登録商標の使用」については，登録商標が単に「使用」（商標2条3項）されているだけでなく，それが出所を識別する表示として，すなわち商標として使用されていること（いわゆる商標的使用）が必要であるとするのが通説[1]とされ（田村『商標法概説』28頁，小野『注解商標法（下）』1134頁〔後藤晴男＝有坂正昭〕），裁判例でも，東京高判平成13年2月28日判時1749号138頁〔DALE CARNEGIE事件〕は，商標的使用を要件と明示しており，知財高判平成27年7月30日（平成27年（行ケ）第10057号）裁判所ウェブサイト〔加護亜依事件〕は，出所識別標識としての表示でないことから「使用」に

---

〈1〉　網野誠「不使用取消審判と『登録商標の使用』の範囲について」『特許争訟の諸問題』450頁，牧野ほか『訴訟実務大系Ⅱ』297頁〔古谷健二郎〕

当たらないとしている。このほか，知財高判平成21年10月8日判タ1328号
216頁〔DEEP SEA事件〕，知財高判平成24年5月16日判タ1405号334頁〔三
相乳化事件〕，知財高判平成26年1月30日（平成25年（行ケ）第10123号）裁判所
ウェブサイト〔Theta Healing事件〕，知財高判平成27年1月29日（平成25年
（行ケ）第10295号）裁判所ウェブサイト〔JAS事件〕など多数の裁判例でも，
必要説が前提とされているものと考えられる<sup>(2)</sup>。

　商標は，本来的に自他商品・役務の識別のために使用されるものであって，
商品や役務の出所を識別し得ない商標はそもそも登録を受けることができず
（商標3条1項），出所を識別し得る態様で使用されていない商標については，
商標権の効力が及ばないとされている（商標26条1項）ところ，商標の使用に
よって，当該商標に化体された商標権者の業務上の信用が形成・蓄積される
ことから，当該商標の保護を通じて商標権者の業務上の信用を維持するとい
う商標制度の目的（商標1条参照）や，一定期間登録商標を使用しない場合は，
保護すべき信用が発生せず，あるいは発生した信用も消滅してその保護の対
象がなくなるにもかかわらず，不使用の登録商標に対して排他的独占的な権
利を付与しておくことは，国民一般の利益を損ね，かつ第三者の商標選択の
自由を制約することになり妥当でないから，商標登録を取り消されてもやむ
を得ないとの不使用取消審判制度の趣旨<sup>(3)</sup>に照らしても，商標権者が，3
年以上にわたって，登録商標を出所表示標識として自己の信用を形成する態
様で使用しない場合にまで，当該登録商標を保護する必要があるとはいえな
いものと思われる。

---

〈2〉　これに対し，東京高判平成3年2月28日判時1389号128頁〔POLA事件〕は，商標
　　法50条の「登録商標の使用」は，商標が何らかの態様で使用されていれば足り，識別
　　標識としての使用に限定しなければならない理由はないと判示している。また，網
　　野・前掲注1・451頁や中村仁「商標法50条における商標の使用」別冊パテント1号
　　145頁も，自他識別標識としての使用でなくとも同条の「使用」に当たり得るとの見
　　解を採る。
〈3〉　『工業所有権法逐条解説』1457頁。また，不使用取消審判制度の趣旨に関する裁判
　　例として，東京高判昭和56年11月25日無体集13巻2号903頁〔GOLDWELL事件〕，
　　東京高判平成5年11月30日判時1488号144頁〔VUITTON事件〕，知財高判平成25年1
　　月10日判タ1411号239頁〔LANCASTER事件〕参照。

## 2　形態の名称としての表示と登録商標の使用

（1）　A社が，登録商標Xを，商品名に付記するかたちで，商品の形態（X
形態）を示すものとして使用している場合，その商品名が当該商品を他
の商品から識別し，出所を表示する標識となるのであって，そこに付記
された「X」の表示は，単に当該商品が「X」という形態を採用してい
ることを示しているにとどまり，当該商品の出所を表示するための標識
としては用いられていない，すなわち商標として使用されていないので
はないかとも考えられ，もしそうであれば，このような「X」の表示は，
商標法50条の「登録商標の使用」とは認められないことになる。

　　しかし，登録商標Xが，「X形態」という特定の形態の名称を表すも
のとして使用されている場合であっても，需要者が当該形態を有する商
品についてその名称によって特定の出所に係る商品であると認識するの
であれば，その名称，すなわち「X」が，当該商品を他の商品から識別
し，あるいは商品の出所を表示するための標章として使用されていると
いうことができる[4]。

　　知財高判平成22年6月28日判時2091号84頁〔Bio事件〕では，指定商
品を「義歯」とし，「Bio」及び「バイオ」の文字を上下2段に横書きし
てなる登録商標について，不使用を理由とする登録商標取消審判が請求
された事案において，商標権者（被告）が商品である義歯の包装箱に
「"Bio" Form」と表示（以下「本件表示」という）していたことについて，
請求人（原告）が，「バイオ形態（Bio Form）」は義歯のタイプ・形態の一
つであり，指定商品の一般の取引者・需要者は本件表示を単に商品の形
態を示したものと理解するにとどまるから，本件表示のうち「Bio」の
文字自体は自他商品を識別し，出所を表示する標識としては使用されて
いないと主張した[5]。これに対して，同判決は，ある商標が商品の形

---

〈4〉　商標が自他識別機能を発揮すると同時に，それ以外の機能ないし意味を併せ持つこ
　　ともあるが，そのことによって商標的な使用が否定されることはない。牧野ほか『訴
　　訟実務大系Ⅱ』297頁〔古谷健二郎〕参照。
〈5〉　なお，同事件では，本件表示が本件商標と社会通念上同一と認められる商標（商標

態を示すものとして採用されている場合であっても，需要者が当該形態の商品について特定の出所に係る商品であると認識するのであれば，その形態，すなわち商標が出所を表示しているということができると判示した上，本件表示については，「バイオ形態」が被告の研究開発した人工歯の一形態であること，本件表示では「Bio」の文字がダブルクォーテーションマーク（" "）で囲まれて強調して表記されていることに照らして，本件表示中の「Bio」の文字が，当該商品が「バイオ形態」を採用していることを示すのみならず，当該商品を他の商品から識別し，あるいは商品の出所を表示するための標識としても使用されているとして，商標権者による「Bio」の表示が商標的使用に当たると認めた[6]。

(2)　この判決では，「バイオ形態（Bio Form）」が商標権者自身により研究開発されたものであって，当該形態の名称を表示することにより当該商品が他社の商品と識別され，その出所が表示されているとして，商標的使用が肯定されている。そうすると，逆に，その形態の名称が一般化し，競合他社の商品でも同様の名称の形態が採用されているような場合には，商標権者が登録商標を含む名称を表示しても，需用者は，それを当該商品の採用する形態を示すものとしてのみ認識し，その表示が出所表示標識として機能しないために，「登録商標の使用」とは認められない可能性がある。また，この判決では，本件表示における登録商標の具体的な表示態様（ダブルクォーテーションマークによる強調）も考慮されているから，表示態様が異なっていた場合は，商標的使用と認められなかった可能性もある。

---

50条1項括弧書き）に当たるかについても争点となったが，本判決はこれを肯定した。同論点については，本書Q56を参照。

〈6〉　類似の事例として，化粧品等を指定商品とする「三相乳化」の登録商標について，商標権者が商品パンフレットに記載していた「三相乳化」の表示が，当該商品が「三相乳化」という技術によって製造されたものであることを示すだけでなく，その文字態様をもって他の商品との識別機能を果たしているから，商標的使用に当たると認めた前掲〔三相乳化事件〕がある。

## 3　結　び

　商標権者としては，その登録商標を使用する場合には，それが出所表示標識であることをより明確にして表示することによって，無用な紛争を未然に防ぎ，不使用取消審判請求から自己の商標権を保護するように心掛ける必要がある[7]。

（足立　拓人）

---

〈7〉　若松陽子「商標法50条による不使用取消を免れる使用形態」知財管理55巻9号1261頁及び注記31は，不使用取消しを免れる使用の判断を厳格にしていくべきとし，「商人において真に商標の使用を必要としたならば当然行っていたであろう類型的な使用形態を行っていない」のであれば不使用と判断されてもやむを得ないと指摘する。

## Q56　不使用による取消し──社会通念上同一と認められる商標

**Q**　業界団体Aは，その構成中にAの登録商標Xの表示を含む，商品の規格に適合していることを証する標章を制定しました。Aやその許諾を受けた製造業者は，商品にこの標章を貼付していますが，これは登録商標Xの使用と認められますか。

**A**　登録商標Xの表示を含む標章の中において，当該登録商標Xの部分が独立した表示として抽出して認識されて，自他識別標識としての機能を果たしているときは，登録商標Xの使用として認められるが，標章が全体として一連一体のものとして認識されるときは，その中のXの部分だけを取り出して，登録商標Xの使用ということはできない。

### ■ 解　説

### 1　「登録商標の使用」に当たる商標の範囲

　商標法50条 1 項では，不使用取消しを免れるための「登録商標の使用」には，登録商標と完全に同一である商標（ただし，色彩のみが異なる場合は「登録商標」に含まれる。商標70条 1 項）の使用だけでなく，登録商標と社会通念上同一と認められる商標を使用することも含まれると規定されている。これは，現実の取引においては，登録された商標がそのままの態様で使用されることは少なく，むしろこれを付する商品・役務の性質等に応じて，文字の書体に変更を加えたり，片仮名をローマ字に変更したり，図形に若干の変更を加えたりするなど，適宜に変更を加えた商標が使用されるのが実情であり，このような登録商標と同一性を有する程度のものが使用されている場合には，これを登録商標の使用と認めて，不使用取消しの対象としないことが妥当であるからとされる[1]。

---

〈1〉　網野『商標』887頁，知財高判平成25年 7 月17日（平成24年（行ケ）第10442号）裁

　なお，商標権の禁止権は，登録商標と類似の商標に及ぶが（商標37条），同法50条で「登録商標の使用」と認められる範囲は，登録商標又はそれと社会通念上同一と認められる商標までであり，登録商標と類似するにすぎない商標を使用しても，不使用取消しを免れることはできない[(2)]。

## 2　社会通念上同一か否かの判断基準

　登録商標と社会通念上同一と認められる商標か否かについて，商標法50条1項括弧書きは，①書体のみに変更を加えた同一の文字からなる商標，②平仮名，片仮名及びローマ字の文字の表示を相互に変更するものであって同一の称呼及び観念を生ずる商標，③外観において同視される図形からなる商標を例示するが，その他の事例においては，登録商標が有する識別性を基準とし[(3)]，商取引の実情も考慮して，社会通念に照らして判断することになるものと考えられる。

　特許庁の審判便覧（第16版，平成27年10月改訂）「53-01　登録商標の不使用による取消審判」では，不使用取消審判において登録商標の使用と認められる事例及び認められない事例について，いくつかの具体例を添えて解説されているが，総論的には「産業分野における取引の実情を十分に考慮し，個々具体的な事例に基づいて判断すべきもの」とされており，実際の審判例でも個別具体的な判断がされている[(4)]。

　近年の裁判例では，「LITTLWORLD」と「リトルワールド」を上下2段に横書きした登録商標に対し，上段に「リトルワールド」，下段に「LITTLEWORLD」と横書きした標章又は「リトルワールド」と「LITTLEWORL

---

　　判所ウェブサイト〔SAMURAI事件〕参照。なお，パリ条約5条C(2)は，「商標の所有者が一の同盟国において登録された際の形態における商標の識別性に影響を与えることなく構成部分に変更を加えてその商標を使用する場合には，その商標の登録の効力は，失われず，また，その商標に対して与えられる保護は，縮減されない。」と規定しており，商標法50条1項括弧書きは，この規定に適合するものとなっている。

〈2〉　田村『商標法概説』26頁，小野＝三山『新・商標法概説』506頁
〈3〉　小野『注解商標法（下）』1136頁〔後藤晴男＝有坂正昭〕
〈4〉　不使用取消審判における多数の審決例を分析し紹介するものとして，関西商標研究会「不使用取消審判における『社会通念上同一の商標』」パテント62巻3号38頁。

D」の文字を同一円周上に丸く配置した標章を使用した事例，変形した円の中に「o」「l」「a」を特徴的に表示した図形とその下に 2 段に小さく「POLA」及び「ポーラ」を横書きした登録商標に対し，同じ図形とその右側に大きく「POLA」と横書きした標章を使用した事例，「RINASCIMENTO」と「リナッシメント」を上下 2 段に横書きした登録商標に対し，「RinAsciMento」と横書きした標章を使用した事例[5]では，いずれも社会通念上同一の商標と認められている。他方，六稜星の中に十字形を描いた図形と「DIAMETRING」，「ダイヤメットリング」の文字からなる登録商標に対し，上記図形のみを使用した事例，「Princess Cruises」の文字と女性の顔の図形からなる登録商標に対し，「Princess Cruise」又は「プリンセスクルーズ」の文字のみを使用した事例[6]では，いずれも同一性が否定されている。

### 3　複数の構成部分からなる商標

(1)　登録商標が複数の文字や図形を組み合わせてなる商標であるが，そのうちの一部のみを表示して使用したという場合は，登録商標の有する識別性に影響がないとはいい難いため，一般的に，「登録商標の使用」とは認められにくい[7]。ただし，例えば「太陽」と「SUN」を上下 2 段に併記した登録商標に対して，その一方である「太陽」又は「SUN」のみを使用した場合については，各構成部分の観念が同一であるから，「登録商標の使用」に当たるとされている[8]。

(2)　では，本設問のように，使用される標章が複数の部分で構成されており，その一部に登録商標を含んでいる場合については，その使用標章全

---

〈5〉　順に，東京高判平成 2 年 2 月20日判時1350号134頁〔リトルワールド事件〕，東京高判平成 3 年 2 月28日判時1389号128頁〔POLA事件〕，知財高判平成21年 1 月28日（平成20年（行ケ）第10317号）裁判所ウェブサイト〔リナッシメント事件〕

〈6〉　順に，東京高判昭和57年 9 月30日無体例集14巻 3 号651頁〔ダイヤメットリング事件〕，東京高判平成 8 年11月26日判時1593号97頁〔プリンセスクルーズ事件〕

〈7〉　前掲〔ダイヤメットリング事件〕，同〔プリンセスクルーズ事件〕，関西商標研究会・前掲注 4・45頁参照。

〈8〉　前掲審判便覧「53-01　登録商標の不使用による取消審判」 5 頁

体を表示することによって，「登録商標の使用」と認められるか。

　知財高判平成23年３月17日判時2117号104頁〔JIL事件〕では，照明器具の製造・販売を行う事業者等を構成員とする社団法人が，電気機械器具等を指定商品として「JIL」の欧文字を横書きしてなる商標を登録した上，同法人の定めた照明器具の規格に適合していることを証する標章[9]【図表56-１〜４】を制定し，この標章を照明器具等に貼付して使用していたところ，この標章の使用が登録商標「JIL」の使用と認められるか否かが争われた。この判決は，標章全体の中で，「JIL」の文字部分が独立した表示として抽出して認識され，同文字部分が自他商品識別標識としての機能を有しているとして，「登録商標の使用」に当たると認めた。

　このほか，「クリン」の登録商標に対して，「クリン・エキスパンカナグ」の標章を使用した事例，「極」の登録商標に対して，「極」，「きわみ」，「油揚げ」の文字や三角形の図形等からなる標章を使用した事例，「デーロス」の登録商標に対して，「デーロス・ジャパン」又は「DEROS JAPAN」の標章を使用した事例，「BULLET」の登録商標に対して，「ROYAL ENFIELD BULLET 500 EFI」の標章を使用した事例[10]では，いずれも上記判決と同様の理由で，「登録商標の使用」が肯定されている。

　他方，「MAGIC」と「マヂック」を上下２段に横書きした登録商標に対して，「MAGIC COLOR」の標章又は「LIP MAGIC」の標章等を使用した事例，「オリックス」の登録商標に対して，「Orihara & Orix」の

---

〈9〉　なお，一定の規格を保持しているか否かの検査を業とする者が，規格への適合性を証明するために商品に付す標章は，「商標」に当たる（商標２条１項，田村『商標法概説』19頁参照）。

〈10〉　順に，東京高判平成元年10月26日判時1369号147頁〔クリン事件〕，知財高判平成25年11月28日（平成25年（行ケ）第10144号）裁判所ウェブサイト〔極事件〕，知財高判平成26年１月29日（平成25年（行ケ）第10090号）裁判所ウェブサイト〔デーロス事件〕，知財高判平成27年６月30日（平成26年（行ケ）第10141号）裁判所ウェブサイト〔BULLET事件〕

標章を使用した事例，「rhythm」の登録商標に対して，「NEO RHYTHM」の標章を使用した事例，「PEARL」と「パール」を上下2段に横書きした登録商標に対して，「パールフィルター」又は「PEARL FILTER」の標章を使用した事例[11]では，登録商標の部分のみを分離することができないなどとして，いずれも「登録商標の使用」が否定されている。

これらの裁判例に照らすと，登録商標が使用標章の一部分になっていても，その使用標章全体の中で，登録商標に当たる部分がなお独立性を持って認識され，独自の識別性を発揮しているときは，「登録商標の使用」と認められるが，使用標章の中で登録商標の部分が他の部分と一連一体のものとして認識されるにすぎないときは，「登録商標の使用」とは認められないことになるものと考えられる[12]。

【図表56-1】　　【図表56-2】　　【図表56-3】　　【図表56-4】

　　　　　　　　　　　　　　　　　　　　　　　　（足立　拓人）

---

〈11〉　順に，東京高判平成13年6月27日（平成12年（行ケ）第498号）裁判所ウェブサイト〔マヂック事件〕，知財高判平成19年10月30日（平成19年（行ケ）第10150号）裁判所ウェブサイト〔オリックス事件〕，知財高判平成25年3月21日判時2198号127頁〔rhythm事件〕，知財高判平成25年12月25日判時2222号86頁〔パール事件〕

〈12〉　網野『商標』888頁。なお，同書は，まんじゅうに「桃」の商標と「山」の商標を登録し，実際には「桃山」との表示を使用しても，各登録商標の使用があったとはいえないとの例を挙げる。

## Q57　不使用による取消し──社会通念上同一と認められる商標

**Q**　　A社は，自らの造語による登録商標「ECOPAC」を有しており，「エコパック」と記載した段ボールに商品を梱包して販売していましたが，「社会通念上同一と認められる商標」とはいえないとして，不使用による取消審決を受けました。このような場合でも，登録商標の使用をしていないとされるのですか。

**A**　　通常，「ECOPAC／エコパック」からは同一の称呼及び観念（「環境に優しい包装」又は「経済的なパック商品」）を生じ，両者は「社会通念上同一と認められる商標」に当たると解される。ただし，A社が「エコパック」の記載を付したのが商品そのものではなくこれを梱包するダンボールのみであったり，A社が上記の観念を生ずることはない旨を商標登録の出願経過で主張していたような場合は，別異に解される余地がある。

### ■ 解　説

### 1　社会通念上同一と認められる商標の判断基準

(1)　商標の不使用取消しの審判請求があった場合，商標権者は原則として審判請求の登録前3年以内の国内における指定商品又は指定役務についての登録商標の使用の事実を証明しなければならない（商標50条2項本文）。上記の登録商標の使用については，①登録商標の書体のみに変更を加えた同一の文字からなる商標，②平仮名・片仮名及びローマ字の文字の表示を相互に変更するものであって同一の称呼及び観念を生ずる商標，③外観において同視される図形からなる商標，④その他の当該登録商標と社会通念上同一と認められる商標を使用していた場合は，いずれも登録商標を使用していたことになる旨の解釈規定が設けられている（同条1項括弧書き）。

(2)　上記解釈規定は，平成8年法律第68号による商標法の一部改正の際に

挿入されたものであり，その背景については，要旨次のとおり解説されている（『工業所有権法の解説—平成8年改正』132〜133頁）。

　商標法上は，商標の構成要素が少しでも異なると同一の商標とは扱わないのが原則であるが，特許庁の運用基準では，更新出願時や不使用取消審判における使用の有無の判断に際しては，単なる物理的な同一に限らず，社会通念上同一と認識し得る商標の使用についても登録商標の使用と認めることとしており，裁判例でも同様の考え方が示されている。

　今回の改正で連合商標制度を廃止した場合，社会通念上同一の範囲内の商標の使用については登録商標の使用と認められる旨を法文上明確に規定するとともに，従来の社会通念上同一の考え方を一層弾力的なものとすることで，防衛的出願の抑制につながり，ひいては早期権利付与の確保に資することとなる。

　このように，上記解釈規定は，商標の不使用取消しの局面における解釈規定であり，他の規定における登録商標について一律に拡大させる一般的規定ではない（『工業所有権法の解説—平成8年改正』134頁）。

(3)　上記改正法の解説書（『工業所有権法の解説—平成8年改正』136頁）は，上記(1)の②のうち，片仮名及びローマ字の文字の表示を相互に変更するものであって同一の称呼及び観念を生ずる商標に該当する例として，「MUSIC／ミュージック」を相互に変更する例を挙げる。他方，商標審査基準〔改訂第5版〕は，登録商標の使用とは認められない例として，「MIKAZIN／ミカジン」を相互に変更する例を挙げる（小野『注解商標法（下）』1143頁〔後藤晴男＝有阪正昭〕）。一見矛盾するかのような記載であるが，前者の場合，「MUSIC」と「ミュージック」からはいずれも「音楽」という観念が導かれ，称呼と観念が一対一対応の関係にあるのに対し，「MIKAZIN」，「ミカジン」のような造語からは特定の観念を導き出すことができず，上記のような一対一対応の関係がないと判断されることによるものと解される。

(4)　片仮名及びローマ字の文字の表示を相互に変更する態様における登録商標の使用の有無が争われた前記法改正後の審決例をみると，①

「COMPATH ／コンパス」について使用を否定した例（前者は単なる造語であるのに対し後者は「COMPASS」に通ずる製図用具を想起させ，両者の観念は一対一対応ではない。），②「LIFECENTER ／ライフセンター」について使用を否定した例（前者は特定の観念を有しない造語として観念の同一性が否定された。），③「シーイーイー／ Cee」について使用を否定した例（特定の意味を持たない造語のため同一の観念を生じない。），④「ビオエキストラ／ bioXtra」について使用を否定した例（称呼及び外観が異なる。），⑤「エンゼルクラブ／ ANGEL CLUB」について使用を肯定した例（称呼及び「天使のクラブ」という観念が同一。）がある（並川鉄也ほか「不使用取消審判における『社会通念上同一の商標』」パテント62巻 3 号40〜41頁，商標委員会第 1 小委員会「最近の不使用取消審判における『商標の使用』について」知財管理61巻 6 号895頁）。

　これらの審判例について，文字種の変更の場合にポイントとなるのは称呼と観念の一対一対応であり，特に観念の一対一対応が重要であること，登録商標が特定の観念を生じない造語の場合はその表音訳について社会通念上の同一性が否定されることに留意すべきであるとの指摘がされている（並川ら・前掲41頁）。

(5)　他方，同種の問題についての裁判例をみると，観念の発生を認定しないまま「チェチェ／ CHECHE」，「玄庵／ GEN AN」について社会通念上同一の商標と認定した事例があるが（古関宏「最近の不使用取消審判について」知財管理60巻 1 号32頁，39頁注14），これらは，前記(1)④のその他の当該登録商標と社会通念上同一と認められる商標を使用する場合の肯定事例と見れば何ら問題ないとの指摘がされている（古閑・前掲32頁）。

## 2　設問の検討

(1)　設問においては「ECOPAC ／エコパック」の各商標の社会通念上の同一性が争われている。

　そこで，両者の観念の同一性について検討すると（称呼の同一性は肯定されよう。），「ECOPAC」がＡ社の造語であることから問題が生じ得るが，通常，「ECO ／エコ」が環境保護を表す「ecology ／エコロジー」又は

経済的を表す「economical ／エコノミカル」の略称として通用し，「PAC ／パック」が包装容器を表す「package ／パッケージ」又は「pack ／パック」の省略形として通用しており，かつ，それ以外の観念を生じないと考えられるから，「ECOPAC ／エコパック」から「環境に優しい包装」又は「経済的なパック商品」との同一の観念が生ずるとの解釈を導き出すことができるように思われる（なお，前記(1)④のその他の当該登録商標と社会通念上同一と認められる商標に当たると解する余地もあろうか。）。

(2)　ただし，設問によると，A社が「エコパック」の記載を付したのは，商品そのものではなく，これを梱包するダンボールであったとのことである。商品の包装に商標を付する行為も，一般的には「使用」（商標50条2項本文）に当たると解してよいが（商標2条3項1号，2号，田村『商標法概説』145頁），ダンボールも「環境に優しい包装」等であり得ることからすれば，設問における「エコパック」の使用が包装容器についての使用と認められる余地もあり，このように解されるときは登録商標の「使用」が否定されることとなる（知財高判平成22年7月28日判時2114号111頁〔ECOPAC事件〕参照）。

(3)　また例えば，A社が登録商標「ECOPAC」の出願経過において，前記(1)のような「環境に優しい包装」等の特定の観念は生じないと主張し，その結果登録に至ったというような事情がある場合も，審決取消請求訴訟の手続においてこれと矛盾する主張をすることが禁反言の原則に反し許されないとされる余地がある（上記〔ECOPAC事件〕参照）。

　　　　　　　　　　　　　　　　　　　　　　　　　（清野　正彦）

## Q58　不使用による取消し──指定商品についての使用

　　A社は，精米業者が販売する米を仕入れ，その袋に指定商品を「米」とする登録商標Xを記載したラベルを貼付して販売しています。このような場合でも商標の使用と認められますか。

**A**　　基本的に，指定商品について登録商標を使用していると認めてよいが，①登録商標Xが，米の普通名称，産地，販売地，品質等を普通に用いられる方法で表示すると受け取られるおそれのある態様で表示されていた場合，②A社のラベルが袋のその余の記載と比較して目立たない大きさ・態様で貼付されているような場合には，使用が否定される可能性がある。なお，米袋にA社のラベルのほかに，仕入先の登録商標が表示されていたとしても，必ずしもA社の登録商標の使用を否定する理由にはならないと解される。

### ■　解　説

### 1　不使用取消しと登録商標の使用の判断基準

(1)　商標の不使用取消しの審判請求があった場合，商標権者は原則として審判請求の登録前3年以内の国内における指定商品又は指定役務（以下，これらを併せて「指定商品等」ということがある。）についての登録商標の使用の事実を証明しなければならない（商標50条2項本文）。ただし，その証明は，当該不使用取消請求に係る指定商品等のいずれかについてのものであれば足りる。その全てについて商標権者が使用の事実を証明しなければならないとすれば過度の負担を課することになる一方，請求人も自己が必要とする指定商品等のみについて取消しの請求をすべきであり，あらかじめ十分な調査をすることなく漫然と全ての指定商品等について取消しを請求し商標権者の証明を待って対応策を立てるようなことは慎むべきだからである（小野『注解商標法（下）』1133頁〔後藤晴男＝有阪正昭〕）。

(2)　商標の「使用」の態様には，商標法2条3項各号所定のものがあり，例えば，商品又はその包装に商標を付する行為（同項1号），商品又はその包装に商標を付したものを譲渡するなどの行為（同項2号）等がこれに当たる。

(3)　商標は，自他商品役務識別機能を有することを前提として，その出所を表示する機能を有することをその本質的要素とするものであるから（商標3条1項各号，2項，4条10号，11号，15号参照），商標法50条2項の「使用」の有無の判断も，一般的な取引社会の通念に照らして当該登録商標が自他商品役務識別機能，出所表示機能を果たすような態様で使用されているか否かを具体的に検討して決するのが相当である（小野『注解商標法（下）』1134頁，1136頁参照）。この点で，例えば，①自己の氏名，著名な雅号等を普通に用いられる方法で表示する商標，②指定商品の普通名称，産地，販売地，品質，原材料，効能，用途，形状，生産の方法・時期等を普通に用いられる方法で表示する商標，③指定商品等について慣用されている商標，④需要者が何人かの業務に係る商品又は役務であることを認識することができる態様により使用されていない商標は，その使用の態様に照らして，商標法50条2項の「使用」があったとはいえないものと解される（商標26条1項各号）。

(4)　登録商標の不使用取消しに関する裁判例の多くも，商標法50条2項の「使用」が認められるための要件として，使用商標が自他商品役務識別機能，出所表示機能を発揮するような態様で用いられていることを要求している（古関宏「最近の不使用取消審判について」知財管理60巻1号32頁）。

　このような見地から上記の「使用」が肯定された裁判例として，絵はがきの裏面に印刷されている写真の下部余白に表示されている標章，エレクトリック・ギターのボディの上部に付されたロゴ，印刷物の裏表紙の中央に明瞭に表示された標章，化粧品の蓋に付されたロゴタイプ等の事例があり，それが否定された裁判例として，雑誌に世界のアパートメントホテル及び賃貸住宅に関する情報が記事として掲載されたとしか需要者に認識されないような態様で使用された標章，商品の自他識別表示

としてではなくその品質を表示するものと需要者に受け取られる可能性
のある態様で使用された標章等の事例がある（これらの裁判例につき，古
関・前掲32～33頁参照）。

## 2　設問の検討

　設問においてA社は，精米業者が販売する米を仕入れ，その袋に指定商品
を「米」とする登録商標Xを記載したラベルを貼付して販売しているという
のであるから，その事実を証明することができるのであれば，基本的に，指
定商品について登録商標を使用しているとの証明（商標50条2項）として十分
であると考えられる。

　ここでは，上記1に検討した，当該登録商標が自他商品役務識別機能，出
所表示機能を果たすような態様で使用されたといえるか否かという観点から
問題となる例をいくつか検討する。

(1)　まず，当該登録商標Xが，A社の名称，指定商品である米の普通名称，
　　産地，販売地，品質等を普通に用いられる方法で表示すると受け取られ
　　るおそれのあるものであり，そのような態様で表示されていた場合には，
　　登録商標の使用が否定される可能性がある。

(2)　また，A社の使用する袋に米の銘柄や図案が目立つ態様で表示されて
　　おり，他方，登録商標Xを記載したラベルがそれと比較して目立たない
　　大きさ・態様で貼付されているような場合も，当該ラベルの貼付という
　　一事をもってしては登録商標の使用ということができない可能性がある。
　　この点に関し，米の袋の大きさが縦35～40㎝，横30㎝程度であり，他方，
　　登録商標を表示したラベルの大きさが縦11㎝，横7㎝程度の大きさで
　　あったという事案の下では，需要者において当該米が当該商標権者の販
　　売する米であることを容易に認識することができるとして，登録商標の
　　使用を肯定した裁判例がある（知財高判平成21年6月25日判時2051号128頁
　　〔忠臣蔵事件〕）。

(3)　さらに，設問ではA社が精米業者の販売する米を仕入れその袋に上記
　　ラベルを貼付して再販売していることから，当該袋にA社の登録商標X

を表示したラベルのほかに仕入先の登録商標が表示されるなどして，一つの商品の包装に二つの商標が表示されているような場合に，A社について商標法50条2項の「使用」を肯定することができるか否かも問題となる。この点については，仕入先の使用する商標に比してA社の登録商標Xを表示したラベルが格段に小さく，また目立たない態様で貼付されるなどの事情が認められるときは，A社について登録商標の使用が否定されることもあり得ると解される。しかし，米の小売店が精米業者から仕入れた米に何らかの価値を付加するなどして再販売することは十分にあり得ることであり，その場合に当該再販売業者が再販売する米に新たな商標を付して再販業者としての出所を明らかにし，その商標に化体した信用を商品に与えることができるのは当然である。したがって，上記のような事情のない限り，一つの商品の包装に二つの商標が表示されていることは，A社の登録商標の使用を否定する理由とはならないというべきであって，商標法50条2項の「使用」を肯定してよいと解される（上記〔忠臣蔵事件〕参照）。

（清野　正彦）

## Q59　不使用による取消し──通常使用権者による使用

**Q**　A社は，自らの登録商標について，B社に専用使用権を設定し，B社は更にC社に通常使用権を再許諾していました。A社とB社の専用使用権設定契約が終了した後も，専用使用権の設定登録は残ったままとなっており，かつ，C社は従前と同様に商標の使用を続けていたようですが，これをもって商標の使用ということはできるでしょうか。

**A**　継続して3年以上，商標権者，専用使用権者又は通常使用権者のいずれもが登録商標を使用していないことが，不使用による登録の取消の要件である（商標50条1項）。本問では，専用使用権者から通常使用権の再許諾を受けたC社が商標を使用しているため，これが通常使用権者による商標の使用に当たるかが問題とされる。

　A社とB社の間の専用使用権設定契約が継続している間は，C社は専用使用権者であるB社の再許諾に基づく通常使用権者であり，C社による商標の使用は，商標法50条1項にいう通常使用権者による商標の使用に当たる。これに対し，専用使用権設定契約が終了した後は，B社による再許諾は基礎を欠き，B社の専用使用権の設定登録が残っているか否かを問わず，C社による商標の使用は，同項の「通常使用権者」の商標の使用には当たらない。

### ■　解　説

#### 1　不使用による取消制度

　商標法50条の定める不使用による取消制度の趣旨は，使用されていない登録商標を整理することにより，商標の保護を通じて商標に化体された商標権者の業務上の信用を保護するという商標制度の目的を発揮することにあるとされる[1]。使用されていない登録商標が存在すると，他社の商標選択や表示の自由の妨げになることから，使用されていない商標の登録を取り消すこと

が，商標制度の目的にかなうと考えられる[2]。

　商標法50条1項が，商標権者自身が使用していた場合のほか，専用使用権者又は通常使用権者が使用していた場合でも不使用による取消しを免れると規定したのは，不使用による取消しは，商標権者に対する制裁というよりも，不使用登録商標の整理を対象とするものであり，また，使用権者の使用による業務上の信用も究極的には商標権者の信用に帰することとなるからであるとされている[3]。

## 2　専用使用権者及び通常使用権者

### (1)　専用使用権と通常使用権

　専用使用権及び通常使用権は，設定行為で定めた範囲内において，指定商品又は指定役務について登録商標の使用をする権利である（商標30条2項，31条2項）。専用使用権は，上記の範囲内で独占的排他的に商標を使用する権利である点で，通常使用権と異なる。

　専用使用権者の権利範囲は，専用使用権設定契約により定められるが，専用使用権設定契約に際して，商標権者が専用使用権者に対し，第三者による使用を再許諾する権利を与えることも多い。本問も，専用使用権設定契約に際して，A社がB社に対し，C社に対する再許諾をする権利を与えていたものと解される。

### (2)　登録との関係

　専用使用権は，設定，移転，変更，消滅（混同又は特許権の消滅によるものを除く。）等について登録しなければ効力を生じないと規定されている（商標30条4項，特許98条1項2号）。この「登録しなければ，その効力を生じない。」とは，登録が実体的権利変動の効力発生の必要条件であることを規定したものであり，登録なしには実体的権利変動の効力が生じないことを意味するとされる[4]。このように，登録を効力発生要件とした趣旨は，当事者間におけ

〈1〉　小野『注解商標法（下）』1118頁
〈2〉　古谷健二郎「商標の使用(2)」牧野ほか『訴訟実務大系Ⅱ』296頁
〈3〉　小野『注解商標法（下）』1122頁

る効力の発生と第三者との関係における効力の発生を常に一致させ，権利の移転等の権利関係をより明確にするためであると解される[5]。

　これに対し，通常使用権は，設定，移転，変更，消滅等について，登録が対抗要件であると解されている（商標31条4項，5項）[6]。

　また，商標法の登録は，民法における登記と同様に，公信力を認めないものと解されている[7]から，例えば，実体的には専用使用権の設定がないのに，専用使用権の設定の登録をしたからといって，専用使用権が発生するわけではない。

## 3　本問における法律関係

(1)　本問の前提として，A社とB社の専用使用権設定契約の終了前のC社の使用が，商標の使用に当たるかを検討してみる。前記2のとおり，専用使用権の設定は登録により効力を生じることになるから，商標法50条1項の「専用使用権者」というためには，専用使用権設定契約を締結したことだけでは足りず，専用使用権の登録を経ていることを要する[8][9]。本問において，B社は専用使用権の登録を経ており，C社は専用使用権者であるB社から再許諾を受けた通常使用権者であるから，C社による商標の使用は，通常使用権者による商標の使用に当たるのは明らかである。

(2)　では，A社とB社の専用使用権設定契約が終了した本問の場合はどう

---

〈4〉　中山＝小泉『新・注解特許法（上）』1354頁

〈5〉　中山＝小泉『新・注解特許法（上）』1352頁

〈6〉　特許法99条1項に関する，中山＝小泉『新・注解特許法（上）』1363頁参照。

〈7〉　中山＝小泉『新・注解特許法（上）』1535頁

〈8〉　これに対し，商標法50条1項の「通常使用権者」というためには，対抗要件の具備は必要ではなく，登録は不要と解されている（網野『商標』887頁）。

〈9〉　商標権者との間で専用使用権設定契約を締結したものの登録を経ていない専用使用権者による商標の使用については，少なくとも通常使用権者としての地位を有するものとして，商標法50条1項の「使用」に当たると解されている（小野『注解商標法（下）』1146頁）。また，裁判例上，通常使用権の有無は，比較的緩やかに認められる傾向であるとの指摘がある（古谷・前掲注2・300頁）。

か。商標法30条4項，特許法98条1項2号の文言からは，専用使用権の消滅は登録をしなければ効力が発生せず，C社の通常使用権も消滅しないとも考えられる。

　しかし，専用権設定契約終了後の通常使用権者による使用は，商標権者の許諾の基礎を欠き，商標権者の信用に帰するものとはいえないから，このような場合にまで商標権者に取消しを免れさせるべきではない。また，商標権者が，専用権設定契約が終了したのに専用使用権消滅の登録を怠っていた場合に取消しを免れるとすれば，登録手続を行った商標権者より登録を怠った商標権者を利する結果にもなりかねない。

　この点に関し，知財高判平成21年11月30日判時2082号120頁〔SMILE&SMILEY事件〕は，商標権者YとX社の間の専用使用権設定契約が期間満了により終了したが，専用使用権消滅の登録が未了のまま，従前X社から使用許諾を受けていたZ社がそのまま商標を使用していた事案において，「専用使用権の設定，消滅等は，『登録しなければ，その効力を生じない。』（商標法30条，特許法98条1項2号）とされているとおり，商標法は，登録を，対抗要件ではなく，効力要件と定めた。しかし，同規定は，実体上，専用使用権が存在しないにもかかわらず，登録されていさえすれば，効力が生ずるものと扱われる趣旨を定めたものでないことは明らかである。前記のとおり，YとX社との間において専用使用権設定契約が期間満了により終了したような場合，X社の専用使用権は，当然に消滅する。」として，Z社による使用は，商標法50条1項の「通常使用権者」の使用に当たらないと判断した[10]。

(3)　以上によれば，本問のC社による使用は，商標の使用とは認められないと解される。

（髙橋　彩）

---

〈10〉　知財高判平成22年4月27日（平成21年（行ケ）第10327号）裁判所ウェブサイト〔SMILEY事件〕も同旨の判断をした。

## Q60　不使用による取消し──不使用についての正当な理由

**Q**　海外で「A」というフランチャイズチェーンを展開しているA
社は，日本進出のために「A」を商標登録しましたが，マス
ター・フランチャイジーの募集・交渉などを続けている間に3年が経過
してしまい，まだ出店には至っていません。登録商標Aに類似する商標
登録を意図するB社は，不使用による取消審判を請求することができま
すか。

**A**　継続して3年以上日本国内において商標権者，専用使用権者又は
通常使用権者（以下「商標権者等」という。）のいずれもが各指定商品
又は指定役務についての登録商標の使用をしていないときは，何人も，商
標登録の取消しの審判を請求することができる（商標50条1項）。そして，
不使用による取消審判の請求があった場合，審判請求の登録前3年以内に，
日本国内において商標権者等が登録商標の使用をしていることを被請求人
が証明しない限り，商標登録の取消しを免れない（同条2項本文）。しかし，
使用をしていなかった場合でも，例外的に，使用をしていないことについ
て「正当な理由」がある場合には取消しを免れることができる（同項ただ
し書）。

　本問では，A社は，日本国内でその登録商標「A」を使用しないまま3
年が経過しているが，A社が登録商標の使用をしていないことについて
「正当な理由」がある場合には，商標登録の取消しを免れることになる。

　そこで，どのような場合に商標法50条2項ただし書の「正当な理由」が
認められるかが問題となるが，「正当な理由」があるというためには，商
標権者等の責めに帰することのできない事由が発生し，これにより，登録
商標の使用ができなかったことを要すると解すべきである。

　そうすると，本問のように，単にマスター・フランチャイジーの募集・
交渉などを続けている間に3年が経過したというだけでは「正当な理由」

　には当たらない。

　したがって，B社は不使用による取消審判を請求をすることができ，A社は商標登録の取消しを免れることはできない。

## ■　解　説

### 1　商標法50条2項ただし書「正当な理由」の解釈

　商標法50条2項ただし書の「正当な理由」については，商標権者等の責に帰すことができない事由が発生し，このような事由がなければ登録商標の使用がされたにもかかわらず，上記事由によって使用が妨げられた場合であることを要するとするのが通説である。具体的には，例えば，地震，水害等の不可抗力，放火，破壊等の第三者の故意又は過失による事由，法令による禁止等の公権力の発動に係る事由がこれに当たるとされる。この見解は，同項ただし書の趣旨について，商標権者等がその責に帰すことができない事由が発生したために使用をすることができなかったにすぎず，そのような事由がなければ登録商標を使用していたと考えられる場合にまで，商標登録の取消しを認めることは商標権者に酷であり，また，登録制度の面からも必ずしも適切ではないからであるとする[1]。

　これに対し，同項ただし書の「正当な理由」について，①使用されていない防衛的商標（周知商標の出所の混同を防止するために，あるいは，商標的使用であるか否か等の争いを避けるため等の目的で登録された商標）や貯蔵商標（取引上除斥期間の経過や官庁の許可を待ちつつある商標）等についても，不使用が商標使用者の業務上の信用を維持するために必要やむを得ないものであると認められるような場合には「正当な理由」に当たり，また，②不使用の商標の譲受人に使用の具体的準備が進められているなど，真摯な使用の意思が認められる場合にも「正当な理由」に当たるとして，「正当な理由」を上記の通説より緩やかに解すべきとの見解もある。この見解は，上記のような場合にも商標権者を保護するのが，商標を使用する者の業務上の信用の維持育成を図るという

---

〈1〉　小野『注解商標法（下）』1152頁

商標法の目的に合致するという考えに基づくものである[(2)]。

## 2　裁判例

　裁判例は,「正当な理由」とは商標権者等の責めに帰することのできない事由であるとしており, 上記(1)の通説と同じ立場に立っているといわれている。

　知財高判平成17年12月20日判時1922号130頁〔PAPA JOHN'S事件〕は, 商標権者Y社が登録商標の不使用について正当な理由があると主張した事案である。Y社は, 商標権者であるY社は外国人の大規模フランチャイズチェーンであるから, 商標権者が日本人である場合, 又は商標権者がフランチャイズ形式を前提としない企業である場合よりも, 商標の使用に多大な困難の伴うこと, 日本におけるマスター・フランチャイジーの発掘活動を熱心に行っていたにもかかわらず契約に至らなかったのは, 商標権者のマスター・フランチャイジーとしてふさわしい経験・資力を有している日本企業の絶対数が少なかったことなど, 被告の責めに帰することができない事情が存在すると主張した。これに対し, 裁判所は,「『正当な理由』とは, ……商標権者において登録商標を使用できなかったことが真にやむを得ないと認められる特別の事情がある場合に限られる」とし, Y社の主張する事情は, 企業の内部事情にすぎず, Y社がその経営判断によりその商標を日本国内で使用することは十分に可能であったとして,「正当な理由」に当たらないと判断した[(3)]。

---

〈2〉　網野『商標』895頁

〈3〉　そのほか, 知財高判平成22年12月15日判時2108号127頁〔エコルクス事件〕, 知財高判平成22年6月2日（平成22年（行ケ）第10037号）裁判所ウェブサイト〔久遠水事件〕, 知財高判平成21年2月24日（平成20年（行ケ）第10344号）裁判所ウェブサイト〔おおたかの森事件〕等も同趣旨の一般論を掲げている。

　　　また, 知財高判平成19年11月29日（平成19年（行ケ）第10227号・第10228号）裁判所ウェブサイト〔UNITED事件〕は, 正当な理由は不可抗力等の事由であると判断した上で, 不可抗力等の事由の発生と登録商標の不使用との間に因果関係が存在することを要し, 因果関係があるというためには,「不可抗力等の事由が発生した時点における, 商標権者等の登録商標使用の具体的準備の有無・程度を前提とし, その時点か

## 3　検　討

　商標法50条の定める不使用による取消制度の趣旨は，商標登録の目的ない
し期待に反して使用されていない登録商標を整理することにより，商標の保
護を通じて商標に化体された商標権者の業務上の信用を保護するという商標
制度の目的を発揮することにあるとされる[4]。使用されていない登録商標
が存在すると，他社の商標選択や表示の自由の妨げになることから，使用さ
れていない商標の登録を取り消すことが，商標制度の目的にかなう[5]。そ
して，同条2項ただし書の「正当な理由」については，通説のように厳格に
解するのが相当である。

　本問のA社には，不可抗力等のやむを得ない事由があると評価することは
できないから，A社は商標登録の取消しを免れることはできない。


（髙橋　彩）

---

　　ら予告登録までの間が，仮に当該不可抗力等の事由の発生がなかったとすれば，登録
　　商標の使用に至ることができたと認めるに足りる程度の期間であり，かつ，当該不可
　　抗力等の事由が，その発生により，上記期間内に商標権者等が登録商標の使用に至る
　　ことを妨げたであろうと客観的に認め得る程度のものであることを要し，かつ，それ
　　で足りるものと解するのが相当である」としている。
〈4〉　小野『注解商標法（下）』1118頁
〈5〉　古谷健二郎「商標の使用(2)」牧野ほか『訴訟実務大系Ⅱ』296頁

## 3　不正使用による取消し

### Q61　不正使用による取消し──混同を生ずるおそれ

 **Q**　　B社は，A社による登録商標に類似する商標の使用により，混同を生ずるとして取消審判を請求しました。この場合の混同を生ずるおそれの有無は，どのように判断されるのでしょうか。

**A**　　商標法51条1項の「混同を生ずるもの」に当たるか否かは，商標権者が使用している当該商標の具体的表示態様が，他人の業務に係る商品又は役務（商品等）との間で，具体的に混同を生ずるおそれを有するかどうかで判断される。

　その判断においては，当該商品等の取引者及び需要者において普通に払われる注意力を基準として，①商標権者が使用する当該商標と，他人の業務に係る商品等に使用されている商標との類似性の程度，②当該他人の商標の周知著名性及び独創性の程度，③商標権者が使用する商品等と当該他人の業務に係る商品等との間の性質，用途又は目的における関連性の程度並びに商品等の取引者及び需要者の共通性その他取引の実情などが総合的に考慮される。

---

■ **解　説**

#### 1　商標権者の不正使用による取消し（商標51条1項）について

　商標権者は，登録商標について，当該登録商標の指定商品又は指定役務について使用する権利を「専有」するほか（専用権。商標25条本文），登録商標とその指定商品又は指定役務の「類似」する範囲において第三者の商標使用を「禁止」することができる（禁止権。商標37条）。その結果，商標権者は，専用権の範囲を超えて，禁止権の範囲内において第三者を排除して商標を使用できることになるが，この範囲の使用については，商標権の正当使用義務に違

反するほか，他人の権利を侵害し，一般公衆の利益を害するものとして取り消され得る場合がある。

このような場合として，商標法51条1項は，商標権者による上記範囲の使用行為が，故意による①商品の品質若しくは役務の質の誤認又は②他人の業務に係る商品若しくは役務と混同を生ずるものであるときに，何人も取消審判の請求をすることができる旨を定めている。同項は，商標の不当な使用によって一般公衆の利益が害されるような事態を防止し，そのような場合に商標権者に制裁を課す趣旨のものであり，需要者一般を保護するという公益的性格を有するものである（最三小判昭和61年4月22日裁判集民147号587頁〔ユーハイム事件〕参照）。

商標法51条1項の取消審判の請求により商標登録が取り消される場合には，不正使用が指定商品又は指定役務の一部についてされていたとしても，その全部が取消しの対象となる。また，商標権者は，審決確定の日から5年を経過した後でなければ，当該登録商標又はその類似商標を，指定商品若しくは役務又はこれらに類似する商品若しくは役務について登録を受けることができなくなる（商標51条2項）。

なお，商標法51条1項の取消しが認められるためには，商標法53条1項の使用権者による不正使用の場合と異なり，商標権者の「故意」が必要となる。「故意」の内容については，他人の商標を認識していればよいとする見解（小野＝三山『新・商標法概説』523頁）が通説とされているが（網野『商標』908頁），最三小判昭和56年2月24日裁判集民132号175頁〔中央急救心事件〕は，「商標権者が指定商品について登録商標に類似する商標を使用し又は指定商品に類似する商品について登録商標若しくはこれに類似する商標を使用するにあたり，右使用の結果商品の品質の誤認又は他人の業務に係る商品と混同を生じさせることを認識していたことをもって足り」るとしている。

## 2　「混同を生ずるもの」について

### (1)　混同の対象について

「混同」を生ずるか否かは，商標権者による登録商標とその指定商品又は

指定役務の類似する範囲の使用（禁止権の範囲内の行為）と，他人の業務に係る商品又は役務との間で判断される。この「混同」は，人的又は資本的に何らかの関係があるかのように誤信させる混同（広義の混同）で足り，商品又は役務が類似する必要はない（小野『注解商標法（下）』1159頁〔勝部哲雄〕）。東京高判平成10年6月30日知的裁集30巻2号396頁〔アフタヌーンティー事件〕は，被服等を指定商品とする商標と，生活雑貨の商標として若い女性の間で周知となっていた他人の商標との間での混同を認めた。

　(2)　具体的な混同のおそれであることについて

　「混同を生ずる」使用とは，現実に混同が生じていることを必要とするのではなく，混同を生じるおそれがあれば足りる。もっとも，そのおそれの程度は抽象的なものでは足りず，具体的なものである必要があるとされている。このことについて，知財高判平成21年12月10日判時2089号134頁〔INDIAN ARROW事件〕は，「『商標の使用であって……他人の業務に係る商品若しくは役務と混同を生ずるもの』に当たるためには，使用に係る商標の具体的表示態様が他人の業務に係る商品等との間で具体的に混同を生ずるおそれを有するものであることが必要というべきであ」ると判示している。

　(3)　混同のおそれの判断基準について

　「具体的に混同を生ずるおそれ」があるか否かの判断に当たっては，商標権者の商標と，他人の業務に係る商品又は役務に使用されている商標との類否が重要となる。もっとも，上記判断は商標の類否だけで決せられるものではなく，両商標・商品又は役務を対象として混同のおそれの有無を判断すべきとされている（小野＝三山『新・商標法概説』525頁）。裁判例も，「商標法51条1項にいう『商標の使用であって……他人の業務に係る商品若しくは役務と混同を生ずるもの』に当たるためには，使用に係る商標が他人の商標と類似するだけでは足りず，その具体的表示態様が他人の業務に係る商品等との混同を生じさせるおそれを有するものであることが必要と解される。」と判示している（知財高判平成21年2月24日判時2043号127頁〔ELLEGARDEN事件〕）。同判決は，商標権者が使用する表示（「ELLE」と「GARDEN」を2段に表記して成るもの。）と引用商標（「ELLE」の文字から成るもの。）の類似は認めたが，商標権者

の使用する表示の具体的表示態様がコンパクトディスクに表示されたものであり，当該コンパクトディスクを購入しようとする者は商標権者が使用する表示がアーティスト名ないし表題である「ELLEGARDEN」を表すものと容易に理解できるとして，混同を生じさせるおそれがないと判断している。

　さらに，上記〔INDIAN ARROW事件〕は，混同のおそれの判断要素を整理し，上記(2)で引用した判示に続き，「混同を生ずるおそれの有無については，商標権者が使用する商標等と引用する他人の商標との類似性の程度，当該他人の商標との商標の周知著名性及び独創性の程度，商標権者が使用する商品等と当該他人の業務に係る商品等との間の性質，用途又は目的における関連性の程度並びに商品等の取引者及び需要者の共通性その他取引の実情などに照らし，当該商品等の取引者及び需要者において普通に払われる注意能力を基準として総合的に判断されるべきものである。」と判示している。同判決は，商標権者の使用する商標（「インディアンアロー」との一連の称呼を生ずるもの。）と引用する他人の商標（「インディアン」との称呼を生ずるもの。）とが類似しないとの判断を前提に，さらに引用商標が当該他人の業務を表示するものとして周知著名とはいえず，引用商標が「アメリカインディアン（北米原住民）」の観念を生ずる普通名詞であって独創性も低いことを認定し，商品並びに取引者及び需要者に同一性があるといった取引の実情を踏まえても出所の混同を生ずるとは認められないと総合的に判断した。また，上記裁判例と同様の判断枠組みで判断した知財高判平成24年12月26日判時2191号126頁〔マルチプログリーン事件〕は，使用商標と引用商標が類似であり，これらの商標が使用される商品も共通性を有すること，及び引用商標の独創性は高くないが，一定の認知を得ていたといえることを認め，商品の販売態様，方法は異なるが，そのような販売の実情に通じていない一般の需要者にあっては，商標の類似性に照らして誤認，混同を生ずる具体的なおそれがあると判断している。

（植田　裕紀久）

## Q62　不正使用による取消し──審判請求の相手方

**Q**　　商標権者Ａ社から通常使用権の設定を受けたＢ社に不正使用（誤認混同行為）があったとして，商標法53条１項による商標登録取消審判の請求をしようとしていたところ，その後，商標権がＡ社からＣ社に譲渡されてしまいました。この場合，Ｃ社を相手方として商標登録の取消審判を請求することができますか。

**A**　　使用権者の不正使用による取消審判（商標53条１項）の請求の相手方は商標権者であり（商標63条２項，特許179条ただし書参照），法は特に限定を付していない。また，商標法53条１項の取消しの潜脱防止の観点や，商標権の譲受人の保護は譲渡人への契約責任（瑕疵担保責任）の追及で図ることができることからすると，現在の商標権者であるＣ社に対して商標権の取消審判を請求することができる。

### ■ 解　説

**1　使用権者の不正使用による取消し（商標53条１項）について**

(1)　商標法は，不正使用による商標登録の取消しについて，①商標権者の不正使用による取消審判（商標51条１項）と，②使用権者の不正使用による取消審判（商標53条１項）を定めている。

　　これらは，いずれも第三者の権利及び一般公衆の利益を保護することを目的とするものであり（小野『注解商標法（下）』1157頁，1170頁〔勝部哲雄〕），このうち，使用権者の不正使用による取消審判（商標53条１項）は，使用許諾制度を認めた結果，使用者の誤認混同行為について商標権者に監督義務を負わせ，使用許諾制度に伴う弊害を除去するために設けられた制度である（小野＝三山『新・商標法概説』521頁）。不正使用行為の行為主体は使用権者であるが，商標権の取消しにより，商標権者と使用者の双方に制裁が科される結果となる。

(2)　商標法53条1項は，専用使用権者又は通常使用権者による，専用権の範囲内を含む禁止権の範囲内の商標権の使用行為が，①商品の品質若しくは役務の質の誤認又は②他人（商標権者，他の使用権者を含む。網野『商標』920頁）の業務に係る商品若しくは役務と混同を生ずるものであるときに，何人も取消審判を請求することができる旨を定めている。

　　同項の規定は，禁止権の範囲（登録商標とその指定商品又は指定役務の類似する範囲）内だけでなく専用権の範囲内の使用権者の使用行為をも対象としている点及び「故意」を要件とせず過失による使用の場合も対象とする点で，商標権者の不正使用による取消し（商標51条1項）よりも需要者の利益保護の色彩が強いものとなっている（小野＝三山『新・商標法概説』529頁）。

(3)　商標法53条1項の要件のうち，「混同を生ずるもの」の解釈は商標権者の不正使用による取消し（商標51条1項）と同様である。他方，「商品の品質又は役務の質の誤認」については異なる解釈をする見解がある（小野『注解商標法（下）』1159頁，1171頁〔勝部哲雄〕参照）。

(4)　商標法53条1項ただし書は，商標権者が使用権者の不正使用の事実を知らず，相当の注意をしていたときには商標登録の取消しが認められない旨定めている。この規定は商標権者の監督義務を間接的に定めたものであり，誤認又は混同行為をしないように注意・警告を発したという程度では足りず，使用の状況を実地について定期的に監査しているとか定期的に報告を取っているというように商標の使用について実質的に使用権者を支配下に置いているような関係が保持されていることが必要であるとされており，その立証責任は商標権者が負う（網野『商標』921, 922頁）。

(5)　商標法53条1項による商標登録の取消しの効果は，指定商品又は指定役務の一部について不正使用があってもその全部に及び，商標権者は審決確定の日から5年を経過した後でなければ当該登録商標又はその類似商標を指定商品若しくは役務又はこれらに類似する商品若しくは役務について登録を受けることができない（商標53条2項）。

　　また，商標法53条1項の取消審判の請求は，不正使用の事実がなく
なった日から5年を経過した後はすることができない（商標53条2項，52
条）。その反対解釈として，不正使用の事実がなくなったとしても，5
年間は同項の取消審判を請求できることになる。

　　これらの点は商標権者の不正使用による取消審判と異ならない。

## 2　請求の相手方について

(1)　使用権者の不正使用による取消審判（商標53条1項）の請求の相手方は
　商標権者である（商標63条2項，特許179条ただし書参照）。もっとも，使用
　権者の不正使用を理由とする商標登録の取消しは，商標権者に使用権者
　に対する監督義務を負わせ，これにより使用許諾制度に伴う弊害を除去
　することを目的とするものである。このことからすると，使用権者によ
　る不正使用があった当時の商標権者が商標登録の取消しの制裁を受ける
　ことはともかくとして（このこと自体についても批判はある。網野『商標』919
　頁参照），C社のように，不正使用があった後に商標権の譲渡を受けた者
　については，監督義務を行使し得る立場にはなかったのにもかかわらず
　商標登録が取り消され得るという不安定な立場に置かれることとなるか
　ら，このような者を取消請求の相手方とすることはできないとする見解
　も考えられないわけではない。

(2)　しかし，東京高判平成16年8月31日判時1888号138頁〔WORLD BEAR
　事件〕は，不正使用後に商標権を譲り受けた原告に対する商標法53条1
　項の取消審判の請求はできないとする原告の主張を認めず，特許庁がし
　た原告の商標登録を取り消す旨の審決の取消請求を棄却した。

(3)　同判決の事案は，原告が訴外会社から商標権の通常使用権の設定を受
　けて商標を使用していたが，同商標が被告の使用する商標と混同を生ず
　るおそれがあるとして被告が商標法53条1項の取消審判を請求したとこ
　ろ，同請求がされた時点では商標権は訴外会社から原告自身に移転して
　いた，というものであり，不正使用をしていた本人（本問でいうB社）が
　取消請求時点で商標権者となっていたという特殊な事情があった。その

ため，同判決は，少なくともこのような事情の下では商標法53条１項の立法趣旨を考慮しても同条の適用を否定すべき根拠はないと判断せざるを得ない，と判示するにとどまっており，同判決をもって不正使用後の商標権の譲受人を相手方とすることが一般論として肯定されたと評価することはできない。

　もっとも，不正使用の取消請求は第三者の権利及び一般公衆の利益を保護することを目的とするものであり，商標法53条１項の取消しは需要者の利益保護の色彩がより強く表れたものとなっている。

　また，商標法53条１項の取消審判の請求は，不正使用の事実がなくなってから５年以内であればいつでもすることができ（商標53条２項，52条），同請求にはこれ以外の制限は設けられていない。それにもかかわらず，取消審判の請求の相手方が不正使用の時点の商標権者に限られるとすると，不正使用後に商標権を第三者に移転することにより同項の取消しを容易に免れることができることになってしまい，妥当でない（小野＝三山『新・商標法概説』526頁参照）。

　さらに，商標法53条１項の適用を認めることにより商標権の譲受人が受ける不利益は，譲渡人との間の契約責任（瑕疵担保責任）によって調整することが可能である（上記〔WORLD BEAR事件〕判決の判例時報のコメント欄参照）。

　これらのことからすると，上記判決のような特殊な事情がなかった場合であっても，商標法53条１項の取消審判の請求は，不正使用後に商標権を譲り受けた者を相手方としてすることができると解される。したがって，本問では，Ｃ社を相手方として取消審判の請求をすることができる。

（植田　裕紀久）

## 4 不正登録による取消し

### Q63 不正登録による取消し──不正登録についての正当な理由

**Q** 日本のＡ社は，世界貿易機関の加盟国である外国のＢ社と継続的に取引をしてきましたが，Ｂ社が外国において有する商標権の登録商標に類似する商標について，日本で商標登録をしてしまいました。Ｂ社は，Ａ社の商標登録の取消審判を請求することができますか。

**A** Ａ社において，Ｂ社との間に契約に基づく継続的な法的関係があるか，Ｂ社との継続的な取引により慣行的な信頼関係が形成され，Ｂ社の販売体系に組み込まれているといえるのに，Ｂ社に無断で商標登録をしたような場合には，Ａ社が自らの費用と努力により固有のグッドウィルを獲得したといった正当な理由を有しない限り，Ｂ社は，Ａ社に対し，その商標登録の取消審判を請求することができる。

### ▌解 説

#### 1 商標法53条の2

パリ条約の同盟国，世界貿易機関の加盟国若しくは商標法条約の締約国において商標に関する権利（商標権に相当する権利に限る。）を有する者の当該権利に係る商標又はこれに類似する商標に関する商標登録の取消審判請求については，商標法53条の2に規定がある。同条は，他の同盟国で商標に関する権利を有する者の保護を強化することを目的とするものであり，他の同盟国における商標に関する権利を有する者の承認なしに，その代理人・代表者が我が国に当該商標と同一・類似範囲にある商標について出願をした場合であって，それが登録されたときは，商標に関する権利を有する者がその登録を取り消すことについて審判を請求することができる旨を定めたものである[1]。

　同条により取消審判を請求するためには，我が国における登録商標がパリ
条約の同盟国等において商標に関する権利を有する者の当該権利に係る商標
又はこれに類似する商標であって当該権利に係る商品若しくは役務又はこれ
らに類似する商品若しくは役務を指定商品又は指定役務とするものであり，
その商標登録出願が，正当な理由がないのに，その商標に関する権利を有す
る者の承諾を得ないでその代理人若しくは代表者又は当該商標登録出願の日
前1年以内に代理人若しくは代表者であった者によってされたものであるこ
とが必要である。

## 2　代理人等

　「その代理人若しくは代表者又は当該商標登録出願の日前1年以内に代理
人若しくは代表者であった者によってされたものである」ことにおける「代
理人」や「代表者」の意義について，「代理人」は商標所有者から何らかの
代理権を授与された者を指し，「代表者」は法人である商標所有者の代表者
を指すと文言どおりに狭く解する見解もある[2]。しかしながら，同条の目
的等に照らすと，代理店や特約店，委託販売業者のように，外国の商標権者
との間に契約に基づく継続的な法的関係があるか，少なくとも，継続的な取
引から慣行的な信頼関係が形成され，外国の商標権者の販売体系に組み込ま
れている者については，例えその者が通常の意味での代理権や代表権を有し
なくても，本条の「代理人」等に含まれると解するのが妥当であると思われ
る[3]。

　この点に関する裁判例としては，外国商標権者の製品の一手輸出店の顧客
であり同製品の単なる輸入販売業者であるにとどまる者について，外国商標
権者の「代理人若しくは代表者であった者」に当たらないとした東京高判昭
和58年12月22日判時1115号121頁〔CASITE事件〕や，外国商標権者との間
で日本における独占販売権を付与されていたわけではないが，外国商標権者

---

〈1〉　『工業所有権法逐条解説』1471頁
〈2〉　『工業所有権法逐条解説』1471頁
〈3〉　小野『注解商標法（下）』1180頁〔木棚照一〕

との継続的な取引により慣行が形成され，日本国内における外国商標権者の
商品の販売体系に組み込まれるような関係にあった者について，「代理人若
しくは代表者であった者」に該当するとした知財高判平成24年1月19日判時
2148号121頁〔Chromax事件〕（ただし，この点に争いがあった事案ではない。）な
どがあるが，これらも上記と同様の考え方に立つものと解される。

### 3　承　諾

　「その商標に関する権利を有する者の承諾」は，明示的なものでも黙示的
なものでもよく，また，事前の承諾に限らず事後の承諾でもよいと解されて
いる[4]。

### 4　正当な理由

　「正当な理由」がある場合の例としては，商標に関する権利を有する者が
代理店等にその国で商標に関する権利を取得する権利を取得することに関心
がないと信じさせた場合やその商標を放棄したと信じさせた場合，代理店等
が外国の商標に関する権利を有する者と取引をする前からその商標を善意で
既に使用していた場合，代理人等が自らの費用と独自の努力によって固有の
グッドウィルを獲得している場合などが挙げられている[5]。なお，前記
〔Chromax事件〕判決は，外国商標権者の商標に類似する日本の登録商標の
商標権者が，当該登録商標の価値を高めるため宣伝活動を行い，多額の宣伝
広告費用を投じたことにより，日本国内における当該登録商標の価値が高
まったとして「正当な理由」があると主張したのに対し，上記商標権者の宣
伝広告活動によって商標の価値を高めた事実は認定できないなどとして，そ
の主張を排斥する判断をした一事例である。

---

〈4〉　小野『注解商標法（下）』1181頁〔木棚照一〕
〈5〉　小野『注解商標法（下）』1181頁〔木棚照一〕

## 5　設問の検討

　本問において，B社は世界貿易機関の加盟国である外国の商標権者であるところ，当該外国におけるB社の登録商標に類似する商標について日本で商標登録をしたA社は，B社と継続的に取引をしてきたというのである。このようなA社は，B社の輸入代理店であるなど，B社との間に契約に基づく継続的な法的関係があるか，少なくとも，継続的な取引から慣行的な信頼関係が形成され，B社の販売体系に組み込まれている者に当たるといえる場合が多いであろう。そのような場合，B社は，A社が自らの費用と努力により固有のグッドウィルを獲得したといった正当な理由を有しない限り，A社に対し，同一又は類似の指定商品又は指定役務の範囲内において，A社の商標登録の取消審判を請求することができることになる。

（三井　大有）

# 第2編

# 意　匠　法

# 第1章　意匠登録要件

## Q64　関連意匠の意匠登録出願

**Q**　A社は意匠①について意匠権を有していますが，B社から意匠①に類似する意匠②について意匠登録出願がされました。意匠②は意匠①に類似するとして拒絶を受け，これが確定しました。A社は，今後のことも考えて，意匠①を本意匠とする関連意匠として意匠③の意匠登録出願をしようと考えています。このような出願は可能ですか。

**A**　A社は意匠①を本意匠とする関連意匠として意匠③の意匠登録出願をすることはできない。

　解　説

### 1　関連意匠制度とは

　関連意匠制度は，自己の意匠登録出願に係る意匠又は自己の登録意匠のうちから選択した一つの意匠を本意匠とし，本意匠に類似する意匠を関連意匠として独自の効力を有する意匠権を付与する制度である（意匠10条）。関連意匠制度は，旧法下の類似意匠制度[(1)]と同じく一つのデザインコンセプトから創作されるバリエーションの意匠を保護するための制度であるが，類似意匠制度においては類似意匠として登録された意匠の保護が十分とはいえなかったことから[(2)]，類似意匠制度に代わり，平成10年改正により導入され

---

〈1〉　旧意匠法（昭和34年法律第125号）10条，22条
〈2〉　類似意匠制度に関する学説として①確認説（類似意匠制度は本意匠の範囲を明確化することのみを目的とする制度であるとし，類似意匠登録は当該意匠が本意匠の意匠

たものである<sup>(3)</sup>。

## 2　関連意匠の意匠登録要件について

　関連意匠として意匠登録を受けるためには，①意匠登録出願人が本意匠と同一であること，②本意匠に類似する意匠であること，③本意匠の意匠登録出願の日以後であって，本意匠に係る意匠広報の発行日<sup>(4)</sup>前に出願されていること，という関連意匠の登録要件（意匠10条）を満たす必要があることに加えて，関連意匠であっても独自の意匠登録出願であるから，①工業上利用することができる意匠であること（意匠3条1項柱書），②新規性（同項各号），③創作非容易であること（同条2項），④先願意匠の一部と同一又は類似の後願意匠でないこと（意匠3条の2），⑤不登録意匠に該当しないこと（意匠5条各号），⑥最先の出願であること（意匠9条）<sup>(5)</sup>という一般的な登録要件も満たす必要がある。

　なお，一般的な登録要件のうち，最先の出願であること（意匠9条）に関し，旧意匠法（平成10年法律第51号による改正前のもの。以下，単に「旧意匠法」という。）の下での取扱いと異なる点があるので紹介する。現行の意匠法9条3項<sup>(6)</sup>によれば，拒絶されたことが確定している意匠②の意匠登録出願は意

---

権の類似範囲に属することを確認するものにすぎず，類似意匠が登録されても本意匠の効力には何らの影響がない。），②拡張説（類似意匠制度は意匠権の範囲の明確化にとどまらず意匠権の保護を強化するための制度であるとし，類似意匠の意匠権は独自の権利範囲を有し，その効力は類似意匠に類似する範囲に及ぶ。）があったが，実務は確認説を採用していたため類似意匠の保護が十分ではなかった。

〈3〉　関連意匠制度については，茶園『意匠法』150～155頁〔松本尚子〕，満田＝松尾『注解意匠法』267～281頁〔永芳太郎〕，『意匠法コンメンタール』278～297頁〔香原修也〕。

〈4〉　平成10年の関連意匠創設時には，本意匠と同日出願された場合に限られていたが，平成18年法律第55号による改正により拡大された。

〈5〉　関連意匠制度は，本意匠と関連意匠の関係（意匠10条1項）又は関連意匠同士の関係（意匠10条4項）に対し意匠法9条1項，2項の適用を外すものである。したがって，本意匠，他の関連意匠との関係以外では意匠法9条の適用がある。

〈6〉　意匠法9条3項は「意匠登録出願について拒絶をすべき旨の査定若しくは審決が確定したときは，その意匠登録出願は前二項の規定の適用については，初めからなかったものとみなす。」と規定する。

匠法9条1項の適用に関して意匠③の意匠登録出願との関係で先願とならない。しかし，旧意匠法には現行の意匠法9条3項のような規定はなく，本意匠の出願後，類似意匠の出願前に意匠登録出願されるか公知となった意匠（以下「中間介在意匠」という。）が本意匠に類似する場合に，中間介在意匠の存在により類似意匠の登録が意匠法9条により妨げられるかという点について議論があった。学説は，類似意匠制度に関する確認説と拡張説との対立に関連して，類似意匠の登録要件の判断の基準日を本意匠の登録出願日であるとし，類似意匠が中間介在意匠に類似するとしても，中間介在意匠は本意匠との関係では先願又は公知の地位を有しないから，中間介在意匠が本意匠に類似するかどうかにかかわらず，類似意匠の登録は妨げられないとする説（第1説），類似意匠の登録要件の判断の基準日は類似意匠の現実の登録出願日であり，類似意匠が中間介在意匠に類似する場合には，中間介在意匠が本意匠に類似するかどうかにかかわらず，類似意匠の出願が拒絶されるとする説（第2説），類似意匠の登録要件の判断の基準日は類似意匠の現実の登録出願日であるが，類似意匠が中間介在意匠に類似する場合であっても，中間介在意匠が本意匠に類似するときは，類似意匠の登録は妨げられないとする説（第3説）が存在していたが，最高裁は，甲が意匠に係る物品を「天井用埋込み灯」とする自己の登録意匠（意匠a）を本意匠とする類似意匠（意匠b）の意匠登録出願をしたところ，意匠bが，他人の先願意匠（意匠c。なお，意匠cは意匠aに類似するとして意匠法9条1項により拒絶査定を受けて確定している。）に類似しているとして拒絶されたという事案において，「類似意匠の意匠登録出願に係る意匠が先願意匠と類似する場合には，先願意匠の意匠登録出願が取り下げられ又は無効にされたときを除き，先願意匠が本意匠に類似するかどうかにかかわらず，右類似意匠の意匠登録出願は，意匠法9条1項により拒絶されるべきものと解するのが相当である。」として，中間介在意匠について，それが本意匠に類似するか否かにかかわらず後願排除効を認めて，後願の類似意匠の登録を拒絶するとの判断をしており，上記の第2説を採用していた[7]。

## 3　本問における検討

　A社は，意匠①について意匠権を有しているので意匠権設定登録を受けているものである。そして，特許庁が意匠公報を発行する時期を考慮すると，B社による意匠②について意匠登録出願が拒絶され，これが確定した時点では，意匠①に係る意匠広報は既に発行されているものと思われる[8]。したがって，A社による意匠③の意匠登録出願が意匠①の意匠広報の発行日の前であるという関連意匠の登録要件を満たさないので，A社は意匠①を本意匠とする関連意匠として意匠③の意匠登録出願をすることはできない。

（藤田　壮）

---

〈7〉　最二小判平成7年2月24日民集49巻2号460頁〔天井用埋込み灯事件〕。同事件の解説として，判時1620号141〜148頁，法曹時報50巻2号215〜233頁。

〈8〉　意匠広報は意匠権の設定登録の日から約1か月後に発行される。(http://www.jpo.go.jp/tetuzuki/touroku/pdf/noufu_touroku/d4_1.pdf)

　　したがって，他人による本意匠に類似する意匠の出願が拒絶されたことが確定した後に関連意匠の出願が可能な場合としては，A社が意匠①について意匠登録出願後意匠登録をすべき旨の査定を受けるまでの間にB社が意匠①に類似する意匠②について意匠登録出願をしたが意匠法9条1項による拒絶査定を受けてこれが確定していたことが判明した等に限られよう。もっとも，類似意匠の意匠登録出願をすることができなかった旧意匠法下での取扱いと異なり関連意匠の意匠登録出願することが可能である。

## Q65　創作容易性

 　　意匠登録出願が拒絶されたため，不服審判を請求したところ，意匠法3条2項に該当するとして認められませんでした。同項にいう創作容易性とは，どのように判断されるのですか。

**A**　　意匠登録出願に係る意匠と公知形態（公知意匠を含む。）との共通点，相違点を認定した上で，相違点に係る創作が意匠登録出願時の当業者の立場から見て意匠の着想の新しさないし独創性があるかという観点から判断されるものと思われる。

### ■　解　説

#### 1　創作容易性の概要[1]

　意匠法3条2項は，「意匠登録出願前にその意匠の属する分野における通常の知識を有する者が日本国内又は外国において公然知られた形状，模様若しくは色彩又はこれらの結合に基づいて容易に意匠の創作をすることができたときは，その意匠（前項各号に掲げるものを除く。）については，前項の規定にかかわらず，意匠登録を受けることができない。」と規定する。

　このような規定が設けられた趣旨は，客観的に新しい創作であったとしても，その意匠が当業者が容易に創作できるものであれば，保護価値がないばかりか，そのような意匠に独占権である意匠権を付与すれば，かえって意匠法の目的である産業の発達（意匠1条）を阻害するから，真に保護に値する意匠を保護する点にある。

　旧意匠法（昭和34年法律第125号）は，「日本国内において広く知られた形状，模様若しくは色彩又はこれらの結合に基づいて」当業者が容易に創作できた意匠についてのみ登録できないこととされていたが，平成10年法律第51号に

---

〈1〉　茶園『意匠法』67頁以下〔松本尚子〕

よる改正により，「日本国内において」という点が「日本国内又は外国において」と拡大されるとともに，「広く知られた」形状等のみならず「公然知られた」形状等に基づいて当業者が容易に創作できた意匠についても保護除外となるよう創作非容易性の判断基準が引き上げられた。この改正は，日本産業が世界において製品競争力の優位性を保つために，創作性の高いデザインを適切に保護し，創作性の高い意匠の創作を促すことが必要であることから，創作性の要件を引き上げたものである。

## 2　意匠法3条2項の要件について

(1)　「意匠登録出願前」とは，新規性（意匠3条1項）と同様に，意匠登録出願の「日」単位ではなく「時分」単位で判断されるものであり，「日」単位で判断される意匠登録出願の日（意匠9条，10条等）とは異なる。

(2)　「その意匠の属する分野における通常の知識を有する者」とは，いわゆる当業者[2]のことである。

(3)　「日本国内又は外国において公然知られた形状，模様若しくは色彩又はこれらの結合に基づいて」とは，判断の基礎となる資料がいわゆる公知形態であることを規定するものである。すなわち，意匠法3条2項においては，意匠の定義（意匠2条1項）と異なり「物品の」という文言を含んでいないので，創作性の判断の基礎となるのは，物品を離れたモチーフなども含むのである[3]。

(4)　「容易に意匠の創作をすることができたとき」とは，意匠の属する分野ごとあるいは各意匠ごとに異なり，一般化して述べることは困難であ

---

〈2〉　その意匠に係る物品を製造したり販売したりする業界において，意匠に関して平均的な知識を有する者である。

〈3〉　最高裁判例（最三小判昭和49年3月19日民集28巻2号308頁〔可撓伸縮ホース事件〕，最二小判昭和50年2月28日裁判集民114号287頁〔帽子事件〕）によれば，意匠法3条2項は，物品との関係を離れたモチーフとして日本国内において広く知られた形状，模様若しくは色彩又はこれらの結合（周知のモチーフ）を基準として，当業者が容易に創作することができた意匠でないことを登録要件としたものであり，右の周知のモチーフを基準として，当業者の立場からみた意匠の着想の新しさないし独創性を問題とするものである。

り<sup>(4)</sup>，ケースバイケースというほかはないが，①公知の一つのモチーフ（自然物，建造物，著作物，模様，図形，記号等）をさほどの変形をすることなく，単純に物品の形態に用いた程度の意匠（例えば，水玉模様の織物地，紅葉形のブローチ），②非類似物品間における商慣行上の転用（例えば，周知の乗用車の形態を模した自動車おもちゃ），③公知のモチーフの単純な組合せ（例えば，東京タワーと自由の女神像を方形板上に単純に併置した置物），④幾何的数学的形態を単純に物品の形態とした意匠（例えば，正8角形状の建築用柱），⑤物品の用途機能の単純な合理的追求の結果自ずから定まる形態による意匠，⑥複数の公知意匠の全体若しくは部分形態の単純な組合せによる意匠（例えば，前半部をT社形，後半部をN社形とした乗用車）は，創作容易の例として挙げられている<sup>(5)</sup>。

## 3　創作容易性の判断に関する裁判例の紹介

　創作容易性について判断した裁判例はいくつかあるが<sup>(6)</sup>，近時の裁判例を紹介する。

　知財高裁<sup>(7)</sup>は，意匠に係る物品を写真等が印刷可能な印刷部を台紙から剥がし冊子状にして使用可能な「印刷用はくり紙」とする意匠（本願意匠）

---

〈4〉　特許庁も意匠審査基準において，「容易に創作することができたとき」の解釈について一般的な解説を記載せずに類型（①置換の意匠（意匠審査基準23.5.1），②寄せ集めの意匠（同23.5.2），③配置の変更による意匠（同23.5.3），④構成比率の変更又は連続する単位の数の増減による意匠（同23.5.4），⑤公然知られた形状，模様若しくは色彩又はこれらの結合をほとんどそのまま表したにすぎない意匠（同23.5.5），⑥商慣行上の転用による意匠（同23.5.6））と具体例のみを挙げており，一般的な基準を示していない。

〈5〉　満田＝松尾『注解意匠法』166頁〔森本敬司〕

〈6〉　裁判例を分析したものとして，例えば，『意匠法コンメンタール』179頁以下〔鹿又弘子〕。

〈7〉　知財高判平成23年12月15日（平成23年（行ケ）第10239号）判時2146号125頁〔印刷用はくり紙事件Ⅰ〕。同様の判断枠組みを採用したものと思われるものとして，知財高判平成23年12月15日（平成23年（行ケ）第10240号）判時2146号125頁〔印刷用はくり紙事件Ⅱ〕，知財高判平成27年7月9日（平成27年（行ケ）第10004号）裁判所ウェブサイト〔遊戯用器具の表示器事件〕。

が引用意匠に基づいて容易に創作することができたことを理由とする拒絶査定を維持した審決に係る審決取消訴訟において，本願意匠と引用意匠を認定し対比した上，共通点と相違点を認定し，その上で相違点について，横長長方形状の台紙の表面に，4段の横長帯状の帯状印刷部を設け，それぞれの帯状印刷部に3つの横長隅丸矩形状が配され，帯状印刷部の輪郭が実線で囲まれ，1段目と3段目の最右の横長隅丸矩形状には中央に細帯状の表紙用の背当て部が設けられており，それ以外は，いずれも隣接する横長隅丸矩形状との間及び中央に縦方向にミシン目を設けた公知の意匠から，3段の帯状印刷部を設け，それぞれの帯状印刷部に3つの横長隅丸矩形状が配され，いずれもその中央に縦方向にミシン目を設けた本願意匠を創作することは，いわばその一部を切り取ってミシン目の一部を実線に変更する程度のものであり，その意匠の全体から見ても，本願意匠出願時の当業者の立場から見て意匠の着想の新しさないし独創性があるとはいえず，容易に創作することができたと判断して原告の請求を棄却した。

## 4　本問における検討

　創作容易性の判断をどのように行うかについては，一般化して述べることは困難であるが，近時の裁判例をみると，意匠登録出願に係る意匠と公知形態（公知意匠を含む。）との共通点，相違点を認定し，相違点に係る創作が当業者の立場から見て意匠の着想の新しさないし独創性があるかという観点から判断されることになると思われる。

（藤田　壮）

## Q66 肉眼によって認識することができない微小な意匠

**Q** A社の電子製品は，そのデザイン性に優れているとして業界では評判ですが，それは拡大鏡を使用しないと認識することはできません。このようなデザインについても，意匠登録を受けることはできますか。

**A** A社の電子製品の通常の取引態様によって意匠登録を受けることができるかどうかが変わると考えられる。すなわち，当該電子製品の取引に際して，その形状等を肉眼によって観察することが通常である場合には，肉眼によって認識することのできない形状等は，「視覚を通じて美感を起こさせるもの」に当たらず，意匠登録を受けることができない。他方，当該電子製品の取引に際して，現物又はサンプル品を拡大鏡等により観察する，拡大写真や拡大図をカタログ，仕様書等に掲載するなどの方法によって，当該物品の形状等を拡大して観察することが通常である場合には，当該電子製品の形状等は，肉眼によって認識することができないとしても，「視覚を通じて美感を起こさせるもの」に当たるといえ，意匠登録を受けることができる。

### ▌解 説

#### 1 「意匠」とは

意匠法2条1項は，意匠登録を受けることのできる「意匠」とは，「視覚を通じて美感を起こさせるものをいう。」と規定している。この「視覚を通じて」との文言からすれば，聴覚を通じて美感を起こさせる音声などには，意匠法による保護は及ばない[1]。しかし，同項にいう「視覚」が肉眼により認識することに限られるのかは，意匠法の文言上は明確でない。

---

〈1〉 『意匠法コンメンタール』51頁〔五味飛鳥〕

## 2　学　説

　意匠登録を受けることのできる「意匠」が肉眼によって認識することのできる形状等に限られるかについては，拡大鏡や顕微鏡で認識する形状等を含まないとする見解[2]や，意匠に係る物品が拡大鏡を用いて取引するようなものであるときは，拡大鏡により認識することができればよいとする見解[3]がある。

## 3　裁判例

　この点に関する裁判例として，知財高判平成18年3月31日判時1929号84頁〔コネクター接続端子事件〕がある。

　同判決は，意匠登録を受けることのできる意匠が肉眼によって認識し得るものに限られるかどうかにつき，①意匠に係る物品の取引に際して，当該物品の形状等を肉眼によって観察することが通常である場合には，肉眼によって認識することのできない形状等は，「視覚を通じて美感を起こさせるもの」に当たらず，意匠登録を受けることができないが，②意匠に係る物品の取引に際して，現物又はサンプル品を拡大鏡等により観察する，拡大写真や拡大図をカタログ，仕様書等に掲載するなどの方法によって，当該物品の形状等を拡大して観察することが通常である場合には，当該物品の形状等は，肉眼によって認識することができないとしても，「視覚を通じて美感を起こさせるもの」に当たるといえ，意匠登録を受けることができるとの判断基準を示した。

　同判決は，その理由として，意匠法の目的が，意匠の保護及び利用を図ることにより，意匠の創作を奨励し，もって産業の発達に寄与することにあること（意匠1条）に鑑みると，微小な物品であっても，工業的に同一の形状等を備えた物品として設計し，製作することが可能な場合には，その意匠につき保護を与えるべきものであり，殊に，微小な物品についての成形技術，

〈2〉　高田『意匠』76頁
〈3〉　加藤恒久『意匠法要説』（ぎょうせい，1981年）108頁，藤本昇「意匠法上の視覚性について」『意匠法及び周辺法の現代的課題』31頁

加工技術が発達し，精巧な物品が製作され，取引されているという現代社会の実情に照らすと，意匠法による保護を及ぼす必要性は高いということができる一方，意匠に係る物品の形状等が，当該物品が取引される通常の状態において，視覚によって認識され得ないときは，意匠を利用するものとはいい難いから，意匠法の目的に照らし，同法の保護は及ばないと考えられる，と判示した。

　そして，本願意匠に係る物品「コネクター接続端子」においては，その取引に当たり，物品の形状等を拡大して観察しているということはできず，かつ，その特徴的部分を含む具体的形態を肉眼によって認識することは不可能というべきであるから，同物品の形状等は意匠法により保護される意匠には当たらないと解すべきであると判断した。

## 4　意匠審査基準

　特許庁は，昭和43年 6 月に公表した意匠審査基準において，意匠とは視覚を通じて美感を起こさせるものをいうことから，視覚に訴えないものは意匠とは認められないこと，視覚に訴えるものとは，意匠登録出願されたものの全体の形態が肉眼によって認識することができるものをいうことなどを定め，以後これに基づく運用をしてきた。なお，この意匠審査基準作成時には，意匠は肉眼で見える範囲のものとすることが当然のことと認識されており，その理由について特段の議論はなされなかったようである。

　前記〔コネクター接続端子事件〕においては，かかる意匠審査基準に従った審決には，意匠法 3 条 1 項柱書き， 2 条 1 項の解釈を誤った違法があると判断された。その後，意匠審査基準は改訂され，対象意匠の観察は肉眼による視覚観察を基本とするが，肉眼によって認識できないものであっても，当該物品の取引の際に拡大観察することが通常である場合には，肉眼によって認識できるものと同様に扱うものと規定された[4]。

---

〈4〉　意匠審査基準22.1.3.1.2(3)(i)

## 5　本問についての検討

　本問に対する回答としては，A社の電子製品の通常の取引態様によって意匠登録を受けることができるかどうかが変わると考えられる。すなわち，当該電子製品の取引に際して，その形状等を肉眼によって観察することが通常である場合には，肉眼によって認識することのできない形状等は，「視覚を通じて美感を起こさせるもの」に当たらず，意匠登録を受けることができない。他方，当該電子製品の取引に際して，現物又はサンプル品を拡大鏡等により観察する，拡大写真や拡大図をカタログ，仕様書等に掲載するなどの方法によって，当該物品の形状等を拡大して観察することが通常である場合には，当該電子製品の形状等は，肉眼によって認識することができないとしても，「視覚を通じて美感を起こさせるもの」に当たるといえ，意匠登録を受けることができる。

（宇野　遥子）

# 第2章　意匠の類否

## Q67　意匠の類否——一般

　A社の登録意匠について，B社が意匠登録無効審判を請求しました。B社の商品と比べてみると異なるところが見られるのですが，意匠の類否はどのように判断されるのでしょうか。

**A**　意匠の類否判断に際して，実務上一般的に用いられている手法は，登録意匠（A社の意匠）と引用意匠（B社の商品）それぞれを通常の取引方法により視覚観察して各構成態様を認定し，登録意匠と引用意匠を対比して一致点と相違点を認定し，物品の性質，用途，使用態様，公知意匠にはない新規な創作部分の存否等から，どこが最も取引者・需要者の注意をひきやすい形態的特徴部分（要部）であるかを検討した上で，一致点と相違点に基づき意匠全体を観察して両意匠の類否を判断する，というものである。両意匠の構成態様における相違点が認定できるとしても，取引者・需要者が最も注意をひきやすい形態的特徴部分が一致し，意匠の美感を全体として観察したときに相違点が形態的特徴の一致点に埋没するものである場合には，なお意匠は類似すると判断される。他方で，かかる相違点が意匠全体の美感に大きな影響を与えており，異なる美感をもたらしていると認められる場合には，両意匠は非類似と判断される。

## ■　解　説

### 1　意匠の類否とは

意匠法3条1項3号は，意匠の出願において，公知意匠に類似する意匠は，

新規性を欠くとして，意匠登録を受けることができないと規定している。また，意匠法23条は，意匠権の効力につき，「意匠権者は，業として登録意匠及びこれに類似する意匠の実施をする権利を専有する。」としている。このように，意匠法は，意匠権の登録要件及び登録意匠の効力に関し，いずれも意匠の類似について規定をしている。両者は，前者が登録の際に特許庁が第一次的に判断するものであるのに対して，後者は侵害訴訟において第一審裁判所が第一次的に判断するものであるという点で異なるが，一般に，意匠の類否は同様に判断されると解されている[1]。本稿では，設問のような意匠権の登録要件の観点から検討する。

## 2　意匠の類否判断の基準

　意匠の類否を判断する基準について，基本的な学説として，創作説（デザイナー等の創作者を基準として美的思想の同一性について判断する基準）[2]，混同説（物品の取引者・需要者を基準として混同のおそれについて判断する基準）[3]，修正混同説（物品の取引者・需要者を基準として意匠の要部における混同のおそれについて判断するが，意匠の要部を認定するに当たって公知意匠が登録意匠の類似範囲に含まれないよう参酌する基準）[4]がある。

　この点に関する判例として，最三小判昭和49年3月19日民集28巻2号308頁〔可撓伸縮ホース事件〕がある。同判決は，意匠法3条「1項3号は，意匠権の効力が，登録意匠に類似する意匠すなわち登録意匠にかかる物品と同

---

〈1〉　侵害訴訟においては，取引者・需要者の最も注意をひきやすい部分を意匠の要部として把握した上で登録意匠と対象意匠とが比較されるのに対して，意匠法3条1項3号の類否判断においては，一般的に，意匠の要部の認定は行われないという違いはあるが，実質的な判断手法に大きな相違があるわけではない。茶園『意匠法』106頁〔茶園成樹〕

〈2〉　牛木理一『意匠法の研究─その本質から実際まで〔4訂版〕』（発明協会，1994年）123頁

〈3〉　高田『意匠』149頁，竹田『訴訟要論』573頁

〈4〉　清永利亮，本間崇編『実務相談工業所有権四法』（商事法務研究会，1994年）357頁「Q52」〔設樂隆一〕，小谷悦司「登録意匠の要部認定と類否判断について」『意匠法及び周辺法の現代的課題』225頁

一又は類似の物品につき一般需要者に対して登録意匠と類似の美感を生ぜしめる意匠にも，及ぶものとされている（(意匠)法23条）ところから，右のような物品の意匠について一般需要者の立場からみた美感の類否を問題とする（後略)」と判示し，意匠法３条１項３号の類否について，一般需要者を基準として判断すべきであることを明確にしているが，需要者における誤認混同のおそれの有無により判断するとまでは判示していない。

　その後，平成18年法律第55号による意匠法改正により，意匠法24条２項（「登録意匠とそれ以外の意匠が類似であるか否かの判断は，需要者の視覚を通じて起こさせる美感に基づいて行うものとする。」）が新設された。特許庁は，立法理由として，「意匠の類否判断について明確化するために，意匠の類似について，最高裁判例等において説示されている取引者，需要者からみた意匠の美感の類否であることを規定する」旨説明している[5]ことから，前記〔可撓伸縮ホース事件〕の判示内容を踏まえて同条項の規定を解釈すべきである。

　近年の裁判例は，需要者を判断主体としているものの，誤認混同のおそれの有無により判断するとは述べず，意匠中の創作的な特徴的部分の同一性を重視しつつ，相違点が形態的特徴の一致点に埋没し全体的な美感の同一性に影響を与えない場合に類似と判断する傾向がある[6]。このような判断基準は，前記基本的な学説とは一部異なり，意匠の要部について比較検討した上で意匠全体の美感の類否について直接的総合的に判断するための実務的な基準であると考えられる。

## 3　意匠の類否判断の手法

　意匠の類否判断に際して，実務上一般的に用いられている手法は，登録意匠と引用意匠それぞれを通常の取引方法により視覚観察して各構成態様を認定し，登録意匠と引用意匠を対比して一致点と相違点を認定し，物品の性質，

---

〈5〉　『産業財産権法の解説―平成18年意匠法等の一部改正』22頁

〈6〉　　知財高判平成22年６月30日判時2110号106頁〔ゴルフボール事件〕，知財高判平成23年３月28日（平成22年（ネ）第10014号）裁判所ウェブサイト〔マンホール蓋用受枠事件〕等参照。牧野ほか『訴訟実務大系Ⅱ』151頁「類似範囲等」〔水谷直樹〕

用途，使用態様，公知意匠にはない新規な創作部分の存否等から，どこが最も取引者・需要者の注意をひきやすい形態的特徴部分であるかを検討した上で，一致点と相違点に基づき意匠全体を観察して両意匠の類否を判断する，というものである[7]。

　登録意匠と引用意匠について，一致点と相違点を抽出した上で比較する際，両意匠が取引者・需要者が最も注意をひきやすい形態的特徴部分において共通しているか否かは重要な判断要素となる。そして，両意匠の構成態様における相違点が認定できるとしても，取引者・需要者が最も注意をひきやすい形態的特徴部分が共通し，意匠の美感を全体として観察したときに相違点が形態的特徴の一致点に埋没するものである場合には，なお意匠は類似すると判断される。他方で，かかる相違点が意匠全体の美感に大きな影響を与えており，異なる美感をもたらしていると認められる場合には，両意匠は非類似と判断されることになる。

　個別事案における意匠の類否判断は，意匠図面等[8]を比較して需要者の視覚を通じて起こさせる美感に基づき判断することになるため，非常に難解であるが，意匠は，全体が有機的なつながりを持って結合されたものであるから，各一致点及び相違点の個別の評価に加えて，意匠全体の美感の類否について総合的に評価することが必要であり，かかる総合評価に当たっては，裁判例を集めた文献等[9]を参照して類否判断の相場観を掴むことが重要であるといえる。

（宇野　遥子）

---

〈7〉　意匠審査基準22.1.3.1，東京高判平成10年6月18日知的裁集30巻2号342頁〔自走式クレーン事件〕等参照。

〈8〉　意匠登録出願を行うに当たっては，「意匠登録を受けようとする意匠を記載した図面」，又は「意匠登録を受けようとする意匠を現わした写真，ひな形又は見本」を添付することとされている（意匠6条1項，2項）。登録意匠の認定に当たっては，この意匠図面等によりその内容を確定する必要がある。

〈9〉　代表的なものとして，牛木理一編著『意匠権侵害─理論と実際』（経済産業調査会，2003年）95頁，末吉『意匠法』78頁

## Q68 意匠の類否——商品の部分

**Q** 意匠権者であるＡ社が，Ｂ社の商品について意匠権の侵害を主張しています。Ｂ社の商品の一部を切り取ってくると，確かにＡ社の登録意匠に似ている部分があるようですが，この場合でも意匠の利用，あるいは意匠の類似に当たるのでしょうか。

**A** Ｂ社の商品（以下「Ｂ商品」という。）の意匠（以下「Ｂ意匠」という。）の実施がＡ社の登録意匠（以下「Ａ意匠」という。）の権利侵害となるかどうかは，(a)Ａ意匠に係る物品とＢ商品が同一又は類似か（以下「類似性等」という。）を判断し，(b)類似性等が肯定された場合にはＡ意匠とＢ意匠の類否を判断し，類似する場合には侵害となり，(c)非類似の場合には意匠の利用関係を判断し，利用関係があれば侵害，なければ非侵害となり，(d)前記(a)で物品類似性等が否定されれば意匠の利用関係を判断し，利用関係があれば侵害，なければ非侵害となる。判断の手順は【図表68-1】侵害判断フローチャートのとおりである。

### ■ 解 説

### 1 意匠と物品の関係

(1) 意匠登録出願は，経済産業省令で定められる物品の区分により意匠ごとにしなければならず（意匠7条），意匠権はその意匠に係る物品について成立するのであって，物品が異なれば別の意匠となるから，同一物品でなければ意匠の同一性は保てない（高田『意匠』141頁）。ただし，意匠権の権利範囲を全く同一の物品に限定すると権利者の保護に欠けることから，意匠権の権利範囲は類似の物品にも及ぶとされている（最二小判昭和49年3月19日民集28巻2号308頁〔可撓伸縮ホース事件〕）。このように，意匠に係る物品が同一又は類似していなければ，意匠が同一又は類似しているとはいえない。

**【図表68-1】** 侵害判断フローチャート

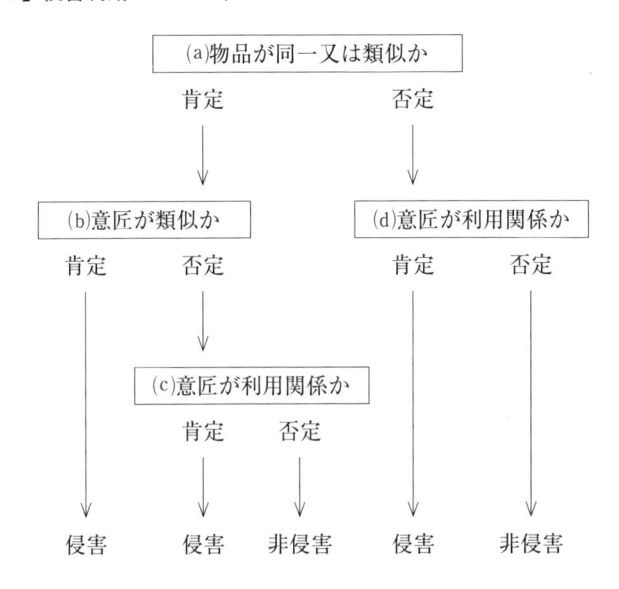

(2)　意匠に係る物品は，流通過程におかれ，取引の対象とされる独立した物品を指すものというべきであって，単に，当該物品の一部を構成するにすぎない部分を指すと解すべきではない（東京地判平成16年10月29日判時1902号135頁〔ラップフィルム摘み具事件〕）。

(3)　物品の類否の基準としては，物品の用途・機能が同一のものは同一の物品，用途が同一で機能が異なるものは類似の物品，用途も機能も異なるものは類似しない物品とする（高田『意匠』138頁，大阪高決昭和56年9月28日無体例集13巻2号630頁〔保管庫事件〕），意匠に係る物品に類似する物品とは，登録意匠又はこれに類似する意匠を物品に実施した場合，当該物品の取引者，需要者が意匠権者の製造等する物品と混同するおそれのある物品をいう（竹田『訴訟要論』636頁）等の説がある。

## 2　意匠の類否

本件では，B意匠の一部を切り取るとA意匠に類似するから，B意匠は，

A意匠に類似した意匠に別の部分（意匠）を付加したものである。両意匠の物品類似性が肯定される場合，付加した部分が，比率が小さく陳腐である等から，なおB意匠が全体としてもA意匠に類似であれば侵害となる。付加によってB意匠がA意匠と非類似となっていれば，利用の成否の判断が必要となる。

### 3　意匠の利用

(1)　意匠権者は，業として登録意匠及びこれに類似する意匠の実施をする権利を専有するが（意匠23条），その登録意匠がその意匠登録より先願の他人の登録意匠等（類似意匠も含む。）を利用するもの（利用意匠）であるときは，業としての実施はできない（意匠26条）。利用意匠の実施には，被利用意匠等の権利者の許諾か，特許庁長官の裁定が必要である（意匠33条）。

　意匠の利用とは，①利用意匠が，構成要素中に被利用意匠又はこれに類似する意匠の全部を包含していること，②被利用意匠の特徴をそっくりそのまま残していること，③包含は，他の構成要素と区別し得る態様であること，④利用意匠は被利用意匠と非類似の意匠であることの四つの要件がある場合である（大阪地判昭和46年12月22日無体例集3巻2号414頁〔学習机事件〕，小谷悦司「意匠の『類似』と『利用』の関係」『判例評釈大系Ⅱ』90頁，高部眞規子「意匠の利用」『百選』114頁等通説）。

(2)　意匠の利用の類型としては，(ア)意匠に係る物品の類似性等が否定される場合で，A物品（例えば机）についての他人の登録意匠等（A意匠）がある場合に，A意匠と同一又は類似の意匠を表したA物品を部品とするB物品（例えば書架付学習机）の意匠（前掲〔学習机事件〕の事例）と，(イ)物品類似性等が肯定される場合で，他人の登録意匠等に更に形状，模様，色彩等を結合して全体としては別個の意匠となっているとき，例えば，手提袋の形状に係る登録意匠に全面彩色プリント模様を付した意匠で，模様が強い印象を与えるため前記登録意匠とは類似しない意匠（千葉地判昭和55年1月28日特許と企業170号51頁〔手提袋事件〕）が挙げられている。

【図表68-2】ラップフィルム摘み具意匠

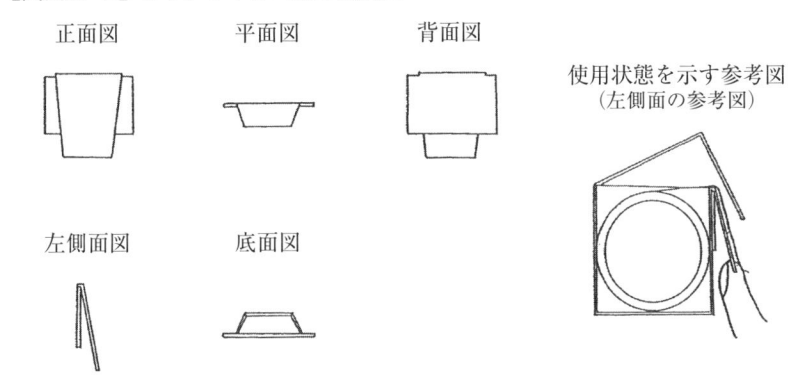

正面図 平面図 背面図

使用状態を示す参考図
（左側面の参考図）

左側面図 底面図

【図表68-3】ラップフィルムの箱意匠

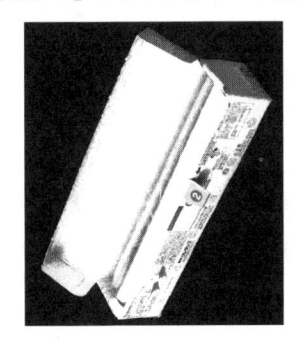

(3) 本件で，1の(a)（物品類似性等）が肯定され，(b)（意匠の類否）が否定された場合，利用の類型としては前記(2)(イ)の問題となる。

(4) 本件で，1の(a)（物品類似性等）が否定された場合，利用の類型としては前記(2)(ア)の問題となり，③他の構成要素と区別し得るとの要件が問題となる。否定例として，前掲〔ラップフィルム摘み具事件〕がある。同事件は，ラップフィルムのケース（箱）に両面テープなどで貼り付けてフィルム先端を指で簡単につまめるようにするためのラップフィルム摘み具の登録意匠（【図表68-2】参照）に対し，ラップフィルムの箱前面の中央上端の一部にミシン目及び切り込みを入れ，そこを指などで切り離すことによって，「つまめるフラップ」を箱本体と一体に形成する意匠

（【図表68-3】参照）について，箱の特定の部分のみを恣意的にハサミで切り離して分離すると，登録意匠と似ているとしても，当該部分は箱の他の部分と截然と区別して看取できないから，利用関係がないとした事例である。

　他の否定例として，豆乳仕上機（豆腐製造の最初の工程で使用される機械）に係る登録意匠について，被疑侵害物件（豆腐製造用豆乳濾過装置）の一次濾過装置部分の意匠が類似しているとしても，二次濾過装置部分と渾然一体となって彼此区別できない形状となっている事例（名古屋地判昭和59年3月26日無体例集16巻1号199頁〔豆乳仕上機事件〕，控訴審名古屋高判昭和60年4月24日無体例集17巻1号183頁）がある。

(5)　意匠の利用に関する裁判例としては，他に，登録意匠等の要部を利用する限り，その登録意匠等の一部（非要部）が外部から見えないとしても利用関係にあるとした事例（大阪高判昭和57年9月16日無体例集14巻3号571頁〔鋸用背金事件〕），被疑侵害製品は，登録意匠等に類似する部品がネジで内部に固定されて外部から認識できないため，意匠権侵害の判断に当たって考慮することができないから利用関係がないとした事例（東京地判平成15年1月31日（平成14年（ワ）第5556号）裁判所ウェブサイト〔減速機付きモーター事件〕），先行意匠との対比から瓦が無模様であることを要部と解し，模様のある被疑侵害製品との利用関係を否定した事例（福岡地小倉支判昭和62年9月18日判タ664号222頁〔かわら事件〕），登録意匠の図柄の最小単位の図柄部分がないから，包含関係が認められないとして利用関係を否定した事例（神戸地判平成9年9月24日（平成7年（ワ）第1847号）日本知的財産協会判例集Ⅴ（平9）2396頁〔細幅レース地事件〕）がある。

## 4　部分意匠の場合

　部分意匠の審査でも，公知の意匠との類否判断において物品の類似性は要求されており（意匠審査基準71.4.2.2.1），侵害の成否における類似性でも同様に物品の類似性が要求される。

　また，意匠の利用については，A意匠が部分意匠の場合，部分意匠につい

て要部保護説に立てば部分意匠の位置関係等（破線部分との関係）を無視する
ことができないとして利用関係が成立することを否定する説（小谷悦司「登録
意匠の利用関係」小谷悦司，小松陽一郎編『意匠・デザインの法律相談』（青林書院，
2004年）427頁）もあるが，私見では，要部保護説に立っても，部品について
の部分意匠に対し当該部品を使用した製品のように物品非類似の場合や形状
の部分意匠に対して全体に斬新な模様を付して非類似の意匠を創作した場合
等を考えれば利用関係は成立し，ただ，利用の要件②の「被利用意匠の特徴
をそっくりそのまま残していること」について，破線部分との関係を考慮し
て判断されるにすぎない（すなわち，破線部分も考慮して部分意匠が要部となってい
ることが意匠の特徴なのであるから，利用意匠の中に，被利用意匠たる部分意匠権の侵害
といえるような部分が他の部分と区別して存在しなければ，被利用意匠の特徴をそっくり
そのまま残しているとはいえないということになる。）。したがって，Ａ意匠が部分
意匠であっても，利用関係は同様に判断されると考える（特に理由を示すこと
なく利用関係を肯定するものとして，藤本昇「意匠の使用態様と意匠の利用の成否論」
『判例意匠法』413頁）。


　　　　　　　　　　　　　　　　　　　　　　　　（山田　知司）

# 第3章　出願・審査

## Q.69　登録意匠の範囲

**Q**　A社の開発したマスクは，折りたたんである状態（商品棚に陳列される形態）もさることながら，装着した際の形状に特徴があり，A社はこれを意匠として登録したいと考えています。出願の際は，どのようなことに注意をすればよいでしょうか。

**A**　マスクを装着した際の形状に特徴があり，これを意匠として登録するには，装着状態における意匠が願書の記載及び願書に添付した図面等によって認識されるようにしなければならない。そのために装着した際の形状を人間の顔も含めて示した「使用状態を示した参考図」を加えるべきである。

### ▌解　説

### 1　意匠出願のポイント

　マスクは，一般に，①折りたたんである状態（商品棚に陳列される状態），②装着できるように広げた状態，③装着した状態の三つの形状があり，折りたたんである状態は一般に平たく，広げると立体になり，装着すると人間の鼻，頬骨，耳，顎などの位置や凹凸の影響を受けて更に変形する。A社のマスクは，①の折りたたんである状態もさることながら，③の装着した際の形状に特徴があるから，装着した際の形状を権利化するように留意すべきである。しかし，人間の顔とマスクを一体として意匠登録することはできないので，マスクを意匠登録出願することになる。出願に当たり，装着した際の形状を

どのように扱うかがポイントとなる。

## 2　登録意匠の認定

　登録意匠の認定は，願書に添付すべき図面等に記載された事項又はそこから認識し得る事項以外は考慮されない。

　意匠登録を受けようとする者は，願書に意匠登録を受けようとする意匠を記載した図面を添付して特許庁長官に提出しなければならない（ただし，経済産業省令で定める場合には，これに代えて，意匠登録を受けようとする意匠を現した写真（意匠法施行規則 4 条 1 項），ひな形又は見本（同規則 5 条）を提出することができる（意匠 6 条 1 項，2 項））。意匠は視覚に訴えるものであり，登録意匠の範囲は，願書の記載及び願書に添付した図面に記載され又は願書に添付した写真，ひな形若しくは見本により現された意匠に基づいて定めなければならないから（意匠24条 1 項），装着した際の形状に特徴があり，これを権利化するには，装着状態における意匠が願書の記載及び願書に添付した図面等によって認識されるようにしなければならない。逆にいうと，装着したときの状態がどのような特徴があるかを，願書の記載及び願書に添付した図面等によって認識できない場合は，その特徴は考慮されない。裁判例でも，呼吸マスクの外縁部分の上側の帯状の部分の部分意匠について，原告（出願人）が，マスク装着状態での視覚的印象を主張したのに対し，意匠法 3 条 1 項 3 号所定の意匠の類否判断に当たり，願書に添付した図面に記載され又は願書に添付した写真，ひな形若しくは見本により現された事項及びここから認識できる事項以外の事項を考慮して本願意匠を認定し得るとすることは相当でないとされている（知財高判平成22年 7 月 7 日判時2098号149頁〔呼吸マスク事件〕）。

　もっとも，意匠法 6 条 5 項（判決当時。現行意匠 6 条 4 項と同旨）の規定は，意匠に係る物品の形状がその物品の有する機能に基づいて変化する場合に，その変化の前後にわたる物品の形状等につき意匠登録を受けようとするときは，いかなる程度，内容の変化であっても逐一その旨及びその物品の当該機能の説明を願書に記載しなければならないことまで定めたものではなく，願書に添付された図面自体から当該機能及び変化に伴う物品の形状等が明らか

に認識できる程度，内容のものである場合には，これを省略することを排斥しない趣旨を定めたものであるとした上で，「椅子」に関する意匠が，願書に添付された図面自体から明らかに高さを上下調節可能とする態様のものと認めた事例もある（東京高判昭和56年6月17日無体例集13巻1号483頁〔椅子事件〕）。しかし，これは，マスクで例えれば，紐で耳に装着可能であることが認定できるという程度の事柄であり，A社のマスクの場合に，装着した場合の形状を図面等によらずに認定できることを導けるものではない。

### 3　願書添付図面等，使用状態を示した参考図

　願書に添付すべき図面は，立体を表す図面は，正面図，背面図，左右側面図，平面図及び底面図（いわゆる基本六面図）をもって一組として記載する（意匠法施行規則3条，様式第6備考8）。そして，斜視図その他の必要な図面を加え，そのほか意匠の理解を助けるため必要があるときは，使用の状態を示した図その他の参考図を加えるとされている（備考14）。マスクが装着された際には，人間の顔の凹凸の影響を受けて変形するから，装着状態での意匠は基本六面図からは分からない可能性が高い。したがって，本件でマスクの特徴である装着した際の形状を示すには，「使用状態を示した参考図」を加えるべきである。意匠の類否判断において，使用状態を示した参考図に示された使用状態が重視された事例として，知財高判平成21年7月21日（平成21年（行ケ）第10036号）裁判所ウェブサイト〔輪ゴム事件〕がある。

　なお，A社のマスクは，「折りたたんである状態もさることながら」とあるから，折りたたんだ際の形状にも特徴があるのかもしれない。その場合，その形状が基本六面図から明確でない場合には，折りたたんだ際の形状も参考図として図示することが考えられる。

### 4　変化する意匠

　意匠に係る物品の形状，模様又は色彩がその物品の有する機能に基づいて変化する場合において，その変化の前後にわたるその物品の形状，模様若しくは色彩又はこれらの結合について意匠登録を受けようとするときは，その

旨及びその物品の当該機能の説明を願書に記載しなければならない（意匠6条4項）。動くもの，開くもの等の意匠であって，その動き，開き等の意匠の変化の前後の状態を描かなければその意匠を十分表現することができないものについてはその動き，開き等の意匠の変化の前後の状態が分かるような図面を作成することとされる（意匠法施行規則，様式第6備考20）。

　A社のマスクが，装着したときの状態自体というよりも，折りたたんだ形状から装着した際の形状の変化に特徴があり，その変化する意匠を権利化したい場合には，動的意匠（意匠6条4項）としての出願となるから，願書の「意匠の説明」欄に，その旨とマスクの機能の説明を記載し，マスクを折りたたんだ際の形状と開いた状態ないし装着した状態の形状の変化が分かるような図面（例えば，折りたたんだ図，開いた図，装着図等）を願書に添付すべきである。ただし，動的意匠（変化する意匠）は，その変化態様の全てを含めた全体を一意匠として，一つの美感を与えるものとして認識されるというのが通説であり（満田＝松尾『注解意匠法』222頁），静的な意匠よりも権利範囲が狭くなるため，変化する意匠としてでなければ意匠登録が受けられないのかどうかについて，慎重な判断が必要である。

## 5　見　本

　見本によって，マスクの状態の変化を示すということも考えられる。しかし，A社のマスクが装着時に人の顔の凹凸の影響を受けて変形した形状が特徴であるなら，人の顔を見本に加えることはできないため，見本によって装着時の形状を表現することはできない。したがって，本件では見本の提出は有効ではない。

## 6　特徴記載書（意匠法施行規則6条，様式第9）

　意匠登録を受けようとする者又は意匠登録出願人は，意匠の特徴を記載した特徴記載書を，願書提出時に同時に提出できるほか，出願が審査，審判に係属しているときは提出することができる。これは，願書の意匠の説明の欄と必要図面・参考図だけでは，意匠創作者の創作意図が十分理解されない面

があることから，文章や説明図を用い，先行意匠との対比等から本願意匠の新規性・創作性について審査官の理解を助け，登録された場合には意匠公報にも掲載されて新規性・創作性が第三者にも客観化されるものである。

　特徴記載書の「意匠の特徴」欄は，1,000字以内で平易かつ明瞭に，そして簡潔に記載することとされる。説明図は，願書に添付した図面の中から適当な1図を選択して記載してもよいし，特徴を現す部分の拡大図等でもよい。マスクの装着状態に特徴があるのであれば，使用状態を示す参考図又はその拡大図を使用することが適切なことが多いであろう。特徴記載書は，登録意匠の範囲を定める場合においては，これを考慮してはならないとされており（意匠法施行規則6条3項），先行意匠等を例示しても権利範囲に影響はないが，禁反言の原則が働くので，記載は慎重にすべきである。

　なお，出願人は，拒絶理由に対する意見書等を通じて先行意匠との比較等により本願意匠の特徴を説明することも可能であるが，意見書等は，登録された場合に記載が意匠公報に掲載されることもないから，特徴記載書の提出が適切なことが多いであろう。

（山田　知司）

## Q70 分割出願

**Q** A社は，ある商品デザインについて，その参考図としてアタッチメントを取り付けた状態の意匠を記載した意匠登録出願をしていました。その後，A社は，アタッチメントを取り付けた状態の商品も，別の意匠として登録したいと考えていますが，可能でしょうか。

**A** アタッチメントを取り付けた状態の商品の意匠登録出願は，先の商品デザインの分割出願とすることができないから，この意匠登録出願に係る意匠が登録されるためには，通常の場合と同様に，その実際の出願時点において，公知意匠と同一・類似・創作容易でなく，先願意匠と同一・類似でないことが必要となる。

### ▍ 解 説

### 1 問題の所在

(1) アタッチメントを取り付けた意匠について通常の意匠登録出願をする場合，登録されるためには，①出願前の公知意匠との関係で，同一・類似・創作容易であってはならず（意匠3条），②先願との関係で，同一・類似であってはならない（意匠9条）。

しかし，アタッチメントを取り付けた意匠を先の出願から分割出願（意匠10条の2）することができれば，分割に係る出願はもとの出願の時に出願したものとみなされることから，それ以後の公知意匠や先願意匠を根拠に登録が拒絶されることはなくなり，登録できる場合が広がる。

そこで，本問のような場合に分割出願ができるかを検討する必要がある。

(2) 意匠法10条の2第1項は，「意匠登録出願人は，意匠登録出願が審査，審判又は再審に係属している場合に限り，二以上の意匠を包含する意匠登録出願の一部を一又は二以上の新たな意匠登録出願とすることができる。」と定める。本問の場合にこの規定が適用されるかを検討するに当

たっては，まず，参考図に記載された意匠の位置づけを整理しておく必要がある。

　意匠法6条1項柱書きは，「意匠登録を受けようとする者は，次に掲げる事項を記載した願書に意匠登録を受けようとする意匠を記載した図面を添付して特許庁長官に提出しなければならない。」としている。そして，ここにいう「図面」について，意匠法施行規則3条は，「願書に添付すべき図面は，様式第6により作成しなければならない。」とし，様式第6の備考8ないし10では，「立体を表す図面は，正投影図法により各図同一縮尺で作成した正面図，背面図，左側面図，右側面図，平面図及び底面図をもって一組として記載する。」等とされ，備考14では，「8から10までの図面だけでは，その意匠を十分表現することができないときは，展開図，断面図，切断部端面図，拡大図，斜視図，画像図その他の必要な図を加え，そのほか意匠の理解を助けるため必要があるときは，使用の状態を示した図その他の参考図を加える。」としている。これらの規定からすると，「意匠登録を受けようとする意匠」とは，願書に添付した正面図等により表現された意匠のことであり，参考図はその意匠の理解を助けるために必要があるときに加えられるものにすぎないから，そこに何らかの別の意匠が記載されていた場合でも，それは，「意匠登録を受けようとする意匠」ではないということになる。そこで，本問での問題は，参考図に「意匠登録を受けようとする意匠」以外の意匠が記載されている場合，その出願が「二以上の意匠を包含する意匠登録出願」であるといえるかという問題であるということができる。

## 2　通説的な考え方

(1)　通説的な考え方では，意匠法10条の2の趣旨は，一意匠一出願の原則に違反した出願を救済することにあると解している。すなわち，意匠法7条は，「意匠登録出願は，経済産業省令で定める物品の区分により意匠ごとにしなければならない。」と定めていることから，誤って一つの出願に二以上の「意匠登録を受けようとする意匠」を含めた場合，登録

を受けることができない（意匠17条3号）。そこで，このような場合を救済するために設けられたのが分割出願の制度であると解されている。

この考え方からすると，本問のように，一つの出願に二以上の「意匠登録を受けようとする意匠」が含まれているわけではない場合には，もとの出願は意匠法10条の2の「二以上の意匠を包含する意匠登録出願」に当たらず，分割出願をすることはできないということになる。そして，特許庁の意匠審査基準（91.1.1）も同様の考え方に立っている。

(2)　この点に関する判例としては，知財高判平成18年8月24日判時2002号137頁〔ピアノ補助ペダル事件〕がある。そこでは，この問題を意匠法全体の趣旨から検討し，「単なる参考のために記載された図面中の意匠について，出願日遡及効……を有する分割出願を認めることは，意匠登録を受けようとする意匠について，意匠に係る物品を明らかにして，所定の図面により意匠を示して出願した場合に，一定の要件の下に登録して排他的，独占的な保護を与えるという意匠制度の趣旨に反するものであるだけでなく，不当に出願日遡及効が認められる範囲を広げ，第三者及び公益を不当に害するものとなる。」，「意匠法においては，要旨の変更となる補正は許されないことが明確に規定され（17条の2第1項，9条の2），意匠登録を受けようとする意匠として願書に添付した図面で示された意匠について，その要旨を変更する補正が許されないところ，分割出願には，出願日遡及効が認められている……のであるから，原出願について補正のできる範囲内で行うことができるのでなければ，本来許されない補正が，分割出願の方法を用いることによって実質的に可能になるという，不当な結果を招く。」として，上記と同様の結論を採用した。

## 3　特許の場合との対比

(1)　特許法44条も，意匠法とほぼ同様の文言で分割出願を定めているが，その場合には，もとの出願の特許請求の範囲に記載された発明だけでなく，明細書の発明の詳細な説明や図面に記載されたものでも分割出願の

対象たり得ると解されている（最二小判昭和56年3月13日裁判集民132号225頁〔ブタジエン重合方法事件〕）。そこで，意匠の場合も同様に考えて，「意匠登録を受けようとする意匠」とは別の意匠であっても，願書に添付した諸図面に記載されているものであれば，広く分割出願を認めるべきであるとの考え方もある。

(2)　しかし，特許法と意匠法とでは，法律の構造が異なる。すなわち，特許法では，特許発明の技術的範囲（特許70条）は，「願書に添付した明細書の記載及び図面を考慮」する（2項）ものの，「願書に添付した特許請求の範囲の記載に基づいて定めなければならない。」（1項）とされており，明細書の記載及び図面は，特許請求の範囲に記載された発明を特定するものとは別のものと位置づけられているから，そこでは，特許請求の範囲に記載された発明とは別の発明が記載されていることも想定されている。そのため，特許法17条の2は，願書に最初に添付した明細書，特許請求の範囲又は図面に記載した事項の範囲内であれば，それらの補正を認めている。

　　これに対し，意匠法では，「登録意匠の範囲」（意匠24条1項）は，「願書の記載及び願書に添附した図面に記載され……た意匠に基いて定めなければならない。」としており，参考図も含めた全ての図面は，「意匠登録を受けようとする意匠」を特定するものとしてのみ位置づけられている。また，補正についても，意匠の要旨の変更となる補正を一切認めていない（意匠17条の2第1項）。これらからすると，意匠法では，「意匠登録を受けようとする意匠」以外の意匠の存在を想定していないと解されるから，分割出願について，特許法の場合と同様に解することはできない（前掲〔ピアノ補助ペダル事件〕）。

## 4　まとめ

　以上からすると，本問でアタッチメントを取り付けた意匠について意匠登録出願をする場合には，通常と同様の要件を満たすことが必要となる。

（髙松　宏之）

## Q71　意匠登録出願への変更

 **Q** 特許出願を意匠登録出願に変更する方法を教えてください。

**A** 特許出願をした者は，最初の拒絶査定の謄本の送達の日から3か月を経過するまでは，特許出願の最初の明細書及び図面に記載されていた意匠と同一の意匠について，意匠登録出願に出願の変更をすることができる。

### ■ 解　説

#### 1　出願変更の意義

　物品に関する発明をした場合，同時に，その発明を実施するための意匠を創作することも多い。その場合，発明についての特許出願と意匠についての意匠登録出願の双方を行うことも可能であるが，いずれか一方のみを行うことも多い。しかし，特許出願を選択し，公知技術の存在等から特許要件を欠くとされる場合でも，意匠として保護し得るのであれば，その道を開いておかないと創作をした出願人に酷である。そこで，意匠法13条1項は，「特許出願人は，その特許出願を意匠登録出願に変更することができる。」とし，その場合，出願変更に係る意匠登録出願は，もとの特許出願の時にしたものとみなすとして，出願日を遡及させることとした（意匠13条6項が準用する同10条の2第2項）。もっとも，これを広く認めすぎると弊害もあることから，意匠法は種々の要件を設けている。

#### 2　出願変更ができる時期

　意匠法13条1項ただし書は，出願変更ができる時期を，「その特許出願について拒絶をすべき旨の最初の査定の謄本の送達があった日から3月を経過」するまでとしている。拒絶査定に対する拒絶査定不服審判の申立期間が

3か月である（特許121条1項）ことから，この期間をもって，出願人に特許
と意匠のいずれを選択するかを最終的に決定させる趣旨であると解される
（そのため，意匠法13条3項は，拒絶査定不服審判の申立期間が延長されるときには，出
願変更期間も延長されることとしている。）。

## 3　もとの特許出願での記載内容

(1)　出願変更では，出願日が遡及されることから，明文の規定はないが，
先願主義との関係上，第三者に不測の不利益を生じさせないために，も
との特許出願の当初から出願変更に係る意匠が示されていたといえるこ
とが求められる。そこで，特許庁の意匠審査基準では，出願変更が認め
られるための要件として，次のとおり定められている。

　　　　92.1.1
　　　⑷　もとの特許出願又は実用新案登録出願の最初の明細書及び図
　　　　　面中に，変更による新たな意匠登録出願の意匠が明確に認識し
　　　　　得るように具体的に記載されていること
　　　⑸　変更による新たな意匠登録出願の意匠が，もとの特許出願又
　　　　　は実用新案登録出願の最初の明細書及び図面に表された意匠と
　　　　　同一であること

(2)　この要件を厳格に解すると，出願変更が認められるためには，意匠登
録出願に求められる正面図等のいわゆる六面図が特許出願の最初の明細
書及び図面に記載されていることが必要であるとも考えられる。そして，
実際にも，意匠登録出願に変更する可能性を当初から考慮して，そのよ
うな図面を特許出願の際に記載しておくことも行われている。

　　　しかし，先願主義との関係から考えるのであれば，特許出願の最初の
図面等において，出願変更に係る意匠が明確に認識し得るように記載さ
れている限り，必ずしも六面図によって記載されている必要はないとの
考えもあり得るところであり，特許庁の上記意匠審査基準は，このよう
な考え方を採っていると思われる。

　　　この点について，大阪地判平成24年5月24日判タ1404号260頁〔角度

調整金具用浮動くさび事件〕は，特許出願からの出願変更によって登録された「角度調整金具用浮動くさび」の意匠について，特許出願の最初の明細書及び図面には，その右側面を直接記載した図面は存しなかったが，斜視図に示された形状と，切断加工前の部材の図面及び説明に関する記載から，右側面の形状も記載されているものと認めることができるとして，出願変更の要件を満たしていると判断した。

(3)　なお，上記〔角度調整金具用浮動くさび事件〕の事例では，問題となった意匠登録出願は，原出願から分割出願した特許出願を出願変更したものであった。このような場合，先願主義の見地から，出願変更に係る意匠が原特許出願の当初の明細書及び図面に記載されている必要があるのは上記のとおりであるが，さらに，出願変更の基礎は分割出願後の特許出願にあるから，出願変更後の意匠登録出願が適法であるためには，分割出願後の特許出願が分割要件を満たした適法なものであることを要すると解される。上記の〔角度調整金具用浮動くさび事件〕判決は，このことを前提とするものと解される。

　また，このことは，出願変更の基礎になった特許出願の明細書及び図面が補正されている場合も同様に妥当すると解される。

## 4　特許出願から出願変更できる意匠

(1)　特許出願の明細書及び図面には，複数の実施例の意匠や種々の部分意匠が記載されている。特許出願から意匠登録出願に出願変更する場合に，これらのうちのどの意匠を登録出願できるのかについては明文の規定がないが，いずれの意匠の創作も記載されている以上，いずれの意匠の一つ又は複数を任意に選んで出願し得るものと解される。特許庁の意匠審査便覧（18.11）でも次のとおりとされている。

　　　複数の意匠を包含する一特許出願又は一実用新案登録出願は，これを二以上の意匠登録出願に変更することができる。この場合，それらの意匠登録出願の各々について出願日の遡及の認否を判断する。

(2)　そして，特許出願からの出願変更により部分意匠を意匠登録出願する場合には，それが部分意匠としての適格性（意匠審査基準74.1.1）がある限り，認められる。

　　この点について，前掲〔角度調整金具用浮動くさび事件〕は，特許出願からの出願変更によって登録された「角度調整金具用揺動アーム」の部分意匠について，①当該部分意匠は，その意匠に係る物品のうち特定の機能を有する部分を取り出したものであること，②当該意匠部分は，それ自体において美感を生じさせるものであり，当該意匠に係る物品において，他の意匠と対比する際に対比の対象となり得る部分として十分なものであるとして，出願変更に係る意匠登録出願を適法なものであるとした。

(3)　なお，このように特許出願の明細書及び図面に記載されている意匠について広く出願変更を認める取扱いは，出願分割の場合に，意匠登録出願の願書に添付した参考図等に複数の意匠が記載されていても，それが「意匠登録を受けようとする意匠」でない限り，出願分割の対象とすることはできないこと（**Q70**参照）との均衡を欠くのではないかとの疑問も生じる。しかし，この点は，**Q70**の説明で述べたような現行の特許法の構造と意匠法の構造の差によるものであり，やむを得ないところであろう。ただし，上記の出願分割や補正の制約を潜脱する目的で，意匠登録出願を特許出願に変更した上で，さらに意匠登録出願に変更するというような場合には，そのような出願変更は権利の濫用として許されないとの見方もあり得よう。

（髙松　宏之）

# 第4章　意匠権の侵害

## Q72　先使用権

**Q**　A社は，以前から包装パックを製造しており，改良を重ねて現在の形になっています。このたび，同種の製品について意匠登録を受けたというB社から差止めを請求されました。A社は，現在の形の包装パックの使用を続けることはできないでしょうか。

**A**　B社は，A社製品の意匠がBの登録意匠に類似し，B社の意匠権を侵害するとしてA社製品の製造差止めを請求しているものと解されるが，類似性が認められる場合であっても，B社の意匠登録出願時にA社が既にB社の登録意匠と同一又は類似の意匠の包装パックの製造（又はその準備）をしていたときは，A社は，同時点における実施の範囲で先使用に基づく通常実施権（先使用権）を取得する。A社の現在の形の包装パックが上記時点におけるA社製品に類似し，先使用権の範囲内であると認められれば，A社は，現行製品の製造を続けることができる。

　また，B社の意匠登録出願前にA社製品の意匠が公知意匠となっており，同意匠に照らしてB社の登録意匠に新規性又は創作非容易性がないといえる場合は，A社は，B社の意匠権の無効を主張して差止請求を争うこともできる。

## ■　解　説

### 1　先使用権制度の趣旨

意匠権者は，業として登録意匠及びこれに類似する意匠の実施をする権利

を専有するから（意匠23条），意匠権者の許諾なく，業として登録意匠と同一又は類似の意匠を実施する行為は，意匠権侵害に当たり，意匠権者は，侵害者に対し，侵害の停止（差止め）を請求することができる（意匠37条1項）。しかし，登録意匠に依拠せず，独自に創作された意匠であっても，登録意匠と同一又は類似であれば一律に実施が禁止されるとすると，不公平，不合理な結果を招来する場合があることから，意匠法29条は，一定の場合に先使用者が無償の法定通常実施権（先使用権）を有することを規定した。特許法79条にも同様の規定がある。特許法上の先使用権の趣旨については，先願主義の法制下で，特許権者とその出願前に同一の発明を実施し又はその準備をしていた者との利益の公平を図ることにあるとする公平説と，現に善意で実施している発明に係る事業又はその設備を廃止させることは国民経済上不利益を招来するとする経済説があるが，最二小判昭和61年10月3日民集40巻6号1068頁〔ウォーキングビーム事件〕は，先使用権制度の趣旨は，主として特許権者と先使用権者との公平を図ることにあるとして，公平説に重点を置くことを明らかにした。意匠法上の先使用権も同趣旨のものと解されている（大阪地判平成12年9月12日判時1748号164頁〔包装用かご事件〕）。

## 2　先使用権の成立要件

先使用権の成立要件は，①意匠登録出願に係る意匠を知らないで自らその意匠若しくはこれに類似する意匠の創作をし，又は意匠登録出願に係る意匠を知らないでその意匠若しくはこれに類似する意匠の創作をした者から知得したこと，②意匠登録出願時（ただし，意匠9条の2又は17条の3第1項により，意匠登録出願が手続補正書を提出した時にしたものとみなされたときは，もとの意匠登録出願時又は手続補正書提出時）に日本国内で意匠の実施（定義は意匠2条3項）である事業又は事業の準備をしていることである。

①は，当該意匠が出願に係る意匠とは別個独立に創作されたことを意味する。先使用者が創作，実施している意匠が他人によって冒認出願された場合の先使用権の成否については見解の対立があるが[1]，否定説に立っても，先使用者は，意匠権の無効を主張し（無効審判請求もできる（意匠48条1項3号）。），

又は冒認者に対して意匠権の移転を請求する（意匠26条の２）ことができる。
②の「事業をしている」とは，自己のため，自己の計算において，意匠実施
の事業をすることを意味するが，下請業者に製造させていた場合などで自己
が製造していたものと同視できる場合もこれに当たる[2]。「事業の準備」に
関して，前掲〔ウォーキングビーム事件〕判決は，特許法79条にいう発明の
実施である「事業の準備」とは「その発明につき，いまだ事業の実施の段階
には至らないものの，即時実施の意図を有しており，かつ，その即時実施の
意図が客観的に認識される態様，程度において表明されていることを意味す
る」とした。この解釈は意匠法29条にも妥当する。「事業の準備」があった
と認められた裁判例として，「建築用パネル」の引き合いを受け，その販売
のために，口金の製作を発注し受領していた事例（大阪地判平成26年４月21日
（平成25年（ワ）第2462号）裁判所ウェブサイト〔建築用パネル事件〕），「輸液バッ
グ」につき他社との共同開発を前提として有用性試験用のサンプルを完成さ
せ，又は完成に近い状態であった事例（大阪高判平成17年７月28日（平成16年
（ネ）第2599号）裁判所ウェブサイト〔輸液バッグ事件〕），「盗難防止用商品収納
ケース」について，設計図面を作成し，金型を製作し，外注業者から製品の
サンプルの発送を受けた事例（東京地判平成15年12月26日（平成15年（ワ）第7936
号）裁判所ウェブサイト，東京高判平成16年５月11日（平成16年（ネ）第628号）裁判所
ウェブサイト〔盗難防止用商品収納ケース事件〕）などがあり，設計図面（製品図
面）の作成だけでなく，当該意匠に係る製品の金型や試作品の製作など製造
販売に向けた具体的な準備行為がされていたことが認定されている。

## 3　先使用権の範囲

　先使用権の範囲は，「（意匠登録出願時に）実施又は準備をしている意匠及び
事業の目的の範囲内」である。「意匠の範囲内」といえるかは，先使用者が

---

〈1〉　肯定説は田村『知的財産法』289頁など。否定説は茶園『意匠法』235頁，飯村＝設
　　樂『知的財産関係訴訟』164頁。
〈2〉　旧意匠法９条の「意匠実施ノ事業ヲ為シ」の解釈につき，最二小判昭和44年10月17
　　日民集23巻10号1777頁〔地球儀型トランジスターラジオ事件〕

出願時に実施していた意匠を変更した場合に問題となる。特許法79条の「実施又は準備している発明の範囲内」の意義について，出願時に実施又は準備をしていた実施形式に限定されるとする実施形式限定説と出願時に実施又は準備をしていた実施形式に具現された発明の範囲内である限り異なる実施形式にも及ぶとする発明思想説の対立があるが，前掲〔ウォーキングビーム事件〕判決は，後説を採用し，先使用権制度の趣旨等に照らし，先使用権の効力は，「（出願時に）実施又は準備をしていた実施形式……に具現された発明と同一性を失わない範囲内において変更した実施形式にも及ぶ」とした。意匠法上の先使用権の範囲も同様に解するのが妥当である。前掲〔包装用かご事件〕は，包装用かごの意匠権侵害が争われた事案において，登録意匠と被告意匠の類似性を否定しつつ，先使用権の抗弁についても判断し，「『実施をしている意匠の範囲』とは，登録意匠の意匠登録出願の際に先使用権者が現に日本国内において実施をしていた具体的意匠に限定されるものではなく，その具体的意匠に類似する意匠を含」み，「先使用権の効力は，意匠登録出願の際に先使用権者が現に実施をしていた具体的意匠だけではなく，それに類似する意匠にも及ぶ」とし，その理由として，「意匠の創作的価値は，当該具体的意匠のみならずそれと類似する意匠にも及び，意匠権者は登録意匠のみならずそれと類似する意匠も実施する権利を専有する（意匠法23条）という制度下において，」前記先使用権制度の趣旨に照らせば，「意匠登録出願の際に先使用権者が現に実施をしていた具体的意匠以外に変更することを一切認めないのは，先使用権者にとって酷であって，相当ではない」と判示した（これに対し，類似意匠は意匠の範囲に含まれないとして先使用権は実施意匠の類似意匠には及ばないとする見解もある[3]。）。

　「実施又は準備をしている事業の目的の範囲内」は，出願時の実施又は準備していた事業形態に限定する趣旨と解されるから，例えば，出願時に販売業のみを行っていた者がその後に開始した製造業は先使用権の範囲に含まれない。

---

〈3〉　渋谷『知的財産法講義Ⅱ』628頁

## 4　意匠権の無効

　先使用者は，登録意匠の出願時に先使用に係る意匠が公知意匠となっていた場合には，登録意匠がこれに類似し，又はこれに基づき容易に創作することができたとして，意匠権の無効を主張し，更に意匠登録無効審判を請求することもできる。

## 5　設問の検討

　A社が包装パックの製造を開始した時期が明らかでないが，B社の意匠登録出願時に製造又はその準備を行っていた場合は，先使用権の成立が問題となり，成立要件を具備し，かつ，現行製品が先使用権の範囲内にあると認められれば，現行製品の製造は先使用権に基づくものとして許容される。また，B社の意匠登録出願時点において，A社製品の意匠が公知となっていれば，新規性・創作非容易性の欠缺を理由にB社の意匠権の無効を主張したり，B社の意匠権の範囲はA社製品を含まないものに限定されるとして類似性を争うことも考えられる。

（寺本　佳子）

## Q73 損害の算定

**Q** A社の商品の販売が，B社の意匠権を侵害するとの認定がされました。A社の商品は，特定の携帯電話にしか使用できないものですが，B社の商品は，携帯電話のほかに様々な機種・機器に利用することができます。この場合のB社の損害額はどのように考えたらよいでしょうか。

**A** B社は，意匠権侵害による損害のうち逸失利益の額については，意匠法39条1項ないし3項の規定に基づき，①A社商品の販売数量にB社商品1個当たりの利益額を乗じた額，②A社商品の販売数量にA社商品1個当たりの利益額を乗じた額，③B社の意匠権の実施料相当額のいずれかを選択的に主張することができる。これに対し，A社が，A社商品とB社商品の用途等の違いによる顧客層の相違，代替品・競合品の存在，A社商品の購入動機の形成に対する意匠の寄与が限定的であることなど，A社商品の販売によりB社に生じた損害の額が上記①，②の額であるとの推定を覆す事情を立証することができれば，その程度に応じて上記①，②の損害額が減額される。逸失利益以外の損害額については，一般の不法行為の規定により算定される。

## ■ 解　説

### 1　意匠法39条の趣旨

　意匠権侵害に基づく損害賠償請求権は，不法行為（民法709条）に基づく損害賠償請求権であるが，損害のうち逸失利益（意匠権侵害がなければ意匠権者が得られたであろう利益）の額の算定について，意匠法39条に特則がある。同条1項ないし3項は，意匠権侵害により意匠権者又は専用実施権者（以下，併せて「権利者」という。）に逸失利益が生じた場合も，権利者が因果関係及び損害額の立証をするのは困難であることから，その負担を軽減する趣旨の規定

であり，特許法102条，実用新案法29条，商標法38条にも同旨の規定がある。
意匠権者は意匠法39条1項ないし3項の規定を選択的に主張することができ
る。

## 2　意匠法39条1項（平成10年改正により新設）

　権利者製品の販売数量減少による損害額の推定規定である。侵害者が譲渡
した侵害品の数量に，侵害行為がなければ販売することができた権利者製品
の単位数量当たりの利益額を乗じた額を，権利者の実施能力に応じた額の限
度で，権利者の損害額と推定する（同項本文）。損害の発生自体は推定され
ないが，権利者による意匠権の実施，侵害品との市場における競合等の事実が
あれば損害の発生は推認される。侵害品の譲渡は有償無償を問わない。単位
数量当たりの利益額とは，「権利者が自己の製品を製造販売するために必要
な初期投資を終えた後に得られる製品1個当たりの利益であり，売上げから
追加の製造販売を行うのに必要な経費を控除した利益（限界利益）」をいう
（東京高判平成14年10月31日（平成12年（ネ）第2645号）裁判所ウェブサイト〔トラニラ
スト事件〕）。具体的には，権利者製品の販売価額から原材料費ないし仕入価
額を控除し，さらに，権利者製品の販売数量の増加に応じて増加する変動経
費（下請に支払う加工費用，運送費，保管費，保険費用等）を控除した額であり，権
利者製品の研究開発費や本社等の管理部門の設備費・人件費等は控除されな
いが，侵害品の販売数量が膨大であり，これと同数の権利者製品の製造販売
には製造設備や人員の追加を要する場合は追加費用は控除される。損害額の
上限を画する権利者の実施能力とは，侵害時に権利者が実際に備えていた製
造販売能力（下請，委託生産等による供給能力を含む。）に限らず，需要に応じて
対応できる潜在的な実施能力も含むと解されている（東京高判平成15年10月29日
（平成15年（ネ）第1901号）裁判所ウェブサイト〔溶接用エンドタブ事件〕）。
　譲渡数量の全部又は一部に相当する数量を権利者が「販売することができ
ないとする事情」があるときは，当該事情に相当する数量に応じた額を控除
する（同条1項ただし書）。侵害者が上記事情を証明すれば，その限度で同条
本文による損害額の推定が覆ることを規定したものである。上記事情には，

権利者製品の販売が規制等により制約されるなどの事情だけでなく，侵害者
の市場開発努力，広告宣伝活動，ブランド力，販売力，侵害品の価格の低さ，
販売形態の相違，需要者の購買に結び付く侵害部分以外の侵害品の特徴，代
替品・競合品の存在など，侵害品の譲渡数量と権利者製品の販売減少との因
果関係を阻害し得る一切の事情（ただし，同条本文の「権利者の実施能力」を意味
する権利者の増産・余剰販売能力を除く。）が含まれる。設問に関連する裁判例と
して東京地判平成24年6月29日判時2193号91頁〔エーシーアダプタ事件〕が
ある。これは，意匠に係る物品を「エーシーアダプタ」とする意匠権の意匠
権者である原告が，携帯電話用エーシーアダプタを製造販売する被告に対し，
意匠権侵害に基づく損害賠償等を請求した事案であり，原告は，意匠法39条
1項に基づく損害額を主張したが，原告製品は，別売りの接続ケーブルを使
用して携帯電話，スマートフォンその他の幅広い種類の周辺機器の充電に使
用することができるのに対し，被告製品は，特定の携帯電話に対応した接続
ケーブルが一体化されており，他の機器の充電には使用できないものであっ
たことから，被告は，被告製品に対応する携帯電話用のエーシーアダプタの
需要者は，接続ケーブルが一体化された被告製品又は同種の代替品を購入し，
別途接続ケーブルを必要とする原告製品を選択することはなく，両製品は購
入対象者が異なるなどとして，「販売することができないとする事情」があ
ると主張した。裁判所は，「仮に被告による被告製品の販売がされなかった
場合には，被告製品の購入者の多くは，甲社，乙社等の携帯電話用の被告製
品と同種の接続ケーブルが一体となった代替品を選択した可能性が高」く，
「（被告製品の）購入動機の形成には，被告意匠のほか，被告製品が甲社，乙社
等の携帯電話用の専用品であることが大きく寄与し，被告製品の色彩等（本
体と接続ケーブルが同一色である点を含む。）も相当程度寄与しているもの
とうかがわれるから，被告意匠の購入動機の形成に対する寄与は，一定の割
合にとどまる」とし，上記「事情」があるものと認め，これに相当する数量
は，被告製品の販売数量の9割であるとして，損害額の大幅な減額を認めた。
　意匠法39条1項ただし書により控除された譲渡数量分について，同条3項
により実施料相当額の損害賠償請求が認められるかについて両説あるが，特

許法102条に関して，知財高判平成23年12月22日判時2152号69頁〔飛灰中の重金属固定化処理剤事件〕は，同条1項により算定された損害額は，特許権者に生じた逸失利益の全てを評価し尽くした結果であるから，同項により算定される逸失利益を請求する場合に，これと並行して同条3項に基づき算定される額を請求することはできないとした（知財高判平成24年1月24日（平成22年（ネ）第10032号・第10041号）裁判所ウェブサイト〔ゴルフボール事件〕及び知財高判平成18年9月25日（平成17年（ネ）第10047号）裁判所ウェブサイト〔椅子式マッサージ機事件〕も否定説に立つ。他方，大阪高判平成14年4月10日（平成13年（ネ）第257号・第343号）裁判所ウェブサイト〔複層タイヤ事件〕は肯定説に立つ。)。

### 3　意匠法39条2項

権利者製品の売上げ減少による損害額の推定規定である。侵害行為により侵害者が得た利益額を権利者の損害額と推定する。侵害品が販売されていた場合であれば，「侵害者の販売数量」に「侵害者の侵害品の単位数量当たりの利益額」を乗じた額が推定損害額となる。利益額は1項と同じく限界利益を指すと解されている。侵害者は，自己の得た利益額が権利者の損害額を超えることを立証すれば，超える限度に応じて推定を覆すことができる。

### 4　意匠法39条3項

侵害者から得られたはずの実施料相当額を最低限度の損害額とする規定である。権利者が権利を実施していることは必要でない。実施料相当額の算定は，当該意匠権の実施許諾契約等の契約例，業界相場に加え，登録意匠の実施態様，侵害態様その他の個別具体的な事情を考慮して行われる。

### 5　逸失利益以外の損害

意匠法39条1項ないし3項が対象とする逸失利益以外の損害，例えば，侵害調査費用，弁護士等代理人等費用，信用毀損等の損害については，民法709条の一般原則に従って請求の可否及び額が決せられる。

## 6　設問の検討

　A社商品とB社商品は機能が一部重なっており，競合品であるといえるから，A社商品販売によるB社の損害発生は推認される。B社は，A社に対し，意匠法39条1項ないし3項の各規定によって算定される逸失利益額を選択的に主張して請求することができる。これに対し，前掲〔エーシーアダプタ事件〕の事案のように，特定の携帯電話にしか使用できないA社商品と携帯電話のほかに様々な機種・機器に利用することができるB社商品との機能等の相違等から，A社商品の販売数量＝B社商品の販売減少数量（同条1項の場合）又はA社製品販売による利益額＝B社製品売上げ減少による損害額（同条2項の場合）ではないといえる事情をA社が立証することができれば，同条1項及び2項の推定損害額の減額が認められる。その他の損害の額は，不法行為の一般原則に従って認定される。

（寺本　佳子）

第3編

# 不正競争防止法

# 第1章　商品等表示性

## Q74　商品等表示の使用

**Q**　　A社は，その提供するサービスに「X」という名称を使用していますが，B社は，「X.co.jp」のドメイン名の割当てを受け，ウェブサイトにおいて「X」「エックス」の表示を使用しています。これは不正競争に当たりますか。

**A**　　A社の「X」が周知又は著名であり，B社がそのウェブサイト上で上記「X」等を商品やサービスの提供主体として表示しているような場合には，B社の行為は不正競争防止法2条1項1号又は2号の不正競争に当たり得る。

また，B社が「X.co.jp」を不正の利益を得る等の目的で使用しているのであれば同項13号の不正競争にも当たり得る。

## ▮ 解　説

### 1　周知・著名商品等表示の保護

不正競争防止法2条1項1号は，他人の商品等表示として需要者の間に広く認識されているものと同一又は類似の商品等表示を使用するなどして他人の商品又は営業と混同を生じさせる行為が不正競争に当たる旨を定めている。こうした混同惹起行為が不正競争とされるのは，ある事業者が営業努力により特定の商品等表示をその需要者に周知させて営業上の信用や利益を得ている場合に，別の事業者がそれと同一又は類似の商品等表示を使用して商品の出所や営業主体の混同を生じさせると，前者の利益が害されるからであると

解される。また，同項2号は，自己の商品等表示として他人の著名な商品等表示と同一又は類似のものを使用等する行為が不正競争に当たる旨を定めている。同号では，商品等表示の使用等による混同の惹起は要件とされていないが，これは，ある事業者の営業努力により特定の商品等表示が極めて広く知られるようになってブランドイメージが確立し，それ自体が顧客吸引力を有するような状態にまで至っている場合，混同惹起の有無にかかわらず，その商品等表示を保護すべき必要性が高いからであると解される。

## 2　商品等表示

これらにおいて，商品等表示とは，条文の文言上，人の業務に係る氏名，商号，商標，標章，商品の容器若しくは包装その他の商品又は営業を表示するものをいうとされているが，要するに，商品の出所や営業の主体を示す表示を指すものであって，自他識別力や出所識別機能を有するものであることを要する。

## 3　商品等表示の「使用」

商品等表示の「使用」とは，広く商品等表示を商品や営業に用いることをいい，商品等表示の全部を用いる場合はもちろん，その一部を用いたり略称として用いたりする場合も含み，書面などの物体に用いられる場合のみならず，口頭により用いられる場合も包含するが[1]，自他識別力や出所識別機能を有しない態様で用いることは，商品等表示の「使用」に当たらない。

## 4　ドメイン名

不正競争防止法2条9項は，ドメイン名を，「インターネットにおいて，個々の電子計算機を識別するために割り当てられる番号，記号又は文字の組合せに対応する文字，番号，記号その他の符号又はこれらの結合をいう。」と定義している。すなわち，ドメイン名とは，インターネット上に接続され

---

〈1〉　小野『新・注解不競法（上）』367頁以下〔芹田幸子＝三山峻司〕

たコンピュータ等を認識するための名称であり，しばしばインターネット上
の住所を表示するものと例えられる。裁判所のドメイン名「courts.go.jp」
を例に採ると，最後の部分（トップレベルドメイン）「jp」は国（上記では日本）
を表し，第2レベルドメイン「go」の部分（第2レベルドメイン）は国の機関
であることを表し，「courts」の部分（第3レベルドメイン）が登録者を表して
いる。この例では「courts」の部分が，登録者が原則として自由に決められ
る箇所であり，この部分を最狭義のドメイン名ということもある。

## 5　ドメイン名の商品等表示性

　ドメイン名の商品等表示性が争われた事件としては，東京地判平成13年4
月24日判時1755号43頁〔J-PHONE事件〕，東京地判平成14年7月15日判時
1796号145頁〔mp3事件〕などがある。
　〔J-PHONE事件〕は，「J-PHONE」等の表示を用いて携帯電話に関する
通信サービスを提供している原告が，「j-phone.co.jp」のドメイン名を使用
し，そのウェブサイトで「J-PHONE」等の表示を用いてゴルフのレッスン
ビデオや携帯電話機等の商品の宣伝等をする被告に対し，被告の行為は不正
競争防止法2条1項1号，2号が定める不正競争に該当するとして，上記ド
メイン名等の使用の差止め等を求めたものである。裁判所は，本来ドメイン
名は登録者の名称やその有する商標等，登録者と結びつく何らかの意味のあ
る文字列であることは予定されていないが，登録者の名称，社名，その有す
る商標等をドメイン名として登録することが通常行われていることに照らせ
ば，利用者としてはドメイン名が必ずしも登録者の名称等を示していること
は限らないことを認識しつつも，ドメイン名が特定の固有名詞と同一の文字
列である場合などには，当該固有名詞の主体がドメイン名の登録者であると
考えるのが通常と認められ，ドメイン名の登録者がその開設するウェブサイ
ト上で商品の販売や役務の提供について需要者たる閲覧者に対して広告等に
よる情報を提供し，あるいは注文を受け付けているような場合には，ドメイ
ン名が当該ウェブサイトにおいて表示されている商品や役務の出所を識別す
る機能をも有する場合があり得ることになり，そのような場合においては，

ドメイン名が，不正競争防止法2条1項1号，2号にいう「商品等表示」に該当するとし，個別の具体的事案においてドメイン名の使用が「商品等表示」の「使用」に該当するかどうかは，当該ドメイン名が使用されている状況やウェブサイトに表示されたページの内容等から，総合的に判断するのが相当であるとの一般論を述べた上で，当該事案について，被告のウェブサイトにおいては上記商品の販売広告と共に注文の受付がされ，ウェブサイト上に表示される「J-PHONE」の語がその開設者を示すものとして用いられていることが明らかであるから，「J-PHONE」の語が上記ウェブサイトを開設して上記商品を販売する者を示すものとして用いられていると認められること，本件の第3レベルドメイン名は「J-PHONE」を小文字にしたものにすぎないことなどを総合すると，本件ドメイン名は，被告のウェブサイト中の「J-PHONE」の表示とあいまって，上記商品の出所を識別する機能を有していると認めるのが相当であり，不正競争防止法2条1項1号，2号にいう「商品等表示」の使用に該当するものというべきであると判断した。

　一方，〔mp3事件〕は，「mp3.co.jp」のドメイン名を登録してウェブサイトを開設する原告が，MP3形式によって圧縮処理をした音声データの配信サービスを業とする被告に対し，被告が上記ドメイン名の使用差止請求権を有しないことの確認を求めた事案であるが，裁判所は，〔J-PHONE事件〕判決と同様の一般論を述べた上で，当該事案においては，原告のドメイン名を示す文字列が原告のウェブサイト上に掲載されていないことなどから，原告のドメイン名が商品等表示として使用されたとはいえないと判断した。

## 6　設問の検討

　本問で，A社は，サービスマーク（自己の提供するサービスを他のものと識別するために使用する標章）として「X」を用いているものと考えられるが，B社のウェブサイトのドメイン名「X.co.jp」の第3レベルドメインは，A社のサービスマーク「X」と同一であり，B社のウェブサイト上で使用されている表示のうち「X」はA社のサービスマークと同一で，「エックス」は少なくとも称呼が同一であるから類似する。そうすると，B社がそのウェブサイ

ト上で上記「X」等を商品やサービスの提供主体として表示しているような場合には，ドメイン名の「X」も上記商品やサービスの出所識別機能を有する態様で用いられているといえるから，B社がドメイン名やウェブサイト上で，「X」等を用いることは，商品等表示の使用に当たる。したがって，A社の「X」が当該サービスの需要者に周知であり，混同を生じさせるおそれがあれば，B社の上記行為は，不正競争防止法2条1項1号の不正競争に当たり，A社の「X」が著名な商品等表示に当たるのであれば，B社の上記行為は，同項2号の不正競争に当たることになり，A社は，B社に対し，ドメイン名やウェブサイト上での「X」等の表示の差止めや損害賠償を求めることができる（不競3条，4条）。

### 7　ドメイン名の不正使用

　なお，平成13年法律第81号による改正により，「不正の利益を得る目的で，又は他人に損害を加える目的で，他人の特定商品等表示（人の業務に係る氏名，商号，商標，標章その他の商品又は役務を表示するものをいう。）と同一若しくは類似のドメイン名を使用する権利を取得し，若しくは保有し，又はそのドメイン名を使用する行為」が新たに不正競争とされた（不競2条1項13号）。ここでの「使用する行為」は，「使用する権利の取得」との文言との関係からも，ドメイン名をインターネット上で自己が管理するサーバーを識別するために用いることを意味すると解されるが[2]，B社がそのドメイン名を不正の利益を得る等の目的で使用しているのであれば（A社の「X」が周知又は著名であれば，そのような目的である場合が多いであろう。），A社は，同号の不正競争として，B社に対する差止めや損害賠償を求めることもできる（前記〔mp3事件〕判決は，同号の図利加害目的に関しても判断しており，参考になる。）。

（三井　大有）

---

〈2〉　小野『新・注解不競法（上）』646頁〔鈴木將文〕

## Q75　商品等表示性──商品の形態

**Q**　A社は，自社が販売する医療用医薬品とカプセルや包装が同色のジェネリック医薬品が市場に出回っており，需要者は外見からA社の商品を判別できないと考えています。A社は，このようなジェネリック医薬品の製造，販売の差止めを請求することができますか。

**A**　不正競争防止法2条1項1号，3条に基づくジェネリック医薬品の製造，販売の差止請求が考えられるところ，色彩を含む商品の形態も，同法2条1項1号にいう「商品等表示」に該当する場合はあるが，そのためには，「特別顕著性」及び「周知性」の各要件を満たす必要がある。

### ■　解　説

#### 1　不正競争防止法2条1項1号の趣旨

不正競争防止法2条1項1号は，「他人の商品等表示（人の業務に係る氏名，商号，商標，標章，商品の容器若しくは包装その他の商品又は営業を表示するものをいう。以下同じ。）として需要者の間に広く認識されているもの」と同一又は類似の商品等表示を使用することをもって不正競争行為と定めたものであるが，その趣旨は，周知な商品等表示の有する出所表示機能を保護するため，周知な商品等表示に化体された他人の営業上の信用を自己のものと誤認混同させて顧客を獲得する行為を防止することにより，もって事業者間の公正な競争を確保することにある。

#### 2　商品の形態と出所表示機能

商品の形態は，商号，商標等と異なり，本来的には商品の出所を表示する目的を有するものではないが，例外的に，商品等表示として特定の出所を表示する二次的意味を有するに至る場合がある。そして，このように商品の形

態自体が特定の出所を表示する二次的意味を有し，不正競争防止法２条１項
１号にいう「商品等表示」に該当するためには，①商品の形態が客観的に他
の同種商品とは異なる顕著な特徴を有しており（特別顕著性），かつ，②その
形態が特定の事業者によって長期間独占的に使用され，又は極めて強力な宣
伝広告や爆発的な販売実績等により（周知性），需要者において，その形態を
有する商品が特定の事業者の出所を表示するものとして周知となっているこ
とを要すると解するのが相当である（知財高判平成24年12月26日判時2178号99頁
〔ルーペ事件〕）。

　商品の包装の配色についても，それが単純な配色であっても，特定の商品
と密接に結合し，その配色を施された商品を見たり，その配色の商品である
ことを耳にすれば，それだけで特定の者の商品であると判断されるように
なった場合には，当該商品に施された配色が，出所表示機能を取得し，その
商品の商品等表示になっているということができるから，上記の商品の形態
と同様に考えられよう。ただ，本来，色彩それ自体の使用は，何人も自由に
行うことができるものであり，色彩あるいは色彩構成を商品等表示として不
正競争防止法によって保護することは，工業所有権制度によることなく，本
来自由に使用できる色彩について特定の事業者の独占を認める結果になるこ
とにも留意する必要がある。

## 3　裁判例

　そこで，A社が販売する医薬品のカプセルや包装が，特定の出所を表示す
る「商品等表示」に該当するための要件を満たしているか否かが問題となる。
　裁判例をみると，胃炎・胃潰瘍治療薬を販売する製薬会社である原告が，
後発医薬品メーカーを被告として，後発医薬品の製造及び販売の差止め等を
求めた事案において，原告が緑色と白色の２色からなるカプセル及び銀色地
に青色の文字等のデザインを付したPTPシートの色彩構成をもって，「商品
等表示」に該当する旨主張したところ，裁判所は，一般的に，緑色系と白色
系の組合せや銀色地に青色系の文字の組合せが特異なものとはいえず，これ
らの各色彩構成は，医療用医薬品としてもありふれており，他の同種商品と

は異なる顕著な特徴を有しているとはいえず，特別顕著性が認められないし，原告商品が広範に使用されてきた実績は認められるものの，医療用医薬品は，一般消費財と異なり，医師や薬剤師といった専門的な知識を有する者が，その薬効に応じて選択する商品であり，商品の選択に際し，一般消費財において，商品の形状や配色が需要者の着目の対象となる程度に比して，医療用医薬品において，商品の形状や配色が需要者の着目の対象となる程度は著しく低いのであり，原告配色に特徴があるとして社会的に注目された，あるいは，原告商品の特徴は原告配色にあるとして強力な宣伝がされたといった特段の事情も認められないので，原告配色が，特定の事業者の出所を表示するものとして周知性を備えていたということはできないなどとして，原告配色は，不正競争防止法2条1項1号所定の「商品等表示」には該当しないと判断した（東京地判平成18年1月18日。なお，同じ原告が，他の薬品メーカーを被告とした事案として，東京地判平成18年1月13日，東京地判平成18年1月31日，東京地判平成18年2月24日がある。いずれも判タ1219号299頁〔セルベックスカプセル事件Ⅰ～Ⅳ〕）。

　設問の事例においても，A社の販売する医薬品のカプセルや包装が，特異性のある顕著な特徴を有しているかどうかや，それが出所表示として周知となっているかどうかを検討することとなる。

## 4　患者は需要者に当たるか

　なお，医療用医薬品について，医師及び薬剤師等の医療関係者が需要者に当たることは明らかであるが，患者が需要者に当たるか否かは見解が分かれる。医療用医薬品は，製薬会社等から医療機関に販売され，医師の処方により患者に対して使用され，患者は使用された薬剤の対価を負担するものであり，患者が薬局等で処方箋なしに自らの選択で購入することはできないが，通常の診療過程において，目的とする治療に適合した効能を有する薬剤が複数存在する場合に，医師が患者に対して各薬剤の内容や薬価について説明をした上で，患者に選択をさせることは想定されるし，医師が成分名を記載した処方箋を患者に交付して，患者が薬剤師から説明を受けた上で，同一成分の複数の薬剤の中から選択することも想定され，このように，患者が複数の

薬剤の中から自己に使用される薬剤を選択することに関与することがあり得るし，最終的には，患者が対価を負担することを考えると，上記のような限度において，患者も需要者に該当するとの見解がある一方，患者が購入する具体的な医療用医薬品は，医師の処方によって（医師が，医薬品の一般名をもって処方した場合には，薬剤師の調剤によって）決定されるものであり，これらの処方や調剤は，極めて専門的な知識，経験に基づき，かつ，業務上の責任を伴って行われる選択行為であるから，患者の要望は医師や薬剤師の選択の参考と位置づけられるにすぎず，患者について，医療用医薬品の需要者という程度まで，その選択に係る主体性を認めることはできないとする見解もある。

（本多　久美子）

## Q76　商品等表示性──商品の形態

**Q** 　世界的に有名な時計メーカーであるＡ社は，自社が製造・販売する高級腕時計について，Ｂ社の販売する廉価な腕時計がＡ社の製造，販売する高級腕時計の形態と似ていると考えています。Ａ社は，このような廉価な腕時計の製造，販売の差止めや損害賠償を請求することができますか。また，この場合，損害額はどのように算定されますか。

**A** 　不正競争防止法２条１項１号，３条，４条に基づくＢ社の腕時計の製造，販売の差止め及び損害賠償請求が考えられる。本来的には商品の出所を表示する目的を有するものではない商品の形態も，商品の形態自体が特定の出所を表示する二次的意味を有するに至る場合があるが，そのためには，「特別顕著性」及び「周知性」の各要件を満たす必要がある。なお，Ａ社の腕時計が国内販売開始から３年以内であれば，同法２条１項３号（形態模倣）に基づく請求も考えられよう。

　損害額の算定については，被害者の救済手続の充実を図るため，同法５条に民法の特則が設けられている。

## ▌解　説

### 1　不正競争防止法２条１項１号の趣旨

　不正競争防止法２条１項１号は，「他人の商品等表示（人の業務に係る氏名，商号，商標，標章，商品の容器若しくは包装その他の商品又は営業を表示するものをいう。以下同じ。）として需要者の間に広く認識されているもの」と同一又は類似の商品等表示を使用することをもって不正競争行為と定めたものであるが，その趣旨は，周知な商品等表示の有する出所表示機能を保護するため，周知な商品等表示に化体された他人の営業上の信用を自己のものと誤認混同させて顧客を獲得する行為を防止することにより，もって事業者間の公正な競争を確保することにある。

## 2　商品の形態と出所表示機能

　商品の形態は，商標等と異なり，本来的には商品の出所を表示する目的を有するものではないが，商品の形態自体が特定の出所を表示する二次的意味を有するに至る場合がある。そして，このように商品の形態自体が特定の出所を表示する二次的意味を有し，不正競争防止法2条1項1号にいう「商品等表示」に該当するためには，①商品の形態が客観的に他の同種商品とは異なる顕著な特徴を有しており（特別顕著性），かつ，②その形態が特定の事業者によって長期間独占的に使用され，又は極めて強力な宣伝広告や爆発的な販売実績等により（周知性），需要者においてその形態を有する商品が特定の事業者の出所を表示するものとして周知になっていることを要する（知財高判平成24年12月26日判時2178号99頁〔ルーペ事件〕）。

## 3　裁判例

　裁判例では，時計のベゼルの形状，文字盤のレイアウト，インデックス等の形状，針の形状，ケースの形状，リューズの形状，風防及び時計バンドの形状を検討した上で，製品の各要素の組合せからなる全体の形態は，形態自体が極めて特殊で独特であり，同種製品と区別し得る形態的特徴を有しており，販売状況及び雑誌等での紹介の実情等を考慮して，商品等表示に該当すると認めたものがある（東京地判平成18年7月26日判タ1241号306頁〔ロレックス事件〕）。

## 4　損害の額の推定等

　A社の腕時計の形態が上記2の要件を満たし，「商品等表示」に該当すると判断される場合には，不正競争防止法3条に基づく差止請求や同法4条に基づく損害賠償請求が可能となる。

　損害額の立証責任はその請求を行う被害者の側にあるのが原則であるが，「不正競争」による営業上の利益の侵害による損害は，経済活動を通じて発生するため，損害額を立証することが困難であることに鑑み，同法5条は，被害者の立証の負担を軽減するため，民法の特則を設けており，本件におい

ても，同条に沿って，損害額を算定することが考えられる。

　まず，同条1項により，侵害者（B社）が譲渡した物の数量に，被侵害者（A社）がその侵害行為がなければ販売することができた物の単位数量当たりの利益の額を乗じた額をA社の損害の額とすることができる。ここでいう「利益」とは，売上高から製造原価を控除した額（粗利益）から更に人件費，広告宣伝費，地代家賃等の営業経費も控除した純利益と考える見解もあるが，侵害行為がなければ被侵害者がその物を販売できたはずと考えられる数量の売上高からその数量を販売するために要する経費を控除した限界利益と考えるべきであろう。

　なお，同項ただし書は，「譲渡数量の全部又は一部に相当する数量を被侵害者が販売することができないとする事情があるときは，当該事情に相当する数量に応じた額を控除するものとする。」と定める。裁判例においては，競合品の存在，被侵害品と侵害品の価格，素材，販売方法の相違等被侵害者の製品をめぐる固有の事情のほか，侵害者自身の営業努力，ブランド及び販売力，需要者の動機付けとなるような侵害品のデザイン，機能，侵害品の価格等の事情も考慮の対象とされている。

　また，同条2項により，B社が侵害行為によって受けた利益を損害の額と推定することもできるので，A社は，侵害行為によるB社の利益の額を立証すれば，その利益の額が損害の額と推定され，推定を覆す特段の事情やB社の反証がない限り，その利益の額の賠償を受けることができることとなる。上記〔ロレックス事件〕においては，原告製品と被告製品の間に大きな価格差があり，需要者が原告製品のようなブランド品の購入に当たっては，他の生活用品の購入の際との比較において，商標や製品名に注目する割合が高いことなどの事実に鑑みて，被告製品の販売による侵害者利益の4分の3については，原告がこれを得ることができなかったことの立証があったものとして，推定の覆滅を認めている。

　さらに，同条3項1号は，被侵害者が，侵害者に損害賠償請求を行う場合，使用許諾料に相当する額を損害額として請求できる旨規定する。なお，同条1項ただし書が適用されて，侵害製品の譲渡数量のうち権利者が販売できな

かったと認められた数量分について，3項による使用許諾料相当額の請求ができるかについては，見解が分かれている。特許法に関してではあるが，被侵害者において販売することができないとする事情があるとして，102条1項による請求ができない部分についても，無許諾の実施品であることに変わりはないとして，同条3項による損害賠償を認めた裁判例がある（大阪高判平成14年4月10日（平成13年（ネ）第257号・第343号）裁判所ウェブサイト〔複層タイヤ事件〕，同じく肯定説に立つ裁判例として東京高判平成11年6月15日判時1697号96頁〔ヒートバンクシステム事件〕がある。）一方，「特許侵害による損害は，基本的には侵害行為による権利者の逸失利益の填補であり，同条1項ないし3項は，そのために特許法が定めた計算方法である。したがって，特定の期間における侵害行為に対する損害は，原則として1個の算式で決められるべきであり，同条1項によって認められた損害は，逸失利益としての限界であり，それ以上，同条3項を更に適用して，特許権者等が販売することができない数量につき，実施料相当額を損害として認める理由はない。そして，同条3項の実施料相当額も，あくまで，取引による逸失利益が主張し得ない場合において，逸失利益につき，実施の対価という形で擬制した規定と解すべきである。その結果，同条1項による損害額算定において，侵害行為と因果関係のある販売減少数量が一部でも認められた場合には，その数量が特許権者の製品についての市場での評価を代弁するものであり，因果関係が認められなかった数量は，市場で評価されなかったものであって，権利者の逸失利益の全てがそこで評価され尽くしたとみるべきである。」として否定説に立つ裁判例（知財高判平成24年1月24日（平成22年（ネ）第10032号・第10041号）裁判所ウェブサイト〔ゴルフボール事件〕）もある（同じく否定説に立つものとして，知財高判平成18年9月25日（平成17年（ネ）第10047号）裁判所ウェブサイト〔椅子式マッサージ機事件〕，知財高判平成23年12月22日判時2152号69頁〔飛灰中の重金属固定化処理剤事件〕）。

## 5　不正競争防止法2条1項3号（形態模倣）に基づく請求

　なお，B社の腕時計が，A社の腕時計の形態に依拠して，これと実質的に同一の形態の商品を作り出す「模倣」（不競2条5項）と認められる場合には，

同法2条1項3号（形態模倣）に基づく請求も考えられよう。しかし，この場合には，保護期間が制限されており，「日本国内において最初に販売された日から起算して3年を超えた商品について，その商品の形態を模倣した商品」を譲渡等する行為については，不正競争行為に対する差止請求等の条文を適用しないと規定されている（不競19条1項5号イ）ことに注意を要する。

（本多　久美子）

## Q77　商品等表示性──ゲーム影像

**Q**　最近Ｂ社が出したクイズゲームアプリでは，随所に先行商品であるＡ社のゲームと似た画面が出てきます。クイズに正解した場合の画面などはそっくりだと感じるのですが，これは不正競争行為に当たりますか。

**A**　Ａ社のゲーム中の画面として表示される影像が他に例を見ない独創的な特徴を有する構成であり，かつ，そのような特徴を備えた影像が特定のゲームの全過程にわたって繰り返されて長時間にわたって画面に表示されること等により，需要者の間に広く知られているような場合には，当該影像が不正競争防止法 2 条 1 項 1 号にいう「商品等表示」に該当することもあり得るが，その影像が，ゲームの途中で登場する一画面又はそれに類似する画面として表示されるにすぎない場合には，特段の事情のない限り，不正競争防止法による保護は求められない。

また，Ａ社の影像が商品等表示に該当し，Ｂ社のゲームアプリに使用される影像がこれに類似する場合であっても，その影像が，Ｂ社の商品又は営業を表示し自他を識別する商品等表示として使用されていなければ，Ｂ社の行為は不正競争行為にはならない。

## ▌解　説

### 1　商品等表示

不正競争防止法 2 条 1 項 1 号は，他人の周知商品等表示と同一又は類似の商品等表示を使用することを不正競争行為とする。その趣旨については，他人の顧客吸引力へのただ乗り行為を防止し，周知商品等表示が有する営業上の信用を保護し，事業者間の公正な競争を確保することにあると解されることから（東京地判平成18年 7 月26日判タ1241号306頁〔ロレックス事件〕），同号にいう商品等表示とは，特定人の製造・販売に係る商品であることが認識でき，こ

商品等表示として周知性を有するに至ったと主張した。

　同判決は，「ゲームの影像が他に例を見ない独創的な特徴を有する構成であり，かつ，そのような特徴を備えた影像が特定のゲームの全過程にわたって繰り返されて長時間にわたって画面に表示されること等により，当該影像が需要者の間に広く知られているような場合には，当該影像が不正競争防止法2条1項1号にいう『商品等表示』に該当することがあり得る」との一般論を述べたが，当該ゲームについて原告が周知商品等表示と主張する影像は，ゲームの途中で登場する一画面又はそれに類似する画面にすぎないものであること，宣伝広告において多くの画面の中の一つとして使用されているにすぎないこと等を指摘し，原告を表示するものとして，周知の商品等表示性を獲得したとは認められないとした。

　また，被告ゲームの影像（2種類）についても，被告の商品又は営業を表示し自他を識別する商品等表示として使用されているものと認められず，原告の影像に類似しているとも認められないとして，不正競争防止法に基づく保護についてはこれを否定した。

## 5　まとめ

　前掲各判決によれば，A社のゲームの影像が不正競争防止法2条1項1号の商品等表示として保護されるのは，その影像が，A社が製造し，販売するゲームであるとの出所を表示するものとして需要者の間に広く認識されている場合であり，そのためには，影像自体が特徴的なものであることに加え，ゲームの全過程で使用されたり，あるいは，ゲームの冒頭，パッケージ，解説本又は宣伝広告において，そのゲームを象徴するものとして表示されるなど，標章類似のものとして使用されていることが必要と思われる。

　また，B社のゲームを開始して初めて問題となる影像が表示されるとすれば，需要者がその影像から出所を誤認したとはいえないので，B社の影像についても，パッケージに使用されるなど，出所を表示するものとして使用されている必要がある。

（谷　有恒）

## Q78　商品等表示性・形態模倣

**Q**　A社が開発し，B社が販売している変形する水切りざる（以下「原告商品」という。）がヒットしています。これは形状が柔らかくてどのような形にも変えられ，例えば絞るようにして水を切ることも可能になっています。C社が同様の商品（以下「被告商品」という。）を販売した場合，不正競争になるでしょうか。また，不正競争になる場合，販売者であるB社は，C社に対して差止めや損害賠償を請求することができますか。

**A**　B社としては，原告商品の形態が不正競争防止法 2 条 1 項 1 号の周知商品等表示に当たると主張することが考えられるが，原告商品の形態が，機能そのもの又は機能を達成するための構成に由来する場合，商品等表示性が否定される場合がある。

　原告商品の形態が新たに開発されたものであり，被告商品がこれを模倣したものであれば，販売開始から 3 年間に限り，不正競争防止法 2 条 1 項 3 号による保護が考えられる。この場合，原告商品を開発し製造しているのがA社であっても，B社がA社との間で独占販売契約を締結している場合等には，B社がC社に対し，差止め等を求め得ると解する。

### ■ 解　説

### 1　機能に由来する形態と商品等表示

（1）　形態と商品等表示

　不正競争防止法 2 条 1 項 1 号の「商品等表示」については，商品の外観，形状に属する容器，包装が商品等表示とされる以上，同様に外観，形状に属する商品自体の形態も，商品等表示としての保護を受けるとするのが，通説，裁判例の立場であり（Q77参照），①特定の商品の形態が独自の特徴を有し（特別顕著性），かつ，②この形態が長期間継続的かつ独占的に使用されるか，

又は短期間でも強力な宣伝等が伴って使用されることにより，その形態が特定の者の商品であることを示す表示であると需要者の間で広く認識されるようになれば（周知性），セカンダリー・ミーニングとしての出所表示機能を有するに至ったものとして，形態に商品等表示性を認める立場が多い（知財高判平成24年12月26日判時2178号99頁〔ルーペ事件〕ほか。異なる観点からの整理を提唱するものとして，谷有恒「周知商品等表示混同惹起行為(1)」牧野ほか『訴訟実務大系Ⅱ』354頁）。

(2)　機能に由来する形態の問題点

　商品の形態が商品の機能に由来する場合，さらに考慮すべき点が生じる。なぜなら，機能の実現が発明，考案による場合，出願，登録等の手続を経れば特許法等により排他的に保護される反面，そうでないものについて，本来，その利用は自由であるべきところ，機能を実現する形態が不正競争防止法2条1項1号の商品等表示として保護されるとするが，出願，登録，保護期間といった制約なく，事実上排他的に保護されることになるからである。

　この点について，裁判例にも変遷があるとされ，一般論として技術に由来する形態は商品等表示としては保護しないとする裁判例，技術的要素を含む形態であるが請求を認容した裁判例，商品の実質的機能を達成するための構成に由来する形態について商品等表示性を否定した裁判例があるほか，学説としても，競争上似ざるを得ない形態について商品等表示性を否定する立場など（田村『不競法概説』126頁），若干複雑である（谷・前掲357頁）。

　検討するに，技術的機能を具現化した商品を作るに当たっては，機能を実現するとともに，より安価に，より効率的に製作することができ，より需要者に訴えるものとするために，設計，デザインが行われるのであり，機能＋$\alpha$の形態，機能＋$\beta$の形態といった様々な選択可能性がある中で，ある形態が選択されるのであり，そのようなものであれば，形態が出所識別力を取得することもあり得る。しかしながら，機能を具現化しただけの形態の商品が流通に置かれた場合，需要者は，その様な機能を有する商品が必要であるから購入するか，商品に付された標章等から出所を識別しているのであって，形態から出所を識別するものではないと考えられる。すなわち，機能を単純

に実現するにとどまる形態を有する商品の場合，形態それ自体は，自他識別
や出所表示の機能を有しないというべきである。

## 2　形態模倣

（1）　機能を確保するために不可欠な形態の問題

商品の形態が不正競争防止法2条1項1号の商品等表示になるかの問題と，
同項3号の形態模倣の問題とでは，商品の形態が問題となる点では類似する
が，前者が，他人の顧客吸引力へのただ乗り行為を防止し，周知商品等表示
が有する営業上の信用を保護し，事業者間の公正な競争を確保することを目
的とするのに対し，後者は，費用を投下して新たな商品を開発した者を，3
年の限度で（不競19条1項5号イ），模倣行為より保護するものであって，制度
趣旨も要件も異なる。

不正競争防止法2条1項3号は，「当該商品の機能を確保するために不可
欠な形態」を保護対象から除外しており，前記1(2)で検討した内容との異同
が問題となるが，上記制度趣旨より検討すべきものと思われる。

（2）　請求の主体の問題

上記制度趣旨によれば，不正競争防止法2条1項3号に基づく請求をし得
るのは，新たな商品を開発し，商品化して流通に置いた者であるのが原則で
あり，この者から商品を買い受け販売するにすぎない者は，請求の主体になり
り得ないと考えられ，独占的販売権者についても，否定例（東京地判平成11年
1月28日判時1677号127頁〔キャディバッグ事件〕），肯定例（大阪地判平成16年9月13
日判タ1168号267頁〔ヌーブラ事件〕）がある。

争いのあるところであるが，販売者が商品を企画して製造者に研究開発を
行わせ，独占的販売契約により商品の納入を受け販売するような場合，実質
的には，販売者が開発費用を負担していると見ることもできるのであり，独
占的販売権者については肯定すべきものと思料する（西田昌吾「請求主体」牧野
ほか『訴訟実務大系II』414頁）。

### 3　実際例の検討

(1)　裁判例

設問に類似した近時の裁判例としては，大阪地判平成23年10月3日判タ1380号212頁〔各色水切りざる事件〕がある。同判決は，上記問題点について，要旨以下の判断を示し，不正競争防止法2条1項1号に基づく請求は否定し，同項3号に基づく請求のみ認容した（原告の販売から3年が経過したことにより，差止請求は棄却し，期間内の損害賠償請求のみ認容。）。

(2)　不正競争防止法2条1項1号の趣旨

仮に，商品の実質的機能を達成するための構成に由来する形態を同号の商品表示と認めると，同一商品についての業者間の競争それ自体を制約することとなってしまう。商品の実質的機能を達成するための構成に由来する形態は，同号の商品等表示には該当しないものと解するのが相当である。

(3)　当該事案について

柔軟性があり，変形させることができるという形態的特徴は，原告商品の機能そのもの又は機能を達成するための構成に由来する形態であり，同号の商品等表示には当たらない。

(4)　同項3号の請求主体

同号による保護の主体は，自ら資金，労力を投下して商品化した先行者のみならず，先行者から独占的な販売権を与えられている独占的販売権者のように，商品形態の独占について強い利害関係を有する者も含まれる。

また，原告は，商品化のための助成金の申請をし，自ら図面を作成したり，商品化のために必要な費用も支出したりするなど，自ら資金，労力を投下して原告商品を商品化した先行者でもあるということができる。

(5)　機能を確保するために不可欠な形態

材質の選択，肉厚幅，底面突起の数，底面突起の有無及び数，表面上の穴の大きさ及び数など，ざるの形態選択には無数の選択肢があり，原告商品の形態を全体として評価したときに，それが商品の機能を発揮するために不可欠な形態のものであるということはできない。

〔谷　有恒〕

## Q79　商品等表示性——形態

 **Q**　A社は特徴的な外観の店舗で永年営業をしてきましたが，最近，その外観を模したと思われる他社の店舗が出てきました。これは不正競争に当たりますか。

**A**　A社の店舗外観が，長期間使用されるなどした結果，A社による営業であることを示す機能を取得し得ることは理論上認められている。営業表示性を取得したA社の周知店舗外観と同一又は類似する店舗外観の使用が，営業主体の混同を生じさせる場合，不正競争防止法上の不正競争に該当する可能性がある。しかし，営業表示性取得のためにどのような要件を満たす必要があるか，議論が十分に尽くされているとはいえず，裁判例も少ない。その要件の具備の認定は慎重である必要がある。

### ■ 解　説

#### 1　商品等表示の種類・範囲 (拡張例：セカンダリー・ミーニングによる表示性の取得)

　他人の商品や営業の表示が周知となった場合，これと同一又は類似する表示を使用するなどし，他人の商品又は営業と混同を生じさせる行為は不正競争とされ（不競2条1項1号），差止請求，損害賠償の理由となる（不競3条，4条）。

　商品表示や営業表示である以上，商品主体や営業主体を識別するできるものでなければならない。商品等表示は，通常，文字や図形で構成されることが多い。しかし，不正競争防止法2条1項1号は，商品等表示を「氏名，商号，商標，標章，商品の容器若しくは包装その他商品又は営業を表示するもの」と定めており，表示の種類・範囲は広い。

　さらに，商品の形態自体が商品表示性を取得する場合がある（東京地判昭和48年3月9日無体例集5巻1号42頁〔ナイロール眼鏡枠事件〕）。そもそも，商品の形態は，その商品が本来具有すべき機能を十分に発揮させることを目的として

選択されるもので，出所を表示することを目的とするものではないが，商品の形態が取引上二次的に出所表示の機能を備えるに至った場合には，その形態自体が商品の技術的機能に由来する必然的，不可選択的なものでない限り，商品表示として保護される（東京地判昭和53年10月30日無体例集10巻2号509頁〔投げ釣り用天秤事件〕）。このようにして，二次的に得られた出所表示の機能をセカンダリー・ミーニングという。

　営業表示についても，店舗外観など，本来，出所表示を目的とするものではないものについて，セカンダリー・ミーニングを獲得した場合に，営業表示性を取得することは理論上可能と考えられている（判例，学説については，小野『新・注解不競法（上）』188頁以下〔芹田幸子＝三山峻司〕参照）。

## 2　「ごはんや まいどおおきに ○○食堂」事件

　店舗外観の営業表示性が争われた裁判例（大阪地判平成19年7月3日判時2003号130頁〔「ごはんやまいどおおきに○○食堂」事件〕）がある。

　原告は，「ごはんや まいどおおきに ○○食堂」（原告表示：○○は店舗の所在地名）という名称を使用し，複数の飲食店を経営していたが，同じく飲食店を経営する被告に対し，原告の店舗外観が全体として原告の営業表示として著名又は周知であり，これに類似する店舗外観を，被告の店舗に使用する行為は，不正競争防止法2条1項2号又は1号に該当するとして，被告店舗外観を構成する看板などの使用の差止めと廃棄，抹消を求め，併せて損害賠償を求めた。

　同判決は，「店舗外観は，それ自体は営業主体を識別させるために選択されるものではないが，特徴的な店舗外観の長年にわたる使用等により，第二次的に店舗外観全体も特定の営業主体を識別する営業表示性を取得する場合もあり得ないではないとも解され（る）」と述べた。その一方で，店舗外観の類否の判断を先行させ，「店舗外観全体の類否を検討するに当たっては，単に，店舗外観を全体として見た場合の漠然とした印象，雰囲気や，当該店舗外観に関するコンセプトに似ている点があるというだけでは足りず，少なくとも需要者の目を惹く特徴的ないし主要な構成部分が同一であるか著しく

類似しており，その結果，飲食店の利用者たる需要者において，当該店舗の営業主体が同一であるとの誤認混同を生じさせる客観的なおそれがあることを要すると解すべきである」とした上で，原告が主張する要素毎に検討を加え，最も特徴があり，主要な構成要素である店舗看板とポール看板の記載内容が類似しておらず，全体の印象，雰囲気等に及ぼす影響は大きいとし，その他の点についても，全体としての印象，雰囲気がかなり異なったものとなっているとし，被告店舗外観が原告店舗外観に全体として類似するとは認められないと判断した。

　以上のとおり，本判決は，一般的な可能性として，店舗外観が営業表示性を取得する可能性があることを認めながら，原告と被告の店舗外観の類似性を先に判断した。このため，原告店舗外観の営業表示性の有無や周知性の取得の有無についての判断はしていない。

### 3　商品陳列デザイン事件

　その後，商品陳列デザインの営業表示性が争われた裁判例（大阪地判平成22年12月16日判時2118号120頁〔商品陳列デザイン事件〕）があるが，そこでは，店舗外観と同様の議論がされている。

　原告は，子ども用品等を販売する会社であるが，特徴的な商品の陳列方法（商品を全てハンガー掛けの状態で陳列し，前身頃を通路側に向け，ひな壇状ではなく，連続して一定の高さまで陳列するなどの特徴を有した3種類の陳列方法）を採用していた。原告は，上記の商品陳列デザインは，原告の営業表示として周知又は著名であるが，被告の商品陳列デザインが，上記陳列デザインに類似する方法で陳列しており，不正競争防止法2条1項1号又は2号に該当するとして，被告に対し，被告の商品陳列デザインの使用の差止め等を求めた。

　同判決は，商品陳列デザインについて，機能的な観点から選択されるものであって，営業主体の出所表示を目的とするものではないから，本来的には営業表示には当たらないものであるが，「顧客によって当該営業主体との関連性において認識記憶され，やがて営業主体を想起させるようになる可能性があることは一概に否定できない」とした。その一方で，「商品陳列デザイ

ンだけで営業表示性を取得するような場合があるとするなら，……それだけ
でも売場の他の視覚的要素から切り離されて認識記憶されるような極めて特
徴的なものであることが少なくとも必要である」とした上で，原告の商品陳
列デザインは，同種店舗と比べて特徴があるとはいえないとした。

　さらに，同判決は，上記デザインについて，店舗運営管理コストを削減す
る効果をもたらす，原告独自の営業方法ないしノウハウの一端が具体化した
ものであって，これを営業表示として不正競争防止法によって保護すること
は，原告の営業方法ないしアイデアを原告に独占させる結果を生じさせるこ
とになり，公正な競争を確保するという不正競争防止法の立法目的に照らし
て相当でないと述べている。

## 4　本問の検討

　上記二つの裁判例によると，店舗外観がセカンダリー・ミーニングを獲得
することによって営業表示性を取得することがあり得るが，そのためには，
店舗外観が特徴的なものである必要があるということになる。もっとも，ど
のような特徴的外観であればセカンダリー・ミーニングを獲得できるのかに
ついては，裁判例の集積を待つべきであろう。店舗外観は様々であって，店
舗外観の要素としてどのようなものを主張するのか，全体としての店舗外観
をどのように特定するのかといった問題とも関連する。

　また，店舗外観等は，営業方法やアイデアと関係することが多く，これを
営業表示として保護する結果，アイデアを独占させる結果となるという問題
がある。上記二つの裁判例の事例を比較すると，商品陳列デザインの事例は，
食堂の店舗外観の事例に比べ，陳列デザイン自体が機能に基づく性質をより
強く有していたということがいえようか。

　以上によると，Ａ社の店舗外観を模した他社の行為が，不正競争に該当す
る可能性はあるが，Ａ社の店舗外観が営業表示性を取得するための要件の充
足については慎重な判断が要求される。

（山田　陽三）

# 第2章　混　同

## Q80　営業と宗教活動

**Q**　ある宗教法人Ａ会から分派した会派が「Ａ会Ｂ分会」という名称を称することは，不正競争ということができますか。

　分派した会派（Ｂ分会）が，宗教法人の本来的な宗教活動及びこれと密接不可分の関係にある事業に際して，「Ａ会Ｂ分会」という名称を称する場合，同行為を不正競争ということはできない。しかし，Ｂ分会が他の事業に際して使用する場合，事業の内容によっては，不正競争となることもある。

### ■　解　説

### 1　不正競争防止法による規制の対象

　不正競争防止法は，周知商品表示や周知営業表示と同一又は類似した表示を使用し，周知表示の主体と混同する行為を禁止している（不競2条1項1号）。

　しかし，不正競争防止法2条1項1号が適用される場合は，その立法趣旨からして，商工業に関する営利事業が典型的な適用対象となる。仮に，Ａ会という名称がＡ会の事業を示す表示として周知であったとしても，Ａ会やＢ分会の事業が非営利事業である場合，不正競争防止法の適用があるか否かが問題となる。

### 2　不正競争防止法が適用される「営業」に関する過去の裁判例

　下級審の裁判例では，不正競争防止法2条の「営業」は，広く解釈されて

きた。例えば，個人の開設する病院業務について，東京地判昭和37年11月28日判時323号26頁〔京橋中央病院事件〕は，「同法にいわゆる営業とは，単に営利を目的とする場合のみならず，広く経済上その収支計算の上に立って行われるべき事業をも含む」と判断した。

この基準は，次のとおり，他の事案にも引き継がれている。

尺八の研さんと進行を目的とする公益法人の活動について，大阪高決昭和54年8月29日判タ396号138頁〔都山流尺八事件〕

拳法の普及発展を目的とする公益法人の活動について，大阪地判昭和55年3月18日判時969号95頁〔少林寺拳法道院事件〕

日本舞踏の家元の行う舞踏普及事業について，大阪地決昭和56年3月30日判時1028号83頁〔花柳流事件〕

学校法人が私立学校を経営する事業について，東京地判平成13年7月19日判時1815号148頁〔呉青山学院事件〕

しかし，宗教法人の本来的な宗教的活動について，不正競争防止法2条1項1号，2号を適用することができるか否かについては，次に述べる〔天理教豊文教会事件〕まで，これを判断した裁判例はなかった（当時の判例，学説については，「判解」平成18年度（上）123頁〔宮坂昌利〕参照）。

## 3 天理教豊文教会事件

宗教法人「天理教」は，被包括関係を設定した宗教法人「天理教豊文分教会」が，被包括関係を廃止する旨の通知をした後，「天理教豊文教会」と名称を変更し，宗教活動を引き続き行っていたことについて，名称の使用が不正競争防止法2条1項1号又は2号所定の不正競争に該当するとして，「天理教豊文教会」その他の「天理教」を含む名称の使用の差止め及び名称の登記の抹消登記手続を求めた。

第1審（東京地判平成16年3月30日判時1859号135頁）は，「（不正競争防止）法1条にいう『事業』及び同法3条にいう『営業』とは，広く経済上その収支計算の上に立って行われる事業一般をいい，（略）利潤獲得を図らないまでも収支相償を目的とした事業を反復継続して行っている事業であれば，不正競

争行為からの保護の必要性が認められるのであるから，広く経済上その収支計算の上に立って行われるべき事業を含むと解するのが相当である。」「宗教法人の業務ないし事業についても，不正競争防止法を適用することができ（る）」と述べた上で，同法2条1項1号，2号への該当性を判断し，「天理教豊文教会」の使用の差止めを認めた。

　これに対し，控訴審（東京高判平成16年12月16日判時1900号142頁）は，上記「事業」又は「営業」について，「役務又は商品を提供してこれと対価関係に立つ給付を受け，これらを収入源とする経済収支上の計算に基づいて行われる非営利事業もこれに含まれると解される。」としながら，「宗教法人の本来の業務である宗教活動は，教義を広め，儀式行事を行い，信者を教化育成することを内容とするものであり，収益を上げることを目的とするものではなく，（略）これと対価関係に立つ給付を信者等から受け，それらを収入源とする経済収支上の計算に基づいて行われる活動ではない。」と判断し，第1審の判決を取り消し，「天理教豊文教会」の使用の差止めを求める請求を棄却した。

　上告審（最二小判平成18年1月20日判時1925号150頁）は，次のとおり，控訴審の結論を維持し，上告を棄却した。すなわち「（不正競争防止）法の適用は，（略）競争秩序を維持すべき分野に広く認める必要があり，社会通念上営利事業といえないものであるからといって，当然に同法の適用を免れるものではないが，他方，そもそも取引社会における事業活動と評価することができないようなものについてまで同法による規律が及ぶものではないというべきである。」と示した上で，「宗教儀礼の執行や教義の普及伝道活動等の本来的な宗教活動に関しては，営業の自由の保障の下で自由競争が行われる取引社会を前提とするものではなく，不正競争防止法の対象とする競争秩序の維持を観念することはできないものであるから，取引社会における事業活動と評価することはできず，同法の適用の対象外であると解するのが相当である。」「また，それ自体を取り上げれば収益事業と認められるものであっても，教義の普及伝道のために行われる出版，講演等本来的な宗教活動と密接不可分の関係にあると認められる事業についても，本来的な宗教活動と切り離し

てこれと別異に取り扱うことは適切でないから，同法の適用の対象外であると解するのが相当である。」と判断した。

　その一方で，「これに対し，例えば，宗教法人が行う収益事業（宗教法人法6条2項参照）としての駐車場業のように，取引社会における競争関係という観点からみた場合に他の主体が行う事業と変わりがないものについては，不正競争防止法の適用の対象となり得るというべきである。」と述べた。

　上記上告審判決は，下級審がこれまで採用してきた基準を用いず，「取引社会における事業活動」と評価できるか否かを基準としたといえる。

　なお，上記事案では，名称権に基づく差止請求権の存否も争点となっていた。同判決は，名称権を認めつつ（侵害があった場合は，差止めを認める。），教義を示す名称を使用することについては，被告宗教法人の自由であるとし，名称を冒用されない権利が違法に侵害されたとはいえないと判断した。

## 4　本問の検討

　前記上告審判決を本問に当てはめると，次のとおりとなる。すなわち，B分会が，本来的な宗教活動若しくはこれと密接不可分の関係にある事業分野で活動することについて，不正競争防止法2条を適用することはできない。しかし，A会やB分会は，いろいろな分野で活動していることが考えられる。A会とB分会の事業が，取引社会における事業活動の分野で競合する場合，A会とB分会が宗教法人であっても，不正競争防止法の適用がある。A会の名称が周知である場合，「A会B分会」という名称が「A会」と類似し，B分会が「A会B分会」の名称を使用することによって，混同のおそれが生じると認定されることがあり得る。A会としては，不正競争防止法2条1項1号により，B分会に対し，その分野での名称の使用の差止めを求めることができる。その場合，「A会B分会は，○○の事業において，『A会B分会』の名称を使用してはならない。」といった主文の判決が考えられる。なお，本来的な宗教活動と密接不可分の関係にある事業と，取引社会における事業との区別については，前記上告審判決の例示する具体例が参考になる。

（山田　陽三）

## Q81　広義の混同

**Q** 　A社の商号は，服飾ブランドとして世界的に著名ですが，ある飲食店Bが，その商号を含んだ名称のスナックを経営しています。営業内容が大きく異なりますが，A社の差止めは認められるのでしょうか。

**A** 　飲食店Bが経営するスナックのA社の商号を含んだ名称は，世界的な服飾ブランドであるA社の営業表示である商号と同一あるいは類似するといえる場合には，不正競争防止法2条1項1号，あるいは2号に定める不正競争に該当し，同法3条に基づく差止請求が認められると考えられる。

### ▌解　説

#### 1　不正競争防止法2条1項1号に定める不正競争

(1)　A社の商号（以下「A」という。）は，A社が営業を行う場合に自己を表示するために用いる名称であるから，A社の営業表示といえる。そして，同商号は，A社が世界的に著名な服飾ブランドであることから，当然に需要者に広く認識されているものであるといえる。そして，「A」を含む飲食店Bの名称は，商号と同一あるいは類似する商品等表示であると評価できる場合が多いと考えられる。

　　しかし，A社が服飾ブランドであり飲食店であるBと営業内容が異なることやその業態の違い等から，「A」を含む名称の使用が，世界的な服飾ブランドであるA社の営業とBの営業との間に「混同を生じさせる行為」であるといえるかが問題となる。

(2)　「混同」の意義については，営業主体が同一であると誤信する狭義の混同であるとする考え方と，周知表示の帰属主体とその相手方との間に営業上何らかの密接な関係があるのではないかと誤信する広義の混同で

あるとする考え方とがある。最高裁は，「他人の周知の営業表示と同一
又は類似のものを使用する者が同人と右他人とを同一営業主体として誤
信させる行為のみならず，両者間にいわゆる親会社，子会社の関係や系
列関係などの緊密な営業上の関係が存すると誤信させる行為をも包含す
る」（最二小判昭和58年10月7日民集37巻8号1082頁〔日本ウーマンパワー事件〕）
と解し，広義の混同まで含まれることを明らかにしている。さらに，混
同を生じさせる行為というためには，「両者間に競争関係があることを
要しない」（最三小判昭和59年5月29日民集38巻7号920頁〔フットボールチーム
事件〕）とされている。これは，著名な営業表示の顧客吸引力に便乗する
フリーライド（いわゆるただ乗り）やダイリューション（他人が著名な標章を
その商品等とは異なる多種多様な商品等に使用することによって著名な標章が用い
られている営業，商品等を想起させる機能が希釈化されることあるいは良好なイ
メージが毀損されること）を防ぎ，商標の自他識別機能を図ることにより，
商標に対する信用を維持し，需要者の利益を保護するという同号の趣旨
から導かれる。

　　同様の趣旨から，平成5年法律第47号による改正により，著名な商品
等表示の保護が強化され，「混同を生じさせる行為」を要件としない不
正競争防止法2条1項2号が新設された。そのため，改正後の同条項1
号の「混同」については「広義の混同」が含まれないとする考えもあっ
たが，最一小判平成10年9月10日裁判集民189号857頁〔スナックシャネ
ル事件〕は，企業経営の多角化，同一の表示の商品化事業により結束す
る企業グループの形成，有名ブランドの成立等，企業を取り巻く経済，
社会環境の変化に応じて周知の営業表示を使用する者の正当な利益を保
護するためには，広義の混同惹起行為をも禁止することが必要と解され
ること等を挙げ，同条項2号は，他人の著名な営業表示の保護を旧法よ
り徹底しようというもので，この規定が新設されたからといって，1号
により保護すべき場合を限定的に解すべき理由とはならないとし，改正
後においても「広義の混同」を含む旨判示した。

⑶　広義の混同を生じるか否かの判断要素については，商標法4条1項15

号における「混同を生ずるおそれ」の有無につき判示した最三小判平成12年7月11日民集54巻6号1848頁〔レールデュタン事件〕を前提に，①他人の商品等表示と自己の使用表示との類似性の程度，②他人の商品等表示の周知著名性及び独創性の程度，③自己の表示の使用商品等と他人の業務に係る商品等との間の関連性の程度，④取引者及び需要者の共通性その他取引の実情などに照らし，自己の表示の使用商品等の取引者及び需要者において普通に払われる注意力を基準として，総合的に判断すべきとする裁判例がある（東京地判平成16年7月2日判時1890号127頁〔ラヴォーグ南青山事件〕，後記Q83参照）。

　本件においては，①の類似性の程度については明確ではないが，Bの店名において「スナックA」や「喫茶A」といったAと普通名詞が結合しただけのものが使用されている場合には，識別力を有する部分は専らAとなることから，ほぼ同一であり類似性の程度は高いといえる。また，②Aという営業表示は世界的に著名であること，③A社は服飾ブランドで有名な企業ではあるが，昨今の企業における業務の多角化や有名ブランドの表示の商品化等を考慮すれば，関連性がないとはいえないことから，たとえ，④需要者，取引者が異なるとしても，「混同を生じる行為」と認定される可能性は高いといえる。

　前記〔スナックシャネル事件〕において，最高裁は，千葉県にある小さな飲食店が「スナックシャネル」及び「スナックシャレル」の表示を使用する行為が，シャネル・グループの営む営業と，その種類，規模等において異なるものの，「シャネル」の表示の周知性が極めて高いこと，シャネル・グループの属するファッション関連業界の企業においてもその営業が多角化する傾向にあること等の事情から，一般の消費者がシャネル・グループの企業との間に密接な営業上の関係又は同一の商品化事業を営むグループに属する関係が存すると誤信するおそれがあるものということができるとして，「混同を生じさせる行為」であるとしている。

(4)　以上から，本件においては，不正競争防止法2条1項1号に定める不正競争であると認められる可能性が高い。

## 2　不正競争防止法2条1項2号に定める不正競争

(1)　前記1(2)に記載のとおり，混同を生じさせる行為を要件とせず，著名な商品等表示と同一若しくは類似のものを使用する行為が不正競争として規定されている。

　　したがって，Aという営業表示が著名であると認められる場合には，同号における不正競争も認められる。

(2)　「著名」の定義規定は置かれていないが，本号が，前記のとおり，フリーライドやダイリューションを防止するために新設された趣旨から考えると，単に広く認識されている以上のものとすべきであり，通常の経済活動において，相当の注意を払うことによりその表示の使用を避けることができる程度にその表示が知られていることが必要であるとされている（『逐条解説不競法』62頁）。著名である地域的範囲については，原則は日本国内であるが，全国的でなければならないか，一定地域において著名であれば足りるのか，については学説が分かれている（全国説：山本『要説不競法』100～101頁，玉井克哉「フリーライドとダイリューション」ジュリ1018号37頁ほか，非全国説：田村『不競法概説』244頁）。ただ，実際に裁判例等で著名と認められた表示は，ソニー，日航，東急，阪急，三菱，住友のような文字表示，コカコーラの瓶の形状表示等であり，高い知名度を有すると誰もが認めるものである。

(3)　本件においては，A社は，世界的に著名な服飾ブランドであることから，日本国内においても全国的に著名であると認められる可能性が高く，その場合，本号の不正競争であると認められる。

## 3　結　論

　以上より，Bの店の名称使用が不正競争と認められる場合には，不正競争防止法3条1項により名称の使用差止めが認められると考えられる。

　　　　　　　　　　　　　　　　　　　　　　　　　（田原　美奈子）

## Q82　商品等表示性・類否

**Q**　　A社は，看護師を対象とした「X nursing」という題号の情報誌を出版，販売していますが，B社から，医師を対象とした「X」という題号の専門誌が発刊されました。このような行為は，不正競争に当たるでしょうか。

**A**　　「X nursing」の「X」の部分が単独で商品等表示として機能する場合は，不正競争行為に当たり得る。

## ▌　解　説

### 1　問題の所在

　雑誌の題号について不正競争行為（不競2条1項1号）に当たるかどうかについては，請求者（「他人」）の雑誌の題号が商品等表示に該当するかどうか，その商品等表示が，需要者の間に広く認識されているかどうか，相手方の雑誌の題号と，請求者の雑誌の題号が同一又は類似といえるか，さらにその使用により混同を生じるかによって判断されることになる。

　ア　雑誌，新聞等の定期刊行物の題号については，出版社や編集者の商品であることを示す機能を有するものと一般に考えられ，雑誌の題号が不正競争防止法2条1項1号の商品表示に当たると判断された事例も存する（東京地判平成16年7月2日判時1890号127頁〔ラヴォーグ南青山事件〕，本書Q83参照）。

　　　また，相談の事案では，題号そのものではなく，さらにその一部分だけが相手方の雑誌の題号と同一であるところ，題号の一部分について，それが独立して商品表示となるかどうかも問題となる。この点，商標権に関する審決取消請求における判断であるが，「その部分が取引者，需要者に対し商品又は役務の出所識別標識として強く支配的な印象を与えるものと認められる場合や，それ以外の部分から出所識別標識としての

称呼，観念が生じないと認められる場合など」（最二小判平成20年9月8日裁判集民228号561頁〔つつみのおひなっこや事件〕参照）には，商標の一部を抽出し，この部分だけを他人の商標と比較して商標そのものの類否を判断する余地があるものと解されるところ，不正競争行為該当性の判断において，商品表示として機能する表示を抽出するに当たって，参考となるものである。

イ　類似性の判断に当たっては，取引の実情の下において，取引者，需要者が，両者の外観，称呼，又は観念に基づく印象，記憶，連想等から，全体的に類似のものとして受け取るおそれがあるか否かを基準として判断される（最二小判昭和58年10月7日民集37巻8号1082頁〔日本ウーマンパワー事件〕）。

ウ　混同は，平成5年の不正競争防止法の改正前より，他人の周知の営業表示と同一又は類似のものを使用する者が，自己と右他人とを同一営業主体と誤信させる行為のみならず，両者間に緊密な営業上の関係が存するものと誤信させる行為を含むものとされ，いわゆるフリーライドやダイリューションなども含む広義の混同と解されてきており，（石井彦寿「判解」昭和58年度407頁参照），改正後も同様に解されている（最一小判平成10年9月10日裁判集民189号857頁〔スナックシャネル事件〕，Q81参照）。

## 2　参考裁判例

相談の事案の参考裁判例として，大阪地判平成24年6月7日判時2173号127頁〔HEART nursing事件〕がある。本件の事案は，次のとおりである。

(1)　原告は，昭和62年頃，循環器疾患に係る医療に従事する看護師を主な読者とする雑誌である「HEART nursing」を刊行していた。その題号のうち，HEARTの部分は，当初はアルファベット大文字からなり（以下「原告旧標章」という。），平成16年からは，HEARTのAがギリシャ文字のΛであり，Rの文字の右下の部分をやや右下に伸ばした標章（以下「原告標章」という。）を使用している。そうしたところ，被告は，平成23年から，循環器疾患に係る医療に従事する看護師を主な対象読者とする

雑誌を刊行し，その題号として「HEART」（以下「被告標章」という。）を使用したため，原告は，被告の行為が不正競争防止法2条1項1号に当たるとして，被告標章の使用差止めと損害賠償を求めた。

(2)　本判決は，次のとおりの判断を示し，原告の差止め請求及び弁護士費用相当の損害賠償を認めた。なお，本件の控訴審（大阪高判平成26年1月17日（平成24年（ネ）第2044号・第2655号）裁判所ウェブサイト）において，不正競争防止法5条1項により推定される損害額の賠償請求が拡張され，これも認容されている。

ア　原告標章が商品表示に当たるかについて，原告雑誌の表紙上段の誌名が記載される部分に大きく目立つ態様で原告標章を付して使用してきたこと，題号のうち，「HEART」の文字部分が，「nursing」の部分より格段に大きな文字で記載されていること（【図表82】参照）からすれば，原告雑誌の表紙を見る需要者にとっては，原告標章が特に注意を引く部分であるとされ，原告雑誌の内容を説明する単語（普通名詞）にすぎないとか，他の雑誌と識別することができないとかいうことはできないから，原告標章が，原告雑誌の題号のうち他の部分から独立して商品表示として機能するものであるとした。

**【図表82】**

（原告題号）

（原告標章）

（原告旧標章）　　　　　　　（被告標章）

HEART　　　HEART

イ　原告の商品表示として需要者の間に広く認識されているものであることについては，原告標章と原告旧標章が実質的に同一であって，被

告雑誌が刊行される前に20年間以上にわたり使用されていたこと，その間原告標章及び原告旧標章と同一又は類似の標章を使用した看護雑誌は存在しなかったから，原告は原告標章を長期間にわたり継続的かつ独占的に使用してきたこと，原告雑誌が想定される読者のうち相当程度の割合の者に閲覧されてきたこと，原告雑誌の取次会社，書店，定期購読者や読者（医師・看護師）が一般に原告雑誌を「ハート」と称呼してきたことから，これを肯定した。

ウ　原告標章と被告標章が類似の商品表示かについては，前述の〔日本ウーマンパワー事件〕最高裁判決の基準を参照した上で，原告標章も被告標章も，アルファベットの大文字で「HEART」と横書きしてなる標章であり，書体はいわゆる「Times New Roman」と同等のものが用いられており（外観），いずれの標章からも「ハート」の称呼が生じ，観念においても共通のものであると認めることができるとした。外観において，原告標章がAの部分をΛと表記している点及びRの文字の右下の部分がやや右下に伸ばされている点の相違は，些細なものであって，全体として見た場合には，外観においても類似するものとされた。

　　取引の実情については，原告標章，被告標章とも，それぞれ各々の雑誌の表紙上段の誌名が記載される部分に大きく目立つ態様で記載され，原告雑誌及び被告雑誌は，書店等において，いわゆる面出しの状態で陳列されることに加え，原告標章が，原告の商品表示として需要者の間に広く認識されていることも考慮すると，需要者である購読者が書店において原告雑誌又は被告雑誌を購入する際には，表紙上段に大きく目立つ態様で記載された原告標章に注目することが認められるとした。

　　その上で，原告標章と被告標章が，外観，称呼及び観念において共通ないし類似することからすれば，購読者が両者を全体的に類似のものとして受け取るおそれがあるとした。

エ　混同のおそれについては，被告雑誌の需要者も，原告雑誌と同様に

　　循環器疾患にかかる医療に従事する看護師であると認められるから，
　需要者が共通であり，取引の実情において需要者が原告標章又は被告
　標章に注目すること，上記ウのとおり両者が類似し，原告標章が原告
　の商品表示として需要者の間に広く認識されていることからすれば，
　需要者が原告商品と被告商品を混同するおそれがあるとした。

## 3　設問の検討

　設問の事例においても，参考判決の判断枠組みに沿って考えることができ
る。

(1)　A社の発行する雑誌の，題号の具体的構成や表紙における配置等の態
　　様，当該表示を使用してきた期間及びその一貫性，取引の実情や需要者
　　（看護師）の認識，「X」の通常の語としての意味の有無及び内容等から，
　　「X」の部分が特に注意を引くなど，この部分単独で商品表示として機
　　能していると認められる場合には，「X nursing」との雑誌の題号の
　　「X」の部分が独立して商品表示となるものと考えられ，この商品表示
　　をもって需要者にとって広く認識されている場合には，当該部分のみで
　　の周知性が肯定されよう。

(2)　B社発行の雑誌の題号は「X」であり，「X」から特定の称呼が生ず
　　る場合には，少なくとも称呼及び観念の点で一致するものと思われ，ま
　　た主たる需要者が看護師と医師であって，ともに医療従事者である点で
　　共通するところ，前掲〔日本ウーマンパワー事件〕最高裁判決の判断枠
　　組みに照らし，外観や取引の実情も考慮にいれながら，類似性が判断さ
　　れるものと思われる。

(3)　さらに，混同の恐れも認められる場合には，不正競争防止法2条1項
　　1号の不正競争行為に該当するものと考えられる。

（松阿彌　　隆）

## Q83 雑 誌

**Q** A社は，新たに「La Vogue○○」という名称のマンションを販売するに当たり，マンション名を含むチラシを作成，配布していましたが，印刷物について「VOGUE」との商標登録を有し，ファッション雑誌「VOGUE」を発行するB社から，使用差止めの請求を受けました。これも，不正競争に当たるのでしょうか。

**A** B社が「VOGUE」という雑誌を発行していることにより，「VOGUE」という標章がB社の商品等表示であり，当該商品等表示が周知であると認められることから，A社のマンションの名称として用いる「La Vogue○○」との標章が，「VOGUE」と同一あるいは類似するといえる場合には，不正競争防止法2条1項1号に定める不正競争に当たると考えられる。

### ■ 解 説

#### 1 周知商品等表示

B社の雑誌「VOGUE」は，アメリカ合衆国で創刊から100年以上発行され続け，同国における売上げが100万部を優に超え，日本国内における雑誌売上順位も上位に入るなどしていること等から，これまでの裁判例においても，商品表示であるとともにB社の営業表示として周知であると認められている（大阪地判平成元年9月11日判時1336号118頁〔VOGUE事件〕，東京地判平成16年7月2日判時1890号127頁〔ラヴォーグ南青山事件〕）。

#### 2 混同の有無

(1) 本件の場合，B社の業務に係る商品がファッション雑誌であるのに対し，「La Vogue○○」との標章はA社のマンションの名称として用いられていることから，不正競争防止法2条1項1号の「混同を生じさせる

行為」であるかが問題となる。

　この点，「混同を生じさせる行為」は，両者間にいわゆる親会社，子会社の関係や系列関係などの緊密な営業上の関係が存するものと誤信させる行為を含むとする，いわゆる広義の混同であることは最高裁判決により明らかにされている（最一小判平成10年9月10日裁判集民189号857頁〔スナックシャネル事件〕，最三小判昭和59年5月29日民集38巻7号920頁〔フットボールチーム事件〕，最二小判昭和58年10月7日民集37巻8号1082頁〔日本ウーマンパワー事件〕，詳しくはQ81を参照）。

　そして，「混同を生じさせる行為」といえるかどうかについては，最高裁は，商標法4条1項15号の「混同を生じるおそれ」の判断基準として，「当該商標と他人の表示との類似性の程度，他人の表示の周知著名性及び独創性の程度や，当該商標の指定商品等と他人の業務に係る商品等との間の性質，用途又は目的における関連性の程度並びに商品等の取引者及び需要者の共通性その他取引の実情などに照らし，当該商標の指定商品等の取引者及び需要者において普通に払われる注意力を基準として，総合的に判断されるべきである。」（最三小判平成12年7月11日民集54巻6号1848頁〔レールデュタン事件〕）としている。これを前提に，商品等表示の混同について，前記〔ラヴォーグ南青山事件〕判決は，①他人の商品等表示と自己の使用表示との類似性の程度，②他人の商品等表示の周知著名性及び独創性の程度，③自己の表示の使用商品等と他人の業務に係る商品等との間の関連性の程度，④取引者及び需要者の共通性その他取引の実情などに照らし，上記自己の表示の使用商品等の取引者及び需要者において普通に払われる注意力を基準として総合的に判断されるとしている。

(2)　本件における当てはめ

　ア　①類似性の程度

類似の判断基準について最高裁は，「取引の実情のもとにおいて，取引者又は需要者が両表示の外観，称呼又は観念に基づく印象，記憶，連想等から両表示を全体的に類似のものと受け取るおそれがあるか否かを基準として判

断すべきものである」（前記〔フットボールチーム事件〕,〔日本ウーマンパワー事件〕）としている。

　本件において，「La Vogue○○」には「La Vogue」と「○○」とが結合していることから，この部分を分離して判断するかどうかも問題となる。この点，複数の構成部分を組み合わせた結合商標についてどのように判断するかについて，「商標の構成部分の一部を抽出し，この部分だけを他人の商標と比較して商標そのものの類否を判断することは，その部分が取引者，需要者に対し商品又は役務の出所識別標識として強く支配的な印象を与えるものと認められる場合や，それ以外の部分から出所識別標識としての称呼，観念が生じないと認められる場合などを除き，許されないというべきである」（最二小判平成20年9月8日裁判集民228号561頁〔つつみのおひなっこや事件〕）との基準を示した最高裁判決が参考になる。

　本件の二つの標章の類似性についても，上記〔つつみのおひなっこや事件〕判決の基準を念頭に判断されることになると考えられる。まず，「La Vogue○○」において，「○○」部分が，マンションの所在地の地名であったり，「マンション」などの普通名詞であるような場合には，この部分それ自体で出所識別機能はなく，また，「La」はフランス語の定冠詞であってそれ自体から出所識別機能を有するものではない。他方，「Vogue」部分は，前記のとおり，「VOGUE」がB社の商品等表示として需要者の間に広く認識されていることからすれば，強い識別力を有するものと認められる（前記〔ラヴォーグ南青山事件〕においては，○○部分が「Minamiaoyama」であり，「La Vogue」部分と2段に分かれて下に非常に小さい表記がされていたもので，その点も考慮されている。）。

　以上からすれば，「Vogue」部分を対比して上記類似性の基準から判断すべきと考えられるところ，「VOGUE」は「ヴォーグ」との称呼を生じ，「VOGUE」誌あるいは英語，フランス語での「流行，はやり」という観念を生じ，「Vogue」からは同じく「ヴォーグ」の称呼が生じ，「VOGUE」誌の観念も生じ得るものであり，類似するものと考えられる。

　　イ　②周知著名性及び独創性の程度，③標章を付する商品の関連性の程

　　度等

　　前記〔ラヴォーグ南青山事件〕判決は，②③についておおむね次のとおり判示している。②「VOGUE」は，英語，フランス語では「流行，はやり」といった普通名詞にすぎないという意味で，独創性の程度は必ずしも高くはないが，日本においては，通常一般的に使用される語ではないことや，「VOGUE」が極めて高い周知性があること，前記1の裁判例があるとおりB社がこれまで法的手段を通じて「VOGUE」商標が希釈化することを防止する努力をしていること等からすれば，自他識別機能が決して低いとはいえない。③ファッション誌とマンションという対象商品自体は類似するものとはいえないが，雑誌が高級なブランドイメージや都会的なファッションセンスのイメージを前面に押し出していること，近年デザイナーズマンションという高級で都会的でファッション性のあるマンションがもてはやされ，ファッション雑誌と建築が無縁ではなくなってきており，実際「VOGUE NIPPON」誌で建築を扱ったこともあったこと等の事実が認定でき，需要者についても共通する場合があり，関連性は相当程度存在するといえる。

　　ウ　混同の有無

　　以上の事情からすれば，「VOGUE」の標章が長年にわたって使用され周知性が極めて高いこと，「VOGUE」と「La Vogue○○」と称呼及び観念において同一であって類似すること，両者が使用される商品の間に関連性が認められ，需要者が共通すること等を総合的に考慮すれば，「La Vogue○○」は，これに接した需要者に対し，「VOGUE」を連想させ，B社と同一の商品化事業を営むグループに属する関係又はB社から使用許諾を受けている関係が存するものと認められるといえる。

## 3　結　論

　　「La Vogue○○」とのマンション名を含むチラシを作成，配布する行為は，不正競争防止法2条1項1号所定の不正競争に当たり得る。

（田原　美奈子）

## Q84 商 号

**Q** 「X」という略称で知られる「X△△株式会社」があり，この商号は，業界や一般消費者に広く知られています。同じ業界の会社が「X□□株式会社」という商号を用いることは，不正競争に当たりますか。

**A** 不正競争行為に当たり得る。

## ■ 解 説

### 1 問題の所在

相談の事案においては，「X△△株式会社」という商号について，業界や一般消費者に広く知られていること，「株式会社」の部分は出所識別機能がないことからすれば，「X△△」の部分には，商品等表示として少なくとも周知性を獲得しているものと考えられる。

同じ業界の会社が「X□□株式会社」という商号を用いた場合，不正競争防止法2条1項1号，ないし「X△△」との表示が，著名性までを獲得している場合には同2号に規定する不正競争行為に当たるかどうかが問題となる。その際，各々の商品等表示である「X△△」「X□□」が同一又は類似といえるか，1号該当性の判断にあっては，さらに被告の「X□□」の使用が混同惹起行為に当たるかがそれぞれ問題となる。

なお，商号については，不正競争防止法のほか，不正の目的をもって他の商人や他の会社であると誤認されるおそれのある名称又は商号を使用してはならないとの規定（商法12条，会社法8条）も適用される。

### 2 参考裁判例

類似事案の裁判例として，東京地判平成19年1月26日判時2031号153頁

〔杏林事件〕がある。本件の事案は，次のとおりである。

(1)　原告は，杏林製薬株式会社という商号の製薬会社であり，被告は，従前の商号を，「株式会社オリーブ」としていたが，平成14年に商号を「杏林ファルマ株式会社」に変更するとともに，健康食品の販売を行っている。

　　原告は，被告の商号の使用が，不正競争防止法2条1項1号に該当するとして，商号の使用差止め及び変更登記に係る商号の抹消登記手続を求めた。

　　被告は，原告の営業表示の周知性は争わず，類似性及び混同惹起性のみが争点となった。

(2)　本判決は，次のとおり認定・判断し，原告の使用差止請求及び商号変更の抹消登記請求をいずれも認容した。

　ア　原告は，昭和15年に医療用医薬品製造販売及び輸出入を主たる目的として設立され，以来60年以上にわたり，「杏林製薬株式会社」の商号で営業を行ってきたものであり，国内外に支店・子会社を有する「キョーリングループ」を形成しており，平成11年に東証二部に上場し，平成18年3月にグループ企業の事業再編を行った結果，株式会社キョーリンがグループの持株会社となり，同社が，「キョーリン」銘柄として東証一部上場（原告は上場廃止）することとなるなどしていた。原告の近年の売上高，広告宣伝活動費，日経企業イメージ調査や，医師等を対象として行った知名度調査における高い企業認知度から見て，原告の商号につき，原告の営業表示として医療機関，薬局など医薬品業界のほか，一般消費者にも広く認識されており，遅くとも平成14年5月より前には，周知性を獲得したとした。

　イ　類似性判断においては，「取引者又は需要者が両表示の外観，称呼又は観念に基づく印象，記憶，連想等から両者を全体的に類似のものとして受け取るおそれがあるか否かを基準として判断すべきである」（最二小判昭和58年10月7日民集37巻8号1082頁〔日本ウーマンパワー事件〕参照）ところ，原告の商号（株式会社を除いたもの）は，「杏林」と「製

薬」で構成されており，「製薬」の部分は，薬業者を表す普通名詞であり，「杏林」の辞書的意味は，「医者のこと」「医者の美称」であって，元来は医者を意味する普通名詞であり，それ自体としては，医療，医薬関係を指す名称として特別顕著なものとはいえないが，上記のとおり東証一部上場であった大手製薬会社であり，「キョーリングループ」の中核をなす会社であったことから，大手製薬会社の名称として周知となり，原告の商号が，製薬会社の商号の一部としての「杏林製薬」の部分ないし「杏林」の部分に自他識別力があることから，原告の商号から「キョーリンセイヤク」「キョーリン」の称呼が生じるとした。

　他方，被告の商号（株式会社を除いたもの）である「杏林ファルマ」は，「杏林」と「ファルマ」で構成されているところ，「杏林」の部分は原告と同一であり，「ファルマ」の部分は，「Pharmaceutical」などの語彙と共通する語源に由来するものであり，その語源の語意から，広く薬に関連する意味を連想させる言葉として通用しているものということができ，被告の商号から，「キョーリンファルマ」「キョーリン」等の称呼が生じるとした。

　そして，被告の商号が，「杏林」の部分が原告の商号と同一であって同一の称呼が生じ，「杏林ファルマ」は，製薬であるか薬局であるかにかかわらず，製薬を含む薬関係の事業を連想させるから，「杏林製薬」と観念において類似し，被告の商号は，原告の商号と観念において類似するものと認められるから，前記〔日本ウーマンパワー事件〕判決の判旨に照らし，両者を全体的に類似のものとして受け取るおそれがあるとして，類似性を肯定した。「杏林」の部分が普通名詞であり特定のための識別力がない等の被告の主張に対しては，製薬会社としての高い周知性から原告を示すものとして識別力を獲得に至ったとしてこれを排斥した。

ウ　混同が生じるかについては，前掲〔日本ウーマンパワー事件〕判決及び最一小判平成10年9月10日裁判集民189号857頁〔スナックシャネ

ル事件〕（Q81参照）を引用し不正競争防止法 2 条 1 項 1 号の「混同を生じさせる行為」がいわゆる広義の混同惹起行為も包含することを前提として，被告が，平成14年 5 月に商号変更して，目的に医薬品，医薬部外品などの製造販売を加えたから，原告の営業と同一の営業を行うおそれがあるから，被告がこのような営業を行うについて被告の商号を使用することにより，原告の取引者又は需要者は，被告をもって，キョーリングループの一員，あるいは原告との間に資本的なつながりがあるなど，緊密な営業上の関係があると誤信するおそれがあるとして，混同を生じさせる行為に当たるとした。

## 3　設問の検討

設問の事例も，「X」の部分に著名性が認められる場合は別として，上記裁判例の枠組みに沿って検討すべきものと思われるが，「X□□株式会社」としての周知性は肯定されるところ，少なくとも，「X△△」の「△△」の部分の語義等に照らして，外観，称呼，観念等において，類似性が肯定される場合には（なお，設問では，同じ業界の会社であるとされるから，ある程度似たような一般的な語句が選択される可能性も高いものと考えられ，このような場合には，類似性をより肯定しやすい場合が多いものと考えられる。），業界の同一性とあいまって混同惹起行為も肯定され，不正競争行為に当たると判断される可能性も十分に考慮しなければならないと解されよう。

## 4　商号の抹消登記請求

なお，商号の使用差止めを実効あらしめるために，不正競争防止法 3 条 2 項にいう「侵害の停止又は予防に必要な行為」として，商号の変更登記の抹消登記手続を求めることができると解されており，本裁判例もこれを肯定している。本件の場合は，変更登記の抹消により旧商号（「株式会社オリーブ」）が復活することとなるから，変更登記の抹消を認めれば十分であると思われる（旧商号も混同のおそれがあるとして抹消の必要があった事案として，神戸地判平成 9 年10月22日（平成 7 年（ワ）第1924号）判例集未登載〔三田屋事件〕。ただし，控訴審で

先使用が認められて請求は棄却された。）。

　この点に関しては，旧不正競争防止法下の最高裁判例であるが，「(旧) 不正競争防止法１条による行為差止請求権の行使として，……特定商号の変更登記手続の請求ができる」としたものがある（最三小判昭和42年４月11日民集21巻３号598頁〔三愛事件〕）。

　この〔三愛事件〕の第１審は，商号の抹消登記請求を棄却し，それに代わるものとして他の商号への変更登記請求として認容したものであり，最高裁はこの取扱いを是認した。これは，会社の商号は同時に会社の唯一の名称であるから（商号単一の原則），その抹消登記請求を認めることは名称のない会社を現出せしめることになるとされたからであろう（「判解」昭和42年度188頁〔坂井芳雄〕）。

　もっとも近時は，抹消登記請求は，会社の原始商号であるか否かを問わず，できると解されているようである（小野『新・注解不競法（上)』363頁）。

（松阿彌　隆）

# 第3章 適用除外

## Q85 普通名称・慣用表示

**Q** A市B町の中学校について「ＡＢ学園中学校」と名付けようと考えていますが，「B学園」という全国的に有名な学校が他県に存在しています。「A」も「B」も地名であり，かつありふれた名称ですが，この場合でも不正競争に当たるのでしょうか。

**A** 著名な営業表示である「B学園」と，「ＡＢ学園中学校」の表示とを対比した場合に，教育事業の実情の下において，取引者又は需要者が，その外観，称呼，又は観念に基づく印象，記憶，連想等から，後者の表示が著名な営業表示である前者の表示を想起させるなど両表示を全体的に類似のものとして受け取るおそれがあると認められる場合には，「ＡＢ学園中学校」を使用等する行為は，不正競争防止法2条1項2号の不正競争に該当するものと考えられる。

　「ＡＢ学園中学校」の表示について，「A」及び「B」が所在地の地名としてありふれたものであり，「学園」，「中学校」が普通名称であるとしても，このような組合せが，単に当該地名の地域に所在する学校という意味を超えたものとして社会的に認識されているなどの事情がある場合などには，普通名称又は慣用表示には当たらず，不正競争防止法19条1項1号は適用されないものと考えられる。

## ■ 解　説

### 1　不正競争防止法19条1項1号

不正競争防止法19条1項は，不正競争に係る差止請求，損害賠償，罰則等の規定（不競3条〜15条，21条，22条）の適用されない場合を定める。形式的には，同法2条の不正競争行為の類型に該当するが，実質的な違法性を欠くことによるものであり，このうち，不正競争防止法19条1項1号は，商品等主体混同惹起行為（不競2条1項1号），著名表示の冒用行為（同項2号），品質等誤認惹起行為（同項13号）等について，商品又は営業の「普通名称」又は「慣用」表示を「普通に用いられる方法」で使用する行為，又はこれを「普通に用いられる方法」で使用した商品を販売等する行為等である場合には，不正競争は成立しない旨を定めている。

普通名称や慣用表示は，本来，使用が自由であるべきものであり，特定人の独占使用を認めると，商品流通等の経済秩序を阻害することになるため，これらを普通に用いる方法で使用等する行為については，不正競争に係る各規定の適用除外の対象としたものである[1]。

### 2　商品等表示及びその類否

普通名称や慣用表示を普通の用法で使用する場合，その表示は，自他識別機能や出所表示機能がないか，又は弱いため，そもそも商品又は営業を表示する商品等表示（不競2条1項1号，2号参照）として認められないことも多いものと考えられる[2]。他方，普通名称や慣用表示であっても，永年使用等により，二次的な出所表示機能が発生し，商品等表示として自他識別力を獲得するに至る場合や，普通名詞の組合せ自体がありふれていないことなどか

---

〈1〉　小野『新・注解不競法（下）』1244〜1245頁，『逐条解説不競法』167頁，山本『要説不競法』366〜367頁等

〈2〉　例えば，東京地判昭和62年7月10日判時1258号123頁〔家庭教師協会事件〕は，原告の営業表示が「日本家庭教師協会」等である事案において，原告の営業表示は，いずれも「日本」「家庭教師」「協会」「センター」のような一般的な概念を表現するために用いられる普通名称の組合せであるから，周知となることはかなり困難であるなどとする。

ら，自他識別力を有する場合もある[3]。

　そして，原告の表示が商品等表示として認められる場合，被告の表示との類否が問題となるが，当該類否については，取引の実情の下において，取引者又は需要者が，両表示の外観，称呼又は観念に基づく印象，記憶，連想等から両表示を全体的に類似のものとして受け取るおそれがあるか否かを基準として判断するのが相当と考えられる（最二小判昭和58年10月7日民集37巻8号1082頁〔日本ウーマンパワー事件〕，最三小判昭和59年5月29日民集38巻7号920頁〔フットボールチーム事件〕参照）[4]。

　また，両表示が類似すると認められる場合，被告は，抗弁として，被告の表示が，普通名称や慣用表示を普通に用いられる方法で使用等する行為であること（不競19条1項1号）を主張立証することとなる。

### 3　普通名称等

　「普通名称」とは，取引界において商品又は営業の一般的名称として使用されているものをいう（例　フィルム，飴，喫茶店等）。単に性状や品質等を説明するものもこれに当たる。普通名称の単なる組合せも普通名称であるが，出所識別力を有する場合にはこれに当たらない。

　また，「慣用表示」とは，普通名称にはなっていないが，取引者間において一般に慣習上自由に使用されている表示一般である（例　酒の「正宗」，渦巻き看板等）。

　「普通に用いられる方法」とは，普通名称又は慣用表示の使用の態様が，一般取引上普通に行われる程度のものであることをいう。適用除外とされた趣旨を濫用しないような用法であり，一般取引上当該文字について当該用法で使用することが普通，公正であることをいうなどとされる。特別の方法で

---

〈3〉　普通名称等と商品等表示性について，小野『新・注解不競法（上）』181～183頁，『逐条解説不競法』54頁，山本『要説不競法』44頁，46～47頁，小野＝松村『新・不競法概説』105～115頁等

〈4〉　なお，不正競争防止法2条1項2号における類似性においては，当該表示が著名表示を認識させるかどうかで判断すべきとの指摘がある（小野＝松村『新・不競概説』249～250頁）。

使用し，その結果他人の商品等と混同を生じさせた場合は，適用除外とならない[5]。

　商品の名称の例ではあるが，裁判例（名古屋地判昭和40年8月6日判時423号45頁〔つゆの素事件〕）によれば，「普通名称」であるか否かは，抽象的に文字自体から判断すべきではなく，当該文字の用法，特にその使用時期における経済的社会的背景，当該文字と商品との関連，当該商品取引の実質的関係，すなわち商品の出所たる企業の分析，商品の生産流通過程における関与者の諸関係等の相関関係において決定すべきであるなどとされる。また，「普通に用いられる方法」であるか否かは，当該商品の具体的取引過程の実状に基づき判断すべきであり，当該取引において，一般に他の文字，図形，記号ないしは附飾を使用すべき合理的理由ないし必要あるときは，これらのものを組み合わせて使用することは許されるなどとされる。

## 4　本件の検討

### (1)　不正競争防止法2条1項2号の不正競争が成立するか否か

　本件において，「Ｂ学園」の表示は，「Ｂ」が地名としてありふれた名称であり，「学園」も学校の異称であり，各種学校等で用いられる普通名称であるから，各部分からは識別表示としての称呼・観念は生じず，「Ｂ学園」全体としてのみ識別表示としての称呼・観念が生じる。そして，「Ｂ学園」は，他県に存在する全国的に有名な学校であるから，「Ｂ学園」の表示は著名なものであり，強い自他識別力を有すると認められる。他方，「ＡＢ学園中学校」は，「Ａ」，「Ｂ」が地名としてありふれた名称であるから，営業主体の識別表示としての称呼，観念が生じるのは，「ＡＢ学園中学校」，「ＡＢ学園」，「Ｂ学園」と考えられるが，上記の有名な学校の表示が著名であることから

---

〈5〉　普通名称，慣用表示，普通に用いられる方法について，小野『新・注解不競法（下）』1247〜1252頁，1257〜1260頁，1262〜1274頁，『逐条解説不競法』168頁，山本『要説不競法』368〜372頁，小野＝松村『新・不競法概説』471〜483頁，『百選』150頁以下〔岩瀬吉和〕，『商標・商号・不正競争判例百選』（有斐閣，1967年）202頁以下〔大塚市助〕

すると，「Ｂ学園」の部分が特に強い自他識別力を有するものと認められる。そうすると，両表示について，外観（Ｂ学園）及び称呼（ビーガクエン）が共通する上，「Ｂ学園」の表示は著名であるから，「ＡＢ学園中学校」は，「Ｂ学園と関連する，Ａに所在する中学校」という観念が想起され，両者は観念が類似する。したがって，そのような場合には，「ＡＢ学園中学校」の表示の使用につき，不正競争防止法２条１項２号の不正競争が成立するものと考えられる。

(2)　不正競争防止法19条１項１号が適用されるか否か

　本件において，「ＡＢ学園中学校」の表示のうち，「ＡＢ」は，当該中学校の所在地を短縮表記したものとして役務提供の場所を示す名称であり，「学園」は，学校の異称であって各種学校等で用いられる普通名称であり，「中学校」は，学校教育法上の中等普通教育を施すことを目的とする学校を示す普通名称である。そして，「学園」の語は，「地名」と組み合わせて学校の名称として使用されることがあるが，このような組合せが，単に当該地名の地域に所在する学校という意味を超えて，例えば，特定の経営主体により設定運営されている特定の学校を示す固有名称として社会的に認識されているなどの事情がある可能性がある。そうすると，このような事情がある場合などには，当該表示は，自他識別力を有するものとして普通名称又は慣用表示には当たらず，不正競争防止法19条１項１号は適用されないものと考えられる[6]（参考裁判例：東京地判平成13年７月19日判時1815頁148頁〔呉青山学院事件〕）。

(菊池　絵理)

---

〈6〉　なお，「営業の普通名称」に「店舗等の所在地の地名」を付した営業表示について東京地判平成16年３月５日判タ1166号259頁〔成城調剤薬局事件〕は，このような営業表示を採用することは，経験則上頻繁に行われることであるから，本来的に特定人の独占になじまないものであって，特段の事情がない限り，その使用は自由であるというべきであり，その趣旨は，適用除外規定と同旨であるなどと説示する。

## Q86 普通名称・慣用表示

**Q** A社が販売する医薬品で，通称名〇〇〇，錠剤の態様△△，ア
ルファベット□などを組み合わせた「〇〇〇△△□」という有名
な商品があります。B社が販売する同種の医薬品の箱には，通称名〇〇
〇，錠剤の態様△△，アルファベット■がそれぞればらばらに表示され
ているのですが，この場合も不正競争に当たるでしょうか。

**A** A社の医薬品の商品等表示である「〇〇〇△△□」と，B社の医
薬品の箱に表示されている通称名「〇〇〇」，錠剤の態様「△△」，
アルファベット「■」とを対比した場合に，医薬品取引の実情の下におい
て，取引者又は需要者が，その外観，称呼，又は観念に基づく印象，記憶，
連想等から両者を全体的に類似のものとして受け取るおそれがあると認め
られない場合には，不正競争防止法2条1項1号又は2号の不正競争は成
立しない。

仮に，両者を全体的に類似のものとして受け取るおそれがあると認めら
れる場合であっても，「〇〇〇」，「△△」，「■」が，いずれもありふれた
普通名称又は慣用表示であり，普通に用いられる方法で使用しているにす
ぎないのであれば，不正競争防止法19条1項1号により不正競争は成立し
ない。

### ▌ 解 説

### 1 商品等表示及びその類否

(1) 商品又は営業を表示する商品等表示（不競2条1項1号，2号）は，自他
識別機能を有し，その出所表示機能，品質保証機能，広告宣伝機能等に
より顧客吸引力が生ずるところ，不正競争防止法は，他人の商品等表示
と同一又は類似の商品等表示を使用等することによる商品等主体混同惹
起行為（同項1号）や著名表示の冒用行為（同項2号）について，不正競

争が成立するものと定めている。

(2)　原告の表示が自他識別機能を有する商品等表示として認められる場合，被告の表示との類否が問題となる。当該類否の判断については，取引の実情の下において，取引者又は需要者が，両表示の外観，称呼又は観念に基づく印象，記憶，連想等から両表示を全体的に類似のものとして受け取るおそれがあるか否かを基準として判断するのが相当とされている（最二小判昭和58年10月7日民集37巻8号1082頁〔日本ウーマンパワー事件〕，最三小判昭和59年5月29日民集38巻7号920頁〔フットボールチーム事件〕）。

(3)　なお，原告の表示が，普通名称や慣用表示を普通の用法で使用するものである場合，その表示は，自他識別機能や出所表示機能がないか，又は弱いため，基本的には，商品又は営業を表示する商品等表示として認められないことも多いものと考えられる。しかし，普通名称や慣用表示であっても，永年使用等により，二次的な出所表示機能が発生し，商品等表示として自他識別力を獲得するに至る場合や，普通名詞の組合せ自体がありふれていないことなどから，自他識別力を有する場合もある[1]。

　　裁判例では，「正露丸」の語が，クレオソートを主剤とする胃腸用丸薬の名称として不特定多数の業者により全国的に用いられ，その結果，昭和29年10月当時には上記医薬品の一般的な名称として国民の間に広く認識されていたものであり，この普通名称が，その後の取引の実情の変化によっても商品等表示へ転換したとは認められないとした例がある（大阪地判平成18年7月27日判タ1229号317頁（第1審），大阪高判平成19年10月11日判時1986号132頁（控訴審）〔正露丸事件〕）。

## 2　適用除外規定

(1)　不正競争防止法19条1項1号は，商品等主体混同惹起行為（不競2条

---

〈1〉　普通名称等と商品等表示性について，小野『新・注解不競法（上）』181〜183頁，『逐条解説不競法』54頁，山本『要説不競法』44頁，46〜47頁，小野＝松村『新・不競法概説』105〜115頁等

1項1号）や著名表示の冒用行為（同項2号）等に形式的に該当する行為
であっても，「普通名称」又は「慣用」表示を「普通に用いられる方
法」で使用等する行為であるときは，不正競争は成立せず，差止請求，
損害賠償，罰則等の規定（不競3条〜15条，21条，22条）は適用されない旨
を定める。普通名称や慣用表示は，本来，使用が自由であるべきもので
あり，特定人の独占使用を認めると，商品流通等の経済秩序を阻害する
ことになるため，これらを普通に用いる方法で使用等する行為について
は，不正競争は成立せず，適用除外の対象とすることにしたものであ
る[2]。

(2)　上記の適用除外事由は，訴訟では抗弁として位置付けられる。原告の
表示と被告の表示が類似すると認められる場合には，被告は，被告の表
示が普通名称や慣用表示を普通に用いられる方法で使用等する行為であ
ること（不競19条1項1号）を主張立証することとなる。

## 3　普通名称等

(1)　「普通名称」とは，取引界において商品又は営業の一般的名称として
使用されているものをいい，単に性状や品質等を説明するものもこれに
当たる（例　フィルム，飴，黒酢，喫茶店等）。普通名称の単なる組合せも普
通名称であるが，出所識別力を有する場合にはこれに当たらない。また，
「慣用表示」とは，普通名称にはなっていないが，取引者間において一
般に慣習上自由に使用されている表示一般である（例　幕の内，酒の「正
宗」，渦巻き看板等）。「普通に用いられる方法」とは，普通名称又は慣用
表示の使用の態様が，一般取引上普通に行われる程度のものであること
をいう。適用除外とされた趣旨を濫用しないような用法であり，一般取
引上当該文字について当該用法で使用することが普通，公正であること
をいうなどとされる。特別の方法で使用し，その結果他人の商品等と混

---

〈2〉　小野『新・注解不競法（下）』1244〜1245頁，『逐条解説不競法』167頁，山本『要
説不競法』366〜367頁等

同を生じさせた場合は，適用除外とならない[3]。

(2)　「普通名称」であるか否かは，文字の外観により抽象的に決まるのではなく，取引における諸関係により決定されるものであり，当該文字の用法，特にその使用時期における経済的社会的背景，当該文字と商品との関連，当該商品取引の実質的関係，すなわち商品の出所たる企業の分析，商品の生産流通過程における関与者の諸関係等の相関関係において決定すべきであるなどとされる[4]。また，「普通に用いられる方法」であるか否かは，当該商品の具体的取引過程の実情により判断すべきであり，商品等の識別標識として使用されているかどうかを見るべきであるなどとされる[5]。

## 4　本件の検討

(1)　不正競争防止法2条1項1号の不正競争が成立するか否か

本件において，A社が販売する医薬品の商品等表示である「○○○△△□」は，通称名「○○○」，錠剤の態様「△△」，アルファベット「□」の各文字を一連一体のものとして記載したものである。他方，B社が販売する同種の医薬品の箱には，通称名「○○○」，錠剤の態様「△△」，アルファベット「■」の各文字がそれぞればらばらに表示されており，一連一体のものとして記載されていない。したがって，両表示は外観及び称呼において相違しており，一連一体のものであることを前提とする観念の共通性も認められないから，取引者又は需要者が両者を全体的に類似のものとして受け取るおそれがあるとは認められず，不正競争防止法2条1項1号又は2号の不正競争

---

〈3〉　普通名称，慣用表示，普通に用いられる方法について，小野『新・注解不競法（下）』1247〜1252頁，1257〜1260頁，1262〜1274頁，『逐条解説不競法』168頁，山本『要説不競法』368〜372頁，小野＝松村『新・不競法概説』471〜483頁，『百選』150頁以下〔岩瀬吉和〕，『商標・商号・不正競争判例百選』（有斐閣，1967年）202頁以下〔大塚市助〕等

〈4〉　小野『新・注解不競法（下）』1250〜1252頁，名古屋地判昭和40年8月6日判時423号45頁〔つゆの素事件〕等

〈5〉　小野『新・注解不競法（下）』1272〜1273頁等

は成立しないものと考えられる。

(2)　不正競争防止法19条1項1号が適用されるか否か

　本件において，仮に，両者を全体的に類似のものとして受け取るおそれが
あると認められる場合であっても，B社の医薬品の箱に表示された通称名
「○○○」が，従前，当該医薬品の名称として不特定多数の業者により全国
的に用いられてきたことなどにより，既に当該医薬品の一般的な名称として
広く認識されていたと認められる場合がある。錠剤の態様「△△」も，単に
錠剤の性状を説明するにすぎないものであって，このような場合には，「○
○○」及び「△△」の各表示は，それ自体としては普通名称にすぎないあり
ふれた単語であるといえる。また，医薬品名にアルファベットを一文字付記
することは，慣用されている表示にすぎず，「■」の文字がB社の商品又は
営業を想起させるなどの自他識別機能を有するものとは認められない場合が
ある。B社の医薬品の箱における表示を全体として見ても，これらの普通名
称又は慣用表示を，一般取引上普通に行われる程度ではない特別の方法で使
用しているものとは認められない場合も多いであろう。このように，これら
の普通名称又は慣用表示を普通に用いられる方法で使用しているにすぎない
と認められる場合には，不正競争防止法19条1項1号により不正競争は成立
しないものと考えられる（参考裁判例：大阪地判平成24年9月20日判タ1394頁330頁
〔正露丸糖衣A事件〕）。

（菊池　絵理）

## Q87　自己の氏名の使用

**Q** 　自らの名字Ｘを冠する「Ｘ診療所」を開設しようと考えていますが，近隣に「医療法人〇〇会Ｘ病院」の名称の大手医療機関が存在します。この場合，自己の氏名を不正の目的で使用する行為に当たるでしょうか。

**A** 　自らの名字Ｘを冠する「Ｘ診療所」の名称を使用するに至った経緯や，自己の氏名を並記したり，当該大手医療機関との関係を否定するなどの誤認混同防止措置の有無などによっては，自己の氏名を不正の目的で使用する行為に当たらないとされる場合がある。

## ■ 解　説

### 1　不正競争防止法の規定と趣旨

　不正競争防止法19条1項2号は，自己の氏名を不正の目的でなく使用し，又は自己の氏名を不正の目的でなく使用した商品を譲渡し，引き渡し，譲渡若しくは引渡しのために展示し，輸出し，輸入し，若しくは電気通信回線を通じて提供する行為については，不正競争防止法2条1項1号，2号，16号に掲げる不正競争に該当しても，差止請求の規定（不競3条），損害賠償請求の規定（不競4条）等は適用しないとする。

　その趣旨について，山本『要説不競法』399〜400頁は，次のように述べている。

　「そもそも自己の氏名の使用を適用除外の対象とした理由は，不正の目的がある場合ならともかくとして，その人格権の行使の一環ともいえる自己の氏名の自然な使用を禁止するようなことは，本人にとって酷であるのみならず，たまたま先に使用した者を優先することとなって当事者間の公平にも反すると考えられるからである。」

## 2　「不正の目的」の法的意義

　上記の趣旨からすれば，不正競争防止法19条1項2号の除外規定は，同法2条1項1号，2号，16号に掲げる不正競争に該当し，「事業者間の公正な競争」（不競1条）を阻害する類型的なおそれがある場合であっても，人格権の行使である「自己の氏名の使用」であるときは，正当な業務行為であるとして，例外的に，「不正」競争とは扱わないというものであると考えられる。すなわち，同法19条1項2号は，「不正の目的」が認められないときは，「不正」競争と扱わないとして，例外的に違法性を阻却する趣旨の規定であると解される。換言すれば，人格権の行使である「自己の氏名の使用」だけでは，「事業者間の公正な競争」が優先し，差止請求等を甘受しなければならないが，これに加えて，「不正の目的でなく」に当たるといえるときに，初めて正当な業務行為であると考えられるものである。そして，「不正の目的でなく」に当たるかどうかについては，人格権の行使態様，混同防止措置の有無等を見ながら，当該事案に顕れた様々な事情に基づき，同法2条1項1号等に当たる行為であっても例外的に社会的に相当な業務行為といえるかという見地から決するのが相当である。

## 3　設問の裁判例

　設問のもととなった裁判例として，大阪地判平成21年7月23日判時2073号117頁〔わたなべ皮フ科事件〕（診療所における氏表示の使用が不正競争防止法19条1項2号の自己の氏名を不正の目的でなく使用する行為に該当するとされた事例）があるので，紹介する。

　この事例は，原告（医療法人）が，以前から，「医療法人甲野会わたなべ皮フ科形成外科」の名称で診療所を開設していたところ，原告に雇用されていた医師（被告）が，原告を退職後，その開設した診療所の看板，駅構内の宣伝広告，診療行為などで，自らの名字Xを冠する「わたなべ皮フ科」の表示（被告表示）を使用しているとして，原告が被告に対し，被告表示の使用の差止め等を求めた事案である。

　裁判所は，次のように説示して，被告表示の使用は，自己の氏名を不正の

目的でなく使用する行為といえるとして，原告の請求を棄却した。

　「診療所の開設にあたっては，都道府県知事への届出が必要となるところ（医療法8条），その届出書において，診療所の名称は，原則として，開設者の姓を冠することとされている。そして，被告は，開業にあたり，当初，医療機関名を『あい皮ふ科』にすることを予定していたのであるから，被告診療所の名称が現在のものに決まったのは，上記届出にあたり，被告の氏である『渡部（わたなべ）』を用いるよう要請されたためと認められる。そして，このような経緯からすれば，被告診療所の名称に『わたなべ』の語を使用するにあたり，被告に不正の目的はなかったといえる。……勤務先の診療所を短期間で退職した医師が，同診療所から遠くない場所に，新たに診療所を開設したからといって，直ちに不正の目的があるということにはならない。……」

　この裁判例は，被告が，被告表示の使用に当たり，自己の氏名を並記したり，原告との関係を否定する表示を行うなどの，誤認混同防止措置を講じていることも認定している。この裁判例の事案においては，被告の行為については，社会的に相当な業務行為であるといえ，当該事案の下で不正競争防止法19条1項2号該当性を肯定した判断は合理的なものといえる。

### 4　その他の裁判例

　その他に，不正競争防止法19条1項2号該当性が問題となった裁判例として，大阪地決昭和56年3月30日判時1028号83頁〔花柳流事件〕を紹介する。

　事案の概要は，日本舞踊花柳流を主催する宗家家元であるXが，その門弟であったYに対し，YがXから離れた後も「花柳」姓を冠した芸名を使用していたことにつき，その使用の差止めの仮処分を求めたものである。Yは，XのいとこであるZ（その戸籍上の氏は「花柳」であった。）が花柳流から独立して起こした新流「芳門会」に参加して，Zから「花柳」姓を冠した芸名を許諾されたものであることを主張し，自己の行為が不正競争防止法2条1項3号前段（当時）の「自己ノ氏名ヲ善意ニ使用スル行為」に当たるとして争った。

裁判所は，次のとおり説示し，Yの主張に理由があるとして，Xの仮処分申請を却下する判断をした。

「Zは新流の基本的な名称（事業表示）を父初代花柳芳瞳に由来する『芳門会』としたのであって，ここでは，自己の事業をX側の花柳流と識別しようとする意図を認めることができる。ただ，その芸名についてはほかならぬ自己の氏である『花柳』姓を使用することとしたものである。しかるところ，このようにいわば事業のサブ表示ともいえる芸名を『花柳』姓とすることが結果としてX側の芸名と同一または類似することになることはもとよりZの知悉していたことと思われる。しかし，このことはZの立場からすると，X筋宗家の旧分家の子としての自己の氏に照らしいわば必然的なことといえなくはないのであって，斯界では極めて普通に用いられる方法により使用したものとも解され，特段ここに欺瞞的使用の意図を見出すことは困難である……」

## 5　法人による名称使用の場合

なお，法人の名称の使用を「自己の氏名の使用」と認めた東京地判平成14年10月15日判時1821号132頁〔バドワイザー事件〕がある。

裁判所は，次のように説示し，「氏名」には法人の名称も含むとした上で，Y社の行為は不正競争防止法19条1項2号の「自己の氏名を不正の目的でなく使用する行為」に該当すると判断した。

「不正競争防止法12条1項2号は『自己の氏名』と規定するが，ここにいう『氏名』は，自然人の氏名に限定して解すべきものではなく，法人の名称も含むものと解するのが相当である。けだし，法人であっても，創業地や本店所在地の地名，創業者の氏名等をその名称に用いる必要がある場合は少なくないものであるから，そのような名称を不正競争の目的なく使用する場合には，これを不正競争防止法の適用の対象から除外する必要性が存在するものというべきである。……」

この裁判例は，チェコ語標章ビールに付された標章が，Y社の正式名称（チェコ語）を英語表記したものであること，「Budweiser」の名称自体，13世

紀以来チェコの「Budweis」という都市で醸造されていたビールに起源がある歴史的なものであることなどY社の当該標章の使用についての具体的な経緯，当該標章の具体的な使用態様等，当該事案の事情の下において，当該法人の名称の使用について，自己の氏名を不正の目的でなく使用する行為に当たるとした事例判断といえ，その判断は妥当なものである（なお，法人の名称も「氏名」に含むといえるかどうかについては，議論があるようである。）。

（田中　孝一）

# 第4章　商品形態模倣

## Q88　ありふれた形態

**Q** 　A社は，B社の商品が自社商品の模倣であると主張しています。B社は，同種の商品であれば，同じような形状になると言っていますが，この場合，不正競争の視点からはどのように判断すればよいですか。

**A** 　A社の商品の全体の形状について，「同種の商品であれば，同じような形状になる」ことが成り立つか，をみればよい。このことが成り立つ場合は，B社の行為は，不正競争防止法2条1項3号の不正競争行為には当たらないとされるものと考えられる。

### ■ 解　説

### 1　不正競争防止法の規定

　A社は，B社の商品が自社商品の模倣であると主張している。不正競争防止法2条5項は，「模倣する」とは，他人の商品の形態に依拠して，これと実質的に同一の形態の商品を作り出すことをいうとし，同条4項は，「商品の形態」とは，需要者が通常の用法に従った使用に際して知覚によって認識することができる商品の外部及び内部の形状並びにその形状に結合した模様，色彩，光沢及び質感をいうとする。

　そして，不正競争防止法2条1項3号は，「不正競争」として，「他人の商品の形態（当該商品の機能を確保するために不可欠な形態を除く。）を模倣した商品を譲渡し，貸し渡し，譲渡若しくは貸渡しのために展示し，輸出し，

又は輸入する行為」（以下「商品形態模倣行為」という。）を規定する。そうすると，B社が，A社の商品の外部の形状等に着目して，これに基づいて実質的に同一の外部の形状等を有する商品を製造し上市した事実が認められる場合など，A社の上記の主張に理由があると認められるときは，B社の商品販売は，上記の「不正競争」に当たることとなりそうである。

　しかし，B社は，同種の商品であれば，同じような形状になると主張している。そこで，B社のこの主張が，不正競争の視点からはどのように判断されるのかについて検討する。

## 2　B社の主張の法的な意味

　不正競争防止法2条1項3号が商品形態模倣行為を不正競争であるとした趣旨については，東京地判平成11年1月28日判時1677号127頁〔キャディバッグ事件〕が，「他人が資金・労力を投下して開発・商品化した商品の形態につき，他に選択肢があるにもかかわらずことさらこれを模倣して自らの商品として市場に置くことは，先行者の築いた開発成果にいわばただ乗りする行為であって，競争上不公正な行為と評価されるべきものであり，また，このような行為により模倣者が商品形態開発のための費用・労力を要することなく先行者と市場において競合することを許容するときは，新商品の開発に対する社会的意欲を減殺することとなる。このような観点から，模倣者の上記のような行為を不正競争として規制することによって，先行者の開発利益を模倣者から保護することとしたものと考えられる。」と説示しており，この説示内容は妥当なものである。

　そうであるところ，不正競争防止法2条1項3号は，平成17年法律第75号によって改正されている。すなわち，平成17年改正前においては，「他人の商品……の形態（当該他人の商品と同種の商品（同種の商品がない場合にあっては，当該他人の商品とその機能及び効用が同一又は類似の商品）が通常有する形態を除く。）を模倣した商品を譲渡し，……」という規定であったが，平成17年改正により，「他人の商品の形態（当該商品の機能を確保するために不可欠な形態を除く。）を模倣した商品を譲渡し，……」という規

定に改められた。

　この改正の趣旨であるが，平成17年改正前の「通常有する形態」に関する規定は，文言が多義的で不明確であるとの指摘がかねてからされていたため，平成17年改正により，これまでの裁判例の蓄積等を踏まえて「当該商品の機能を確保するために不可欠な形態」と文言を明確にしたものであって，不正競争防止法2条1項3号の保護の範囲に関して実質的な変更はないとされている（『一問一答不競法』29頁，山本『要説不競法』123頁，小野『新・注解不競法（上）』495頁〔泉克幸執筆部分〕，三村量一「商品の形態模倣について」牧野ほか『知的財産法の理論と実務3』290頁）。

　そうすると，上記のB社の主張の場合も，「商品の機能を確保するために不可欠な形態」に当たり得るということになり，その場合は，B社の行為は「不正競争」に該当しないこととなる。なお，三村・前掲291頁は，「同種の商品に共通する何の特徴もないごくありふれた形態」は，平成17年改正後においては，「むしろ，そのようなありふれた形態の商品を他の者が製造したとしても，先行者の商品に依拠したということはできず，『模倣』（不正競争2⑤）に該当しないという説明の方が適切かもしれない。」と述べる。この説明によっても，上記のB社の行為は「不正競争」に該当しないこととなる。

### 3　全体の形状であることが必要

　ただ，B社の「同種の商品であれば，同じような形状になる」という主張が，A社の商品のうちの一部の形状だけを取り出して「同じような形状」と述べているような場合，たとえその「一部の形状」自体はごくありふれた形態であるようにみえたとしても，上記と同様の結論とならないこともあり得る。

　なぜなら，不正競争防止法2条1項3号にいう「形態」は，同法2条1項1号，2号の場合と異なり，商品全体の形状をいうものであるから，A社の商品の一部の形状がありふれているようにみえたとしても，その全体の形状からすると，A社の商品の形態がありふれた形態とはいえないという結論となることがあり得るからである。

　この点について，三村・前掲291頁は，「不正競争防止法2条1項3号にいう『商品の形態』とは，商品の全体の形状であって，商品の一部分の形状ではない。したがって，ある特定の商品の形態が同種の商品が通常有する形態に当たるかどうかは，当該商品の全体の形状について検討しなければならない。」と述べている。

　設問のもととなった裁判例（東京地判平成24年12月25日判時2192号122頁〔コイル状ストラップ付きタッチペン事件〕）も，原告商品の形態と，被告が同種の商品として主張する商品の形態とを全体として対比すると，原告商品の形態が同種の商品と比べて何の特徴もないありふれた形態であるとはいえないと判断したものである。

## 4　実務上の現れ方

　なお，実務的には，原告商品の形態が「ありふれている」，「機能的である」ということは，商品の実質的同一性の有無（模倣の有無）の判断の中で考慮される事情となることが多い（三村・前掲参照）。

　この点について，森崎英二「第3講　形態模倣行為」髙部『著作権・商標・不競法関係訴訟の実務』413頁は，「商品形態は，機能確保に必要不可欠な形態に加えて装飾的要素を加えられているのが一般であるから，被告商品の形態が原告商品の形態の模倣であるといえ，しかも模倣された部分が機能確保にかかわらない装飾部分であるとするなら，この場合も3号の不正競争が問題となる余地があるからである。そこで，商品形態が機能的形態であるとの議論は，模倣判断の中において，商品形態を模倣された部分が，機能的形態であるかどうかという観点で議論されることが実務上多いといえる。」と述べている。

（田中　孝一）

## Q89　形態模倣

**Q**　化粧品を販売するＡ社は，これまでＢ社からボトルに入った化粧品を仕入れて販売していましたが，Ｂ社との取引が終了した後も，Ｂ社のボトルと表面の色や模様は変えているものの，形はそっくりのボトルを製造し，これに化粧品を入れて販売しています。この場合，Ａ社の行為は不正競争と言えますか。

**A**　Ａ社の化粧品とＢ社の化粧品が実質的に同一の製品であると認められる場合には，Ａ社の行為は商品形態模倣（不競2項1項3号）として不正競争行為となる可能性がある。

### ■ 解　説

#### 1　商品形態模倣の意義

不正競争防止法2条1項3号は，「不正競争」の一つとして，商品形態模倣行為を規定している。他人が資金・労力を投下して開発・商品化した製品の形態につき，他に選択肢があるにもかかわらず殊更これを模倣して自らの商品として市場に置くことは，先行者の築いた開発成果に，いわばただ乗りする行為であって，競争上不公正な行為として評価されるべきものであり，また，このような行為により模倣者が商品形態開発のための費用・労力を要することなく先行者と市場において競合することを許容するときは，新商品の開発に対する社会的意欲を減殺することになる。このような観点から，模倣者の上記のような行為を不正競争として規制することによって，先行者の開発利益を模倣者から保護しようとするのが，本号の趣旨である（『逐条解説不競法』64頁）。

#### 2　商品形態模倣の要件

商品形態模倣行為に該当するためには，①商品の形態を，②模倣したもの

であることが必要である。

（1）　商品の形態

不正競争防止法2条1項3号の「商品の形態」については，同条4項に「需要者が通常の用法に従った使用に際して知覚によって認識することができる商品の外部及び内部の形状並びにその形状に結合した模様，色彩，光沢及び質感」と定義されている。また，同号には，「当該商品の機能を確保するために不可欠な形態を除く。」と規定されている。

ここで，商品の形態とは，商品全体としての形状を意味するのであって，商品のうちの一部分の形状だけを取り出して同号にいう商品の「形状」であるということはできないとされている（反対：小野『新・注解不競法（上）』482頁〔泉克幸〕）。この点，同項1号，2号における「商品等表示」については，商品の一部における特徴的な形状もこれに当たると解されていることとは異なる。また，商品の形態は，通常の使用に際して知覚によって認識することができるものである必要があるから，商品の内部構造であって通常の使用に際して目にすることができないものについては，「商品の形態」には該当しない。模様，色彩及び光沢についても，形状に結合していれば「商品の形態」に該当するが，これらはあくまで形状に結合している必要があるのであって，模様や色彩等が独立して「商品の形態」に該当するものではない。また，「商品の形態」は，あくまで具体的な商品の形態をいうのであって，商品のアイディアや，商品の形態に関していても抽象的な特徴の類はこれに当たらない。商品の形態のうち，「商品の機能を確保するために不可欠な形態」については，その形態を取らない限り，商品として成立し得ず，市場に参入することができないものであり，特定の者の独占的利用に適さないものであって，その模倣は競争上不正とはいえないため，「商品の形態」から除外されている。

（2）　模　倣

「模倣する」とは，「他人の商品の形態に依拠して，これと実質的に同一の形態の商品を作り出すこと」（不競2条5項）であると定義されており，①依拠（主観的要件）と②実質的同一性（客観的要件）に分けて理解されている。

　「依拠」とは，「当該他人の商品形態を知り，これと形態が同一であるか実質的に同一であるといえる程に酷似した商品を作り出すことを認識していること」（東京高判平成10年2月26日判時1644号153頁〔ドラゴン・ソード事件〕）であるといわれており，（i）他人の商品形態を知っていることと，（ii）これと酷似した商品を作り出すことの認識が必要とされる。これは，著作権法上の著作物の複製について既存の著作物に依拠することが必要とされることと同趣旨である。したがって，当該他人の商品形態を知らずにたまたま同一の形態を開発したにすぎないような場合には依拠性が否定されることになる。

　「実質的に同一の形態の商品」とは，いわゆるデッドコピーの商品が典型である。ここでいう同一性の範囲が，デッドコピーを超えてどの範囲まで広がるものであるかについては見解の相違があり，デッドコピーに限られるとの見解から，かなり緩やかに解する見解まで存在するが，デッドコピーを規制しようというのが立法目的であり，限定的に解する見解が多数である（この点については，蘆立順美「不正競争防止法における『商品の形態』の意義」ジュリ1190号132頁）。もっとも，多少の改変があっても，それが，無用な付加や，費用のほとんどかからない無意味な改変であって，いまだ実質的同一性の範囲内にあると認められる場合には，同一性を肯定するべきであろう。

　実質的同一性を判断するに際しては，原告商品と被告商品を比較することになる。商品形態模倣に該当するかについては，先行者の商品の形態を盗用したかが問題の焦点であるから，両商品を眼前に並べて比較する比較的観察の方法によるべきであるとされている。これは，不正競争防止法2条1項1号が規制対象とする商品等主体混同惹起行為については，時と場所を異にして行う隔離的観察によるべきものとされていることとは異なる。また，この際に，いわゆる要部観察を行うべきかについても争いがある。要部を対比しつつ，全体的に観察するという意匠権侵害で採用されているところの要部観察と同様の手法も用いるべきとする見解がある一方，意匠の類否判断の手法は形態模倣には全く当てはまらない手法であるとする見解も存在するところであるが（小野『新・注解不競法（上）』493頁以下参照），少なくとも，見る者の注意を惹かないような部分において相違点が存在しても両者を実質的に同一

と判断することができるというべきであろう。

(3) その他の要件

　商品形態模倣を理由とする差止め，損害賠償の要件としては，以上の他に，①原告が請求主体として認められること，②原告の商品が日本国内において最初に販売された日から起算して3年を経過していないこと（不競19条1項5号）等がある。前者は商品開発を行った者と販売者が異なる事例や，商品開発を行った者が複数存在する場合などに問題となる。また，後者については，意匠権等の知的財産権すら有していない先行者に，その形態を長期間独占させることは不相当であることから設けられた要件である。

## 3　本件での検討

　本件でも，A社による化粧品の販売が，B社との関係で商品形態模倣とならないかが問題となる。B社の化粧品のボトルについては，外形のみならず，その色や模様なども，外形と一体化している限度では「商品の形態」となるものである。A社は，従前B社の製品を販売していたのであるから，B社製品の存在は当然に知っているのであって，依拠性を否定することは困難と思われる。A社の化粧品のボトルとB社の化粧品のボトルが実質的に同一の製品であると認められるかについては，両製品のうち見る者の注意を惹く部分を中心に比較的観察の方法によるのが相当と思われる。

　なお，既製品の容器を利用してこれに独自の模様，彩色等を施すなどした化粧品容器の形態について，不正競争防止法2項1項3号の「商品の形態」に該当すると判断した例として，大阪地判平成21年6月9日判タ1315号171頁〔アトシステム事件〕がある。

（小田　真治）

# 第5章　営業秘密

## Q90　営業秘密性

**Q**　「原価セール」と称して，小売店が顧客に対して卸値を開示しています。卸業者は，卸値を開示することを事前に了解していなかったのですが，卸値は営業秘密に当たるでしょうか。

**A**　卸値が卸業者の営業秘密に当たることは考えられるが，卸値は卸業者と小売業者の売買契約で決定されるものであって，卸業者から小売店に示された情報ではないため，これを小売店が顧客に開示することを不正競争行為とすることは困難である。

 **解　説**

### 1　営業秘密に関する不正競争行為

　不正競争防止法は，営業秘密を不正な取得や開示行為から保護するために，同法2条1項4号から10号に不正競争に該当する営業秘密の不正取得行為，不正開示行為等を規定している。この不正競争に対しては，同法3条1項により差止請求が，同条2項により，侵害行為組成物の廃棄，除却請求が可能である。

　同法2条1項4号から10号の営業秘密についての不正競争は，営業秘密がその保有者の管理を離れる態様に応じて，二つの類型に大別され，①営業秘密の保有者の自由な意思に基づかないで営業秘密がその管理を離れた場合に係るもの（同項4号から6号及び10号。不正取得型）と，②保有者からの営業秘密の取得自体に不正はないが，取得した営業秘密の開示に不正がある場合に係

るもの（同号7号から10号。不正開示型）がある。

## 2　卸価格の営業秘密性

(1)　不正競争防止法2条6項は，「この法律において『営業秘密』とは，秘密として管理されている生産方法，販売方法その他の事業活動に有用な技術上又は営業上の情報であって，公然と知られていないものをいう。」と規定している。この要件は，①秘密管理性，②有用性，③非公知性に分けて論ずるのが一般である。

　①秘密管理性とは秘密として管理されていることであり，当該情報にアクセスした者に当該情報が営業秘密であることを認識できるようにすること，当該情報にアクセスできる者が限定されていることが必要であるとされる。②有用性とは事業活動に有用な技術上又は営業上の情報であることであり，自らの知的好奇心を満たすためにすぎないものや，法による保護に値しないような情報については，有用性が否定される。③非公知性とは公然と知られていないことであり，保有者以外に多数の者が当該情報を知っていたとしても，それぞれが守秘義務を負っていたり，秘密として管理しているのであれば，非公知性は失われない。

(2)　卸価格に関する情報であっても，相当程度の営業上の有用性は認められるであろうし，卸業者において秘密として管理していたのであれば，秘密管理性も認められよう。非公知性については，卸価格自体は卸先の多数の小売業者の知るところとなってはいるものの，それぞれの小売業者が守秘義務を負い，又は，秘密として管理しているのであれば，秘密管理性も肯定できる場合があるものと思われる。

## 3　小売業者に対する営業秘密の開示

(1)　卸価格が営業秘密に該当する場合であっても，これが小売業者に対して「示された」（不競2条1項7号）ものであるかについては，別途検討が必要となる。

　7号における「示された」の意義については，従来，主として企業と

従業者の間について，従業者が在職中に自ら開発したノウハウや自ら収集した顧客情報等を，退職後に使用する行為が不正競争行為に該当するかとの文脈で議論されてきた（大寄麻代「営業秘密をめぐる差止請求権の帰属主体について—従業員が自ら開発・取得した営業秘密の利用・開示を企業が差し止めることはできるか—」牧野ほか『知的財産法の理論と実務3』346頁参照）。

　この点に関しては，営業秘密に関する立法当初から，営業秘密の「本源的保有者」は誰かを問題にし，営業秘密の「帰属」によって決する考え方が示されていた。すなわち，「営業秘密の本源的保有者は企業と従業員のいずれになるのか，即ちいずれに帰属するのかという点が問題になる。……この判断に際しては各知的財産権法の考え方等が参考になる……。具体的には，発明は発明を行った従業員に……，著作物については法人の発意により作成され法人名で公表することが予定されているものについては法人に……それぞれ帰属するという実体法の理念に照らして…その帰属を判断することになると考えられる。」（通商産業省知的財産政策室監修『営業秘密—逐条解説　改正不正競争防止法』（有斐閣，1990年）87頁）と解されていた。

　これに対しては，自ら営業秘密となり得る情報を開示した従業者は，その内容を既に知っていたのであるから，それを企業に帰属させた後も，企業から営業秘密を「示された」地位にはないとの批判があった（渋谷達紀「営業秘密の保護—不正競争防止法の解釈を中心として—」法曹時報45巻2号28頁）。そして，営業秘密が原始的に誰に帰属するかという議論は全く不要で，保護を受けたい人が保有している営業の秘密が現に不正競争防止法でいうところの要件を満たしているかを問題とすべきであって，7号の対象となるかは「開示」があったかどうかによって決めるべきであるとする見解（中山信弘「営業秘密の保護に関する不正競争防止法改正の経緯と将来の課題（上）」NBL470号11頁，田村『不競法概説』342頁）も有力に主張されている。

　有力説の指摘するとおり，7号の条文上は，保護を求める者の有する情報が営業秘密に当たるか，相手方に対して当該情報が示されたかのみ

が要件とされているのであるから，営業秘密についての本源的保有者や帰属といった議論は不要であると考えるのが相当であろう。

(2)　卸価格については，少なくとも観念的には，卸業者と小売業者との間の申込みと承諾によって成立する売買契約によって成立するのであって，小売業者が「原価セール」で開示した原価は，卸業者から示された情報ではなく，小売業者の下にもともと存在していた情報であると解されるところである。そうすると，小売業者は卸業者の保有していた営業秘密を「示された」との関係には立たないのではないかと思われるところである。

## 4　裁判例

本件と同様に卸価格の開示が問題になった事例としては，①東京地判平成14年 2 月 5 日判時1802号145頁，東京高判平成16年 9 月29日（平成14年（ネ）第1413号）裁判所ウェブサイト〔ダイコク事件Ⅰ〕，②東京地判平成16年 2 月13日（平成14年（ワ）第5603号）裁判所ウェブサイト，知財高判平成18年 2 月27日（平成17年（ネ）第10007号）裁判所ウェブサイト〔ダイコク事件Ⅱ〕がある。また，営業秘密を「示された」といえるかが問題とされた事例としては，③東京高決平成15年 3 月31日（平成14年（ラ）第1302号）判例集未登載〔ラララマスターカード事件〕がある。前記の平成16年の〔ダイコク事件Ⅱ〕東京地裁判決では，卸価格が営業秘密に当たり得る場合があることを認めつつも，「原告は被告と共に被告商品の売買の当事者となっている者であり，被告商品の仕入価格（卸価格）は，原告が売買契約の当事者たる買主としての地位に基づき，売主との間の売買契約締結行為ないし売買価格の合意を通じて原始的に取得し，原告自身の固有の情報として保有していたものであって，被告が保有し管理していた情報を取得し，あるいは被告から開示を受けたものではない。」旨の判示がされている。

## 5　契約による制限

小売業者による開示を不正競争防止法によって制限することが困難である

としても，別途の契約によってこのような行為を禁止できるのではないかも検討に値する。これが可能であるとする見解もあるが，卸売業者が卸価格の秘匿を望む理由は，メーカー間及び卸業者間における競争圧力を避ける目的にあり，このような競争制限的意図を有する合意は，独占禁止法に違反するか，少なくとも独占禁止法の趣旨に反し，公序良俗違反となる可能性があるとの指摘もされている（武田邦宣「評釈」ジュリ1246号238頁）。

（小田　真治）

## Q91　秘密管理性

**Q**　A社の元従業員が，A社の営業秘密である資料を他社に提供しているようです。A社には営業秘密管理マニュアルはなく，当該資料にも「社外秘」などの記載はありませんでした。この場合は，①管理者しか鍵を持たない棚に保管していたり，②パスワードをかけた上でアクセス制限のあるサーバに保管していたりしていても，営業秘密として保護されないのでしょうか。

**A**　当該資料の保管状況，当該資料にアクセスできる者の範囲，当該資料に記載された情報のA社の業務における意味づけなどから，秘密として管理されていたことを裏付ける事情があり，その資料が秘密であることを元従業員が十分に認識できたとの立証ができれば保護される可能性はあるが，厳格な秘密管理性を要求する最近の傾向のもとでは保護されない可能性もある。

## ▌解　説

　不正競争防止法 2 条 6 項は，「『営業秘密』とは，秘密として管理されている生産方法，販売方法その他の事業活動に有用な技術上又は営業上の情報であって，公然と知られていないものをいう。」と定め，秘密管理性をその要件としている。

　秘密管理性が要件とされる根拠については，①財産的な情報は，それが知的財産権として保護の対象となっている場合を除いて自由に利用できるのが原則であり，そのような情報を保有者に無断で利用する行為を違法と評価できるのは，その行為態様に著しい悪性が認められる場合に限られ，その行為態様の悪性を基礎づけ得る事由として，保有者が当該情報の秘密性を保持するための措置を講じているにもかかわらず不法な手段を用いてその秘密の壁を打ち破ることが必要とされ，そのような点から秘密管理性が要求されると

する説（鎌田薫「『財産的情報』の保護と差止請求権(4)」L&T10号23〜25頁），②不正競争防止法は，単なる財産保護法ではなく，競争秩序維持法であるため，自己管理をしていないような営業秘密は，保護の対象外とされているとする説（中山信弘「営業秘密の保護の必要性と問題点」ジュリ962号17頁注7）などがある。

　「秘密として管理されている」というためには，当該営業秘密に対して，その保有者が主観的に秘密にしておく意思を有しているだけではなく，客観的に秘密として管理されていると認められる状態にあることが必要であるとされ，具体的には①当該情報にアクセスできる者が制限されていること（アクセス制限の存在），②当該情報にアクセスした者に当該情報が秘密であることが認識できるようにされていること（客観的認識可能性の存在）が必要とされている（『逐条解説不競法』41頁）。経済産業省は，具体的な秘密管理方法等について記載した「営業秘密管理指針」（平成15年1月30日策定，平成27年1月28日全部改訂）を策定している。実際に採られる秘密管理の方法としては，対象となる秘密を特定した上で守秘義務等を規定した秘密管理規定を定める，管理者しか鍵を持たない棚に秘密情報が記載された書類を収納する，書類に「マル秘」の記載をする，秘密情報が記載されたファイルにパスワードを設定して管理者以外にはパスワードが知られないようにするなどの方法があり得る。

　秘密管理性については，これを，秘密を取得しようとする者との関係で相対的に考え，窓からの侵入者に対しては，情報を記載した書類を机の引出しに入れておくだけで十分であるが，書類を自由に閲覧し得る社内の従業員に対しては，書類にマル秘マークを付すとかロッカー内に施錠して保管することが必要であるとする説がある（田村『不競法概説』329頁）。

　秘密管理性の有無については，これまで多くの裁判例がある（従来の裁判例の分析については，牧野利秋監修，飯村敏明編『座談会不正競争防止法をめぐる実務的課題と理論』（青林書院，2005年）154頁154頁，津幡笑「営業秘密における秘密管理性要件」知的財産法政策学研究14号191頁に詳しい。）。最近では，秘密管理性を肯定したものとして東京地判平成25年10月17日（平成23年（ワ）第22277号）裁判所ウェブサイト（電子機器販売（顧客情報）），大阪地判平成25年7月16日判時2264号94頁

（ソフトウェア開発（ソースコード）），大阪地判平成25年 4 月11日判時2210号94頁（中古車販売（顧客情報）），東京地判平成25年 2 月13日（平成21年（ワ）第32104号）裁判所ウェブサイト（コピーガード技術（技術内容）），東京地判平成23年11月 8 日（平成21年（ワ）第24860号）裁判所ウェブサイト（投資用マンション（顧客情報）），東京地判平成23年 4 月26日判タ1360号220頁（PC樹脂プラント（各図面及び図表に記載された情報）），東京地判平成23年 2 月 3 日（平成20年（ワ）第34931号）裁判所ウェブサイト（雨戸（図面及び部品明細資料）），大阪地判平成22年 6 月 8 日（平成20年（ワ）第7756号・第9083号）裁判所ウェブサイト（電話占い（顧客情報）），東京地判平成22年 4 月28日判タ1396号331頁（コエンザイム Q 10（細菌につき肯定，物質の製造に関わるデータ等の情報につき否定））などがあり，否定したものとして東京地判平成26年 4 月24日（平成23年（ワ）第36945号・平成24年（ワ）第25059号・平成25年（ワ）第9300号）裁判所ウェブサイト（計算プログラム（アルゴリズム及びプログラム）），東京地判平成25年12月25日（平成22年（ワ）第42457号）裁判所ウェブサイト（パチンコスロット用ランプ（ソースプログラム，図面及びデータベース）），東京地判平成25年 6 月26日（平成24年（ワ）第29488号）裁判所ウェブサイト（不動産物件情報（プログラム））などがある。

　実際の裁判で営業秘密の侵害が問題になる事例としては，中小企業において，会社の秘密に接して業務を行っていた元従業員が，会社を辞めて別会社を設立し，元の会社から持ち出した秘密を利用して，元の会社の顧客等に対して営業を行っている場合に，元の会社が，営業秘密の不正利用に該当すると主張し，会社を辞めた元従業員又は別会社に対し，不正競争防止法に基づいて，営業秘密を利用した営業行為の差止めや損害賠償を求める事例が多くの割合を占めている。このような事例では，元の会社において，秘密管理の方法として，秘密の記載された書類を管理者しか鍵を持たない棚に保管していたり，パスワードをかけた上でアクセス制限のあるサーバに保管するなどしていても，管理者として鍵を持っており，パスワードを知っていてアクセス権限のある内部の者が秘密を持ち出しているから，それらの方法によっては秘密の漏えいを防ぐことができない。このような内部の者による秘密の漏えいへの対策を採るとすれば，秘密管理マニュアルを作成して秘密の範囲を

明確にし，管理者を含む内部の者による秘密の漏えいを禁じる旨規定し，秘密とされる資料には必ず「社外秘」との表示をするなどの方策を採ることが考えられる。しかし，中小企業では，そのような秘密管理マニュアルの整備がされていない場合も少なくなく，また，内部の者による秘密漏えいに対する対策も含めた徹底的な秘密保護策を求めることは，管理コストの面で割に合わず，大企業とは異なる柔軟な運用による経費の節減と効率的な企業運営を求められる中小企業に困難を強いることになりかねず，そのような徹底した秘密保護策を採っていない限り秘密の漏えいから保護されないとすることは，中小企業も含めた競争秩序の維持という観点から好ましくないともいえる（設問は，このような事例を想定していると思われる。）。

　このような実情を反映して，実際の裁判例には，秘密管理性の要件を柔軟に解釈し，秘密管理性を肯定するものがある。例えば，秘密とされる文書が施錠できる場所に保管されていなかった場合，「社外秘」等の表示がなかった場合，秘密とされる情報の保管されたファイルにパスワードの設定がされていなかった場合にも，秘密として管理されていたことを裏付けるその他の事情を考慮して秘密管理性を肯定した裁判例があり，このような裁判例については，情報の取得者にとって秘密であることを認識できることが決め手になって秘密管理性が肯定されているとする見方がある（津幡・前掲201頁）。ところが，近時，厳格な秘密管理を要求し，従前の裁判例において秘密管理性が肯定されたと考えられるような場合でも秘密管理性を否定する裁判例が多くなったとの指摘があり（津幡・前掲205頁），東京地判平成16年4月13日判時1862号168頁（イベントの企画制作）がこのような最近の傾向をよく具現しているとする見解がある（『百選』192頁〔田村善之＝津幡笑〕。渋谷『知的財産法講義Ⅲ』132頁も判旨には問題があるとする。）。

　設問については，従来の裁判例のように秘密管理性の要件を柔軟に解釈する場合には，秘密管理性が肯定される余地があるが，近時多くなったとされる裁判例のように厳格な秘密管理を要求する場合には，秘密管理性が否定される可能性がある。不正競争防止法が秘密管理性を要件としていることからすると，外部から認識できるような秘密管理の具体的措置が何も採られてい

ない場合は，秘密管理性を肯定することはできないと考えられるが，前述の秘密管理性が要件とされる根拠に照らすと，秘密管理に一部欠けるところがあったとしても，会社の内部の者が，営業秘密と認識できるものを漏えいしたときは，不法な手段を用いて秘密の壁を打ち破ったものとして行為態様の悪性を基礎づける事由になるし，競争秩序維持を害するものともいえるから，秘密管理性を認めて不正競争の成立を認めるのが相当な場合があると考えられる。

　ところで，会社の内部の者が，ある情報を会社の営業秘密と認識できたかどうかを判断するに当たっては，施錠の有無やパスワードの設定など，秘密としての管理を裏付ける客観的な事実の有無が検討されるが，それとともに，非公知性・有用性とも関連することではあるが，その情報が会社の業務において有する意味づけ等も検討の対象となる。すなわち，その情報が会社にとって重要であり，その情報を他に漏らさずに独占することによって業務を遂行することが可能となり，他社との関係で優位を保つことができるとすると，会社の業務に従事している者であれば，その情報が保護に値する秘密であることを容易に認識できる。そのため，このような価値のある情報であることを主張立証することによって，秘密であることを容易に認識し得るとの立証に資することとなる。したがって，秘密であることの認識可能性を論じる場合には，このような情報の価値や意味づけについても十分な検討を行う必要性がある。

　近時の裁判例において厳格な秘密管理性が要求されていることからすると，今後は，中小企業においても，秘密としての保護を望む場合には，施錠，パスワードの設定等の措置の他，秘密管理マニュアルを作成して秘密の範囲を明確にし，管理者を含む内部の者による秘密の漏えいを禁じる旨規定し，秘密とされる資料には必ず「社外秘」との表示をするなどの方策を採ることが必要になると思われる。

（中平　健）

## Q92　リバースエンジニアリング

**Q**　　A社が製造し市販している製品の技術情報は，市販の製品から
　　リバースエンジニアリングをする場合，一般的な技術的手段を用
いるだけでは容易に取得することはできませんが，高度の専門的知識と
技術をもって長時間をかけて解析すれば取得することができそうです。
このような技術情報は，営業秘密として保護されるのでしょうか。

**A**　　リバースエンジニアリングによって取得することが可能であると
　　しても，高度の専門的知識と技術をもって長時間をかけて解析する
ことによって初めて取得できる技術情報は，直ちに非公知性の要件を欠く
とはいえず，このような技術情報が不正に取得された場合は，営業秘密と
して保護される可能性がある。

### ■ 解　説

　リバースエンジニアリングとは，市販の他社製品を分析してその製品に関
する情報を得ることをいう。リバースエンジニアリングは，法令や当事者間
の特約に違反すると評価される例外的場合等を除いては適法な情報取得方法
であると解されるので（鎌田薫「『財産的情報』の保護と差止請求権(4)」L&T10号22
頁），リバースエンジニアリング（高度な技術や労力，費用，時間をかけてリバース
エンジニアリングを行うことを含む。）によって情報を得ても不正競争となること
はない。問題は，ある情報を不正の手段により得た場合で，その情報がリ
バースエンジニアリングによっても得られる場合に，リバースエンジニアリ
ングによっても得られるということから，その情報が非公知性の要件を欠き
（すなわち公知であり）営業秘密に該当しないといえるかである。

　リバースエンジニアリングによって得られる情報であれば，およそ全て非
公知性の要件を欠く（すなわち公知である）とすれば，リバースエンジニアリ
ングによっても得られるということから直ちに非公知性の要件を欠き（すな

わち公知であり）営業秘密に該当しないということになる。しかしこれに対し，情報を不正の手段により得る場合には，リバースエンジニアリングによる分析にかかる労力，費用，時間を節約することになるから，市販製品から直ちに情報が見て取れるような場合か，リバースエンジニアリングにより得られた情報が一般に知り得るところになった場合に非公知性の要件が失われ得るとする説がある（田村『不競法概説』334頁。鎌田・前掲22頁も同旨と解される。）。

　裁判例も，市販の製品からリバースエンジニアリングをして容易に技術情報を取得できる場合には非公知性の要件を欠く（すなわち公知である）が，容易に技術情報を取得できるとはいえない場合には非公知性の要件を備えるものと解しているように見受けられる。奈良地判昭和45年10月23日判時624号78頁〔各種冶金副資材事件〕は，旧民訴法下で秘密保持の特約に基づいて営業の差止めを求めた事案であるが，「債権者が技術的秘密を有するとしても，市販されている債権者製品の分析により極めて容易に製造しうるものであるとすれば，それは債権者にとって主観的にはともかく，客観的には保護に値する秘密とは言い難い」とした上で，債権者製品の完全な分析は高度の専門的知識と技術をもってしても相当に困難なことで，債権者製品と同様の製品は，市販されている債権者製品を分析することにより直ちに製造し得るものではないとして，秘密への該当性を認めた。東京高判平成11年10月13日（平成10年（ネ）第5546号）裁判所ウェブサイト〔ピラミッドパワー事件〕は，営業秘密として主張された事項は，控訴人の販売している商品を取得し観察すればたやすく認識し得る事項であるとして，営業秘密への該当性を否定した。知財高判平成23年7月21日判時2132号118頁〔光通風雨戸事件〕は，市場で流通している製品から容易に取得できる情報は，不正競争防止法2条6項所定の非公知性の要件を充足しない（公知である）とし，光通風雨戸の補助的な部品について0.1ミリ単位で寸法を特定した図面に係る情報について，その図面自体は精密なものであるが，ノギスなどの一般的な技術的手段を用いれば光通風雨戸の製品自体から再製することが容易なものであるから，非公知性の要件を充足しない（公知である）とした。

　設問の技術情報は，市販の製品から，一般的な技術的手段を用いるだけで

は容易に取得することができず，高度の専門的知識と技術をもって長時間を
かけて解析することによって初めて取得することができる技術情報であるか
ら，いまだ公知であるということはできず，非公知性の要件を充足しており，
営業秘密として保護されるといえる。

（中平　　健）

## Q93　不正取得行為

**Q**　A社の営業秘密である製品の製造装置の図面等が，A社の社員A₁から，B社の社員で元A社員であったB₁へと渡されて，B社に流出したようです。A社は，誰に対してどのような対応を採ることができますか。

**A**　A社の対応としては，B社に対し，当該図面等を用いた製造装置の製造など当該図面等の使用の差止め，当該図面等の第三者への開示の差止め，当該図面等ないしその複製物，製造装置，製品等の廃棄を求めるほか，B社，A₁ないしB₁に対して損害賠償請求をすることが考えられる。また，A社は，A₁，B₁ないしB社について，刑事上の告訴をして，刑事処分を求めることも考えられる。

### ■ 解 説

### 1　営業秘密を保有する事業者の保護

秘密として管理されている生産方法，販売方法その他の事業活動に有用な技術上又は営業上の情報であって，公然と知られていないもの（営業秘密〔不競2条6項〕）を保有する事業者（以下「保有者」という。）は，営業秘密の不正取得行為や不正開示行為があった場合，不正競争防止法上の差止請求，除去請求及び損害賠償請求，民法上の損害賠償請求ができるほか，特に違法性の強い類型（不競21条1項，3項参照）については，侵害者らの刑事処分を求めることもできる。

不正競争防止法は，①窃取，詐欺，強迫その他の不正の手段により営業秘密を取得する行為（不正取得行為）又はその取得に係る営業秘密を使用又は開示する行為（不競2条1項4号。なお，開示行為には，営業秘密を公然と知られたものとすることのほかに，秘密性を保持しつつ特定の者に示すことも含まれる。），②保有者から正当に営業秘密を示された者が，不正の利益を得る目的又は保有者に損

害を加える目的（図利加害目的）で，その営業秘密を使用又は開示する行為（不競2条1項7号），③不正取得行為が介在したことや不正開示行為（同項7号に規定する場合において図利加害目的でその営業秘密を開示する行為又は秘密を守る法律上の義務に違反してその営業秘密を開示する行為）であることなどを知って，若しくは重大な過失により知らないで，営業秘密を取得し，又はその取得した営業秘密を使用，開示する行為（不競2条1項5号，8号），④営業秘密を取得した後に不正取得行為が介在したことや不正開示行為があったことなどを知って，若しくは重大な過失により知らないで，その取得した営業秘密を使用，開示する行為（不競2条1項6号，9号）を，営業秘密に係る不正競争行為として規定している。

　さらに，平成27年改正により，「技術上の秘密（営業秘密のうち，技術上の情報であるものをいう）」に関する不正使用行為によって生じた物を譲渡等する行為が新たに不正競争行為として追加された（不競2条1項10号）。

　不正競争防止法2条1項7号において，主観的要件として図利加害目的まで要求されているのは，営業秘密の保有者の権利と営業秘密を正当に示された被用者らの権利（例えば，被用者の退職後の職業選択ないし営業の自由）との調和を図ろうとしたことによるものと考えられる。また，被用者が会社の営業秘密に接する場合，雇用契約や就業規則上，明示的に秘密保持義務を負っている場合もあるが，そうでないとしても，在職中は，雇用契約に付随する信義則上の義務として秘密保持義務を負っているものと解される（退職後にも信義則上の義務として秘密保持義務を負うか否かについては見解が分かれる。）。さらに，被用者は，職務遂行上，営業秘密の開示を受けた場合のほか，職務遂行過程で自ら営業秘密を入手した場合であっても，保有者から営業秘密を示されたといえるものと解されるが，アクセス権がない営業秘密を入手したり，アクセス権が付与されているのとは異なる理由で営業秘密を入手したりして，これを使用ないし開示した場合に，不正競争防止法2条1項4号と7号のいずれが適用されるのかについては，見解が分かれるものと思われる。

　次に，被用者が既に保有者から営業秘密を示されている場合に，競業者がこれを被用者から取得しようと考え，被用者が図利加害目的で開示すること，

又は被用者が秘密を守る法律上の義務に違反して開示することを知って，これを取得する行為は，不正競争防止法2条1項8号に当たるが，競業者が被用者と共謀したり，被用者を唆して，新たに営業秘密を入手させて，これを取得する行為は，同項4号に当たるものと解される。この場合，被用者の行為が，不正競争防止法2条1項4号と7号のいずれに当たるかについては，上記と同様に，見解が分かれるものと思われる。

　なお，不正取得行為や不正開示行為などは，保有者の関知しないところで行われることが多く，保有者側がその具体的な行為態様等を直接的に主張立証することは困難なことが多い。そこで，訴訟実務においては，保有者側が，侵害者や転得者による営業秘密の使用等の事実を主張立証し，そこから遡って，不正取得行為や不正開示行為の存在を推認することが多い。

　また，平成27年改正により，「技術上の秘密（生産方法その他政令で定める情報に係るもの）」については，不正競争防止法2条1項4号，5号又は8号に規定する行為（営業秘密を取得する行為に限る）があった場合において，その行為をした者が当該技術上の秘密を使用する行為により生ずる物の生産等をしたときは，その者は，それぞれ当該各号に規定する営業秘密使用行為として生産等をしたものと推定するとの規定（不競5条の2）が新設された。

　被用者が在職中，その職務に関して行った発明，集積した顧客情報やノウハウなどを，退職後に使用して競業する事業を開始した場合，これが不正競争行為に当たるか否かについては，当該営業秘密の保有者は誰か，保有者から営業秘密を示されたといえるか否かなどについて問題となることが多い。

## 2　営業秘密の不正取得行為等に対する法的手段

### (1)　民事上の手段

#### ア　不正競争防止法上の手段

##### (ア)　差止請求，除去請求

　不正競争行為によって営業上の利益を侵害され，又は侵害されるおそれがある者は，その営業上の利益を侵害する者又は侵害するおそれがある者に対し，侵害の差止請求ないし予防請求をすることができる（不競3条1項）。ま

た，侵害の差止請求ないし予防請求をする際には，侵害行為を組成した物（侵害行為により生じた物を含む。）の廃棄，侵害行為に供した設備の除去等を請求をすることもできる（不競3条2項）。なお，「営業上の利益」とは，広く営業活動によって得られる有形無形の利益をいい，「侵害されるおそれ」とは，抽象的な不安では足りず，具体的に営業上の利益が侵害される危険性があることをいう。

　　　(イ)　損害賠償請求

　不正競争行為によって営業上の利益を侵害され損害を受けた者は，侵害者に対し，損害賠償請求をすることができる（不競4条本文）。不正競争防止法4条は，民法上の不法行為に基づく損害賠償請求の特則であり，民法710条以下の規定も適用されるが，侵害者の故意又は過失が要件となる。また，不正競争防止法は，損害額について算定方法ないし推定の規定を置いている（不競5条）。

　　　イ　民法上の手段

　不正取得行為等によって権利を侵害され損害を受けた者は，不正競争行為該当性が否定される場合であっても，故意又は過失ある侵害者に対し，民法上の不法行為を主張して，損害賠償請求をすることができる（民法709条）。もっとも，不正競争防止法は，営業の自由の保障と公正な競争秩序の調整を図るため，一定の類型を不正競争行為として規制していることから，不正競争行為該当性が否定されるにもかかわらず，民法上の不法行為が成立するのは，公正かつ自由な競争として許容される範囲を著しく逸脱した反社会性の強い場合に限られるとする考え方もある。

　(2)　刑事処分

　図利加害目的で，営業秘密を不正に取得した者あるいは不正に取得した営業秘密を使用又は開示した者，営業秘密の開示を受けた者が，図利加害目的で，その任務に反して，その営業秘密を使用又は開示するなどした場合，不正競争防止法によって刑事罰が課されることがある（不競21条1項）。また，法人についても両罰規定により刑事罰が課されることがある（不競22条）。さらに，平成27年改正により，日本国外における不正使用等を目的として営業

秘密侵害行為が行われた場合については，加重犯として処罰されることとなった（不競21条3項）。なお，営業秘密である書類，図面等を持ち出した者は，刑法上の窃盗罪（刑法235条），業務上横領罪（刑法253条），背任罪（刑法247条）等により刑事罰が課されることもある。

### 3　本問への当てはめ

本問において，A₁がA社から営業秘密である製品の製造装置の図面等を持ち出してB₁へ渡したとすれば，A₁の行為は，不正競争防止法2条1項4号又は7号所定の不正競争行為に当たり，B₁ないしB社の行為は，その具体的状況に応じて，同項4号ないし6号，8号又は9号所定の不正競争行為に当たるものと解される。

したがって，A社の対応としては，B社に対し，当該図面等を用いた製造装置の製造など当該図面等の使用の差止め，当該図面等の第三者への開示の差止め，当該図面等ないしその複製物，製造装置等の廃棄を求めるほか，A₁，B₁ないしB社に対して損害賠償請求をすることが考えられる。また，A社は，A₁，B₁ないしB社について，刑事上の告訴をして，刑事処分を求めることも考えられる。

（知野　明）

# 第6章　原産地等誤認惹起

## Q94　原産地誤認惹起行為

　　A市内にあるB社は，A市の名産である「Aうどん」を販売しています。ところが，B社の製品は，他市の工場で製造されているもののようです。これは，原産地誤認惹起行為に当たりますか。

　　B社の行為は，不正競争防止法2条1項14号の定める「原産地誤認惹起行為」に該当し，同法19条1項1号の適用除外（普通名称等）に当たらない限り，許されない。

### ▌ 解　説

#### 1　原産地誤認惹起行為とは

（1）　はじめに

　不正競争防止法2条1項14号は，「商品若しくは役務若しくはその広告若しくは取引に用いる書類若しくは通信にその商品の原産地……について誤認させるような表示をし，又はその表示をした商品を譲渡し，引き渡し，譲渡若しくは引渡しのために展示し，輸出し，輸入し，若しくは電気通信回線を通じて提供し，若しくはその表示をして役務を提供する行為」を，不正競争の一類型と定めており，当該類型は，「原産地誤認惹起行為」と呼ばれている。

　このような行為が不正競争として禁止されるのは，虚偽又は誤認を生じる表示を用いて需要者の需要を不当に喚起することなどにより，競争上有利な立場に立つ行為であり，公平な競争秩序を害するものと解されるからであ

る[1]。

### (2)　原産地誤認惹起行為の要件

#### ア　原産地

「原産地」とは，その商品の産出地のみならず，商品が製造又は加工された地が含まれる。原産「地」には，国，都道府県，市町村等の行政単位のみならず，特定の地方，地域や場所も含まれると一般的には解されており，その範囲の大小，広狭を問わない。

商品の生産，加工が複数の地にわたる場合（原料の産出地と加工地が異なる場合等）に，いずれの地を「原産地」とするかは，「誤認」の判断基準が需要者に置かれていると解される以上，当該商品の付加価値が付与された生産ないし加工行為がいずれの地で行われたかを基準に判断すべきである[2]。実質的な変更をもたらし，新しい特性を与える製造又は加工を行った地が「原産地」であると解する見解も，同様の趣旨と解される[3]。

#### イ　原産地について誤認させるような表示

原産地の表示としては，「日本製」「Made in Japan」「国産」「熊本県産」「阿蘇特産品」のように，産地を直接的・明示的に表示するもののみならず，間接的・暗示的に表示するものも含まれる。後者の例としては，日本製のヘアピンの横に「アメリカンタイプ」「ドイツピン」などの国名を含む文言と国旗を印刷したシールを付す表示（大阪地判平成 8 年 9 月26日判時1604号129頁〔ヘアピン事件〕），日本製であることを暗示する富士山の表示，九州産であることを暗示する九州の地形の表示等が挙げられる[4]。商品名に原産地の表示が含まれる場合もある（東京地判平成 6 年11月30日判時1521号139頁〔京の柿茶事

---

〈1〉　飯塚卓也「品質等誤認惹起行為に対する不正競争防止法上の規制」牧野ほか『知的財産法の理論と実務 3 』378頁

〈2〉　飯塚・前掲注 1 ・381頁

〈3〉　山本『要説不競法』208頁。なお，「実質的な変更をもたらす」行為については，昭和48年公正取引委員会事務局長通達第14号の例示（紅茶ならば荒茶の製造，衣服ならば縫製，腕時計ならばムーブメントの組立等）のとおり，その商品ごとに判断するものとされる。

〈4〉　最近，各地で競って誕生しているご当地のゆるキャラに係る表示も想定されよう（熊本県産であることを暗示するくまモンの表示等）。

件〕は，「京の柿茶」について，「京」のイメージを借りて，被告がこの商品に込めた古雅（みやび）ないし優雅さ（エレガンス）のイメージを需要者に伝えようとしたものであるとの主張を排斥し，原産地について誤認させるような表示であるとした。）。

　なお，日本製であるにもかかわらず，「外国製」「船来品」と表示することも，原産地について誤認させるような表示であるといえる⟨5⟩。また，複数の原産地が想定される場合（商品に実質的な変更をもたらし，新しい特性を付与する行為が2以上の地で同等程度に行われたような場合）に，その両方の地を表示しないこと自体が原産地について誤認させるような表示であると解する見解もある⟨6⟩。

　原産地について誤認させるような表示であるか否かは，当該表示の使用方法，態様等諸般の事情に照らし，その取引界の実情を踏まえつつ，平均的な需要者又は取引者の注意力をもって具体的に決すべきであるとされる⟨7⟩。大阪地判平成13年2月27日（平成12年（ワ）第8380号）裁判所ウェブサイト〔カバン・タグ事件〕は，当該表示のみに着目するのではなく，商品全体を観察し，需要者が当該表示を商品の原産地と認識し，真の原産地と異なる地域を原産地と認識するおそれがあるかどうかを検討すべきであるとする。原産地誤認惹起行為を不正競争行為とする趣旨は，虚偽又は誤認を生じる表示を用いて需要者の需要を不当に喚起することの防止にある以上，平均的な需要者を基準に判断すべきことになろう。誤認が生じることを打ち消すような表示が付されている場合には，特に注意が必要となる。

　　ウ　商品の譲渡等

　原産地について誤認させるような表示をし，又はその表示をした商品の譲渡，引渡し，輸入等が禁止される。各行為の意義については，不正競争防止法一般の問題であるので，本問では検討しない。

　(3)　適用除外

　不正競争防止法19条1項1号は，原産地誤認惹起行為に該当するとしても，

---

⟨5⟩　飯塚・前掲注1・382頁
⟨6⟩　山本『要説不競法』210頁
⟨7⟩　山本『要説不競法』207頁

当該表示が「商品若しくは営業の普通名称若しくは同一若しくは類似の商品若しくは営業について慣用されている商品等表示」（普通名称等）を普通に用いられている方法で使用する場合等には，同法 2 条 1 項14号を適用しないとする。普通名称等は，特定人の独占に適さないなどの理由に基づく適用除外規定である[8]。商標法26条と同様の趣旨の規定と解される。「フランスパン」「瀬戸物」「佃煮」などが普通名称等の例として挙げられる。

　「普通に用いられている方法」とは，当該普通名称等が一般取引上通常行われる形態で使用される場合をいう[9]。その本来の性質に従った働きをするものとして使用されているか，その外観や表示の仕方が同種のものと比べて格別特異なものでないか等について具体的に検討される（商標法26条に関する大阪地判平成 2 年 3 月15日判時1359号128頁〔小僧寿し事件Ⅱ〕参照）。

## 2　氷見うどん事件

　本問の参考となる裁判例として，〔氷見うどん事件〕がある。これは，Y$_1$会社（第 1 審被告・控訴人）が，平成 9 年 9 月頃から，富山県氷見市において製造されていないうどんの商品名に「氷見」という地名を冠し，その包装及び広告に「越中氷見名物」，「氷見うどん（の）元祖」，「氷見糸うどん加賀藩献上元」等の表示を付すなどして製造販売していた行為について，X（第 1 審原告・被控訴人）が，Y$_1$会社の行為は，上記うどんが氷見市で製造されたものとの誤認混同を生じさせる原産地誤認惹起行為に当たるなどとして，Y$_1$会社に対し，その販売等の差止等と，Y$_1$会社及びその代表取締役であるY$_2$（第 1 審原告・控訴人）に対し，損害賠償を求めた事案である。第 1 審（富山地高岡支判平成18年11月10日判時1955号137頁）は，不正競争防止法 5 条 2 項適用の際，Xの市場占有率を考慮し，損害賠償金 3 億6,943万9,250円及び遅延損害金の連帯支払を命ずる限度で認容した。控訴審判決（名古屋高金沢支判平成19年10月24日判時1992号117頁）も，Y$_1$会社の行為は原産地誤認惹起行為に該当する

---

〈8〉　『逐条解説不競法』167頁
〈9〉　山本『要説不競法』371頁

とした上で，損害額を算定する際，Xの市場占有率のみならず，$Y_1$会社の利益中の$Y_1$会社の周知性の寄与度についても考慮し，この寄与部分については同項の推定が覆されるとして，2億4,032万9,667円及び遅延損害金の連帯支払を命ずる限度で認容した。

## 3　そのほかの問題点について

　不正競争防止法2条1項14号の品質等誤認惹起行為に関しては，逸失利益の賠償等の点についても議論されている[10]。併せて検討されたい。

（荒井　章光）

---

〈10〉　飯塚・前掲注1・391頁，小松陽一郎「品質等誤認惹起行為と損害賠償額に関する裁判実務の傾向」牧野ほか『訴訟実務大系Ⅱ』489頁以下等を参照されたい。

## Q95　品質等誤認惹起行為

 **Q**　A社が販売する電子部品には，法律が定める検査に適合したことを示す表示が付されていますが，実際には検査を受けていないようです。同業者のB社は，A社に対して，販売の差止めや損害賠償を請求することができますか。

**A**　A社の行為は，不正競争防止法2条1項14号の定める品質等の誤認惹起行為に該当し，同業者であるB社は，同法3条及び4条により，A社に対し，販売の差止めや損害賠償を請求することができる。

### ■　解　説

### 1　品質等の誤認惹起行為とは

#### (1)　はじめに

不正競争防止法2条1項14号は，「商品若しくは役務若しくはその広告若しくは取引に用いる書類若しくは通信にその商品の……品質，内容，製造方法，用途若しくは数量若しくはその役務の質，内容，用途若しくは数量について誤認させるような表示をし，又はその表示をした商品を譲渡し，引き渡し，譲渡若しくは引渡しのために展示し，輸出し，輸入し，若しくは電気通信回線を通じて提供し，若しくはその表示をして役務を提供する行為」を，不正競争の一類型と定めている（以下，総称して，「品質等誤認惹起行為」という。）。

このような行為が不正競争として禁止されるのは，Q94の「原産地誤認惹起行為」と同様に，虚偽又は誤認を生じる表示を用いて需要者の需要を不当に喚起することなどにより，競争上有利な立場に立つ行為であり，公平な競争秩序を害するものと解されるからである[1]。

---

〈1〉　飯塚卓也「品質等誤認惹起行為に対する不正競争防止法上の規制」牧野ほか『知的財産法の理論と実務3』378頁。

(2)　品質等誤認惹起行為の要件

　　ア　商品の品質・内容，役務の質・内容，製造方法，用途，数量

　品質又は質とは，その商品又は役務の性質を，内容とは，その商品又は役務の実質や属性を意味するが，実質的には同じで，特に区別する実益はない[2]。製造方法とは，商品の製造に用いられる方法を，用途とは，商品の特徴に応じた使い途を意味する[3]。数量とは，商品の数，容積，重量などを意味する。

　　イ　品質等について誤認させるような表示

　品質や内容について誤認させるような表示としては，高級品ではないものを高級品と称したり，効果や効能を偽ったりすることなどが典型例とされる。そのほかにも，ありふれた商品を限定品であると称したり，希少価値がある旨を表示することや，同種の一般的な商品と同程度の性能しか有していないのに，特に高性能である旨を表示すること，劣化しない材質を用いている旨の虚偽の表示をすることなどが挙げられる。直接品質を誇大又は虚偽に広告する場合のみならず，間接に公私の施設（研究者，商工会議所等）における専門技術者などに保証させるなどの手段において誇大又は虚偽の効果を生み出すような表示も含まれる[4]。専門技術者による保証や公的・私的機関による認証や検定を受けているかのような表示をすること，有名人や第一人者が当該商品を使用していたり推奨しているかのような表示（「○○も愛用しています！」等）をすること，シェアを誇張した表示をすることなども含まれよう[5]。

　裁判例としては，酒税法上のビールではない発泡酒に「ライナービヤー」

---

〈2〉　山本『要説不競法』210頁

〈3〉　『逐条解説不競法』99頁

〈4〉　小野『新・注解不競法（上）』694頁〔小松陽一郎〕。

〈5〉　山本『要説不競法』211頁は，そのような事実がないにもかかわらず「英国王室御用達」「宇宙用に特別に開発された材料」などと表示することを例として挙げた上で，間接的であるだけに，その外延が問題となり得ると指摘する。なお，その商品の性能若しくは役務の効果などを左右する重要事項をことさら隠蔽して表示しない不表示も含まれるとする。

という表示を付して販売していた行為について，「ビヤー」の表示の差止め
を認めた最二小判昭和40年6月4日裁判集民79号289頁〔ライナービヤー事
件〕，級別の審査・認定を受けておらず，酒税法上清酒2級とされた清酒に
清酒特級の表示証を貼付する行為について，品質が実質的に清酒特級に劣ら
ないものでも品質等誤認惹起行為に該当するとした最一小決昭和53年3月22
日刑集32巻2号316頁〔清酒特級事件〕，不可飲処置により酒税を免れ，酒税
法上の「本みりん」でも「みりん」でもない商品のボトル中央に大きく「本
みりん」と書き，その下に目立ちにくい色調で少なく「タイプ」「調味料」
と2行に書いた表示について，品質等誤認惹起行為であるとした京都地判平
成2年4月25日判時1375号127頁〔本みりん事件〕等がある。もっとも，品
質等誤認惹起行為を不正競争行為とする趣旨は，虚偽又は誤認を生じる表示
を用いて需要者の需要を不当に喚起することの防止にある以上，平均的な需
要者を基準に判断すべきことになるから，必ずしも商品の品質維持を目的と
しない酒税法の定義を基準に品質等誤認惹起行為の成否を判断した点につい
ては疑問が呈されている[6]。

　　ウ　商品の譲渡等

　品質等について誤認させるような表示をし，又はその表示をした商品の譲
渡，引渡し，輸入等が禁止される。各行為の意義については，不正競争防止
法一般の問題であるので，本問では検討しない。


## 2　電子ブレーカ・PSE表示事件

　本問の参考となる裁判例として，大阪地判平成24年9月13日判時2182号
129頁〔電子ブレーカ・PSE表示事件〕がある。これは，原告が，電気用品
安全法所定の検査を受けていない製品にPSE表示（同法の定める技術基準に適合
している旨を所定の適合性検査で証明されたことを示す表示）を付して販売したこと
が品質等誤認惹起行為に当たるとして，被告に対し，損害賠償請求した事案
である（特許権侵害に係る請求については省略した。）。同判決は，特定電気用品

---

<6>　飯塚・前掲注1・385頁

（構造又は使用方法等から見て特に危険又は障害の発生するおそれが多い電気用品）の一つである電子ブレーカについて，PSE表示を付すための手続要件（適合性検査の受検，証明書の交付等）を満たしていない製品にPSE表示を付して販売したことは，品質等誤認惹起行為に該当するとした（なお，同判決は，被告の製品は当初から電気用品安全法の定める技術基準自体には適合していたから，品質等誤認惹起行為は，実体的な面ではなく，同法が求める手続を履行していないのに，これを履行したことを示すPSE表示を付したという手続的な面にあるとした。）。もっとも，同判決は，原告と被告が競合関係にあることを認めたものの，電子ブレーカの一般的な利用状況，製品説明におけるPSE表示の有用性，製品に付されたPSE表示の大きさなどからすると，被告の行為は形式的には不正競争行為に当たるとしても，PSE表示が付されたことによって需要が喚起されたとはいえず，原告が販売機会を喪失する等して営業上の利益を侵害され，損害を被ったとは認められないとして，損害賠償請求を棄却した[7]。

## 3　差止め及び損害賠償請求の主体

　不正競争防止法3条は，品質等誤認惹起行為に対する差止請求の主体について，「不正競争行為によって営業上の利益を侵害され，又は侵害されるおそれがある者」と定める。差止請求に関しては，同業他社など，一定の競業関係が認められれば，厳密な利害関係までは求められないと解されている[8]。

　損害賠償請求については，同法4条のほか，侵害者の利益を被侵害者の利益と推定する同法5条2項があるものの，特定の者との間で損害額の推定規定が働く場合があるかは疑問で，数社による寡占状態にある場合や特定の業者を名指しして同様の性能を有すると偽ったような場合を除き，ほとんどの場合，推定が覆ると指摘されている[9]。品質等誤認惹起行為によって特定

---

〈7〉　そのほか，特定の用途に関して得た認定番号を別の用途の製品に付した行為等に関する大阪地判平成7年2月28日判時1530号96頁〔排煙ダクト用部材事件〕もある。

〈8〉　飯塚・前掲注1・391頁

〈9〉　三村量一「不正競争防止法違反による損害賠償」第二東京弁護士会知的財産権法研

の原告に生じる営業上の利益の侵害がどのようなものかは不明確で，抽象的一般的な意味での侵害が認められても，具体的には相当因果関係のある損害を認定することが困難な事案もあるとの指摘もある[10]。

　逸失利益の損害賠償が認められる場合でも，名古屋高金沢支判平成19年10月24日判時1992号117頁〔氷見うどん事件〕（Q94）のように，市場占有率や侵害者の周知性の寄与度のほか，製品の需要を喚起する様々な事情を考慮して損害額が算定されることになろう[11]。


（荒井　章光）

---

　究会編『不正競争防止法の新論点』（商事法務，2006年）178頁

〈10〉　牧野利秋監修，飯村敏明編『座談会不正競争防止法をめぐる実務的課題と理論』
　　　（青林書院，2005年）241頁〔髙部眞規子発言部分〕

〈11〉　損害賠償に関しては，飯塚・前掲注1・391頁，小松陽一郎「品質等誤認惹起行為
　　　と損害賠償額に関する裁判実務の傾向」牧野ほか『訴訟実務大系Ⅱ』489頁以下等を
　　　参照されたい。

# 第7章　営業誹謗

## Q96　廉価販売

 **Q**　A社は，「B社よりも安い！」と表示したポスターを，店頭に貼り出して営業をしていますが，これは不正競争に当たりますか。

**A**　A社の商品ないし役務がB社のものよりも安くないにもかかわらず，「B社よりも安い！」との表示に接した一般消費者において，B社よりもA社の商品ないし役務の方が安い（B社はA社よりも高い）との認識を抱かせ，B社の営業上の信用を毀損するものと認定できる場合には，不正競争防止法2条1項15号（虚偽事実告知行為）に該当し，不正競争に当たる。

### ■ 解　説

### 1　虚偽事実告知行為

　競争関係にある他人の営業上の信用を害する虚偽の事実を告知し，又は流布する行為は，不正競争に当たる（不競2条1項15号）。本号は，競争関係にある他人の信用を毀損したり，営業の誹謗をすることにより，競争関係にある他人を不利な立場に置き，自ら競争上有利な地位に立とうとする行為を規制し，もって公正な競争秩序維持を図ろうとする規定である。

　本号における「営業上の信用を害する」とは，営業活動の実績に基づいて得られた他人の経済的な外部的・客観的評価である信用を失わせたり，低下させるおそれのある行為をいい，現実に信用が低下したことまでは要しないものと解されている。自己の商品や役務に関する誇張等は，単にそれが自己

の営業上の信用を高めようとするものと認められる場合，品質等誤認惹起行為（不競2条1項14号）やその他の法令違反となるか否かはともかく，本号には該当しない。しかし，比較広告は，自己の商品や役務の優位性を表示することにより，競争関係にある他人の商品や役務の劣位性に直接言及するか否かにかかわらず，これに接した一般消費者らに対し，相対的に競争関係にある他人の商品や役務の劣位性を印象付けることになるから，そこに虚偽の事実が含まれ，これが競争関係にある他人の営業上の信用を毀損するものであるときには，本号に該当することになる。

　また，本号における「虚偽の事実」とは，客観的な真実に反する事実のことをいう。告知ないし流布されたものが「虚偽の事実」に当たるか否かに関して，本号違反を主張する者が事実の虚偽性を主張立証する必要があるのか，本号違反を主張された者が事実の真実性を主張立証する必要があるのかについては争いがある。なお，告知ないし流布されたものが，純然たる価値判断の表明といえる場合は，本号に該当しないことになるが，事実と価値判断とが混在して告知ないし流布される場合も多く，実際の「虚偽の事実」の認定判断には困難が伴う。

　さらに，本号における「告知」とは，特定人に対し個別的に伝達をする行為をいい，「流布」とは，不特定人又は多数人に伝達する行為をいう。「告知」，「流布」は，いずれも口頭によるもの，文書，図面等によるものなど方法を問わない。

　裁判例には，大手家電量販店であるYが，「Xよりも安くします」という文言を店舗の外壁に掲げたり，店内ポスターに印刷して表示した行為について，Xが不正競争防止法2条1項14号（当時。現15号）に該当すると主張したところ，安くする対象や方法が明示されていないこと，XはYの店頭表示価格を適宜調査して自社の店頭表示価格を機動的に引き下げ，調査が不十分なために店頭表示価格が安くなっていない場合には店頭での値引きに応じるという方針を店員に徹底していること，上記ポスターにおいては，「万一調査もれがありましたらお知らせください。お安くします。」，「但し，処分品・限定品・当社原価割れにあたる商品は原価までの販売とさせて頂きます。」

などの条件表示を伴っていること，これらがあいまって，一般消費者において
も，Ｙが取り扱う全ての商品について，必ずＸの店舗におけるよりも安く
購入できるという確定的な認識を持つわけではなく，多くの商品についてＹ
の店頭表示価格の方が安く設定されており，そうでない場合も店員と交渉し
て値引きを受ける余地があることを示したものと上記表示を理解し，そのよ
うな期待を抱くにとどまるものと考えられることなどの認定事実を前提にし
て，上記表示は，虚偽の事実を告知するものでも，Ｘの営業上の信用を毀損
するものでもないと判断したものがある（東京高判平成16年10月19日判時1904号
128頁〔コジマ価格広告事件〕）。

　本問においては，Ａ社及びＢ社の取扱商品ないし役務，対象となる消費者，
具体的な営業態様等にもよるが，Ａ社の商品ないし役務がＢ社のものよりも
安くないにもかかわらず，「Ｂ社よりも安い！」との表示に接した一般消費
者において，Ｂ社よりもＡ社の商品ないし役務の方が安い（逆に言うとＢ社は
Ａ社よりも高い）との認識を抱かせ，Ｂ社の営業上の信用を毀損するものと認
定できる場合には，不正競争防止法2条1項15号に該当し，不正競争に当た
るものと解される。

## 2　品質等誤認惹起行為

　①商品や商品についての広告等に，その商品の原産地，品質，内容，製造
方法，用途若しくは数量について誤認をさせるような表示をする行為又はそ
のような表示をした商品の譲渡等を行う行為，②役務や役務についての広告
等に，その役務の質，内容，用途若しくは数量について誤認させるような表
示をする行為又はそのような表示をして役務の提供を行う行為は，不正競争
に当たる（不競2条1項14号）。本号は，虚偽広告や誇大広告など，商品ない
し役務の品質，内容等について虚偽又は誤認を生じさせる表示行為を規制し，
もって公正な競争秩序維持を図ろうとする規定である。

　本号において誤認表示の対象とされているのは，商品の原産地・品質・内
容・製造方法・用途・数量，役務の質・内容・用途・数量であるところ，商品
や役務の内容に「商品の価格」を含めることができるか否かが問題となるが，

これを否定した裁判例がある（前橋地判平成16年5月7日判時1904号139頁，上記〔コジマ価格広告事件〕の第1審）。また，「商品の価格」について，本号の拡張ないし類推適用の可否も問題となるが，上記前橋地裁判決は，不正競争防止法の平成5年改正において，不正競争行為として価格の誤認惹起行為を規制することや不正競争行為について一般条項を導入することがいずれも見送られた経緯等に照らし，安易な拡張ないし類推適用は否定すべきである旨判示している。

　本問において，A社が貼り出したポスターの「B社よりも安い！」との表示は，商品ないし役務の価格に関する表示と解されるから，本号により不正競争行為と認めることはできないものと考えられる。

### 3　虚偽広告等に対するその他の規制

　虚偽広告等については，上記不正競争防止法の規定の他にも，消費者基本法，不当景品類及び不当表示防止法（以下「景品表示法」という。），医薬品，医療機器等の品質有効性及び安全性の確保等に関する法律，食品衛生法等の多数の法令において，これを規制する規定がされている。このうち景品表示法は，独占禁止法の不当顧客誘引行為に関連して制定されたものであるが，商品等についての優良誤認表示や商品等の価格の有利誤認表示等を規制の対象としている（景品表示法4条1項各号）。この点，景品表示法においても，自社と他社との商品等の価格を比較するような広告自体が禁止されるものではないが，①比較広告で主張する内容が客観的に実証されること，②実証されている数値や事実を正確かつ適正に引用すること，③比較の方法が公正であることとの要件を満たさない場合には，同法違反が問題となる（公正取引委員会昭和62年4月公表「比較広告に関する景品表示法上の考え方」参照。）。なお，景品表示法は，公正な競争を確保することによって一般消費者の利益を保護することを目的としており，直接的に競争事業者の利益保護を目的とするものではない上，その適用の是非についても，公正取引委員会による審決やその取消訴訟において判断されるべきものであるが，民法上の不法行為等の成否を判断するための前提問題として検討されることがある（前掲各裁判例参照）。

　　　　　　　　　　　　　　　　　　　　　　　　　（知野　明）

## Q97　特許権侵害

**Q**　　B社は，A社の取引先に対して「A社の商品がB社の有する特許権を侵害する」旨を警告しました。A社は，その商品がB社の特許権の特許発明の構成要件を全て充足しているものの，B社の特許権は進歩性を欠いた無効なものであると考えています。B社のした警告は，A社の信用を害する行為と言えますか。

**A**　　B社の特許権に無効理由がない場合には，B社の警告はA社の信用を害する虚偽の事実の告知・流布行為とは言えない。B社の特許権が無効な場合，B社の警告はA社の信用を害する虚偽の事実の告知・流布行為であると言えるが，警告の内容や無効理由の内容等によっては，B社の行為に違法性がないとされたり，損害賠償につき故意・過失がないとされたりすることがある。

### ▌解　説

#### 1　虚偽事実の告知・流布

不正競争防止法2条1項15号は，競争関係にある他人の営業上の信用を害する虚偽の事実を告知・流布する行為を不正競争行為とするが，ここでいう虚偽の事実は実際の事実と相違したものであれば足り，その事実は具体的に指摘されたものであることを必要としないとされる[1]。

そして，「営業者にとって重要な資産である営業上の信用を虚偽の事実を挙げて害することにより競業者を不利な立場に置くことを通じて，自ら競争上有利な地位に立とうとする行為」を禁ずるという同号の立法趣旨に鑑みれば，「競業者に特許権等の知的財産権を侵害する行為があるとして，競業者の取引先等の第三者に対して警告を発し，あるいは競業者による侵害の旨を

---

〈1〉　小野『新・注解不競法（上）』761頁〔木村修治〕

広告宣伝する行為は，その後に，特許庁又は裁判所の判断により当該特許権等が無効であるか，あるいは競業者の行為が当該特許権等を侵害しないことが確定した場合には，不正競争防止法 2 条 1 項13号（筆者注：現15号）所定の不正競争行為に該当する」（東京地判平成13年 9 月20日判時1801号113頁〔磁気信号記録用金属粉末事件〕）と解するのが，通説的見解であり[2]，多数の裁判例が前提とするところであったと考えられる。

　そうすると，設問の事例でも，B 社の特許権が無効理由のあるものであった場合，基本的には，B 社の警告行為は同号にいう虚偽事実の告知・流布行為に当たり，不正競争行為であるということができる。

## 2　違法性阻却

　前記 1 のように解すると，権利非侵害ないし特許無効であれば当然に不正競争防止法 2 条 1 項15号の不正競争行為に該当するということになりそうである。しかしながら，被疑侵害者の取引先に対しては，特許権に基づく差止請求権等の行使も想定できる場合があり，この場合には正当行為になり得るはずであるのに，その後に特許発明の構成要件を充足しないとの判決がされたり，特許無効審判によって特許が無効とされたりしたからといって，警告行為が全て不正競争行為として違法になると解してよいか疑問の余地があった。一律に不正競争行為に当たるとすると，特許権のような知的財産権の正当な行使を不当に委縮させるおそれもあり，相当でないとも考えられる。

　この点，前掲〔磁気信号記録用金属粉末事件〕は，警告の経緯等に照らし，真に特許権行使を前提とする権利行使の一環として警告がされたときは，その後に特許権非侵害の判決又は特許無効審判がされても，当該警告は正当行為として不正競争防止法 2 条 1 項15号の不正競争行為に当たらないが，「外形的に権利行使の形式をとっていても，その実質がむしろ競業者の取引先に対する信用を毀損し，当該取引先との取引ないし市場での競争において優位に立つことを目的としてされたものであるときには，当該告知の内容が結果

<hr />

〈2〉　前掲・小野『新・注解不競法（上)』783頁参照

的に虚偽であれば，不正競争行為として特許権者は責任を負う」と判示する[3][4]。また，同判決の控訴審判決である東京高判平成14年8月29日判時1807号128頁も，当該警告が取引先等に対する特許権等の正当な権利行使の一環としてされたときは，正当行為として違法性が阻却されると判示する。

　設問の事例でも，警告の体裁や内容，特許権侵害における相手方の位置づけ，警告に至る経緯等に照らして，真に特許権行使の一環としてB社の警告がされたと認められるときは，その後に特許無効の審判が確定したとしても，上記警告の違法性が阻却され，B社が差止めを受けなかったり，損害賠償義務を負わなかったりする結果になる可能性があるであろう。

## 3　故意・過失

　特許権を侵害するとの警告が不正競争防止法2条1項15号の不正競争行為

---

〈3〉　この判決は，真の権利行使の一環としてされた告知行為であるか否かの判断につき，「当該告知が，真に権利行使の一環としてされたものか，それとも競業者の営業上の信用を毀損し市場での競争において優位に立つことを目的としてされたものかは，当該告知文書等の形式・文面のみによって決すべきものではなく，当該告知に先立つ経緯，告知文書等の配布時期・期間，配布先の数・範囲，告知文書等の配布先である取引先の業種・事業内容，事業規模，競業者との関係・取引態様，当該侵害被疑製品への関与の態様，特許侵害争訟への対応能力，告知文書等の配布への当該取引先の対応，その後の特許権者及び当該取引先の行動等，諸般の事情を総合して判断するのが相当である。」と判示し，警告の内容，警告の相手方の被疑侵害物件への関与の度合い，相手方の侵害訴訟対応能力等に照らし，特許権行使の前提として，訴訟提起に先立って直接の交渉を持つために警告したと認定して，不正競争防止法4条に基づく損害賠償請求を棄却した。

〈4〉　相良由里子「虚偽事実の告知・流布行為の認定」牧野ほか『知的財産法の理論と実務3』406頁は，上記のような判示の枠組みに対し，条文の文言にない要件を付加することにほかならず，法文解釈としてかなり無理がある，不正競争の目的という主観的要件を不要とした不正競争防止法2条1項14号（現15号）の沿革にも反する，結果的に虚偽であるとされればその告知行為等が差し止められるべきなのは当然であり，違法性を阻却しなければならないほどの法的利益が権利者の警告行為にあるとは考えにくい，判断基準が権利行使時の行為規範として機能する程度に明瞭ではなく，権利者の正当な権利行使の委縮の防止も実効を期し難いなどとして，疑問を呈する。田村『不競法概説』447頁も，侵害の有無の判断が微妙な場合でも同号の要件を絞る必要はないとする。

に当たる場合，従来は直ちに過失があるとして損害賠償義務が肯定されることが多かった[5]。警告の自力救済的側面や事実上の影響の大きさに鑑みて，被疑侵害物件等の特許発明の技術的範囲の属否，当該特許権の有効性について，高度の調査義務を要求し，調査義務を尽くさなかったとして過失を肯定した裁判例も少なくない[6]。

　しかしながら，このように解すると，例えば進歩性欠如のような判断が微妙な無効理由にあっては，警告の段階では，将来特許無効審判によって無効とされるかどうかが相当不透明であるにもかかわらず，その後の特許無効審決によって警告が不正競争行為に当たり，損害賠償義務を負うとされるのでは，前述と同様に，特許権者の正当な権利行使を不当に委縮させることにもなりかねない。また，特許庁の審査で適当な公知技術が見付からず，いったんは特許査定を受けて登録されたのに，警告に先立って，将来進歩性欠如の主張がされるのに備えて，特許権者側で全ての公知技術を調査しなければ，後に損害賠償義務を負うことになるとするのも，特許権者に酷であって，適切でない[7]。

　この点，例えば知財高判平成23年 2 月24日判時2138号107頁〔雄ねじ部品事件〕は，「不競法 2 条 1 項14号（筆者注：現15号）による損害賠償責任の有無を検討するに当たっては，特許権者の権利行使を不必要に委縮させるおそれの有無や，営業上の信用を害される競業者の利益を総合的に考慮した上で，違法性や故意過失の有無を判断すべきものと解される。」，「本件特許の無効

---

〈5〉　髙部眞規子「知的財産権を侵害する旨の告知と不正競争行為の成否」ジュリ1290号
　　96頁
〈6〉　例えば，東京地判平成14年 4 月24日（平成11年（ワ）第6249号）裁判所ウェブサイ
　　ト〔木造家屋の外壁下地構造事件〕は，「権利行使をしようとする者は，その基礎と
　　なる権利について，明らかな無効理由がないか否か，また，対象製品等が当該権利の
　　技術的範囲等に属するか否かを，あらかじめ十分に調査，検討すべき義務があるもの
　　というべきである。」などと判示して，進歩性欠如の無効理由の存在が明らかである
　　のにされた警告が不法行為に当たるとする。
〈7〉　この点，前掲・田村『不競法概説』447頁は，損害賠償と差止めとで局面を分けて
　　考察する必要があるとし，侵害の判断が困難である場合には過失を否定すれば足りる
　　とする。

理由については，本件告知行為の時点において明らかなものではなく，新規性欠如といった明確なものではなかったことに照らすと，前記認定の無効理由（筆者注：進歩性欠如）について一審被告が十分な検討をしなかったという注意義務違反を認めることはできない。」，「本件告知行為は，その時点においてみれば，内容ないし態様においても社会通念上著しく不相当であるとはいえず，本件特許権に基づく権利行使の範囲を逸脱するものとまではいうこともできない。」と判示して，警告告知行為には少なくとも故意・過失がないとして不正競争防止法に基づく損害賠償請求を棄却している。

　そうすると，設問の事例においても，既に無効審判請求がされ，未確定であっても特許無効審決が既にされているような場合や，特許権者であるB社にも公知技術が明らかになっており，通常人であればこれに基づいて特許発明が進歩性を欠如することを容易に認識し得たような場合等には過失が肯定され得るが，そうでない場合にはB社の警告行為には過失がないとしてその損害賠償義務が否定される可能性がある[8]。もっとも，特許権者が警告当時に入手することができた資料等の諸事情によって過失の有無の判断は相当異なり得るから，警告の際に十分な調査と慎重な判断が要求されることはいうまでもないと考えられる[9]。

（田邉　実）

---

〈8〉　前掲〔雄ねじ部品事件〕判時2138号107頁の解説を参照。とりわけ，当該発明の進歩性に関する特許庁，裁判所（あるいは裁判所相互間）の判断が分かれるような場合にはなおさらその可能性が大きくなるであろう。

〈9〉　本問については，本文及び注に挙げたもののほか，金子敏哉「権利侵害警告に関する判決例（損害賠償請求棄却事例を中心に）」日本弁理士会中央知的財産研究所編『不正競争防止法研究―「権利侵害警告」と「営業秘密の保護」について』（レクシスネクシス・ジャパン，2007年）164頁も併せて参照されたい。

## Q98 虚偽事実告知行為──幇助

**Q** A社を誹謗する内容の書籍が発行されましたが，その書籍の制作には同業のB社が関与しているものと思われます。この場合に，B社は，A社の営業上の信用を害する虚偽の告知等を行ったということができるでしょうか。

**A** B社が発行者を自己の手足のように用いて発行した場合や，実質的に自ら発行したと社会的に評価される場合など，実質的に虚偽事実の告知・流布行為を行ったと同視できる場合には，B社自身がA社の営業上の信用を害する虚偽事実の告知等を行ったということができる。しかし，そうでない場合には，B社が営業上の信用を害する虚偽の告知等を行ったというのは困難だと考えられる。

## ▌ 解 説

### 1 競争関係

不正競争防止法2条1項15号の不正競争行為に該当するためには，競争関係にある他人の営業上の信用を害する行為をする必要があるが，ここで，競争関係とは，現実の商品販売上，役務提供上の具体的競争関係にあることを要せず，広く同種の商品を扱い，同種の役務を提供する関係であれば足り，現実に競争関係がある場合に限られず，将来競争が現実化する関係でも足りるとされる。また，行為者が営業主体それ自体でなくてもよく，競業会社の代表者のように，行為の外形上営業主体のためにすると認められる場合でもよいとされる[1]。

---

〈1〉 大阪高判昭和55年7月15日判タ427号174頁〔階段云り止め事件〕及び小野『新・注解不競法（上）』745，746頁〔木村修治〕。なお，同書746頁は，「さらには特定の営業者に競業上の利益を得せしめる目的が，誹謗に現れている場合の営業者にあらざる共犯者も本号の誹謗者である。」とする。

　そうすると，虚偽事実の告知・流布行為を行った者につき上記のような関係が認定できる場合には，不正競争防止法2条1項15号の不正競争行為に該当し得ることになるが，実質的に営業を行っていない者（上記の会社代表者を除く。）や業務内容が競合しない純然たる第三者については同号の不正競争行為に該当し得ないことになる。

　では，設問のように，現実に虚偽事実の告知・流布行為を行っている者が被害者と競争関係になく，その背後にいる者が被害者と競争関係にある場合に，この背後者に不正競争防止法2条1項15号の適用があるか。背後者は現実に告知・流布行為を行っていないので，同号の不正競争行為に該当しないとも考えられ，そうすると現実に告知・流布行為を行った者についても，背後者についても，同号の不正競争行為に該当しないことになるとも考えられるので問題となろう。

　この点，不正競争防止法には，競争関係にない者の行為に競争関係にある者が加担した場合等の共同不法行為の成否，範囲について定める規定が存しないので，解釈によって決することになろう。

## 2　類似のケースに関する判決例

　設問のケースと同様の事例に関する東京地判平成21年4月27日判時2051号132頁〔アルゼ事件〕（第1審）[2]では，パチスロの製造販売業者である被告らが，取材に応じたり，出版した書籍の買取りを約束したりしたところ，競争関係にない出版社が，同じくパチスロの製造販売業者である原告の信用を毀損する記載のある書籍を出版し，被告らが指定したパチンコホール等に同書籍を頒布したという事案に関するものである。同判決は，出版行為については被告らは幇助者にすぎず，出版社に不正競争防止法違反の不法行為が成立しない以上，被告らに不正競争防止法違反の不法行為は成立しないし，出版後の書籍の頒布行為についても，出版社に不正競争防止法違反の不法行為が成立しない以上，被告らが出版社と共同で又は出版社に加担して頒布行為を

───────────────

〈2〉　判タ1305号261頁も参照。

したとしても，被告らに不正競争防止法違反の不法行為は成立しないと判示した。

　この判決のように解すると，設問の事例では，B社が発行者を手足として用いるなど，B社が発行者に対して及ぼす影響が大きく，実質的に告知・流布行為の行為主体とみ得る事情がない限り，不正競争防止法の不法行為の成立は否定されることになるものと考えられる[3]。もっとも，不正競争防止法の不法行為の成立が否定される場合でも，故意又は過失により信用棄損行為を行った場合には，一般不法行為の共同不法行為が成立することになるから，A社が一般不法行為に基づく損害賠償を請求する余地があることは別論である。

　ところで，上記東京地裁判決に対しては敗訴した原告が控訴し，これに対し，知財高判平成23年3月8日（平成21年（ネ）第10043号）裁判所ウェブサイトがされている。

　同判決は，発行者に不正競争防止法違反が成立しなくても，外形行為の観点からみて，被告ら各自の行為が不正競争防止法2条1項14号（当時。現15号）に該当する以上，被告らは同法4条の損害賠償義務を免れないと判示した上で，被告らが買取りを約束した部数が発行部数の半数前後を占める大きなものである上，被告らが送付先を業務に関係の深いパチンコホール等に指定し，競争関係にある原告の信用毀損を図る意図の下に，出版社の出版行為を利用ないし出版行為に乗じたものであるから，自ら書籍を配布し，虚偽事実を流布したものであると判示して，被告らのうち1名につき，前記第1審判決を一部変更し，損害賠償を命じた[4]。

　上記控訴審判決は，問題とされる行為者の行為を実質的に捉え，書籍の配

---

〈3〉　この判決の判例評釈である商事法務1886号51頁は，「判決の理由は概ね是認できる」が，「被告らが自ら不正競争を行ったと評価できるような場合には別論であ」るとする。

〈4〉　なお，この事件では四つの書籍中の記載が問題となったところ，被告らのうち1名については，記載事実が虚偽であると認定された一部書籍の出版等に関与していなかったとの理由で，請求を棄却した第1審の判断が維持されている。また，本判決に対しては上告がされたが，その後上告棄却の決定がされて確定した。

布行為を当該行為者が行ったものと評価できる場合には，不正競争防止法の不法行為の成立を肯定する趣旨のものである。同判決の事案では，被告らのうち１名の取締役らが，出版社の取材に応じたにとどまらず，原稿を点検するなどして編集にも関与し，相被告の代表者に上記原稿を紹介した上で，被告ら双方で相当部数の買取りを約束したことが出版の経緯の重要な要素となっており，かつその後被告らにおいて出版社に配布先のリストを交付し，買い取った書籍をパチンコホールなどに配布させている。これらのとおり，被告が書籍の出版，配布行為に積極的に関与したことを重視して，同判決は，出版社の行為の介在にもかかわらず，被告が自ら虚偽事実の流布行為をしたと認定したものと評価することができよう。

## 3　本設例の結論

　設問の事例でも，Ｂ社が単に取材等に協力したにとどまらず，競業会社であるＡ社の信用を毀損する意図の下に，発行行為，あるいはその後の頒布行為に積極的に関与し，実質的にＢ社も虚偽事実の告知・流布行為を行ったものと評価できる場合，あるいはさらに発行者がＢ社の手足にすぎないような場合には，Ｂ社につき不正競争防止法の不法行為の成立が肯定されることもあると考えられる。

　他方で，発行者がＡ社，Ｂ社の事業と無関係な純然たる第三者であって，Ｂ社につき上記のような事情が認められない場合等には，Ｂ社についても不正競争防止法の不法行為の成立が否定されることになるものと考えられる[5]。

（田邉　実）

---

<5>　本問については，小野『新・注解不競法（上）』737頁以下，諏訪野大「不正競争防止法２条１項14号の不正競争行為（虚偽事実の告知等）を行ったことに基づく損害賠償請求につき，Ｘと競争関係にない者とＸと競争関係にある者による共同不法行為の成立が認められなかった事例」判評616号202頁も併せて参照されたい。

# 第8章　パブリシティ権

## Q.99　パブリシティ権

**Q**　Aが刊行の構想を練っている書籍について，その内容のイメージが知り合いの有名タレントBに一致すると考えています。Aが以前に撮影したBの写真を書籍に使いたいと考えていますが，可能でしょうか。

**A**　AがBの写真を書籍（以下「本件書籍」という。）に無断で使用する行為は，①Bの写真それ自体を独立して鑑賞の対象となる商品として使用する場合，②本件書籍の差別化を図る目的でBの写真を本件書籍に付する場合，③Bの写真を本件書籍の広告として使用する場合には，Bのパブリシティ権を侵害するため，このような場合には，AはBの写真を本件書籍に使用することができない。

## ▌解　説

### 1　パブリシティ権侵害について

氏名，肖像等は，商品等に付され，又は商品等の広告として使用されることによって当該商品等の販売を促進する効力を有する場合がある。このような効力を顧客吸引力というが，パブリシティ権とは，氏名，肖像等の顧客吸引力を排他的に利用する権利であり，最一小判平成24年2月2日民集66巻2号89頁〔ピンク・レディー事件〕が初めて認めた権利である。〔ピンク・レディー事件〕判決が創設したパブリシティ権は，人格権に由来する権利の一内容を構成する権利であり，排他性を有する物権類似の支配権であるから，

これを侵害する者に対しては，不法行為に基づく損害賠償請求のみならず，差止請求をすることができる。

　本件についてみると，Bの写真はAが以前に撮影したものであるから，Aは有体物としての上記写真の所有権を有し，また，無体物としての上記写真の著作権を有すると認められるものの，パブリシティ権を有する者は，Aではなくβであるため，無断でBの写真を使用する行為は，Bのパブリシティ権を侵害する場合がある。

　この点につき，〔ピンク・レディー事件〕判決は，肖像等を無断で使用する行為につき，①肖像等それ自体を独立して鑑賞の対象となる商品等として使用する場合（第1類型），②商品等の差別化を図る目的で肖像等を商品等に付する場合（第2類型），③肖像等を商品等の広告として使用する場合（第3類型）など，専ら顧客吸引力の利用を目的とする場合に，パブリシティ権侵害を構成すると判示している。

　(1)　第1類型に該当する場合

　第1類型は，Bの写真それ自体を独立して鑑賞の対象となる商品として使用する場合である。ブロマイドのように写真自体を商品とするのが典型例であるが，写真と記事が同一書籍に掲載されている場合であっても，写真の大きさ，取り扱われ方等と，記事の内容等を比較検討し，記事は添え物で独立した意義を認め難いようなものであったり，記事と関連なく写真が大きく扱われていたりする場合には，上記にいう「独立して」という要件を充足し，第1類型に該当することになる（〔ピンク・レディー事件〕判決の金築誠志裁判官の補足意見参照）。本件についてみると，記事とは関係なくグラビア頁に大きく掲載されるグラビア写真のように，本件書籍に使用するBの写真が，記事とは関連なく大きく取り扱われていたり，記事が付されていたとしても，当該記事は添え物で独立した意義を認め難い場合には，第1類型に該当することになる。

　(2)　第2類型に該当する場合

　第2類型は，商品等の差別化を図る目的で肖像等を商品等に付する場合である。〔ピンク・レディー事件〕判決の金築誠志裁判官の補足意見で解説されているとおり，第2類型にいう「差別化」とは，肖像等を物品等に付する

ことによって，これをキャラクター商品として商品化することをいう。本件についてみると，本件書籍が料理のレシピ本であり，Bが料理上手で評判の有名タレントである場合には，Bの写真を本件書籍の表紙その他の外観上目を引く場所に掲載する行為は，本件書籍の差別化を図る目的を有するものとして第2類型に該当するといえる。このことは，本件書籍がスポーツのレッスン書でありBが当該スポーツの選手として活躍した有名タレントである場合，本件書籍が学習参考書でありBが有名塾で人気講師を務める有名タレントである場合にも異なるところはない。また，Bの写真集とまでいえなくても，Bの写真を本件書籍の表紙等に掲載し，本件書籍の内容がBを単に紹介，解説等するにとどまる場合には，Bのキャラクター本として本件書籍を商品化するものとして第2類型に該当する。

(3)　第3類型に該当する場合

第3類型は，肖像等を商品等の広告として使用する場合である。本件についてみると，本件書籍を推薦する言葉と共にBの写真を掲載する場合には，Bの写真を本件書籍の広告として使用するものとして第3類型に該当することになる。

## 2　肖像権侵害について

Bの写真の使用行為がパブリシティ権侵害を構成しない場合であっても，肖像権侵害を構成する場合がある。すなわち，パブリシティ権，氏名権及び肖像権は，いずれも人格権に由来する権利の一内容を構成するものではあるが，パブリシティ権が肖像等の商業的価値から生ずる財産的利益を保護するのに対し，氏名権及び肖像権は，肖像等の精神的価値から生ずる人格的利益を保護するものであるから，上記の各権利は，渾然一体として人格権に由来する権利の一内容を構成するものではなく，パブリシティ権と，氏名権及び肖像権は，当該権利の中において保護法益を異にしてそれぞれ独立して存在している。したがって，パブリシティ権を侵害しない場合であっても，氏名権及び肖像権を侵害する場合がある。この点については，〔ピンク・レディー事件〕判決の金築裁判官の補足意見は，パブリシティ権の侵害による損害は

経済的なものであり，氏名，肖像等を使用する行為がプライバシーの侵害を構成するに至れば別個の救済がなされ得るとしているところも参考となろう。

本件についてみると，Bの写真がBの私生活を撮影したものでありこれを公表することによってBに精神的苦痛を与える場合には，Bの肖像権を侵害することになる。

## 3　パブリシティ権と人格権との関係

〔ピンク・レディー事件〕判決は，肖像等は，個人の人格の象徴であるから，当該個人は，人格権に由来するものとしてこれをみだりに利用されない権利を有するとした上で，パブリシティ権は，肖像等それ自体の商業的価値に基づくものであるから，上記の人格権に由来する権利の一内容を構成するものとしている。これに対し，最大判昭和61年6月11日民集40巻4号872頁〔北方ジャーナル事件〕は，名誉は生命，身体とともに極めて重大な保護法益であり，人格権としての名誉権は，物権の場合と同様に排他性を有する権利であるしている。

このように，〔ピンク・レディー事件〕判決が，パブリシティ権，氏名権及び肖像権につき，人格権としての権利ではなく，人格権に由来する権利の一内容を構成するとしたのは，これらの権利が，憲法上保障される表現の自由等の他の法益と比較して，生命，身体及び名誉よりも要保護性の低い権利であると位置づけたことによるものである。すなわち，生命，身体，名誉を侵害する行為は直ちに違法となり，これを適法とするには，抗弁として違法性阻却事由を主張立証すべきことになるのに対し，パブリシティ権は，顧客吸引力を使用する行為が直ちに違法となるものではなく，請求原因事実として上記3類型に該当する事由を主張立証して初めて違法となる。

なお，〔ピンク・レディー事件〕判決は，人格権に由来する権利のうち，パブリシティ権侵害の判断基準を示すにとどまり，氏名権及び肖像権侵害の判断基準を示すものではない。この点については，今後の検討課題であるといえよう。

（中島　基至）

## Q100　物のパブリシティ権

 **Q**　Aの飼い犬XがTVに出たことから人気が出て，マスコミにも度々登場するようになりました。飼い主であるAは，Xの名前を他人が利用しようとするのを差し止めることができるでしょうか。

**A**　差止請求権が認められるには，Aが排他性を有する物権又はこれに類似する排他的権利を有する必要があるところ，Aの所有権は，Xの名前の顧客吸引力という「無体物」としての経済的価値を支配する権利ではなく，また，当該経済的価値を排他的に支配する「物のパブリシティ権」という権利も認められないため，Aは，Xの名前を他人が利用しようとするのを差し止めることができない。

## ■ 解　説

### 1　差止請求権の根拠について

　本件では差止請求権の成否が問題とされているが，差止請求権の法的根拠としては，英米法のエクイティ上の救済手段のように不法行為の効果としてこれを認める考え方と，排他性を有する物権又はこれに類似する支配権を根拠としてこれを認める考え方に分かれていたところである。

　この点につき，最大判昭和61年6月11日民集40巻4号872頁〔北方ジャーナル事件〕は，人格権としての名誉権が物権と同様に排他的支配権であることを前提として，名誉という人格的価値を侵害された被害者は，人格権としての名誉権に基づき侵害行為の差止めを求めることができると判示して，差止請求権の根拠につき上記の後者の考え方を採用することを明らかにした（「判解」昭和61年度288頁〔加藤和夫〕参照）。我が国の判例法理は，差止請求権につきいずれも上記の判例を踏まえて，不法行為の効果としてこれを認めるものはないため，差止請求権が認められるには，当該差止請求権を発生させる権利が，排他性を有する物権又はこれに類似する支配権である場合に限られ

る。

## 2　所有権に基づく差止請求について

　本件についてみると，Aは飼い犬Xの所有権を有するため，Aが当該所有権に基づき，Xの名前を他人が利用しようとするのを差し止めることができるか否かが問題となる。この点につき，最二小判昭和59年1月20日民集38巻1号1頁〔顔真卿事件〕は，美術の著作物の原作品に対する所有権は，無体物である美術の著作物自体を直接排他的に支配する権能ではないとして，第三者が原作品の著作物の面を利用したとしても，当該行為は原作品の所有権を侵害するものではない旨判示した。そして，〔顔真卿事件〕判決を踏まえ，最二小判平成16年2月13日民集58巻2号311頁〔ギャロップレーサー事件〕は，競走馬等の物の所有権は，その物の名称等の無体物としての面を直接排他的に支配する権能に及ぶものではないから，第三者が競走馬の無体物（顧客吸引力）としての面における経済的価値を利用したとしても，その利用行為は，競走馬の所有権を侵害するものではない旨判示した。

　したがって，本件についても，Aは，飼い犬Xの所有権に基づき，Xの名前を他人が利用しようとするのを差し止めることはできないことになる。

## 3　いわゆる物のパブリシティ権に基づく差止請求について

　物の名称，映像等は，商品等に付され，又は商品等の広告として使用されることによって当該商品等の販売を促進する効力を有する場合がある。このような効力を顧客吸引力というが，本件では，飼い犬Xの名称等には顧客吸引力があり，当該名称等は著名人の名称等が有するのと同様の経済的価値を有しているのであるから，当該名称等が有する経済的価値（無体的価値）を排他的に支配する知的財産権（物のパブリシティ権）に基づき，差止請求権が認められるか否かが問題となる。この点については，〔ギャロップレーサー事件〕判決は，上記の説示のほかに，競走馬の名称等が顧客吸引力を有するとしても，物の無体物としての面の利用の一態様である競走馬の名称等の使用につき，法令等の根拠もなく競走馬の所有者に対し排他的な使用権等を認め

ることは相当ではなく，差止めを肯定することはできない旨判示した。

　そうすると，本件についても，Aは，飼い犬Xのいわゆる物のパブリシティ権に基づき，Xの名前を他人が利用しようとするのを差し止めることはできないことになる。

### 4　不法行為に基づく損害賠償請求について

　上記のとおり，Aには差止請求が認められないことになるが，不法行為に基づく損害賠償請求が認められるか否かも問題となろう。この点に関連して，最一小判平成23年12月8日民集65巻9号3275頁〔北朝鮮著作物事件〕は，ある著作物が著作権法6条各号所定の著作物に該当しないものである場合，当該著作物を独占的に利用する権利は，法的保護の対象とはならず，同条各号所定の著作物に該当しない著作物の利用行為は，同法が規律の対象とする著作物の利用による利益とは異なる法的に保護された利益を侵害するなどの特段の事情がない限り，不法行為を構成するものではないと判示している。この理は，パブリシティ権によって法的保護の対象とはならず，本来は自由利用することができる物の名称等についても異なるところはなく，パブリシティ権が規律の対象とする顧客吸引力の利用による利益とは異なる法的に保護された利益が認められない限り，不法行為を構成することにはならない。

　もとより〔ギャロップレーサー事件〕判決は，競走馬の名称を無断でゲームソフトに利用した行為につき，差止請求のみならず不法行為に基づく損害賠償請求をも否定している。しかしながら，同判決は，物が有する顧客吸引力を排他的に支配する権利（いわゆる物のパブリシティ権）の侵害を理由とする損害賠償請求権を否定したにとどまり，物の名称等の無断使用の態様が著しく悪質であるなどの事実関係の下において他の法律構成によって不法行為の成立が認められる可能性があることまで全面的に否定するものではない（「判解」平成16年度118頁〔瀬戸口壯夫〕参照）。〔ギャロップレーサー事件〕判決の原判決が確定した事実関係によれば，競走馬の所有者は，その顧客吸引力を利用して商品化等の営業活動を行っていたものではなく，他方，当該競走馬を利用して業務用及び家庭用の各ゲームソフトを製作販売した者は，家庭

用ゲームソフトのパンフレットに上記競走馬の名前を表示したことを除き，上記競走馬の名称を宣伝文句に利用せず，しかも上記各ゲームソフトはその内容自体の面白さが重要であって，200ないし1,000頭もの実在する競走馬が登場するのはゲームの現実感を増すことにあるといえるから，同判決で問題とされた上記各ゲームソフトは，そもそも専ら上記競走馬の顧客吸引力を利用する目的で製作販売されたとは評価し難い。このような事実関係の下では，不法行為に基づく損害賠償責任を認める余地はなく，むしろ競走馬の所有者は，これを自覚していたため，あえて物のパブリシティ権という新たな権利侵害という法律構成に絞って主張したものと指摘されている（「判解」平成16年度118頁〔瀬戸口壯夫〕参照）。

そうすると，本件において不法行為が成立するには，Aが飼い犬Xの名称等を使用して営業活動を現に行っているなど，Aが営業上の利益を有することが必要条件となる。他方，最一小判平成24年2月2日民集66巻2号89頁〔ピンク・レディー事件〕判決が顧客吸引力の利用行為と表現行為等とを調整して顧客吸引力の利用行為が違法となる3類型を示した趣旨を踏まえると，他人がXの名称を無断で使用する行為も，少なくとも上記3類型を充足することが必要条件となる。これらの必要条件に加えて，更に上記行為にAの営業活動を妨害する目的その他の強い詐害性が認められる場合に限り，初めて上記行為は，社会通念上自由競争の範囲を逸脱した違法なものということになろう。

（中島　基至）

# 事 項 索 引

# 判 例 索 引

# 執筆者一覧

## 【編著者】

清水　　節　（知的財産高等裁判所判事）

髙野　輝久　（さいたま地方・家庭裁判所判事）

東海林　保　（東京地方裁判所判事）

## 【執筆者】（※五十音順）

足立　拓人　（仙台地方裁判所判事）

荒井　章光　（熊本地方・家庭裁判所判事）

今井　弘晃　（新潟地方裁判所判事）

植田裕紀久　（神戸地方・家庭裁判所姫路支部判事補）

宇野　遥子　（東京地方裁判所判事補）

大鷹　一郎　（大津地方・家庭裁判所長）

大寄　麻代　（最高裁判所調査官）

岡本　　岳　（甲府地方・家庭裁判所長）

沖中　康人　（東京地方裁判所判事）

小田　真治　（最高裁判所事務総局行政局第二課長）

神谷　厚毅　（那覇地方・家庭裁判所判事）

菊池　絵理　（東京高等裁判所判事）

清野　正彦　（法務省訟務局行政訟務課長）

実本　　滋　（福島地方・家庭裁判所いわき支部判事）

塩月　秀平　（弁護士　TMI総合法律事務所）

設樂　隆一　（知的財産高等裁判所長）

嶋末　和秀　（東京地方裁判所判事）

新谷　貴昭　（法務省訟務局参事官）

鈴木　千帆　（東京地方裁判所判事）

鈴木わかな　（知的財産高等裁判所判事）

髙橋　　彩　（宇都宮地方・家庭裁判所足利支部長）

髙松　宏之　（大阪地方裁判所判事）

田中　孝一　（最高裁判所調査官）

田中　正哉　（宇都宮地方・家庭裁判所真岡支部判事）

田中　芳樹　（長野地方・家庭裁判所判事）

田邉　　実　（東京地方裁判所判事）

谷　　有恒　（札幌地方裁判所判事）

田原美奈子　（大阪地方裁判所判事）

知野　　明　（東京地方裁判所判事）

鶴岡　稔彦　（知的財産高等裁判所判事）

寺本　佳子　（大阪高等裁判所判事）

富田　善範　（東京高等裁判所判事）

中島　基至　（知的財産高等裁判所判事）

中平　　健　（東京高等裁判所判事）

中武　由紀　（大阪地方裁判所判事）

中村　　恭　（知的財産高等裁判所判事）

西村　康夫　（福島地方・家庭裁判所判事）

平田　晃史　（名古屋地方裁判所判事）

藤田　　壮　（秋田地方・家庭裁判所判事）

本多久美子　（神戸地方裁判所判事）

柵木　澄子　（知的財産高等裁判所判事）

松阿彌　隆　（大阪地方裁判所判事）

三井　大有　（宇都宮地方・家庭裁判所大田原支部長）

本井　修平　（松山家庭裁判所判事補）

矢口　俊哉　（東京地方裁判所判事）

山田　知司　（大阪高等裁判所判事）

山田　陽三　（大阪高等裁判所判事）

# Ｑ＆Ａ商標・意匠・不正競争防止の知識100問

定価：本体4,200円（税別）

平成28年5月30日　初版発行

|  |  |  |  |  |
|---|---|---|---|---|
| 編著者 | 清水 | 節 | | |
| | 髙野 | 輝久 | | |
| | 東海林 | 保 | | |
| 発行者 | 尾中哲夫 | | | |

発行所　日本加除出版株式会社

本　　社　　郵便番号 171-8516
　　　　　　東京都豊島区南長崎3丁目16番6号
　　　　　　ＴＥＬ　(03)3953‐5757（代表）
　　　　　　　　　　(03)3952‐5759（編集）
　　　　　　ＦＡＸ　(03)3953‐5772
　　　　　　ＵＲＬ　http://www.kajo.co.jp/

営業部　　郵便番号 171-8516
　　　　　　東京都豊島区南長崎3丁目16番6号
　　　　　　ＴＥＬ　(03)3953‐5642
　　　　　　ＦＡＸ　(03)3953‐2061

組版・印刷・製本　㈱倉田印刷

# 「実務に使える知識」をこの一冊に網羅！

# Q&A 著作権の知識100問

### 清水節・岡本岳 編著

2013年3月刊 A5判 492頁 本体4,000円＋税 978-4-8178-4069-1
商品番号：40499 略号：著作権

- 49名の裁判官ら実務家が、多様な範囲にわたる裁判例の中から、重要なものを選択し、これらを素材として「より一般的な具体的事例」を設定。
- 「具体的問題の検討や解決、条文等の理解促進」に有用。
- 「裁判官等の思考過程や検討方法も知ることができる」貴重な一冊。

## 【収録内容】

### 第1章 概説
著作物の所有権と著作権（絵画、手紙・書き込み）／著作者人格権／著作隣接権

### 第2章 著作物
学術論文／契約書のひな型等／傍聴記／法律解説書／模写作品／ノンフィクション／シリーズ作品／名所のイラスト／転職情報／舞踊・無言劇／人形・フィギュア／伝統工芸品／印刷用書体／設計図／案内図／土地宝典／人物のイラスト／キャラクター／写真の著作物性（スナップ写真、写真の構図）／写真の著作物の改変（引用）／写真の著作物の翻案／建築の著作物の要件／建築の著作物の工事と同一性保持権／プログラムの著作物性／二次的著作物の要件／原著作物の著作者の権利／書籍の翻案とナレーション／音楽の著作物の編曲／著作物の侵害と依拠性／ゲームソフトの映画の著作物性／頒布権の消尽／映画の著作物の翻案／編集著作物の要件／編集著作物の複製／編集著作物の引用／編集著作物の改変／データベースの著作物の要件

### 第3章 著作者
著作者の認定（彫刻、漫画）／著作者の表示と著作者の推定／共同著作の要件／著作物の利用（対価の有無、発意、業務に従事する者、法人名義による公表）／写真の職務著作の要件・利用者の責任／プログラムの職務著作の要件／映画の著作物の著作者／映画製作者の要件／映画の著作者と著作権者（参加約束）／職務著作の要件

### 第4章 著作権の効力
上演権・演奏権の侵害／図書館における著作物の利用／書籍・CDの並行輸入／貸与権侵害と共同不法行為／著作権法47条の「小冊子」／映画の著作物の著作権の存続期間

### 第5章 著作権の制限
「フェア・ユース」の法理と著作権法改正の経過／平成24年著作権法改正／私的使用のための複製の限界／私的使用のための複製と会社での利用／教科書等への使用／引用の要件／絵画の鑑定書と引用

### 第6章 著作権の利用
登録の有無と著作権／©表示／著作隣接権等の譲渡／著作権法28条と原著作者の権利行使／テレビ番組の再放送と著作権者の許諾／出版社の権利

### 第7章 著作者人格権
氏名表示権／同一性保持権

### 第8章 著作権侵害とその救済手続
発信者情報開示請求権／写真の著作物の著作権侵害と差止請求／著作権利用者の調査義務／カラオケ装置のリースと著作権使用許諾／損害賠償額の算定方法／放送での無断使用と損害額／名誉回復等のための「適当な措置」／存続期間の誤認と過失の有無／演奏行為と演奏主体／録画、配信サービスと侵害主体／インターネット上の共有サービスにおける侵害主体／インターネット上の転送サービスと侵害主体（公衆送信、複製）／ストレージサービスの侵害主体／ファイル交換ソフトにおけるサーバ管理者の侵害主体／インターネット掲示板における運営者の責任／記事見出しの利用と著作権侵害・不法行為／未承認国の国民の著作物に対する保護と不法行為

### 第9章 条約、準拠法、刑事罰
著作権をめぐる国際条約／戦時加算特例法／著作権侵害と準拠法／著作権の譲渡・移転と準拠法／著作権侵害に対する刑事罰

### 第10章 パブリシティ権
物のパブリシティ権／パブリシティ権侵害の判断基準

---

**日本加除出版**

〒171-8516 東京都豊島区南長崎3丁目16番6号
TEL（03）3953-5642　FAX（03）3953-2061（営業部）
http://www.kajo.co.jp/